모바일 시대의
정보보안 개론
Introduction to INFORMATION SECURITY
for the Mobile Age

모바일 시대의 정보보안 개론

Introduction to INFORMATION SECURITY
for the Mobile Age

INFINITY
BOOKS

조태남 · 용승림 · 백유진 공저

국립중앙도서관 출판시도서목록(CIP)

모바일시대의 정보보안개론 / 저자: 조태남, 용승림, 백유진
. -- 고양 : INFINITYBOOKS, 2016
      p. ;   cm

ISBN 979-11-85578-26-2 93000 : ₩25000

정보 보안[情報保安]

004.61-KDC6
005.8-DDC23   CIP2016020762

책 머리에

끊이지 않고 다양한 방법으로 발생하는 보안 사고로 인해, 정보보안이란 이제 매스컴이나 영화에나 나오는 '어디선가 누군가' 겪는 문제가 아니라 모두가 공감하고 인식하는 실질적인 문제가 되었다. 더구나 소형 컴퓨터인 스마트폰이나 각종 전자기기들은 정보보안을 전문가 영역이 아니라 개인의 영역으로 확대시켰고, 개인 정보의 유출이나 해킹 피해로 인해 모든 기업이 관심을 가지고 대책을 세우고 투자해야 하는 문제가 되었으며 국가 안보적 문제가 되었다.

보안은 '공격' 즉 해킹이 있기에 존재하는 서로 동전의 양면과 같은 관계이다. 이 책은 컴퓨터를 어느 정도 다룰 줄 알고 있으면서, 보안에 대해 개인적인 관심을 가지고 있거나 진로로 택한 사람들이 폭넓게 해킹과 보안의 개념을 습득하게 함으로써 그 첫걸음에 도움을 주기 위한 책이다. 따라서 이론적 접근보다는 일반적인 환경에서 많은 사람들이 겪을 수 있는 공격과 대응책에 대해 살펴보고 가능하면 실습해 볼 수 있도록 하였다.

주제가 산만하지 않으면서도 다양한 영역에서 최근의 이슈들을 다루도록 구성하였으며, 단순한 사건 사고의 나열이 아니라 그 이면에 감추어져 있는 기술적인 측면을 조금은 맛볼 수 있도록 하였다. 또한 독자들이 함께 실습을 통해 체득하고 호기심을 자극할 수 있으며 실제 자신의 컴퓨터에 유용하게 활용할 수 있도록 가능하면 무료 툴을 이용하였다. 쏟아져 나오고 있는 수많은 책들 중에서 여전히 보안을 전공하고자 하는 대학생 새내기들이 첫 전공과목으로 배울 수 있는 교재는 찾아보기 어렵다. 이 책은 대학 한 학기 교재로 사용될 수 있도록 구성하였고 다양한 연습문제를 통해 자신을 점검하고 개념을 확립할 수 있도록 하였다. 각 장은 추후 심화된 과목에서 기술적인 지식과 함께 배워야 하며 그러기 위해서는 컴퓨터 및 네트워크 등에 대한 기초 과목이 선행되어야 할 것이다.

이 책을 통하여, 정보보안에 대하여 관심 있는 학생들이 어렵지 않게 정보보안에 다가가 지속적으로 지식을 키워나갈 수 있는 발판을 다지기를 바란다. 끝으로, 출판에 도움을 주신 아이제론 이성원 대표님, 인피니티북스 채희만 사장님께 감사드린다.

2016년 9월

조태남, 용승림, 백유진

차례

Introduction to **INFORMATION SECURITY**
for the Mobile Age

C H A P T E R

01

사이버세계 둘러보기

사이버세계로 뛰어들어 보자. 사이버공간(cyber-space)이란 용어는 1984년 윌리엄 깁슨의 과학소설 '사이버펑크'에서 유래되었으며 현실이 아닌 두뇌 속 공간을 의미했다고 한다. 현재는 컴퓨터와 인터넷 등으로 만들어진 가상공간을 의미하게 되었고, 사이버세계란 이 가상공간에서 이루어지는 세계를 말한다. 가상공간에서만 이루어지던 사이버세계는 점차 실세계와 접목되었고 우리는 현재 실세계와 사이버세계가 공존하는 세계에서 살고 있기 때문에 사이버세계를 구분지어 거론한다는 것이 새삼스럽게 느껴질지도 모른다. 이미 인터넷을 통한 대화와 회의, 인터넷 쇼핑, 인터넷 뱅킹에 익숙해져 있다. 비상금 외에는 지갑 속에 많은 현금을 가지고 다니지 않고 신용카드나 직불카드 등을 사용하고 있으며, 이제는 그 신용카드나 직불카드조차 스마트폰 앱으로 대체하여 사용하고 있다. 현금을 손에 쥐어보지도 않고 '계좌 이체'를 통해 통장에 잔액만 오르락내리락 하도록 숫자 거래를 하면서도 이상해 하거나 불안해하지 않는다. 지금은 너무나 자연스러운 이 생활양식들이 불과 20여년 전만해도 상상하기 어려운 일들이었다.

그림 1-1 사이버세계 속으로

실세계로 부를 수 있는 인류 문명의 긴 역사에 견주어볼 때, 현재의 사이버세계는 매우 짧은 역사를 가지고 있다. 실세계가 '보안'이라는 관점에서 완벽하다고 볼 수는 없겠지만, 그래도 사이버세계는 실세계의 체계와 오랜 경험을 바탕으로 구축되었다고 할 수 있다. 그럼에도 불구하고 사이버세계의 보안을 별도로 논하는 것은 실세계와는 다른 사이버세계만의 특징이 있기 때문이며, 이 장에서는 그로 인해 사이버세계에서 발생하는 보안상의 위험성과 공격들을 되짚어 보고자 한다. 또 자신들의 의사 표명을 위해 활동하고 있는 해커 그룹들을 소개하고, 화이트해커의 양성을 위한 해킹방어대회나 사이버 사고 방지를 위한 관련 기관들을 소개할 것이다. 독자들은 이 장에서 언급되는 위험들을 실세계와 비교하면서 생각해 보고, 이를 방지하기 위한 활동들에 대해서도 관심을 가지길 바란다.

1.1   사이버세계의 위험

사이버세계의 위험성은 여러 가지 기준에 의해 사이버 공격을 분류함으로써 살펴볼 수 있다. 공격의 파급효과나 대상에 따라 범국가적 테러와 민간 공격으로 분류할 수도 있고, 공격의 의도나 목적에 따라 분류하거나 공격 기법이나 기술에 따라 분류할 수도 있으며 공격 대상이나 내용에 따라 분류할 수도 있다. 이 절에서는 (그림 1-2)에서와 같은 다양한 기준에 따라 분류한 대표적 공격과 사례들을 살펴볼 것이다.

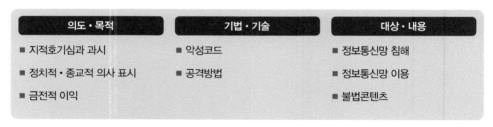

그림 1-2   사이버 공격에 대한 분류 기준

1) 의도 · 목적에 따른 사이버 공격 부류

(1) 지적 호기심과 과시

1990년 중반까지만 해도 갑자기 화면에서 귀신이 나타나게 한다든지, 하드디스크를 포맷한다는 경고창을 띄우고 취소버튼이 작동하지 않게 한다든지(실제로는 포맷하지 않음), PC에 저장된 메일 주소록에 있는 사람들에게 크리스마스 카드를 보낸다든지 하는 등의 다소 애교스런 악성 코드들이 많았다. 물론 실제 파일을 삭제하거나 포맷하는 악성코드도 있었지만 말이다. 통칭 바이러스(virus)라고 불리던 이런 악성코드 외에 '해킹(hacking)'이라고 불리는 것들은 대부분 지적 호기심과 과시에서 이루어졌고, 주의를 끌만한 것들은 아니었다. 스크립트키디(Script Kidies)라고 불리는 초보자들이 인터넷 상에서 얻은 정보나 스크립트들을 실행해 보고 신기해하는 정도였다.

그러나 1996년 카이스트의 포항공대 해킹 사건은 커다란 사회적 파장을 일으켰다. 라이벌 관계에 있던 두 학교 해킹 동아리간의 자존심을 건 해킹사건으로서, 카이스트에서 포항공대 시스템의 연구 자료와 과제물 등을 삭제하고 비밀번호까지 바꾸어 놓음으로써 해킹의 심각성을 대중에게 알리는 계기가 되었다. 이는 단순 장난으로 볼 수 없는 중대한 사건으로 판단되어 검찰 조치가 이루어졌다.

초기의 해커(hacker)는 악의 없이 연구에 몰두하는 사람을 의미하였으나 이제는 범죄자로 그 의미가 바뀌어가고 있다. 이에 따라 해커에 대한 다양한 구분도 생겨났다. 악의적 해커를 일컫는 크래커(cracker) 혹은 블랙 해커(black hacker), 선의의 해커로서 보안 담당자 등을 일컫는 화이트 해커(white hacker), 시스템의 베타 테스트(beta test, 공식 발표 전에 하는 테스트)를 수행하는 블루 해커(blue hacker), 선의의 해킹을 하지만 허가 되지 않은 절차를 사용하는 그레이 해커(gray hacker), 정치적 목적을 갖는 핵티비스트(hacktivist = hacker + activist) 등이 있다.

(2) 정치적 · 종교적 의사 표시

앞에서 말한 핵티비스트들의 활동이 여기에 속한다. 1998년 10월 중국 인권담당기관이 홈페이지를 개설하자마자 인권탄압에 반대하는 핵티비스트들이 '중국 국민에게 인권은 전혀 없다. 중국 정부는 인권에 대해 전혀 개의치 않는다'는 문구를 올렸다. 2011년 어나니머스(Anonymous) 그룹은 아랍 민주화 운동이 일어나자 이를 지지하며 튀니지와 이집트 등의 정부사이트를 공격하기도 했다. 2014년 리저드 스쿼드(Lizard Squad)는 소니 계열사와 마이크로소프트 온라인 게임, 영화 및 음악 콘텐츠 서비스에 대해 해킹을 했다고 주장하기도 했다. 2015년 고스트쉘(ghost shell)이라는 그룹은 여러 정부, 산업체들을 공격하고 일부를 공개하면서 사이버보안의 허술함을 폭로하였다.

(3) 금전적 이익

최근 가장 큰 비율을 차지하며 급격하게 늘어나고 있는 것이 아마도 금전적 이익을 노리는 공격일 것이다. 우리나라 최초의 금전적 피해를 입힌 공격 사례로는 2005년 발생한 인터넷뱅킹 사고였다. 공격자가 (그림 1-3)처럼 '다음' 카페에 게시물을 올리고, 사용자가 이 글을 읽는 순간 해킹 프로그램이 설치되어 PC를 감염시켰다. 감염된 PC를 이용하여 사용자가 인터넷 뱅킹을 하면 키보드 입력이 공격자에게 전송되었고, 공격자가 이 정보로 인터넷 뱅킹을 하여 5천만원을 이체하였다. 이 사건은 전문적 지식이나 고도의 기술을 이용하지 않아도 가상의 위험으로만 여겨지던 인터넷뱅킹 사고가 일어날 수 있음을 보여준 사건이다.

한국인터넷진흥원의 2015년 11월 보고서에 의하면 금융정보유출 악성코드가 75%에 달하는 것으로 조사되었으며, 이것은 대부분의 해킹 목적이 금전적 이익이라는 것을 의미한다.

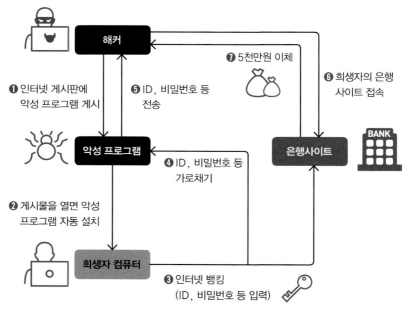

그림 1-3 우리나라 최초의 인터넷 뱅킹 사고

어쩌면 최근 급부상하고 있는 보안상의 이슈는 '개인 정보 유출'일 것이다. 이 개인 정보 유출은 유출 자체도 문제지만 2차적 피해를 가져올 수 있다는 것에 심각성이 있다. 불법 유출된 개인정보를 이용한 텔레마케팅을 경험하지 않은 사람이 드물 정도이다. 그러나 그보다 더 심각한 것은 획득한 희생자의 개인정보를 이용한 대포폰이나 대포통장이 범죄에 악용되거나, 희생자 명의로 대출을 받거나 혹은 거짓 납치로 몸값을 요구하는 협박에 악용될 수 있다는 것이다.

우리나라의 경우, 유출된 정보를 가지고 통장 비밀번호 등을 알아내거나 하는 조직이 국내뿐만 아니라 중국에서 활동하기 때문에 추적이나 검거가 어렵다. 하지만 랜섬웨어 (Ransomware)에 비하면 그 활동범위가 좁다고 할 수 있다. 랜섬웨어란 PC의 하드디스크를 암호화하여 읽을 수 없도록 하고 돈을 송금해야만 원상복귀(복호화) 시켜주는 악성 코드의 한 부류이다. 암호화 방법에는 여러 가지가 있는데 암호화하거나 복호화할 때 키(key)라고 하는 비밀값이 사용된다. 이 비밀값이 없으면 복호화를 할 수 없게 된다. (그림 1-4)는 'Hello, help me please!'라는 내용을 가진 파일을 'This is our key!'라는 암호화 키를 가지고 AES라는 암호화 방식을 이용하여 암호화한 결과를 보여준다. 암호화된 파일은 화면에 출력될 수 없는(사람이 읽을 수 없는) 문자들로 바뀌므로 그림에서는 컴퓨터 내부의 저장방식인 이진코드를 16진수로 표시하였다. 복호화 키를 모르고는 원래의 파일로 되돌릴 수 없다. 실제 랜섬웨어들은 RSA-4096과 같은 더욱 강력한 암호화 기법을 이용하고 있다. 주로 이메일, SMS, 웹사이트 링크를 통해 랜섬웨어에 감염된다. 감염 대상 파일은 주로 업무용 파일로서 피해가 심각하다. 크립토락커(Crypto-Locker), 시놀락커(SynoLocker), 크립토월(CryptoWall), 테슬라크립트(TeslaCrypt), 라다만트(Radamant) 등이 랜섬웨어의 대표적 예이다. 이 중 크립토락커와 라다만트는 한글 페이지 제공을 하고 있으며 라다만트는 아래한글 파일(.hwp)과 알집 파일(.alz)도 대상으로 하고 있다. 더욱 심각한 것은 요구하는 돈을 송금하더라도 파일을 원상복구 시켜 주지 않는 경우도 많다는 것이다. 따라서 주요 파일에 대해서는 백업을 받아 놓고 PC가 감염되지 않도록 하는 것이 최선이다.

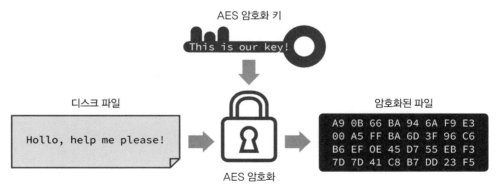

AES 암호화 키

This is our key!

디스크 파일

Hollo, help me please!

암호화된 파일

A9 0B 66 BA 94 6A F9 E3
00 A5 FF BA 6D 3F 96 C6
B6 EF 0E 45 D7 55 EB F3
7D 7D 41 C8 B7 DD 23 F5

AES 암호화

그림 1-4 AES로 암호화한 파일

비록 네트워크 망을 이용하지는 않지만, 금융정보가 디지털화 되어 있기 때문에 일어날수 있는 공격 유형 중의 하나가 신용카드 복제이다. (그림 1-5)에서 보는 바와 같이 카드의 앞면에는 사용자가 읽을 수 있는 소유자명, 카드번호와 유효기간 등이 표시되어 있고, 뒷면에는 단말기가 인식할 수 있는 마그네틱 테이프가 부착되어 있다. (그림 1-6)과 같이 이 마그네틱 테이프는 3개의 트랙으로 구성되어 있는데, 여기에는 카드번호, 소유자명, 카드번호, 유효기간이 반복적으로 기록되어 있다(그래서 폐기 시 잘게 잘라 버려야 한다). 따라서 마그네틱 정보만 읽어서 새로운 카드의 마그네틱 테이프에 기록하면 카드복제가 이루어는 것이다. 사용자가 신용카드 가맹점(POS: Position Of Sales)과 현금자동입출금기(ATM)에서 카드로 결제하거나 입출금할 때 마그네틱 정보를 읽어서 새로운 카드로 입력시키는 불법적 복제기를 사용한 국내외 범죄가 기승을 부리고 있다. ATM 부스에 카메라를 설치하여 비밀번호를 알아내고 복제카드로 대출까지 받은 경우도 있었다. 이를 방지하기 위해 2018년까지 가맹점에 IC칩 카드 전용 단말기 설치가 의무화될 예정이다. 심지어 블루투스 리더기를 가지고 다니면서 길거리에서 사람들 가방에 접근하여 카드 정보를 빼내 복제하는 발달된 복제기술도 있었다. 이를 방지하기 위해 외국에서는 블루투스가 방지된 카드, 지갑이나 스마트폰이 제작되기도 한다고 한다.

그림 1-5 신용카드 앞면과 뒷면

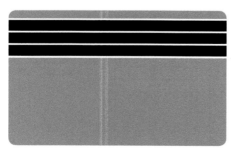

트랙 1: 카드번호, 소유자명, 유효기간 등(최대 79글자)
트랙 2: 카드번호, 유효기간 등(최대 40글자)
트랙 3: 국가마다 다르게 사용

그림 1-6 신용카드 마그네틱 테이프 정보

2) 기법·기술에 따른 사이버 공격 부류

해킹 기법이나 기술도 너무나 다양하게 분류할 수 있고, 기술적인 내용을 다루려면 전문적인 지식이 필요하다. 이 책은 보안이나 해킹에 대한 전문적 지식이 없는 독자를 대상으로 하고 있으므로, 전문 서적이나 자료가 아닌 매스컴을 통해 들을 수 있는 용어 중심의 기법과 기술에 대해서만 다룰 것이다.

대부분의 공격은 대상 컴퓨터를 악성코드에 감염시켜 이루어진다. 이 절에서는 작동 방법들을 기준으로 악성코드를 분류하여 설명하고, 이 악성코드를 이용한 공격방법들에 대해 기술할 것이다. 악성코드나 공격방법이 명확하게 바둑판처럼 잘라 분류할 수 있는 것은 아니며, 심지어 악성코드와 공격방법이 명확하게 구분되지 않는 경우도 있으므로, 독자들은 개념과 특징 위주로 이해하기 바란다.

(1) 악성코드(mal-ware)

악성코드 혹은 악성 프로그램은 흔히 말하는 컴퓨터 바이러스(virus)이다. 정확히 말하면 바이러스는 악성 코드의 한 가지 종류일 뿐이지만 초창기 악성 코드가 바이러스였기 때문에 보통 모든 악성 프로그램을 바이러스라고 부르게 되었다. 악성코드는 그 성격에 따라 다양하게 분류한다. 악성 프로그램을 정확히 분류하기는 어렵지만 대표적인 특징은 다음과 같다.

1. 바이러스(virus): 다른 프로그램에 기생하면서 또 다른 프로그램을 감염(자신을 복제)시킴

2. 웜(worm): 다른 프로그램을 감염시키지는 않지만 네트워크를 통해 자기 복제를 하며 전파됨

3. 트로이목마(Trojan horse): 자기 복제 능력은 없으면서 정상적인 기능을 하는 프로그램 속에 숨어서 정보를 빼내거나 원격으로 제어를 받도록 함

4. 스파이웨어(spayware): 사용자의 정보를 빼내어 전송

5. 애드웨어(adware): 자동적으로 광고를 표시

6. 드로퍼(dropper): 실행되면서 바이러스를 생성하거나 실행(drop)하는 파일. 바이러스 코드가 드로퍼 안에 들어 있지 않기 때문에 백신에 감지되기 어려움

7. 하이재커(hijacker): 원하지 않은 사이트로 이동시키면서 팝업창을 띄움

8. 펍(PUP: Potentially Unwanted Program): 사용자의 동의를 얻어 설치되었으나 프

로그램 목적과 상관없이 시작 페이지 변경, 광고 노출, 과도한 리소스 사용으로 시스템 성능 저하를 가져오거나 존재하지 않는 위험을 가지고 사용자를 위협하여 결제를 유도

(그림 1-7)은 2015년 11월 안랩의 보안통계에 따른 악성사고의 발생비율을 보여주고 있다. 78.69%가 PUP형으로 가장 많고, 트로이목마가 13.43%로 그 뒤를 잇고 있다.

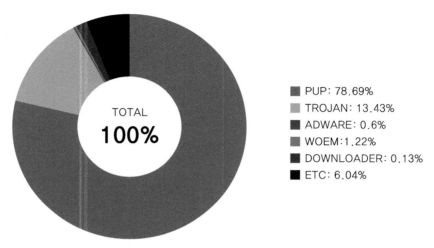

그림 1-7 악성코드 유형별 유포율(출처: 안랩)

(2) 공격 방법

여기서는 앞에서 기술한 악성코드를 어떻게 대상 컴퓨터에 감염시키는지, 혹은 그것을 이용하여 목적한 바를 이루기 위해 어떤 방법으로 공격하는지에 대해 분류하여 기술할 것이다.

1. 분산 서비스 거부(DDoS: Distributed Denial of Service) 공격: 바이러스라는 용어 다음으로 대중에게 가장 널리 알려진 용어일 것이다. DoS는 서비스 거부 공격으로서, 시스템의 자원을 고갈시켜 제 기능(서비스)을 못하게 하는 공격이다. 한 때는 지지자들이 합심하여 대상 웹페이지를 열고 ctrl+F5를 눌러서 '화면 새로 가져오기'를 지속적으로 누르거나 그런 프로그램을 작동시켜 웹서버를 마비시키기도 했었다. DDoS는 이러한 동작을 여러 컴퓨터에서 동시다발적으로 수행하여 서버를 공격하는 방법이다. 동시에 지지자들이 공격하도록 하는 대신 (그림 1-8)과 같이 다수의 컴퓨터를 공격자의 명령에 따르는 악성 프로그램으로 감염시켜 좀비(zombie) 컴퓨터를 만든 후, 좀비들로 하여금 공격자가 원하는 시간에 원하는 대상을 공격하도록 하

는 것이다. 선량한 사용자(좀비)는 자신도 모르는 사이에 DDoS의 공격자가 될 수도 있다. 2009년 주요 정부기관과 은행 사이트를 공격한 7.7 DDoS 대란이 대표적 공격의 예이다.

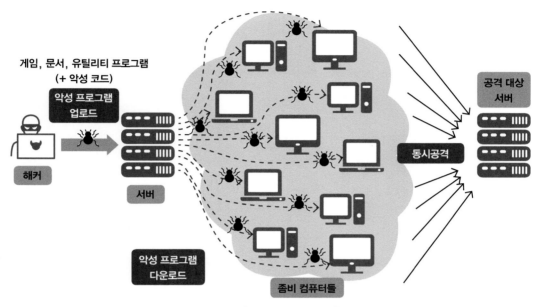

그림 1-8 DDoS 공격 경로

2. 피싱(phishing) · 스미싱(smishing): 피싱은 'private+fishing'에서 유래하였으며, '낚시'와 발음이 같도록 이름 지어졌다. 신뢰를 바탕으로 하는 사회공학적(social engineering) 기법을 사용한 공격으로서, 거래하고 있는 은행이나 지인의 이름을 빌어 이메일을 보냄으로써 의심 없이 열어보도록 하며, 링크를 클릭하는 순간 악성 코드에 감염되거나 악성 웹사이트로 이동하도록 하는 방식이다. '작살'을 의미하는 스피어피싱(spear-phishing)은 특정인을 대상으로 더욱 정교하게 만든 피싱으로서 APT 공격에서 많이 사용된다. 스미싱이란 'SMS+phishing'으로서 스마트폰의 확산에 따라 PC가 아닌 스마트폰의 문자를 통해 이루어지는 피싱 공격을 말한다. 돌잔치, 결혼 청첩장, 교통법규 위반 통보 문자를 보내, 이를 클릭하는 순간 설치되어 있는 은행앱을 악성앱으로 대체하여 사용자가 사용할 때 입력하는 결제 정보를 가로챈다. 소액결제시 사용하는 인증번호도 가로채어 사용자가 인식하지 못하는 사이 결제가 이루어지도록 할 수 있다. 또한 이미지로 저장되어 있는 보안카드를 빼내기도 한다.

3. 파밍(pharming): 피싱사이트는 원래의 사이트와 똑같이 생긴 사이트를 만들어 원래 사이트와 비슷한 url로 등록해 놓아 사람들이 실수로 접속하도록 한다. 만약 '애완동물'로 알려진 사이트는 www.animal.co.kr, www.animal.com, www.pet.co.kr, www.pet.com 등으로 추측하여 입력할 것이라는 것을 이용한 것이다. 이와 다르게 파밍은 사용자가 제대로 url을 입력하여도 피싱사이트로 연결시킬 수 있는 공격이다. 윈도우는 TCP/IP(인터넷 사용을 위한 네트워크 프로토콜) 통신을 위해 C:\Windows\System32\drivers\etc 폴더에 host라는 파일을 제공한다. 여기에 (그림 1-9)와 같이 호스트의 실제 주소(IP 주소)와 호스트 이름을 연결시키기 위한 정보가 들어있다. 공격자가 악성코드 등을 이용하여 희생자 컴퓨터의 hosts 파일에서 rhino.acme.com의 주소인 102.54.94.97을 102.54.94.55로 변경해 놓는다면 사용자가 url에 'rhino.acme.com'을 정확히 입력한다고 해도 피싱사이트인 102.54.94.55로 연결되게 된다. 심지어 102.54.94.55에 rhino.acme.com의 피싱사이트를 제작해 놓았다면 사용자는 아무 의심 없이 피싱사이트에 개인정보나 금융정보를 입력하여 공격자에게 노출시키게 된다.

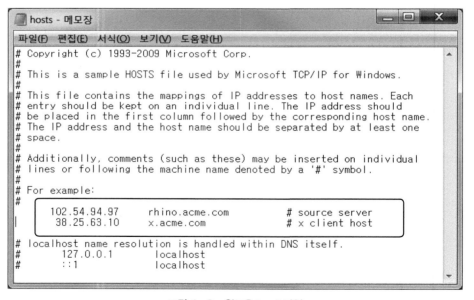

그림 1-9 윈도우 host 파일

4. 익스플로잇(exploit) 공격: 컴퓨터 소프트웨어나 하드웨어의 버그나 취약점 등을 이용하여 공격자가 원하는 악의적 동작을 하도록 하는 공격 방법이다. 이러한 버그나

취약점은 개발자/개발사가 지속적으로 찾아내거나(블루 해커 참조) 사용자들의 보고에 의해 인지되면, 개발자/개발사는 패치를 만들어 보완하도록 배포한다(그래서 윈도 패치 등 설치된 소프트웨어의 패치가 중요하다). 따라서 버그나 취약점이 발견되어 패치가 이루어지기까지는 짧지 않은 시간이 걸리게 된다. 제로데이(zero-day) 공격이란 새로 발견된 버그나 취약점이 미처 알려지기 전에 이를 이용하여 이루어지는 공격을 말한다.

5. **지능형 지속가능위협(APT: Advanced Persistent Threat)**: 2010년 이란 원자력 발전소 시스템 파괴를 목적으로 한 스턱스넷(StuxNet)이 유명하며, 우리나라에서는 2011년 4월 농협전산망 마비 사고, 3.20테러로 알려진 2013년 3월 6개의 방송/금융사 전산망 마비 등이 이 공격에 의한 것이다. 이 공격은 특정 타켓을 두고 많은 시간과 비용을 투자하여 지능적 위협을 가하는 공격 방법이다. 공격 절차는 (그림 1-10)과 같다. 특정 타켓에 대한 사전조사를 통해 취약점을 찾아낸 후, 제로데이 익스플로잇 공격이나 스피어피싱 등으로 PC와 같은 시스템 일부를 감염시킨다. 이 PC가 공격자의 C&C(Command & Control) 서버로 연결됨으로써 제어권이 공격자에게 넘어간다. 이후 공격자는 이 PC를 통해 시스템 정보를 얻고 주요 서버의 권한을 획득한 후 네트워크 전체를 감염시켜 장악한다. 그런 다음에는 목표했던 기밀 데이터의 유출이나 파괴 혹은 시스템 운영 방해 등을 수행할 수 있게 된다.

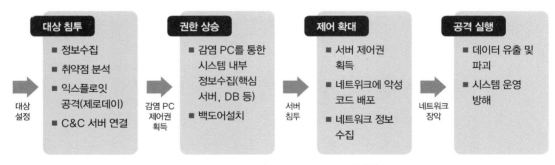

그림 1-10 APT 공격 단계

3) 대상 · 내용에 따른 사이버 공격 부류

경찰청 사이버안전국에서는 사이버 공격에 대한 범죄를 공격 대상이나 내용에 따라 분류하고 있다.

(1) 정보통신망 침해

주로 정보통신망 자체에 해를 입히거나 이용에 해를 가하는 공격으로서 해킹(계정도용, 단순침입, 자료유출, 자료훼손), 서비스거부공격, 악성프로그램 등이 여기에 속한다.

(2) 정보통신망 이용

정보통신망(컴퓨터 시스템)을 범죄의 본질적 구성요건에 해당하는 행위를 행하는 주요 수단으로 이용하는 경우로서, 인터넷 사기(직거래 사기, 쇼핑몰 사기, 게임 사기, 기타), 전기통신금융사기(피싱, 파밍, 스미싱, 메모리해킹 등), 개인 · 위치정보 침해, 사이버 저작권 침해, 스팸메일 등이 여기에 속한다.

(3) 불법콘텐츠

정보통신망(컴퓨터 시스템)을 통하여, 법률에서 금지하는 재화 · 서비스 또는 정보를 배포 · 판매 · 임대 · 전시하는 경우로서, 사이버음란물(일반음란물, 아동음란물), 사이버도박(스포츠토토, 경마/경륜/경정 등), 사이버 명예훼손 · 모욕, 사이버스토킹 등이 여기에 해당된다.

1.2 세계 해커 그룹

전 세계에는 다양한 목적을 가진 해커 그룹들이 활동하고 있다. 가장 큰 규모로 해커들이 활발하게 활동하고 있는 지역은 유럽과 미국이며, 우리나라에는 소규모 그룹들이 활동하고 있다. 이 절에서는 대표적 해커 그룹들의 활동과 성격을 소개한다.

1) 국외 해커 그룹

(1) 어나니머스(Anonymous)

스코틀랜드나 미국에서 자유와 혁명을 상징하는 영국의 가이 포크스(Guy Fawkes)로 대중에게 알려진 무정부주의적 성향을 띈 단체로 알려져 있으며, 2012년 타임지가 선정한 가장 영향력 있는 인물 100에 뽑히기도 했다. '4Chan'이라는 익명 게시판에서 유래되어 사이버 검열과 감시 반대 운동 등을 목적으로 하고 있다. 우리나라에서는 2013년 6월 25일에 북한을 해킹하여 내부 문서를 공개하겠다고 공언하여 대중에게 알려졌다. 심볼인 '머리없는 사람'은 리더가 없음과 단체의 익명성을 상징한다.

그림 1-11 가이 포크스 가면과 어나니머스 심볼

(2) 룰즈섹(Lulzsec: Lulz Security)

어나니머스와 유사한 성격을 가진 세계적 단체로서 게임업체, 소니 BGM과 FBI, CIA 등 정부부처를 공격했으며, 2011년 주요 멤버들이 검거되었다.

그림 1-12 룰즈섹의 심볼

(3) 글로벌 케이오스(Global kOS)

세계적 혼돈을 의미하는 이름을 가지고 2004년부터 활동한 단체이다. 'Up Yours!'라는 DoS 툴 등 여러 가지 해킹 툴을 개발하여 인터넷을 통해 배포하였으며, 정치인 웹사이트와 방송국 등을 해킹하였다.

(4) 밀웜(MilwOrm)

핵을 반대하는 단체로서, 개인이나 주요 인사들의 웹사이트를 해킹해서 자신들의 주장을 전파하고 있다.

그림 1-13 밀웜의 심볼

(5) DERP(Derptrolling)

2011년부터 2014년까지 뚜렷한 목적 없이 활동하며 DDoS 공격 등을 감행하였다. 리그오프레전드, 블리자드 배틀넷 등 유명 게임 사이트를 공격하면서 자신의 트위터에 그 목록을 공개하기도 했다.

그림 1-14　DERP의 심볼

(6) CWA(Crackers with Attitude)

가장 최근 단체로서 미국 외교정책에 반대하고 팔레스타인을 지지하는 것으로 알려져 있다.

(7) CCC(Chaos Computer Club)

유럽에서 가장 큰 해킹 커뮤니티로서, 1981년 베를린에서 시작하여 한 때 약 3천명의 멤버를 가지기도 했다. 기관이나 업체의 보안망을 뚫고 이를 경고해주는 선의의 활동도 하며, 정부 감시에 대항하는 데 주력하고 있다.

그림 1-15　CCC 심볼

(8) 리자드 스쿼드(Lizard Squad)

'도마뱀 부대'를 의미하는 리자드 스쿼드는 핵티비스트와 사이버전 수행 그룹 사이에 있는 성격이 다소 불분명한 그룹이다. 플레이스테이션, 리그오브레전드, 유명 게임사와 인스타그램, 바티칸, 말레이시아 공항 등을 공격하였으며, 2014년 12월에는 북한 인터넷을 DDoS 공격하여 중단시키기도 했다.

그림 1-16 리자드 스쿼드 심볼

(9) 팀포이즌(TeaMpOisoN)

2010년 결성한 그룹으로서 UN, NASA, NATO, RIM(블랙베리 제조사) 등 정부와 대기업을 공격했다. 2012년 핵심 멤버들이 체포되어 해산되었다가 2015년 합법적 화이트해커 그룹으로 재결성되었다.

(10) Desert Falcons

주로 아랍지역 국가들을 목표하고 있다고 알려져 있으나 유럽이나 우리나라에도 피해를 입히고 있다. 이들은 사이버 스파이 활동을 하면서 백도어 프로그램을 이용하여 주요 정보를 탈취하였다.

(11) 클리버(cleaver)

'식칼'이란 뜻의 이름을 가진 이란 해커 그룹으로서 미국, 중국, 독일, 한국 등의 정부 기관과 석유, 가스, 항공사 등 주요 기업을 해킹하여 정보를 빼내고 시스템을 교란시켰다.

그림 1-17 클리버 심볼

(12) 시리아전자군(Syrian electronic army)

시리아 대통령을 지지하는 해커그룹으로서 영국 BBC의 날씨정보 등의 트위터 계정을 해킹하여 이상한 내용과 시리아 지지 글들을 게재하였고, US 국가 하키리그 등 유명 사이트를 해킹하여 팝업 메시지를 띄우기도 하였다.

(13) The Impact Team

불륜의 만남을 주선한다는 논쟁을 불러일으키는 AshleyMadison.com을 공격하면서 알려졌다. 자신의 웹사이트에서 개인정보를 삭제하기 위해서는 요금을 지불하고 있다는 것을 이유로 캐나다 ALM(Avid Life Media)과 Ashley Madison and Established Men 웹사이트의 사용자 개인 정보를 절취하여 공개하였다.

(14) 414s

6명의 십대들로 이루어진 그룹으로서 이름은 자신들의 거주지의 지역코드를 따서 만들어졌다. 1980년대 초반에 Los Alamos National Laboratory 등을 포함한 컴퓨터 시스템을 공격하여 알려졌다. 그들은 금지된 곳에 들키지 않고 침투하는 도전을 목표하는 무해한 그룹이라고 주장했으나 사실상 1,500 달러 상당의 피해를 입혔다.

그림 1-18 414s 심볼

(15) FinnSec Security

2016년 핀란드 국회와 핀란드 국방부 웹사이트를 공격한 그룹이다. NBI(National Bureau of Investigation) 조사에 의해 3명이 체포되면서 해산되었다.

(16) Cicada 3301

인터넷에 복잡하고 난해한 퍼즐과 게임을 올려 이를 푼 사람들만이 그룹의 멤버가 된다. 퍼즐은 주로 데이터 보안, 암호, 스테가노그래피에 초점이 맞추어져 있지만 아직 불법적 공격을 한 사례는 보고되지 않았다.

그림 1-19 Cicada 심볼

(17) 크로아티아 혁명 해커들(CRH: Croatian revolution hackers)

크로아티아 최대 해커 그룹으로서 크로아티아와 주변국(시리아, 보스니아 등)의 웹사이트에 분산 서비스 거부 공격 등을 행하였으며, 2014년 해체되었다.

(18) 110호 연구소

기술정찰조라고도 불리는 북한 총참모부 정찰총국 소속의 해커 조직으로서 우리나라 통신망 파괴를 목표로 하고 있다. 2009년 6월말 중국 선양에서 한국을 대상으로 하는 모의해킹 훈련을 실시했다고 알려져 있으며, 중국과 동유럽 등에서 업체를 가장하여 해커부대를 운영하고 있다.

(19) Bureau 121

1980년대부터 막대한 자금을 투자하여 세계 최강의 사이버 조직이 되었다. 6,000여명의 프로그래머들이 평양에 본거지를 두고 있으면서 중국 선양 호텔에서도 활동한다고 알려져 있다. 우리나라 방송시설과 주요 은행 및 미국 회사들의 컴퓨터를 공격했다고 알려졌다. 110호 연구소와의 관계는 명확하게 밝혀지지 않았다.

그림 1-20 Bureau 121 심볼

(20) Hidden Lynx

2009년부터 고용을 위해 기관들을 공격하고 캠페인을 벌이는 그룹이다. 2012년 소프트웨어와 네트워크 보안서비스를 제공하는 Bit9의 "application whitelisting" 인증키를 해킹하기도 하였다.

그림 1-21   Hidden Lynx 심볼

(21) Deep Panda

2007년부터 활성화된 그룹으로서 최근에는 Anthem 보험회사를 공격하여 8천만명의 고객 데이터를 대량으로 유출시켰다. 미국의 외교 정책 핵심 인사와 중동과 호주 매스컴 전문가 공격을 목표로 하고 있다.

그림 1-22   Deep Panda 심볼

2) 국내 해커 그룹

(1) 유니콘(Unicorn)

한국과학기술원(카이스트, KAIST)에서 만들어진 그룹으로서, 2년 후 해체되었지만 최초의 해커그룹으로 기억되고 있다.

(2) 쿠스(KUS)와 플러스(PLUS)

각각 1991년과 1992년에 만들어져 1996년 카이스트와 포항공대의 해킹 사건을 주도했던 해커 그룹이다.

(3) 해커스랩(HackersLab)

1999년에 만들어져 프리 해킹 존(Free Hacking Zone)을 통해 컴퓨터 보안을 공부하는 사람들에게 다양한 문제와 컨텐츠를 제공하고 있다.

(4) 와우해커(WowHacker)

1998년에 만들어졌으며 국제해킹방어대회 운영을 맡기도 했었고 세계 최대 보안 컨퍼런스이자 해킹방어대회인 데프콘(DefCon: Defense Condition)에서 수상하기도 했다.

그림 1-23 와우해커 심볼

(5) 널루트(Null@Root)

1999년 만들어져 해킹문서 프로젝트를 운영하고 블로그를 통해 보안 지식을 제공하고 있다.

그림 1-24 널루트 심볼

(6) 쿠시스(KUCIS: Korea University Clubs of Information Security)

2002년 한국인터넷진흥원(KISA)에서 결성한 대학 정보보호동아리 연합회로서, 각 대학의 정보보호 동아리들이 연합하여 정보를 교류하고 기술을 연구하며 지역 봉사활동을 지원하고 있다.

1.3 해킹 방어 대회

전 세계는 실제 시스템과 그 구성 요소의 취약점을 발견하여 패치에 도움을 얻거나 화이트해커 양성을 위해 해킹 공격 및 방어 대회를 개최하고 있다. 이 절에서는 국내외적으로 주요한 해킹대회를 소개하고자 한다. 〈표 1-1〉에는 이 절에서 소개할 해킹대회의 웹사이트를 정리하였다.

표 1-1 주요 해킹대회 웹사이트

구분	대회명	관련 웹사이트
국제	데프콘	https://defcon.org/
	코드게이트	http://www.codegate.org
	시큐인사이드	http://www.secuinside.com/
국내	해킹방어대회	http://hdcon.kisa.or.kr https://ko-kr.facebook.com/hdcon
	화이트햇 콘테스트	https://ko-kr.facebook.com/whitehatcontest

1) 국제 대회

(1) 데프콘(DefCon)

1993년에 시작한 세계적으로 가장 권위 있는 보안 컨퍼런스이자 CTF(Capture The Flag) 방식으로 운영되는 국제해킹방어대회로서 매년 미국 라스베이거스에서 개최된다. 우리나라 팀들도 참여하여 2006년부터 꾸준히 좋은 성적을 거두어 왔으며, 2015년에는 데프콘 최초로 우리나라의 DEFKOR 팀이 우승하여 한국의 화이트해커를 알리기도 했다.

그림 1-25 데프콘

(2) 코드게이트(CodeGate)

우리나라 보안 전문업체인 소프트포럼에서 주최하여 2008년부터 매년 주체하는 컨퍼런스 및 국제해킹방어대회이다. 중·고등학생과 19세 미만 화이트해커를 대상으로 하는 주니어 해킹방어대회와 일반인을 대상으로 하는 해킹방어대회를 개최한다.

그림 1-26 코드게이트

(3) 시큐인사이드(SecuInside)

2011년부터 우리나라 해커연합인 하루(HARU)에서 주관하여 개최하는 보안 컨퍼런스 및 해킹 방어대회이다. CTB(Capture The Bugs)는 스마트TV, 스마트폰, CCTV 등의 장비들에 대해 새로운 취약점을 발견하여 패치에 기여하도록 하는 대회이다.

그림 1-27 시큐인사이드

2) 국내 대회

(1) 해킹방어대회(HDCON)

2004년부터 한국정보보호진흥원에서 개최하는 해킹방어대회이다. 중·고·대학생 및 일반인을 대상으로 한다. 2008년부터는 CTF 방식으로 방어 및 공격 능력도 평가한다.

그림 1-28 해킹방어대회

(2) 화이트햇 콘테스트(WITHCON: WhiteHat Contest)

국군사이버사령부가 주관하여 국방부와 국정원이 주최하는 해킹방어대회이다. 우리나라 국적을 가진 일반인과 청소년들이 참여할 수 있다. 입상자는 국군사이버사령부 소프트웨어개발병 입대 지원을 할 경우 우대를 받을 수 있다.

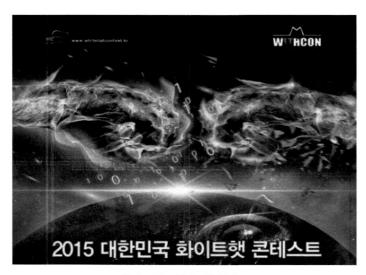

그림 1-29 화이트햇 콘테스트

1.4 우리나라 보안 기관

이 절에서는 우리나라 보안과 관련된 주요 기관들과 이 기관들을 통해 받을 수 있는 서비스들을 소개한다. 〈표 1-2〉는 이 절에서 소개할 보안관련 기관의 웹사이트이다.

1) 국가정보원(NIS: National Intelligence Service)

우리나라 국가 차원의 보안을 담당하고 있는 기관으로서 대통령 직속기관이다. 주요 업무로는 대공수사, 대북정보, 해외정보, 방첩, 산업보안, 대테러, 사이버안보, 국제범죄, 국가보안, 북한이탈주민보호이며, 홈페이지에서 (그림 1-30)과 같이 사이버위기 경보 단계를 정의하고 현재 상태를 알려주기도 한다. 산하 기관으로서 국가사이버안전센터, 산업기밀보호센터, 국제범죄정보센터, 테러정보 통합센터, 111콜센터, 안보전시관이 있다.

표 1-2   우리나라 보안관련 기관

기관	웹사이트	운영/소속 기관
국가정보원	http://www.nis.go.kr/	
국가사이버 안전센터	http://service1.nis.go.kr/	국가정보원
한국인터넷 진흥원	http://www.kisa.or.kr/	
개인정보침해 신고센터	http://privacy.kisa.or.kr/kor/main.jsp	한국인터넷진흥원
불법스팸 대응센터	http://spam.kisa.or.kr/kor/main.jsp	한국인터넷진흥원
인터넷침해 대응센터	http://www.krcert.or.kr/main.do	한국인터넷진흥원
주민번호 클린센터	http://clean.kisa.or.kr/	한국인터넷진흥원
아이핀	http://i-pin.kisa.or.kr/kor/main.jsp	한국인터넷진흥원
사이버보안인재센터	http://academy.kisa.or.kr/	한국인터넷진흥원
금융보안원	http://www.fsec.or.kr/Main.do	
경찰청 사이버안전국	http://cyberbureau.police.go.kr/index.do	
국군기무사령부	http://www.dsc.mil.kr/main.do?cmd=main	

2) 국가사이버안전센터

2003년 1월 25일 슬래머 웜(slammer worm)으로 인해 우리나라 전체 인터넷이 몇 시간 동안 마비된 인터넷 대란이 발생하였다. 이 사고를 계기로 사이버보안에 대한 국가 차원의 종합적이고 체계적인 대응의 필요성이 대두되어, 국가정보원 산하 기관으로서 2004년 2월 20일에 설립되었다. 주요 업무로는 국가사이버안전 정책 총괄, 사이버위기 예방활동, 사이버공격 탐지활동, 사고조사 및 위협정보 분석 등이다.

3) 한국인터넷진흥원

우리나라 민간 사이버보안의 업무를 총괄하는 기관으로서 2009년 7월 한국정보보호진흥원(KISA), 한국인터넷진흥원(NIDA), 정보통신국제협력진흥원(KIICA)을 통합하여 설립되었다. 주요업무로는 인터넷 통계·주소 자원 관리, 개인정보보호, 기업지원 및 인력양성, 인터넷 침해 대응 등이며, 산하 기관으로서 개인정보침해신고센터, 불법스팸 대응센터, 인터넷침해대응센터, 주민번호클린센터 등을 두고 있다.

경보단계

경보단계[심각]

■ 국가적 차원에서 네트워크 및 정보시스템 사용 불가능

■ 침해사고가 전국적으로 발생했거나 피해범위가 대규모인 사고발생

■ 국가적 차원에서 공동 대처 필요

경보단계[경계]

■ 복수 정보통신서비스 제공자(IPS)망 - 기간 망의 쟝애 또는 마비

■ 침해사고가 다수기관에서 발생했거나 대규모 피해로 발전될 가능성 증가

■ 다수 기관의 공조 대응 필요

경보단계[주의]

■ 일부 네트워크 및 정보시스템 장애

■ 침해사고가 일부 기관에서 발생 했거나 다수기관으로 확산될 가능성 증가

■ 국가 정보시스템 전반에 보안태세 강화 필요

경보단계[관심]

■ 웜 · 바이러스, 해킹기법 등에 의한 피해발생 가능성 증가

■ 해외 사이버공격 피해가 확산되어 국내 유입우려

■ 사이버위협 징후 탐지활동 강화 필요

정상단계

경보단계[정상]

■ 전 분야 정상적인 활동

■ 위험도 낮음 웜 · 바이러스 발생

■ 위험도 낮은 해킹기법 · 보안취약점 발표

그림 1-30 우리나라 사이버위기 단계(출처: 국가정보원)

4) 개인정보침해신고센터

한국인터넷진흥원 산하 기관으로서 주로 개인정보 보호에 대한 업무를 수행한다. (그림 1-31)이나 (그림 1-32)와 같이 개인정보나 메신저 피싱 방지를 위한 사용자 교육 및 홍보도 하고 있으며, 관련 법령에 관한 질의도 처리하고 있다.

그림 1-31   개인정보 오남용 피해예방 10계명(출처: 개인정보침해신고센터)

그림 1-32   메신저 피싱 방지 5계명(출처: 개인정보침해신고센터)

5) 불법스팸대응센터

한국인터넷진흥원 산하 기관으로서 대중에게 스팸차단 방법 등을 안내하고, '정보통신망이용촉진및정보보호등에관한법률'에서 정하고 있는 불법스팸 신고를 접수처리한다. (그림 1-33)은 불법스팸대응센터 웹페이지에서 안내하고 있는 휴대전화와 이메일 스팸방지를 위한 수칙이다. 웹페이지를 방문하면 스팸 신고 방법과 핸드폰 스팸 차단 방법 등도 안내 받을 수 있다.

일반이용자 숙지사항

■ 휴대전화 스팸 방지수칙

1. 이동통신사에서 제공하는 스팸차단 서비스(무료) 신청하기
2. 단말기의 스팸차단 기능을 적극 활용하기
3. 불필요한 전화광고 수신에 동의하지 않고, 전화번호가 공개·유출되지 않도록 철저히 관리하기
4. 스팸으로 의심되는 경우 응답하지 않고, 스팸을 통해서는 제품구매나 서비스 이용을 하지 않기
5. 불법스팸은 휴대폰의 간편신고 기능 등을 이용하여 e콜센터☎118(spam.kisa.or.kr)로 신고하기

■ 이메일 스팸 방지수칙

1. 이메일 서비스에서 제공하거나 프로그램 자체에 내장된 스팸차단 기능을 적극 활용하기
2. 미성년자는 포탈의 청소년 전용 계정을 이용하기
3. 불필요한 광고메일 수신에 동의하지 않고, 웹사이트, 게시판 등에 이메일주소를 남기지 않기
4. 스팸으로 의심되는 경우 열어보지 않고, 스팸을 통해서는 제품구매나 서비스 이용을 하지 않기
5. 불법스팸은 e콜센터☎118(spam.kisa.or.kr)로 신고하기

그림 1-33   스팸 방지 수칙(출처: 불법스팸대응센터)

6) 인터넷침해대응센터(보호나라)

한국인터넷진흥원 산하 기관으로서, 다양한 시스템과 소프트웨어 취약점과 신규 악성 코드 등을 알려준다. 또한 신고센터 118을 운영하여 해킹사고, 피싱사고, 발신번호 거 짓표시 등에 대한 신고를 접수하고 처리한다. 또한 다양한 무료 보안툴도 제공한다.

7) 주민번호클린센터

인터넷상에서 회원 가입 시 중요 개인정보인 주민등록번호가 사용되어, 유출된 개인정 보가 여러 가지 범죄에 도용되고 있다. 이 사이트에서는 개인별로 어느 웹사이트에 자 신의 주민등록번호가 사용되고 있는지를 조회해 주고, 회원 탈퇴 서비스까지 지원해 주 고 있다.

8) 아이핀

인터넷상에서 개인정보인 주민등록번호를 사용하지 않도록 하기 위해서 주민등록번호 를 대체할 아이핀(i-PIN)이 도입되었다. 아이핀은 주민등록번호와 같이 13자리로 구성 되고 개인과 1:1 대응되는 식별번호이지만, 주민등록번호가 출생과 더불어 변경될 수 없는 반면 아이핀은 재발급이 가능하다. 한국인터넷진흥원에서 운영하며, 아이핀에 대 한 안내와 발급 및 발급 확인을 서비스해주고 있다.

9) 사이버보안인재센터(KISA 아카데미)

정보보안 전문인력을 양성하기 위한 교육과 행정기관 및 민간시설의 정보보호 담당자 교육 및 SW 개발보안 교육 등 정보보호에 관한 교육을 위해 한국인터넷진흥원이 운영하고 있다. 또한 온라인 교육장을 운영하여 정보보안을 공부하고자 하는 사용자들이 실습할 수 있는 학습장을 제공한다.

10) 금융보안원

2015년에 설립되어 금융부분 통합보안관제, 침해대응 및 침해정보 공유, 취약점 분석·평가, 금융보안 정책·기술 연구, 금융보안 교육, 금융보안 인증, 신규기술과 서비스에 대한 보안 평가 등을 수행한다.

11) 경찰청 사이버안전국

사이버범죄에 대한 신고와 상담을 제공하고 예방을 위한 정보 및 관련 제도와 법령을 안내한다. 쇼핑몰 사기, 스미싱, 계정도용, 악성프로그램 등에 대한 예방 수칙을 안내하고, 〈표 1-3〉과 같이 사이버 피해를 막기 위한 앱과 프로그램을 제공한다. 제공한 앱과 프로그램에서 수집한 정보는 추후 피해 발생 시 증거 자료로도 활용될 수 있다.

표 1-3 경찰청 사이버안전국에서 제공하는 앱과 프로그램

앱·프로그램	주요 기능	용도
사이버캅	• 인터넷사기에 이용된 휴대폰 및 계좌번호 여부를 자동 알림 및 직접 조회 • URL 접속 시 설치되는 악성코드 차단 • IP 주소국 표시를 통해, 사칭사이트에 의한 피해 방지를 예방 • 신종 사이버범죄 발생 시 경보발령으로 피해 확산 최소화 • 최신 스미싱 사용 문구에 대한 경고	모바일
폴-안티스파이	• 스마트폰 내에 설치된 스파이앱 검색 기능 • 설치 시간 및 버전 정보 표시 • 스파이앱 탐지 시 삭제 기능 • 탐지 이력 검색 기능	모바일
파밍캅	• 감염된 PC가 가짜 은행사이트에 접속하도록 하여 금융정보를 빼가는 파밍 예방	PC

12) 국군기무사령부

군과 군에 관련된 방위사업 등에 대한 보안 대책을 수립하고 첩보를 수집하고 처리하며, 사이버전에 대비하는 업무를 수행한다. 또한 내란이나 군사기밀 누설이나 국가 보안법에 규정된 죄를 수사하며 국방 분야의 주요 정보통신 기반시설에 대한 보호 지원을 한다.

【 O/X 문제 】

※ 다음 문장이 옳으면 O, 그렇지 않으면 ×를 표시하라.

01. 스크립트 키디란 전문지식 없이 이미 작성된 스크립트 등을 이용하여 공격하는 사람을 말한다.

02. 크래커란 시스템의 갈라진 틈새를 이용하여 공격하는 사람을 말한다.

03. 핵티비스트는 핵무기를 반대하는 그룹이다.

04. 개인정보 유출은 2차적 피해를 초래할 수 있어 더욱 심각하다.

05. 랜섬웨어란 하드디스크의 파일을 암호화하여 사용자가 사용할 수 없도록 한 다음 돈을 요구하는 악성 프로그램이다.

06. 랜섬웨어 피해를 방지하려면 별도의 장치에 파일을 백업받아 놓는 것이 좋다.

07. 신용카드의 마그네틱 테이프에는 주요 정보가 반복적으로 저장되어 있어 폐기 시 복제되지 않도록 잘게 잘라 버리는 것이 좋다.

08. 웜이란 다른 프로그램에 기생하면서 자신을 복제하는 악성 코드이다.

09. 트로이목마는 정상적인 기능을 하는 프로그램 속에 숨어서 정보를 빼낸 후, 자기 복제를 수행하는 프로그램이다.

10. 드로퍼는 악성코드 자체를 포함하고 있지 않으나, 실행되면서 악성코드를 만들어 내는 프로그램이다.

11. DDoS는 컴퓨터들을 감염시켜 좀비 컴퓨터로 만든 후 원격으로 조정하여 대상을 공격하는 기법이다.

12. 스피어피싱은 특정인을 대상으로 하는 피싱공격 기법이다.

13. 파밍은 원래 사이트와 유사한 url을 가진 악성 사이트로 접속하도록 유도하는 공격 기법이다.

14. APT 공격의 대표적 사례로는 농협전산망 마비 사고, 3.20테러 등이 있다.

15. 사이버음란물이나 사이버도박 등은 불법콘텐츠 범죄에 해당한다.

16. 어나니머스는 팔레스타인을 지지하는 해커 그룹이다.

17. 쿠시스는 우리나라 대학 정보보호동아리 연합회이다.

18. 코드게이트는 우리나라에서 주관하는 국제적 해킹방어대회이다.

19. 우리나라 국가 차원의 보안을 담당하는 기관은 국가정보원이다.

20. 아이핀은 주민등록번호를 대체하는 수단으로서, 일단 발급받으면 변경이 불가능하다.

【 객관식 문제 】

01. 다음 중 시스템 베타 테스트 등을 수행하는 해커를 일컫는 말은?

❶ 블랙해커   ❷ 그레이 해커   ❸ 블루해커   ❹ 화이트해커

02. 가장 많은 비중을 차지하는 악성코드의 목적은?

❶ 호기심   ❷ 정치적 목적   ❸ 종교적 표현   ❹ 금전적 이익

03. 개인정보 유출로 인한 피해로 볼 수 없는 것은?

❶ 시스템 파괴   ❷ 금융 사기   ❸ 거짓 납치 협박   ❹ 텔레마케팅

04. 파일을 RSA-4096과 같은 강력한 암호 알고리즘으로 암호화한 후 돈을 요구하는 악성코드의 종류는?

❶ DDoS   ❷ 랜섬웨어   ❸ 파밍   ❹ APT

05. 다음 중 가장 잘 알려진 랜섬웨어는?

❶ 크립토월   ❷ 트로이목마   ❸ AES   ❹ 어나니머스

06. 사용자의 정보를 빼내는 악성코드 부류는?

❶ 웜   ❷ 스파이웨어   ❸ 바이러스   ❹ 하이재커

07. 사용자의 동의는 얻었으나 목적과 상관없이 설치되는 악성코드 부류는?

❶ 애드웨어   ❷ 드로퍼   ❸ PUP   ❹ 트로이목마

08. 윈도우가 TCP/IP 접속을 위해 제공하는 hosts 파일을 변조하는 공격은?

❶ 스피어피싱   ❷ 스미싱   ❸ 제로데이공격   ❹ 파밍

09. 시스템의 버그나 취약점을 이용한 공격은?

❶ PUP   ❷ 파밍   ❸ 익스플로잇   ❹ APT

10. 특정인/시스템을 대상으로 하여 지능적 수법으로 지속적으로 수행하는 공격은?

❶ PUP   ❷ 피어스피싱   ❸ 익스플로잇   ❹ APT

11. 다음 중 해커 그룹이 아닌 것은?

    ❶ 리자드 스쿼드   ❷ 클리버   ❸ 어나니머스   ❹ 데프콘

12. 다음 중 우리나라 해커 그룹은?

    ❶ 해커스랩   ❷ DERP   ❸ 밀웜   ❹ 룰즈섹

13. 다음 중 국제 해킹방어대회는?

    ❶ 화이트햇 콘테스트   ❷ 코드게이트
    ❸ 널루트   ❹ 드로퍼

14. 우리나라 민간 정보보호를 담당하는 최고 기관은?

    ❶ 국정원   ❷ 한국인터넷진흥원
    ❸ 국군기무사령부   ❹ 국가사이버안전센터

15. 인터넷상에서 주민등록번호를 대체하는 식별번호는?

    ❶ 공인인증서   ❷ 사설인증서   ❸ 아이핀   ❹ 전화번호

【 주관식 문제 】

01. 의도에 따른 해커를 분류하시오.

02. 악성 코드의 종류와 특징을 기술하시오.

03. DDoS 경로를 설명하시오.

04. 피싱과 피어스피싱의 차이점을 설명하시오.

05. 제로데이 공격이란 무엇인지 설명하시오.

06. 파밍에 사용되는 윈도우 파일 명은 무엇이며, 포함하고 있는 내용은 무엇인지 설명하시오.

07. APT 공격의 단계를 설명하시오.

08. 해커 그룹을 아는 대로 쓰시오.

09. 해킹방어대회의 이름을 아는 대로 쓰시오.

10. 개인정보침해센터, 불법스팸대응센터, 인터넷침해대응센터 등을 산하 기관으로 두고 있는 우리나라 민간 정보보호 기관을 쓰시오.

Introduction to **INFORMATION SECURITY**
for the Mobile Age

C H A P T E R

02

윈도우즈와 PC 보안

이 장에서는 범용으로 가장 널리 사용되고 있는 윈도우즈 시스템과 그 보안 기법들에 대해 공부할 것이다. 컴퓨터에 익숙하지 않은 사람이라도 '윈도우즈'라는 말은 귀에 익숙할 것이다. 최근에는 스마트폰으로 인해 안드로이드나 iOS 등도 대중에게 널리 알려지긴 했지만, PC의 경우에는 모든 컴퓨터가 윈도우즈를 사용하는 것으로 무심코 생각할지도 모른다. 윈도우즈는 다양한 운영체제 중의 하나이며, 운영체제란 사용자가 컴퓨터를 사용할 수 있도록 자원을 관리해 주는 소프트웨어시스템이다. 이 책을 공부하려는 독자라면 이 정도는 알고 있겠지만, 사전지식을 정리하고 다음 단계로 넘어가기 위한 단계로서 운영체제라는 것을 한번 간단하게 되짚어보고 윈도우즈 7을 기반으로 한 PC 보안에 대해 알아보자.

2.1   컴퓨터 시스템과 운영체제

1) 컴퓨터 시스템

먼저, 흔히 말하는 컴퓨터 시스템 구성에 대해 간단히 살펴보자. 컴퓨터는 잘 알다시피 (그림 2-1)처럼 하드웨어(hardware)와 소프트웨어(software)로 구성된다. 하드웨어는 CPU와 메인메모리(main memory)로 구성되는 중앙처리장치와 주변장치로 이루어진다. 주변장치는 키보드, 마우스 등의 입력장치와 모니터, 프린터 등으로 구성되는 출력장치, 그리고 보조기억장치로 이루어진다. 메인메모리는 용량이 작은 휘발성 기억장치로서 전원이 꺼지면 모든 기억이 지워지기 때문에 영구적으로 많은 데이터를 보존하기 위해 하드디스크, USB 메모리나 CD 등과 같은 보조기억장치를 사용한다.

소프트웨어는 사용자가 하드웨어 시스템을 사용할 수 있도록 제공되는 컴퓨터 프로그램으로서, 크게 시스템 소프트웨어와 응용 소프트웨어로 구분된다(대부분 '소프트웨어'와 '프로그램'을 구분하지 않고 사용한다). 시스템 소프트웨어는 응용소프트웨어를 실행하기 위해 컴퓨터 하드웨어를 동작시킬 수 있도록 해주는 기본적이고 많은 사용자들이 공통적으로 사용하는 소프트웨어이다. 가장 대표적인 시스템 소프트웨어는 윈도우즈(Windows), 리눅스(Linux) 등으로 대표되는 운영체제이다. 그 외에도 입출력 장치를 제어하기 위한 장치 드라이버(driver), 백신 프로그램(vaccine program)이나 압축 프로그램과 같은 유틸리티(utility), 응용 소프트웨어 제작을 위한 프로그래밍 언어 번역기인 컴파일러(compiler) 등이 여기에 속한다. 시스템 프로그램은 사용자가 직접 사용하기도 하지만 사용자의 개입 없이 자동적으로 수행되는 경우가 많아서 그 존재를 잘 알지 못할 수 있다. 반면, 응용 소프트웨어는 사용자들이 매우 익숙한 프로그램들로서 보통 사용자가 필요에 의해 직접 수행시키는 프로그램들이다. 오라클이나 MySQL과 같은 데이터베이스는 낯설겠지만 아래한글(혼글)이나 파워포인트(PowerPoint)와 같은 문서 작성기나 곰오디오와 팟플레이어와 같은 미디어 재생기, 그리고 인터넷 익스플로러(Internet Explorer)나 크롬(Chrome)과 같은 웹브라우저(web browser)는 매우 익숙한 응용 소프트웨어일 것이다.

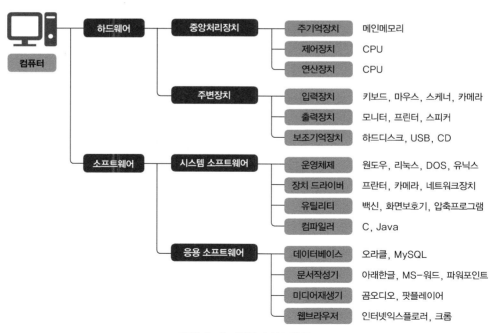

그림 2-1 컴퓨터 시스템 구조

2) 운영체제(Operating Systems)

자, 그럼 운영체제는 어떤 일을 할까? 운영체제는 매우 복잡한 컴퓨터 프로그램이다. 프로그램의 기능도 복잡하고 그 크기도 크지만, 오랫동안 여러 사람들이 공동으로 작성하고 작성자가 아닌 다른 사람이 수정하기도 하기 때문에 운영체제가 잘 돌아가는 것이 신기하다고 말하기까지 한다. 그래서 사실 끊임없이 패치(patch) 프로그램이 나오는 이유이기도 하다. 물론, 새로운 기능을 추가하거나 향상시키기 위한 목적도 있지만 말이다. 운영체제는 한 국가의 정부라고 표현하기도 한다. 컴퓨터 하드웨어 및 다른 소프트웨어 시스템이 잘 운영되도록 '모든' 일을 관장하는 일이 운영체제의 핵심 기능이기 때문이다. 운영체제의 역할이 '모든' 일을 관장하는 것이다 보니 일일이 그 기능을 나열하는 것은 어려운 일일뿐더러 이해하기도 어렵다. 여기서는 이 장과 이후의 장들을 이해하는데 필요한 기본적인 기능들만 개략적으로 습득하는 데 만족하자.

(1) 프로세스와 메모리 관리

사용자들이 궁극적으로 필요로 하는 기능은 응용 소프트웨어에서 담당한다. 프로그램을 수행하는 것은 CPU의 몫이며, 어떤 프로그램이든 수행되기 위해서는 메인 메모리에 프로그램이 저장되어 있어야 한다. 우리는 한 번에 하나의 프로그램만 수행시키지 않는다. 컴퓨터로 음악을 들으면서 리포트를 작성한다. 리포트를 작성하다가 자료가 필요하면 웹서핑을 하고, 누군가 말을 걸면 간간이 실시간 메신저로 대화도 한다. 또 휴식이 필요하면 수행 중이던 프로그램을 종료시키지 않고 게임 프로그램을 실행하기도 한다. 프로그램이 실행되기 위해서는 메인 메모리에 저장되어 있어야 한다고 했는데, 이 많은 프로그램들이 적은 용량의 메인 메모리에 어떻게 저장될 것인가? 하나의 동영상 파일만 보더라도 메인 메모리보다 용량이 큰 경우가 많고, 심지어 운영체제도 프로그램이기 때문에 메인 메모리에 저장되어야 하는데 말이다. 그리고 프로그램을 수행시키는 CPU는 하나인데 어떻게 동시에 여러 프로그램을 실행시킬 것인가? 생각만 해도 머리 아파지는 이 일을 운영체제가 하는 가장 기본적인 기능이다. 수행 중인 프로그램을 '프로세스(process)'라고 하는데, 앞에서 말한 일이 바로 (그림 2-2)에서 표시하고 있는 '프로세스 관리'와 '메모리 관리'이다.

그림 2-2　운영체제의 주요 역할

(2) 파일 관리

또 프로그램이나 데이터들을 하드디스크와 같은 보조기억장치에 저장하는 일도 단순하지 않다. 하드디스크를 하나의 큰 아파트 건물이라고 생각하고 하나의 파일을 한 가족이라고 생각해보자. 그러면 아파트 전체를 어떤 크기로 잘라 한 호수(가구)를 붙일 것인지, 대가족이어서 한 가구에 저장될 수 없으면 어떻게 할 것인지 정해야 한다. 이와 비슷하게 하드디스크에 파일을 저장하고 관리하기 위해서는 하드디스크를 어떤 크기로 잘라 파일에 할당할 것인지(이는 섹터(sector)와 클러스터(cluster)와 연관이 있으며 2절 윈도우즈 7 보안과 8장 디지털 포렌식에서 자세히 공부하자), 파일이 클 경우에 어떻게 처리할 것인지, 파일을 저장하고 남는 메모리는 어떻게 처리할 것인지를 결정해야 한다. 또 탐색기에서 파일을 폴더로 정리하고 그 폴더에 들어있는 파일과 그 정보를 일목요연하게 보여주고, 사용자가 선택했을 때 그 파일의 내용을 보여주거나 실행시키려면 파일의 위치가 어디에 있는지 알아야 한다. 또 데이터를 선택했을 때 어떤 프로그램을 통해 열어주어야 하는지 등 할 일이 태산이다. 이러한 일이 '파일 관리' 기능이다.

(3) 네트워크 관리

요즘은 '인터넷 중독' 말이 생겨날 정도로 네트워크는 우리에게 필수적이다. 실제 네트워크 없이는 많은 작업을 수행하기가 곤란하다. 엄밀히 말해서 인터넷과 네트워크는 다르지만 초보자를 위해 동일하게 사용하겠다. 인터넷 사용을 위해서는 네트워크 카드와 같은 하드웨어적인 지원도 필요하지만 내 컴퓨터를 인터넷상에서 식별할 수 있도록 하는 방법이 필요하다. 잘 알고 있는 IP 주소가 그것이다. 이러한 IP 주소의 관리를 비롯해서 지구 저편에 있는 누군가와 통신을 하기 위해서는 복잡하고 많은 일들이 필요하다. 이러한 '네트워크 관리'도 운영체제에서 일부 담당한다.

(4) 장치 관리

(그림 2-1)에 간략하게 소개하긴 했지만 그 외에도 여러 가지 입출력 장치나 보조기억장치가 있다. 또 그러한 장치들은 규격이나 기능이 매우 다양하다. 요즘 이러한 장치들은 '플러그앤플레이(plug & play)' 방식으로 지원되기 때문에 설치하여 사용하기가 매우 편리하다. 사실상 설치 프로그램, 드라이버와 운영체제가 잡다한 일을 사용자 대신해주고 있기 때문이다. (그림 2-2)의 '장치관리'가 그것이다.

(5) 사용자 관리

원래 PC는 Personal Computer, 즉 '개인용 컴퓨터'의 줄임말이다. 이 말은 예전에 여러 사용자가 함께 사용하는 성능 좋은 서버(server)에 대응되어 생긴 용어이다. 하지만 컴퓨터의 급속한 발달로 지금의 PC는 당시의 서버보다 훨씬 성능이 우수하기 때문에 충분히 여러 사람이 함께 사용할 수 있다. 물론 각 가정에서도 개인당 하나의 PC를 소유하기도 하지만, 가정이나 PC방, 학교 실습실, 그리고 회사에서도 하나의 PC를 여러 명이 사용하는 경우는 많다. 이러한 경우 사용자의 사용영역을 분리 관리하고 데이터 및 시스템을 보호하기 위해서는 '사용자 관리'가 필요하다. 남의 데이터를 허락 없이 보거나 수정하거나 삭제해서는 안 될 것이고, 컴퓨터 사용에 미숙한 사용자가 함부로 시스템을 조작해서는 안 된다. 따라서 각 사용자는 자신의 분리된 영역에서 작업하고 데이터를 보호받을 수 있어야 하고, 부적절한 작업으로부터 시스템이 보호되도록 운영체제가 관리하여야 한다. 이것 역시 운영체제의 몫이다. 만약 운영체제가 한 사람이라면 아마 격무에 시달리다 쓰러지고 말 것이다. 참으로 고맙고 경이로운 존재이다.

(6) 로그 관리

마지막은 '로그 관리'이다. 컴퓨터 시스템에서는 크고 작은 사건들이 발생하는데 이를 이벤트(event)라고 한다. 프로그램은 사용자의 요구(아이콘을 클릭한다든지)에 의해 실행되기도 하지만 운영체제 시스템에 의해 자동적으로 실행되기도 한다. 운영체제에 의

해 자동적으로 실행되는 프로그램은 화면에 창이 뜬다거나 작업표시줄에 아이콘이 생성된다거나 하지 않는 경우가 많다. 이렇게 사용자의 개입 없이 실행되는 경우에 '백그라운드(background)로 실행된다'고 말하고, 그 반대의 경우에는 '포그라운드(foreground)로 실행된다'고 말한다. 포그라운드 뿐 아니라 백그라운드로 실행되는 프로그램의 실행 자체도 이벤트이고, 프로그램 실행 중에 발생하는 오류나 사용자에게 알려주는 정보도 이벤트에 해당된다. 예를 들면 운영체제 업그레이드, 비정상적인 컴퓨터 종료, 응용 프로그램 실행 오류 등 매우 다양하고 상세한 사건들이 포함된다. 이러한 이벤트들은 추후 시스템 점검에 사용되거나 문제 발생 시 추적과 감사를 위해 사용될 수 있다. 이를 위해 운영체제는 로그를 체계적으로 저장하고 '이벤트 뷰어(event viewer)'를 통해 사용자가 열람할 수 있도록 해준다.

이제까지 열거한 기능들을 수행하는 운영체제는 여러 가지가 있다. 우리에게 가장 익숙한 윈도우즈 시리즈(윈도우 NT, 윈도우 XP, 윈도우 VISTA, 윈도우 7, 윈도우 8 등)와 조금 컴퓨터를 잘 다루는 사람이라면 알고 있을 DOS(Disk Operating System) 그리고 리눅스(Linux), 유닉스(Unix) 등이 있다. 보안을 제대로 공부하자면 다양한 시스템을 알아야 하겠지만, 이 책은 보안의 개념을 습득하기 위한 것이기 때문에 가장 널리 사용되고 있는 윈도우즈 7을 기반으로 보안 개념을 소개하고자 한다.

2.2 윈도우즈 7 보안

운영체제의 기능은 매우 많다. 1절에서는 2절에서 소개하고자 하는 윈도우즈 7의 보안 기능과 관련 있는 사항들을 선택적으로 기술하였다. 따라서 이 절에서는 1절에서 소개한 운영체제의 기능과 관련된 보안 기능을 조금 상세히 살펴보도록 한다.

1) 사용자 관리

앞에서 기술한 바와 같이 비록 PC라도 여러 사람이 공유하여 사용하게 되는 환경이 많다. 비록 혼자 쓰는 경우라도, 스마트폰이 다른 사람의 손에 들어갔을 때를 대비하여 보호 장치를 준비하듯이 PC의 경우에도 시스템 및 개인의 데이터 보호를 위한 장치가 필요하다. 그 첫 번째 장치가 '계정관리'이다. 아무리 혼자 사용하는 PC라도 윈도우즈를 설치하면 기본적으로 'Administrator'와 'Guest'라는 계정이 생성된다. 윈도우 아래 작업표시줄 맨 왼쪽에 있는 윈도우즈 로고 버튼(, 이후부터는 '윈도 로고'로 기술)을 누르면 (그림 2-3)과 같은 메뉴가 나오는데(구성 항목은 사용자마다 다를 수 있다), 오른쪽 맨 위에 표시되는 이름이 현재 컴퓨터를 사용하고 있는 사용자 이름이다. (그림 2-3)에서는 'com'으로 표시되어 있다.

그림 2-3 현재 사용자 계정 확인

(1) 사용자 계정 생성

Administrator와 Guest라는 사용자는 자동으로 생겨난다고 했는데, 그럼 com이라는 사용자는 어떻게 생겨났을까? 이제부터 새로운 사용자를 추가해 보자. (그림 2-4)와 같이 [윈도 로고]-[제어판]-[사용자 계정 및 가족 보호]에서 [사용자 계정 추가 또는 제거]를 선택하면 (그림 2-5)와 같이 현재 생성되어 있는 계정의 목록이 나온다. 그림에서는 'Administrator', 'com', 'Guest'의 계정이 생성되어 있다. 여기서 [새 계정 만들기]를 선택하여 (그림 2-6)이 출력되면 사용자 이름을 입력하고(그림에서는 '홍길동'), [표준 사용자(S)]를 선택한 다음 [계정 만들기]를 누른다. 그러면 (그림 2-7)과 같이 새로운 계정 '홍길동'이 생성되었음을 볼 수 있다. 이 그림을 조금 더 자세히 들여다보자. 각 사용자 계정 이름 아래는 'Administrator', '표준 사용자' 혹은 'Guest 계정 사용 안 함'이라고 표시되어 있는 것을 볼 수 있다. '홍길동' 아래 '표준 사용자'라고 나오는 이유는 (그림 2-6)에서 계정을 생성할 때 '표준 사용자'를 선택했기 때문이다. 그렇다면 'com'을 생성할 때는 (그림 2-6)에서 'Administrator'란 뜻의 '관리자(A)'를 선택했을 것이라고 쉽게 추측할 것이다. 빙고! 그렇다면 'Guest'는 어떻게 생성했을까? 이 계정은 윈도우즈 설치 시 자동으로 생성된다. 그 보다 '계정 사용 안 함'이라는 부분에 주목하자. 이것은 계정이 생성되어 있지만 현재 비활성화되어 있다는 뜻이다. 안전을 위해 기본적으로 비활성화되어 있으며 필요시 활성화 시켜서 사용하면 된다. 활성화하고 싶다면 Guest 아이콘을 클릭해보자. 그러면 (그림 2-8)이 출력되는데 여기서 [사용]을 선택하면 된다.

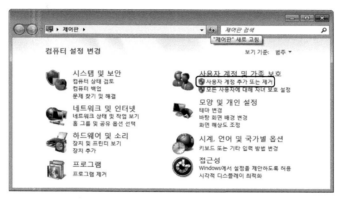

그림 2-4 제어판의 사용자 계정 관리

여기서 계정을 생성할 때 선택했던 '표준 사용자(S)'와 '관리자(A)'는 어떤 차이가 있을까 살짝 알아보고 가자. (그림 2-6)에도 나타나 있듯이 관리자는 몇몇 작업을 제외하고는 '거의 모든' 작업을 할 수 있고, 표준 사용자는 '제한된' 작업만을 할 수 있다. '거의 모든' 작업과 '제한된' 작업에 대한 상세한 내용은 '사용자 그룹 관리'에서 살펴볼 것이다.

그림 2-5 새 계정 만들기

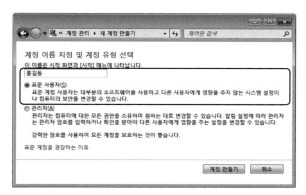

그림 2-6　표준 사용자 '홍길동' 계정 만들기

그림 2-7　생성된 사용자 계정들

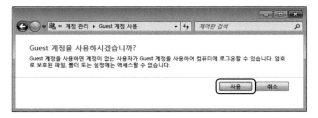

그림 2-8　사용자 계정 활성화

사용자의 데이터를 보호하기 위해 계정을 만들고, 표준 사용자는 다른 사용자의 폴더에
접근할 수 없다. 하지만 다른 사람의 계정으로 로그온하면 아무 소용이 없다. 이를 막

기 위한 방법은 계정마다 로그온 암호(패스워드, password)[1]를 설정하는 것이다. 사용자가 자기 계정의 패스워드를 설정하려면 (그림 2-9)의 제어판에서 [사용자 계정 및 가족보호]를 선택하고, (그림 2-10)이 출력되면 [Windows 암호 변경]을 선택한 후 (그림 2-11)에서 패스워드를 입력하면 된다. 패스워드가 설정되고 나면 (그림 2-12)는 (그림 2-13)과 같이 [암호 변경]과 [암호 제거] 메뉴가 추가되므로, 언제든 패스워드를 변경하거나 제거할 수 있다. 패스워드를 좀 더 안전하게 설정하는 방법이나 기타 고급 제어 기능은 '그룹 정책 관리' 절에서 다룰 것이다.

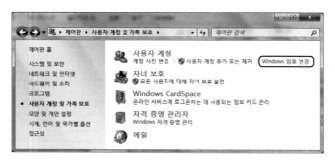

그림 2-9 제어판의 윈도우 패스워드 변경

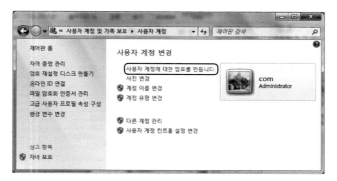

그림 2-10 사용자 계정 패스워드 변경

---

[1] '암호'라는 용어는 두 가지 의미로 사용된다. 하나는 이 장에서처럼 시스템에 접근을 허용하는데 사용되는 인증 수단인 패스워드이고, 또 하나는 제3자에게 내용을 감추기 위한 수단으로서의 cryptography이다. 후자의 경우는 4장에서 다룬다. 앞으로 인증수단으로서의 암호는 '패스워드'로 기술할 것이다.

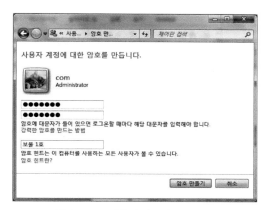

그림 2-11 사용자 패스워드 설정 화면

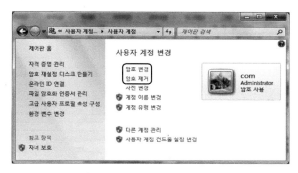

그림 2-12 패스워드 변경 및 제거

'거의 모든' 권한을 가지는 관리자는 다른 사용자 계정의 패스워드도 변경하거나 제거할 수 있다. 관리자인 'com'이 (그림 2-7)에서 [홍길동]을 선택하면 (그림 2-8)에서와 같이 [암호 변경]과 [암호 제거]를 통해 '홍길동'의 패스워드를 변경하거나 제거할 수 있다.

그림 2-13 관리자의 표준사용자 패스워드 변경 및 제거

다른 사람의 패스워드를 변경하거나 제거하려고 하면 이로 인해 발생하는 '홍길동'의 피해에 대해 (그림 2-14)와 같이 경고한다. 관리자는 모든 사용자의 패스워드를 마음대로 변경할 수 있다니 지나치지 않은가? 하지만 다른 사용자의 패스워드를 알 수는 없고 변경하거나 제거할 수만 있기 때문에 사용자는 변경 사실을 인식할 수 있다. 그러므로 적어도 사용자 '몰래' 패스워드를 알아내거나 바꿀 수는 없다.

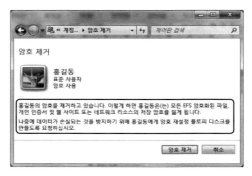

그림 2-14 다른 사용자 계정 패스워드 제거에 대한 안내

(2) 로그온과 패스워드

컴퓨터가 부팅되었을 때 등록된 사용자가 여럿일 경우에는 로그온하고자 하는 사용자 선택 화면이 (그림 2-15)와 같이 출력된다. 로그온할 사용자를 선택했을 때, 패스워드가 설정되어 있을 경우에는 (그림 2-16)과 같이 패스워드를 요구하는 화면이 출력된다.

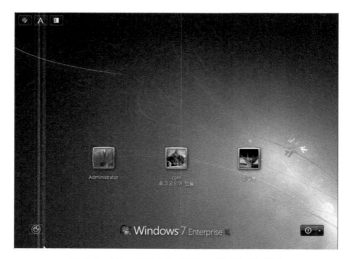

그림 2-15 사용자가 여럿일 경우 로그온 화면

그림 2-16 로그온 패스워드 요구

사무실과 같이 여러 사람이 함께 사용하는 공간에서 PC 사용 중에 자리를 비우는 것은 보안상 바람직하지 않다. 그러면 잠시 자리를 비울 때마다 모든 작업 중이던 프로그램을 종료하여 데이터를 저장하고 PC를 종료시켰다가, 다시 컴퓨터를 켜서 작업들을 다시 시작할 것인가? 너무나 번거롭다. 그보다는 [윈도 로고]-[시스템종료]/[로그오프(O)]를 선택하여 작업 중이던 상태를 유지한 채 (그림 2-15)가 출력되도록 할 수 있다.

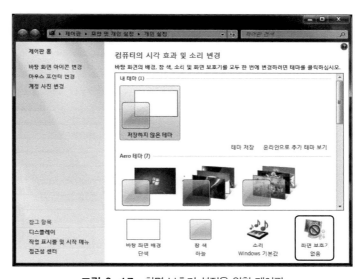

그림 2-17 화면 보호기 설정을 위한 제어판

또 의도적으로 로그오프 하지 않더라도 일정한 시간동안 사용이 없을 경우 작동되는
화면 보호기를 이용할 수도 있다. 바탕화면에서 오른쪽 마우스 버튼([MR])을 눌러 출
력되는 메뉴에서 [개인 설정]을 선택하거나 [제어판]-[모양 및 개인설정]-[개인설정]을
선택하면 (그림 2-17)이 출력되는데, 여기서 [화면 보호기]를 선택하면 (그림 2-18)이
출력된다([제어판]-[모양 및 개인설정]-[화면보호기 변경]으로도 직접 출력할 수 있다).
여기서 화면 보호기를 설정한 후 [다시 시작할 때 로그온 화면 표시(R)]을 선택하면 된
다. [대기(W)]에서 설정한 시간 동안 컴퓨터 사용이 없으면 (그림 2-15)와 같은 로그온
화면이 출력된다.

그림 2-18 화면보호기를 이용한 접근 제어

(3) 사용자 폴더와 접근 제어

각 사용자는 자기만의 환경에서 작업할 수 있다. 간단한 예로, 바탕화면을 사용자가 각
자 만들어 쓸 수 있고, 화면보호기의 사용여부와 종류를 선택할 수 있으며 윈도우 탐색
기의 옵션이나 인터넷 익스플로러의 즐겨찾기 등도 따로 관리할 수 있다. 이렇게 사용
자마다 다른 환경을 제공하기 위해서 윈도우즈는 이러한 사용자 정보를 저장하고 있어
야 한다. 이러한 정보는 윈도우 탐색기에서 'c\사용자'에 저장되어 있다. (그림 2-19)에
서 보는 바와 같이 각 사용자(예에서는 'com')에 대한 폴더가 만들어져 있다(사실 '홍길
동' 계정을 생성한 다음 곧바로 이 폴더에 들어가 보면 '홍길동' 폴더가 나타나지 않는
다. 효율성을 위해 이름만 등록해 놓고 있다가 '홍길동'으로 처음 로그온 할 때 폴더가
생성되기 때문이다). 생성된 계정 외에 '공용'이라는 폴더가 있는데, 여기에는 모든 사
용자에게 공통적으로 적용되는 항목들이 저장되어 있고, 각 사용자 계정 폴더에는 앞에

서 설명한 바와 같이 사용자마다 다른 설정을 갖는 것에 대한 정보들이 들어 있다.

그림 2-19   사용자 폴더

그림 2-20   사용자 폴더 구성

현재 로그온 되어 있는 사용자인 'com' 폴더로 들어가 보면 (그림 2-20)과 같이 나타난다. 이 'com' 폴더는 바탕화면에 있는 'com' 아이콘을 클릭했을 때 열리는 폴더(그림 2-21)과 동일하다.

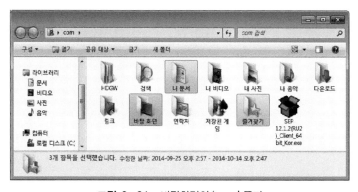

그림 2-21   바탕화면의 'com' 폴더

우선 대표적으로 '내 문서' 폴더는 사용자가 생성하는 데이터 파일들을 저장하도록 권장하는 폴더이다. 그 이유는 조금 후에 알아보자. '바탕화면'은 해당 사용자의 바탕화면에 있는 폴더와 파일 혹은 바로가기들이 들어 있다. '즐겨찾기'에는 인터넷 익스플로러에서 설정한 즐겨찾기 링크들이 들어 있다. 기타 '내 비디오', '내 사진', '내 음악' 등은 사용자의 동영상, 사진, 음악 파일들이 저장되는 디폴트(default) 폴더이고 '다운로드' 폴더는 인터넷을 통해 다운로드 받는 파일이 저장되는 디폴트 폴더이다. 여기서 디폴트라는 것은 사용자가 변경하지 않았을 때 기본적으로 선택되는 폴더를 말한다.

(그림 2-15)로 돌아가서, 현재 사용자인 'com'이 '홍길동' 폴더를 클릭하여 열려고 하면 (그림 2-22)와 같은 알림창이 뜬다. 한마디로 사용권한이 없으니 남의 폴더에 함부로 접근하지 말라는 뜻이다. 하지만 [계속] 버튼을 누르면 이 폴더에 대한 com의 접근권한이 추가되면서 폴더를 열 수 있다. 그럼 왜 어차피 접근을 허용할 것이면서 귀찮게 한번 창을 띄워 물어보는 것일까? 사실상 남의 폴더이기 때문에 기본적으로 접근을 막지만, 앞에서 설명한 것처럼 com이 '거의 모든' 권한을 가지는 '관리자'이기 때문에 권한을 주는 것이다. 그래서 만약에 com이 '관리자'가 아닌 '표준 사용자'였다면 (그림 2-23)과 같이 관리자인 Administrator의 패스워드를 요구한다. 물론 이 패스워드를 모르면 접근이 불가능하다. 이것이 사용자 개인 파일은 사용자 폴더에 저장하기를 권장하는 이유이다.

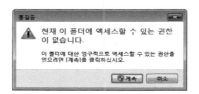

그림 2-22 사용자 폴더에 대한 접근제어

그림 2-23 표준 사용자의 다른 사용자 폴더 접근 제한

(4) 사용자 그룹 관리

사용자는 개별로 관리될 뿐 아니라 그룹으로도 관리된다. 앞에서 계정 생성할 때 사용자가 속할 그룹으로서 '관리자'와 '표준 사용자'가 있었는데, 사실 이보다 더 많은 그룹이 존재한다. [윈도 로고]-[검색창]에 'lusrmgr.msc'를 입력하면 (그림 2-24)와 (그림 2-25)와 같이 로컬 사용자 및 그룹 관리 창이 출력된다. 물론 이 작업도 관리자 계정에서만 실행할 수 있다(단, 윈도우 7 홈 베이직(Home Basic), 윈도우 7 홈 프리미엄(Home Premium) 버전에서는 지원되지 않는다).

그림 2-24 로컬 사용자 및 그룹 관리창 – 사용자

그림 2-25 로컬 사용자 및 그룹 관리창 – 그룹

각 그룹별로 주어진 권한은 〈표 2-1〉에 요약되어 있다. 각 그룹의 권한을 다 이해하려면 조금 더 컴퓨터와 네트워크에 대한 지식이 필요하므로, 이러한 그룹이 있다는 것 정도만 알아두자.

표 2-1 그룹별 권한

그룹 이름	설 명
Administrator	컴퓨터/도메인에 모든 액세스 권한을 가진 관리자
Backup Operators	파일을 백업하거나 복원하기 위해 보안 제한을 변경할 수 있는 백업 관리자
Cryptographic Operators	암호화 작업을 수행할 권리 소유
Distributed COM Users	이 컴퓨터에서 구성원이 DCOM 개체를 시작하거나 활성화 또는 사용 가능
Even Log Readers	이 그룹의 구성원은 로컬 컴퓨터에서 이벤트 로그를 읽을 수 있음
Guests	기본적으로 Users 그룹의 구성원과 동일한 권한을 가진 게스트(별도의 제한 사항이 적용된 게스트 제외)
IIS_IUSRS	인터넷 정보 서비스에서 사용하는 기본 제공 그룹
Network Configuration Operators	네트워크 기능의 구성을 관리할 수 있는 관리자 권한 소유
Performance Log Users	성능 카운터 로깅을 예약하고, 추적 공급자를 사용하고, 이 컴퓨터에 로컬 및 원격으로 액세스하여 이벤트 추적을 수집 가능
Performance Monitor Users	성능 카운터 데이터를 로컬 및 원격으로 액세스 가능
Power Users	이전 버전과의 호환성을 위해 포함되며 제한된 관리자 권한 소유
Remote Desktop Users	원격으로 로그온할 수 있는 권한 소유
Replicator	도메인에서 파일 복제 지원
Users	시스템 수준 변경을 수행할 수 없으며 대부분의 응용 프로그램을 실행 가능

사용자는 여러 그룹에 속할 수 있다. 사용자의 그룹을 설정하는 방법에는 2가지가 있다. 사용자에 대하여 속할 그룹들을 선택하거나, 그룹에 대하여 그룹에 속할 사용자들을 선택하는 것이다. 첫 번째 방법을 사용하려면 (그림 2-24)에서 사용자를 더블클릭하여 선택한다. 예로 '홍길동'을 선택하여 '소속 그룹' 탭을 누르면 (그림 2-26)과 같이 출력되는데 현재 소속된 그룹이 나열된다. 소속 그룹을 추가하고 싶으면 [추가(D)...] 버튼을 눌러 소속시키고자 하는 그룹들을 선택하면 된다.

이와 유사하게, Administrator 그룹에 사용자들을 추가하고자 하면 (그림 2-25)에서 'Administrator'를 더블클릭하여 (그림 2-27)이 출력되면 [추가(D)...]를 눌러서 사용자들을 추가하면 된다. 여기서 [설명(E):] 오른쪽에 나타난 설명 부분을 수정하여 그룹 설명을 변경할 수도 있다. 또 다른 추가 방법으로는 (그림 2-24)나 (그림 2-25)의 왼쪽창

에 있는 '그룹' 아이콘에서 [MR]-[새 그룹(N)...]을 선택하여 그룹 이름, 설명을 입력하
고 그룹에 소속될 사용자를 선택할 수도 있다.

그림 2-26 홍길동의 소속 그룹

그림 2-27 Administrator 그룹의 사용자

(5) 사용자 계정 컨트롤(UAC: User Access Control)

프로그램이 수행하는 작업 중에서 시스템이나 다른 사용자에게 영향을 미치는 주요 작
업의 경우에는 '관리자 권한'을 필요로 한다. 이 프로그램을 관리자가 수행시킬 때에도
사용자에게 이를 알리고 확인을 받는 것이 안전하다. 왜냐하면 의도되지 않은 악성코드
가 숨어 있을 수 있기 때문이다. 그러면 관리자가 아닌 사용자가 실행시킨 프로그램의
경우에는 어떻게 해야 하는가? 일시적으로 그 사용자가 관리자의 권한을 갖도록 함으
로써 수행시킬 수 있다. 물론 관리자의 패스워드를 알 때만 가능하도록 하고 있다. 이러

한 일을 해 주는 윈도우의 기능을 UAC라고 한다. 즉, UAC란 수행 중인 프로그램이 관리자 권한이 필요한 작업을 수행하려고 할 때, 사용자가 이를 제어할 수 있도록 하는 기능이다. 이러한 작업이 필요한 경우에는 (그림 2-28)과 같이 대화상자를 출력한다. 그림에 나타난 아이콘(🛡)의 종류에는 4가지가 있는데, 각각의 의미는 다음 〈표 2-2〉와 같다(참고: http://windows.microsoft.com/ko-kr/windows/what-is-user-account-control#1TC=windows-7).

그림 2-28 사용자 계정 컨트롤을 위한 대화상자

표 2-2 UAC 대화상자 유형

아이콘	유형	설명
🛡	Windows의 일부인 설정 또는 기능을 시작하려면 사용 권한 필요	이 항목에는 Microsoft가 이 항목의 게시자임을 확인하는 유효한 디지털 서명이 있음. 일반적으로 안전하게 작업을 계속할 수 있으나, 안전성이 확실치 않은 경우 실행하려는 프로그램 또는 기능이 맞는지 확인 필요
❓	Windows의 일부가 아닌 프로그램을 시작하려면 사용 권한 필요	이 프로그램에는 프로그램 게시자의 ID를 확인할 수 있는 유효한 디지털 서명이 있음. 실행하려는 프로그램이 맞는지, 그리고 게시자를 신뢰할 수 있는지 확인 필요
❗	게시자를 알 수 없는 프로그램을 시작하려면 사용 권한이 필요	이 프로그램에는 게시자의 유효한 디지털 서명이 없음. 오래된 정품 프로그램 중에는 디지털 서명이 없는 프로그램이 많으므로 반드시 위험하다고 할 수는 없으나, 좀 더 주의를 기울여야 하며 원본 CD나 게시자의 웹 사이트 등 신뢰할 수 있는 원본에서 가져온 경우에만 프로그램을 실행하도록 허용해야 함. 확실치 않은 경우 인터넷에서 프로그램 이름을 조회하여 알려진 프로그램인지 또는 악성 소프트웨어인지 확인해야 함
⊗	시스템 관리자가 이 프로그램을 실행하지 못하도록 차단	이 프로그램은 신뢰할 수 없는 것으로 알려졌기 때문에 차단되었음. 이 프로그램을 실행하려면 시스템 관리자에게 문의 필요

(그림 2-28)에서 [자세한 정보 표시(D)]를 선택하면 (그림 2-29)와 같이 출력되어 프로

그림의 위치를 확인할 수 있고, [이 게시자의 인증서에 대한 정보 표시]를 클릭하면 (그림 2-30)과 같이 인증서 정보가 출력된다. 여기서 '디지털 서명'에 대한 개념이 필요하다. 디지털 서명에 대해서는 4장에서 조금 더 자세히 이해하도록 하고, 여기서는 그 역할만을 알아보자.

디지털 서명이란 실세계에서 종이에 손으로 쓰고 있는 서명(signature)의 디지털 버전이다. (자필) 서명이 된 문서는 서명자가 그 문서를 작성했음을 혹은 문서 내용에 동의했음을 의미하며, 서명의 유효성은 사람마다 유일한 '필체'를 과학적으로 구분해 낼 수 있는 기술이 뒷받침한다. 그래야만 위조된 서명을 가려낼 수 있기 때문이다. 디지털 서명은 문서(소프트웨어를 포함한 모든 전자 문서)에 작성자(게시자)를 확인할 수 있도록 붙이는 '서명값(숫자)'이다. 이 서명값은 우리가 종이 문서에 직접 서명하듯(이것은 서명한 사람만이 만들어낼 수 있다) 게시자의 유일한 ID를 가지고 게시자만이 생성할 수 있는 특정값으로서 서명한 문서에 따라 값이 다르다. 따라서 어떤 문서의 서명값을 떼어서 다른 문서의 서명값이라고 주장할 수 없다. 이 서명값을 그 프로그램에 붙여서 배포함으로써 프로그램을 사용하는 사람은 누구나 이 서명값으로부터 프로그램이 진품(서명자가 작성한 것)임을 확인할 수 있도록 해준다. 이렇게 하면 사용자는 유명 프로그램으로 사칭한 악성 프로그램이 아닌지를 판단할 수 있다.

디지털 서명에 필요한 디지털 ID를 인감도장에 비유한다면 인증서는 인감증명서에 해당된다. 인감 증명서에는 인감 도장 사본, 소유자 정보와 발급기관의 직인이 찍혀있다. 부동산 계약서와 같이 인감도장이 찍힌 중요 문서를 확인하기 위해서는, 인감증명서의 문서가 적절한 발급기관에서 발급한 것인지 확인한 다음, 인감증명서의 도장과 계약서의 인감도장이 같은지 또 인감도장의 주인이 맞는지를 확인한다. 이와 유사하게 인증서에는 디지털 서명 검증에 필요한 정보로서 인증서의 용도와 발급대상(디지털 ID의 소유자) 및 발급자 정보 등이 표시된다. [자세히]와 [인증 경로] 탭은 어려운 내용을 담고 있으니 여기서는 생략하자.

그림 2-29 프로그램 게시자 서명 인증

그림 2-30 인증서 정보

(그림 2-31)은 관리자 권한이 필요한 기능을 수행하고자 할 때 나타나는 대화상자의 알림 조건을 설정하는 화면이다. 이를 실행시키기 위해서는 [윈도 로고]-[검색창]에 'user'를 입력하여 나타나는 명령어 목록 중에서 '사용자 계정 컨트롤 설정 변경'을 선택하면 된다. 알림 조건은 4가지가 있는데, 각 단계가 의미하는 바는 〈표 2-3〉과 같다. '기본값'(2번째 옵션 선택)을 설정했을 때 바탕화면을 흐리게 하는 기능은, 대화상자가 출력될 때 대화상자 외의 모든 창은 흐리게 함으로써 선택할 수 없도록 비활성화 하는 것이다. 이를 '안전한 데스크톱' 모드라고 한다. 사실 (그림 2-29)는 (그림 2-31)을 통해 3번째 옵션을 선택해서 '바탕화면을 흐리게 표시하지 않음'으로 변경한 후, UAC가 작동되었을 때 출력된 화면을 캡처한 것이다. '기본값'을 설명하면 바탕화면이 흐리게 표시되면서 화면캡처를 포함한 모든 작업을 수행할 수 없기 때문이다.

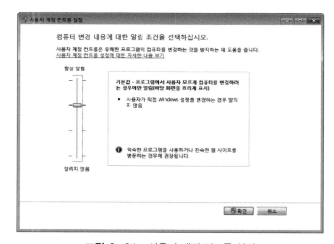

그림 2-31 사용자 계정 컨트롤 설정

표 2-3 사용자 계정 설정 - 알림 조건 단계

단 계	조 건	권장 사항
항상 알림	다음 경우에 항상 알림 • 프로그램에서 사용자 모르게 소프트웨어를 설치하거나 컴퓨터를 변경하려는 경우 • 사용자가 직접 Windows 설정을 변경하려는 경우	새로운 소프트웨어를 자주 설치하거나 친숙하지 않은 웹 사이트를 자주 방문하는 경우 권장
기본값: 프로그램에서 사용자 모르게 컴퓨터를 변경하려는 경우에만 알림(바탕화면을 흐리게 표시)	• Windows 외부의 프로그램이 Windows 설정을 변경하려는 경우 알림 • 사용자가 직접 Windows 설정을 변경하려는 경우 알리지 않음	익숙한 프로그램을 사용하거나 친숙한 웹 사이트를 방문하는 경우에 권장
프로그램에서 사용자 모르게 컴퓨터를 변경하려는 경우에만 알림(바탕화면을 흐리게 표시하지 않음)	• Windows 외부의 프로그램이 Windows 설정을 변경하려는 경우 알림 • 사용자가 직접 Windows 설정을 변경하려는 경우 알리지 않음	권장하지 않음. 컴퓨터의 바탕화면을 흐리게 표시하는 데 시간이 오래 걸리는 경우에만 권장
알리지 않음(사용자 계정 컨트롤 끄기)	다음 경우에 항상 알리지 않음 • 프로그램에서 사용자 모르게 소프트웨어를 설치하거나 컴퓨터를 변경하려는 경우 • 사용자가 직접 Windows 설정을 변경하려는 경우	권장하지 않음. 사용자 계정 컨트롤을 지원하지 않는 프로그램을 사용해야 하는 경우에만 권장

(6) 그룹 정책 관리

그룹 정책이란 컴퓨터와 사용자에 대해 공통적으로 적용할 정책을 말한다. 윈도우 7 홈 베이직(Home Basic), 윈도우 7 홈 프리미엄(Home Premium) 버전에는 그룹 정책 편집기가 없지만, 이것을 통해 무엇을 할 수 있는지 조금 엿보고 가자. [윈도 로고]-[검색 창]에 'gpedit.msc' 입력하면 (그림 2-32)과 같은 창이 출력된다.

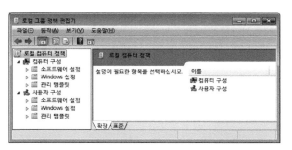

그림 2-32 로컬 그룹 정책 편집기

여기에서는 다양한 그룹 정책을 관리할 수 있지만, 보안이라는 주제에 맞춰 계정정책에 대해 알아보자. 대부분의 독자들은 로그온이 필요한 인터넷 사이트에서 계정을 만들 때

패스워드의 길이가 8자 이상이어야 한다거나 영문, 숫자, 특수문자를 조합해야 한다는 등 제한을 두는 경우를 경험했을 것이다. 윈도우즈에서도 앞에서 설명했던 그룹정책을 통해 이런 설정을 할 수 있다. (그림 2-32)의 왼쪽 창에서 [컴퓨터 구성]-[Windows 설정]-[보안 설정]-[계정 정책]-[암호 정책]을 선택하면 (그림 2-33)과 같이 오른쪽에 6개의 정책이 나열된다.

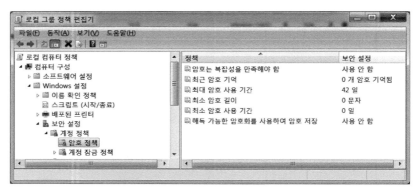

그림 2-33 계정 패스워드 정책 변경

각각의 정책을 선택하면 (그림 2-34)~(그림 2-39)와 같은 화면이 출력되어 정책을 변경할 수 있다.

그림 2-34 패스워드 복잡성

그림 2-35 최근 패스워드 기억

그림 2-36 최대 패스워드 사용 기간

그림 2-37 최소 패스워드 길이

그림 2-38 최소 패스워드 사용 기간

그림 2-39 패스워드의 암호화 방식

그 중 첫 번째 정책인 '암호는 복잡성을 만족해야 함'을 선택한 화면인 (그림 2-34)에서 '설명' 탭을 누르면 (그림 2-40)과 같이 정책에 대한 설명을 볼 수 있는데, 다른 정책도 마찬가지 방법으로 설명을 볼 수 있다. 각 정책에 대한 간략한 설명은 〈표 2-4〉와 같다.

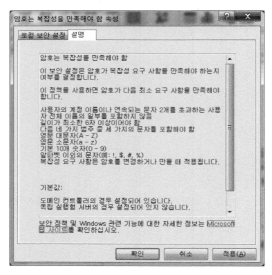

그림 2-40 패스워드의 복잡성 설명

표 2-4 윈도우즈 계정 패스워드 정책 설명

정책	설명
도메인 내의 모든 사용자에 대해 해독 가능한 암호화를 사용하여 패스워드 저장	– 운영 체제가 해독 가능한 암호화 방법을 이용하여 사용자 패스워드를 저장할지 여부. 사용하지 않는 것이 안전함
패스워드는 복잡성을 만족해야 함	– 패스워드는 사용자의 계정 이름이나 사용자 전체 이름의 연속된 2개 문자를 포함하지 않음 – 최소한 6자 이상 – 다음 네 가지 범주 중 세 가지의 문자를 포함해야 함 • 영문 대문자(A – Z) • 영문 소문자(a – z) • 기본 10개 숫자(0 – 9) • 알파벳 이외의 문자(예: !, $, #, %)
최근 패스워드 기억	– 0~24(n) – 최근 n개의 패스워드를 기억. 패스워드 변경 시 최근 패스워드를 사용하지 못하도록 함
최대 패스워드 사용 기간	– 1~999: 패스워드를 변경하지 않고 사용할 수 있는 최대 일수 – 0: 패스워드를 변경하지 않고 사용할 수 있음

최소 패스워드 길이	– 1~14: 패스워드의 최소 길이 – 0: 최소 길이 제한 없음
최소 패스워드 사용 기간	– 1~998: 변경된 패스워드를 계속 사용해야 하는 최소 일수(이 기간 내에는 패스워드 변경 불가), 최대 패스워드 사용 기간보다는 짧아야 함 – 0: 최소 패스워드 사용 기간 없음

(그림 2-41)은 (그림 2-37)에서 최소 패스워드 길이를 8로 설정한 후 '이정책' 계정의 패스워드를 '1234'로 설정하는 화면이다. 설정된 패스워드 정책에 위배되었기 때문에 (그림 2-42)와 같이 패스워드를 변경할 수 없다는 화면이 출력된다.

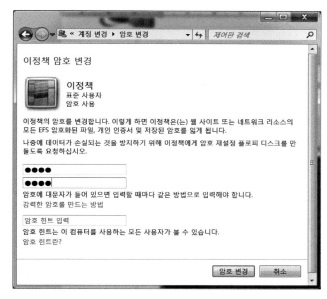

그림 2-41 '이정책' 계정의 패스워드 변경(4글자)

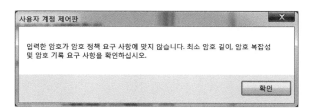

그림 2-42 패스워드 정책 위배 알림

다음은 계정 잠금 정책에 관해 알아보자. 오래 로그온하지 않으면 패스워드를 잊어버리는 경우가 종종 있는데, 대부분 3번 정도 로그온에 실패하면 계정이 잠겨버려서 로그온할 수 없는 경우를 경험해 본 독자가 적지 않을 것이다. 대부분의 경우에는 일정 시간이 지나면 다시 로그온 할 수 있도록 하는데, 은행과 같이 민감한 사이트에서는 직접 은행에 방문해서 본인 확인을 해야만 패스워드를 재설정할 수 있도록 하기도 한다.

윈도우즈에서도 로그온에 실패했을 때 잠금상태로 유지하도록 할 수 있다. 그룹 정책(그림 2-33)에서 '계정 잠금 정책'을 선택하면 (그림 2-43)과 같이 3개의 정책을 볼 수 있다. 각 정책을 선택하면 (그림 2-44)~(그림 2-46)에서와 같이 정책을 변경할 수 있다. 각 정책에 대한 자세한 설명은 〈표 2-5〉와 같다.

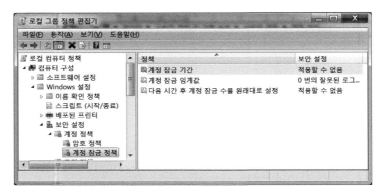

그림 2-43 계정 잠금 정책 화면

그림 2-44 계정 잠금 기간

그림 2-45 계정 잠금 임계값

그림 2-46 계정 잠금 복귀 시간

표 2-5 윈도우즈 계정 잠금 정책 설명

정책	설명
계정 잠금 기간	– 자동으로 잠금 해제될 때까지 잠긴 계정이 잠긴 상태로 유지되는 시간(분) – 0~99,999 – 0으로 설정하면 계정은 관리자가 명시적으로 잠금 해제할 때까지 잠긴 상태로 유지 – 기본값: 없음
계정 잠금 임계값	– 사용자 계정을 잠금으로 설정하는 실패한 로그인 시도 횟수 – 0~999 – 잠금 설정된 계정은 관리자가 다시 설정하거나 계정의 잠금 기간이 만료될 때까지는 사용할 수 없음 – 기본값: 0
다음 시간 후 계정 잠금 수를 원래대로 설정	– 실패한 로그온 시도 후에 실패한 로그온 시도 카운터가 0으로 설정될 때까지 경과해야 하는 시간(분) – 1~99,999 – 계정 잠금 임계값이 정의되어 있으면 다시 설정 시간은 계정 잠금 기간보다 짧거나 같아야 함 – 기본값: 없음

이와 같이 모든 사용자 계정에 대한 패스워드 정책을 세울 수도 있지만, 각 사용자에 대해 적용할 수도 있다. 이 기능은 앞에서 설명했던 'lusrmgr.msc'를 이용하는 것이다. 사

용자 '이정책'의 패스워드에 관해 변경하고 싶다면 (그림 2-47)이 출력되었을 때 왼쪽에서 '사용자'를 선택하고 가운데에서 [이정책]-[MR]-[속성]을 선택한다.

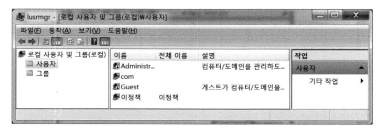

그림 2-47 lusrmgr.msc를 통한 사용자 패스워드 관리 화면

(그림 2-48)은 (그림 2-42)에서 패스워드 설정에 실패한 후의 상태를 보여주고 있다. 만약 패스워드와 계정 잠금 설정 후 로그인에 실패하여 잠금 상태에 있다면 '계정 잠겨 있음(O)'에 표시되어 있을 것이다.

그림 2-48 '이정책' 패스워드 속성

각각의 속성에 대한 설명은 〈표 2-6〉에 나타나 있다.

표 2-6 사용자 계정별 속성

속성	설명
다음 로그온할 때 반드시 패스워드 변경(M)	– [암호 사용 기간 제한 없음]이 해제될 때만 활성화 – 이 옵션 설정 후 처음 로그온할 때 패스워드를 변경하도록 함(변경 화면이 나타남)
패스워드 변경할 수 없음(C)	– 제어판의 사용자 계정을 통한 패스워드 변경 불가
패스워드 사용 기간 제한 없음(P)	– 사용자/관리자가 변경할 때까지 현재의 패스워드 유효 – 이 옵션을 해제해야만 (그림 2-36)에서 설정한 [최대 암호 사용 기간] 옵션이 적용됨
계정 사용 안 함(B)	– 계정을 비활성화(로그온 화면에 나타나지 않음)
계정 잠겨 있음(O)	– 패스워드 잠금 계정이 활성화되어 있을 경우만 작동 – 로그온 실패로 계정이 잠겨 있음

2) 파일 관리

이 절에서는 사용자들이 파일과 폴더를 사용하고 관리할 수 있도록 윈도우즈가 지원하는 파일 시스템에 대해 알아보자. 파일 관리를 통해 사용자에게 파일을 보호하는 등의 보안 기능을 지원하기 때문이다. 또 파일 시스템은 8장에서 다룰 디지털 포렌식에 필요한 기본 지식이기도 하다.

(1) 디스크 드라이브 구조

가장 대표적인 보조 기억장치인 하드 디스크는 기본적으로 (그림 2-49)와 같은 구조를 가지고 있다. 디스크는 (그림 2-50)과 같이 원판 형의 여러 개의 플래터(platter)들이 세로로 배열되어 구성되는데, 이 플래터 양쪽 표면에 자성체가 장착되어 있어 이곳에 데이터가 저장된다. 플래터의 표면에는 트랙(track)이라고 불리는 여러 개의 동심원들이 있다. 동일한 크기의 지름을 가지는 트랙들을 하나의 실린더(cylinder)라고 부른다. 또한 각 트랙은 파이(pie) 조각처럼 일정한 각도로 나뉘어져 있는데, 동일한 각도에 있는 트랙 조각들을 하나의 섹터(sector)라고 부른다. 하나의 섹터는 512바이트이다. 파일을 저장하려고 하면 디스크 공간을 할당해야 하는데 그 단위를 클러스터(cluster)라고 하며, 하나의 클러스터는 여러 개의 섹터로 구성된다. 클러스터의 크기는 윈도우 버전, 파일 시스템, 디스크 볼륨에 따라 다르다.

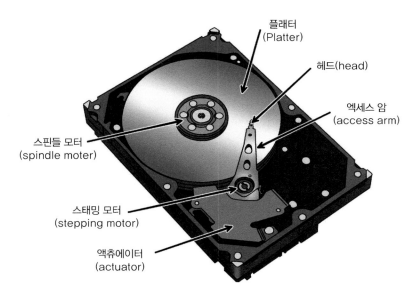

그림 2-49 하드디스크의 하드웨어 구조

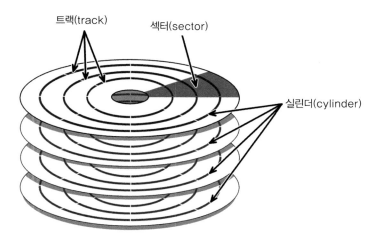

그림 2-50 플래터 구조

(2) 파일 할당과 클러스터

파일 시스템은, 이러한 디스크에 사용자가 다양한 크기의 파일을 저장하고 검색하거나 삭제하는 등 편리하게 사용할 있도록 관리해 준다. 파일 시스템은 여러 가지가 있으나, 윈도우 시스템에서 가장 많이 사용되는 것이 FAT32(File Allocation Table 32)와 NTFS(New Technology File System)이다. FAT는 마이크로소프트사에서 사용한 파일 시스템으로서 파일에 대한 정보를 담고 있는 테이블을 사용한다고 해서 붙여진 이름이 며, FAT12, FAT16, FAT32, exFAT으로 발전되었다. FAT 다음에 붙는 숫자는 파일 테 이블에 있는 파일 주소란의 비트 크기를 의미하기 때문에, 크기가 클수록 저장할 수 있 는 최대 파일 크기가 크다고 생각하면 된다. FAT32에서 한 파일의 최대 크기는 약 2GB 이다. NTFS는 WindowsNT의 파일 시스템으로서 Windows 2000부터는 이 시스템을 사용하고 있다. NTFS는 B^+-트리 구조로 폴더를 관리하고 있으며, 성능과 안전성 및 공 간 활용도가 개선된 구조이다. NTFS에서 한 파일의 최대 크기는 이론적으로 약 2^{64}바 이트(16 EIB)이다.

NTFS 파일 시스템은 (그림 2-51)과 같은 구조를 가지고 파일을 관리한다.

| Volume Boot Record | Master File Table | Data Area |

그림 2-51 NTFS의 구조

1. **볼륨 부트 레코드(VBR: Volume Boot Record):** 부팅에 필요한 최소한의 정보. 부팅 시 구동되는 로더에 대한 정보

2. **마스터 파일 테이블(MFT: Master File Table):** 파일과 디렉터리에 대한 이름, 크 기, 생성시간 등의 정보

3. **파일 영역(Data Area):** 파일들의 실제 데이터

〈표 2-7〉은 Windows 7에서 사용하는 NTFS v3.1에서 드라이브 크기에 따라 기본적 으로 설정되는 클러스터의 크기를 보여준다. 예로, NTFS 파일 시스템에서 2GB보다 크고 2TB 이하인 드라이브를 사용할 경우에는 4KB(8개의 섹터)씩 할당된다. 클러스 터(cluster)란 파일을 저장하기 위해 할당되는 디스크 단위이다. 하드 디스크의 크기가 2TB 일 때를 예를 들어보자. 〈표 2-7〉을 참조해 보면, 4KB 이하 크기의 파일에는 모두 (아무리 작아도) 4KB의 디스크가 할당되며 5KB 파일을 저장하고자 한다면 8KB 디스 크가 할당될 것이라는 것을 알 수 있다.

표 2-7 Windows 7에서의 NTFS 클러스터 크기

드라이브 크기	클러스터 크기
~ 512MB	4KB
~ 1GB	4KB
~ 2GB	4KB
~ 2TB	4KB
~ 16TB	4KB
~ 32TB	8KB
~ 64TB	16KB
~ 128TB	32KB
~ 256TB	64KB

(3) NTFS 보안 구조

NTFS는 FAT에 비해 크게 2가지 면에서 개선된 파일 시스템이다. 첫 번째는 성능 개선으로서 파일의 압축 저장 여부를 선택할 수 있고(압축하면 공간 측면에서 효율적이고 압축하지 않으면 시간 측면에서 효율적이다) 인덱스 기능의 사용을 선택할 수 있으며 (인덱스 기능을 사용하면 파일 검색이 빨라지지만 이로 인해 시스템 성능은 낮아진다) 디스크 관련 오류를 자동 복구할 수 있고 대용량 디스크에 대한 지원을 예로 들 수 있다. (그림 2-52)는 어떤 폴더에 대한 속성(폴더 선택 후 [MR]을 누른 다음 [고급(D)...] 버튼 선택) 보기 화면으로서, 색인, 압축 및 암호화 기능을 선택할 수 있도록 되어 있다.

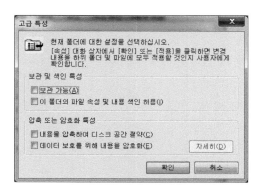

그림 2-52 파일 속성

두 번째는 우리가 관심을 가지고 있는 보안에 대한 개선이다. 파일에 사용권한을 부여하고 암호화 기능을 부여함으로써 승인된 사용자만 그 파일에 접근할 수 있도록 해 준다. (그림 2-53)은 '2장 윈도우즈 7.hwp' 파일을 선택하고 [MR]을 눌렀을 때 나타나는 풀다운 메뉴이다. 이 중에서 [삭제(D)]와 [이름 바꾸기(M)]을 주목하자. 현제 아무 제약 없이 삭제하거나 이름을 바꿀 수 있다. 이제 그 아래 있는 [속성(R)]을 선택하고 [보안] 탭을 선택하면 (그림 2-54)와 같이 나타난다.

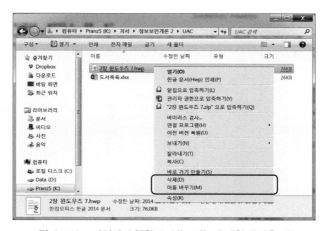

그림 2-53 파일에 수행할 수 있는 기능에 대한 풀다운 메뉴

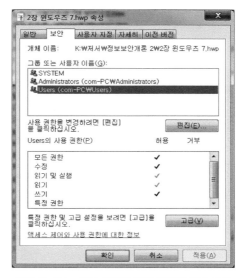

그림 2-54 모든 권한을 가진 파일의 보안 속성

여기서 현재 사용하고 PC의 그룹 또는 사용자 이름 중에서 사용하고 있는 자신의 사용자(예에서는 'Users(com-PC\Users')')를 선택하면 아래 창에 이 파일에 대해 허용된 사용권한이 나타난다. 이 파일에 대해서는 '읽기', '쓰기' 등 모든 권한이 허용되어 있음을 볼 수 있다. 왜냐하면 이 파일의 소유자가 현재 사용자(com-PC)이기 때문이다.

이와는 달리 다른 컴퓨터(혹은 다른 계정)에서 만든 '도서목록.xlsx'에 대한 풀다운 메뉴를 살펴보면 (그림 2-55)에서와 같이 [삭제(D)]와 [이름 바꾸기(M)] 메뉴 앞에 🛡가 표시되어 있음을 볼 수 있다. 이것은 이 기능을 수행하기 위해서는 앞에서 잠깐 언급했던 UAC(사용자 계정 콘트롤)에 의해 관리자로의 권한 상승이 필요함을 의미한다. 이 파일의 보안 속성을 살펴보면 (그림 2-56)과 같이 현재 사용자는 이 파일에 대해 '읽기 및 실행'과 '읽기'에 대한 권한만 가지고 있음을 알 수 있다. 즉 쓰기 권한이 없기 때문에 삭제나 이름 바꾸기를 위해서는 관리자 권한이 필요했던 것이다.

뿐만 아니라 이 파일을 열면 (그림 2-57)과 같이 [읽기 전용]으로 열리고 수정이 불가능하거나 수정 후 다른 이름으로 저장해야만 한다(사용하는 소프트웨어마다 다르다). 만약 이 파일을 수정 가능한 파일로 열고 싶다면 권한을 변경해 주어야 한다. 그러기 위해서는 (그림 2-56)에서 사용자 선택 후 [편집(E)...]을 눌러 수정하면 된다. 이 때 (그림 2-53)과 비교해 보면 편집 버튼 버튼에 🛡 표시가 된 것을 볼 수 있는데, 이 또한 권한 상승이 필요한 기능임을 나타낸다.

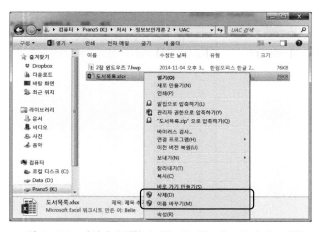

그림 2-55 파일에 수행할 수 있는 풀다운 기능 메뉴(기능 제한)

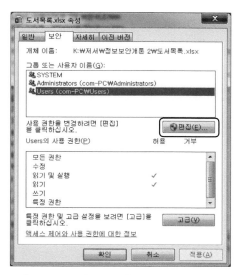

그림 2-56 제한된 권한을 가진 파일의 보안 속성

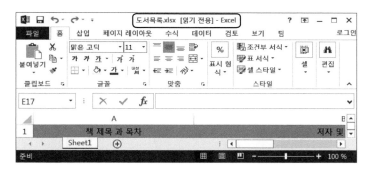

그림 2-57 [읽기 전용] 파일

편집 버튼을 눌러 (그림 2-58)과 같은 화면이 나오면, 사용자를 선택하여 아래 창에 출력된 사용 권한들에 대해 체크박스로 [허용] 혹은 [거부]로 수정할 수 있다. '모든 권한'에 대해 [허용]을 선택하면 (그림 2-59)와 같이 변경된다. 이제 이 파일을 열어 수정하고 저장할 수 있다. 그 외에도 (그림 2-58)에서 [추가(D)...]나 [제거(R)...]을 선택하여 이 파일에 접근할 수 있는 그룹이나 사용자를 추가하거나 제거할 수 있다.

그림 2-58 보안 속성 변경 화면

그림 2-59 접근 권한 변경

이번에는 암호화 기능을 살펴보자. '2장 윈도우즈 7.hwp'의 고급 특성(그림 2-52 참조)에서 [데이터 보호를 위해 내용을 암호화(E)]를 적용해 보자. 그러면 (그림 2-60)과 같이 이 파일만 암호화할 것인지 상위 폴더까지 암호화할 것인지를 묻는 화면이 나온다. 일단 이 파일만 암호화하도록 선택하자. 그러면 이 파일은 탐색기에서 (그림 2-61)과 같이 녹색으로 표시된다. 이제 다른 계정으로 로그온 한 후, 이 파일을 클릭해서 열어보자. 그러면 (그림 2-62)와 같이 엑세스가 거부됨을 볼 수 있다. 단, 이 기능을 사용하기 위해서는 암호화하는 계정에 패스워드가 설정되어 있어야만 한다. 패스워드가 없더라도 (그림 2-52)에서 암호화를 선택할 수는 있지만 녹색으로 표시되지도 않을뿐더러 다른 계정에서 아무 제약 없이 엑세스할 수 있다. 사실상 암호화가 이루어지지 않았다는 뜻인데 그 이유는 사용자의 패스워드를 이용해서 파일을 암호화하기 때문이다. 사실 다른 계정에서 엑세스가 안된다고 하더라도, 파일 소유자 계정에 패스워드가 없다면 그 계정으로 아무나 로그온할 수 있기 때문에 다른 계정에서 엑세스할 수 없다는 것은 의미가 없다.

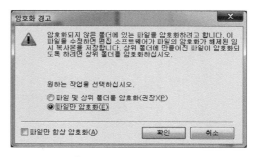

그림 2-60 파일 암호화 경고

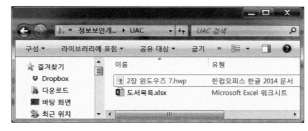

그림 2-61 암호화된 파일 표시

그림 2-62 암호화된 파일에 대한 엑세스 거부

3) 윈도우즈 방화벽(firewall)

방화벽은 화재가 발생했을 때, 화재가 난 곳으로부터 다른 곳으로 확산되지 않도록 막아주는 일을 하는 벽이다(이와 유사한 것으로 '방화문'도 있다). 컴퓨터 및 네트워크 보안에서 방화벽이란 외부 침입이나 공격으로부터 내부 시스템을 보호하기 위해 설치하는 하드웨어나 소프트웨어 시스템을 말한다. 윈도우즈 7에서는 기본적으로 소프트웨어로 방화벽 기능을 제공하고 있다.

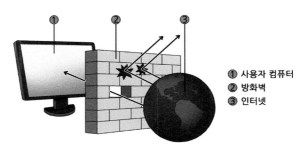

그림 2-63 방화벽의 개념

(1) 방화벽 상태 확인

윈도우즈 방화벽은 디폴트로 작동되고 있다. 먼저 확인해 보자. [윈도 로고]-[제어판]-[시스템 및 보안]을 선택하여 (그림 2-64)와 같은 화면이 나오면 [Windows 방화벽]-[방화벽 상태 확인]을 선택한다.

그림 2-64 시스템 및 보안 화면

(그림 2-65)와 같이 'Windows 방화벽 상태'가 '설정' 상태로 나온다면 이 기능이 작동되고 있는 것이다. 만약 그렇지 않다면 왼편의 [알림 설정 변경] 이나 [Windows 방화벽 설정 또는 해제]를 선택하여 (그림 2-66)이 나왔을 때 [Windows 방화벽 사용]을 선택하여 기능을 활성화 시키는 것이 좋다.

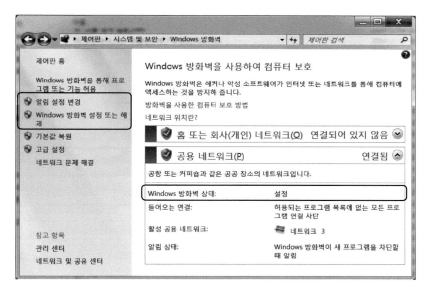

그림 2-65 방화벽 상태 확인

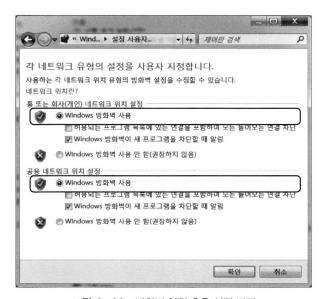

그림 2-66 방화벽 알림 혹은 설정 변경

(2) 방화벽 설정

(그림 2-65)에서 왼편의 [고급 설정]을 선택하면 방화벽의 기본 설정값을 바꿀 수 있다. [고급 설정]을 선택하면 (그림 2-66)과 같은 화면이 나오는데 먼저 인바운드(inbound)와 아웃바운드(outbound)라는 용어부터 알아보자. 방화벽이란 외부 네트워크로부터 내부 시스템을 보호하기 위한 것이라고 했다. 어쩌면 외부 침입으로부터 우리 백성을 지키기 위한 성(castle)의 성문과 같은 것으로 생각할 수 있다. 이 성문에서는 성 안으로 들어오는 사람들이나 물건들이 해로운지를 판단하여 진입을 허용하거나 제지할 것이고, 성 밖으로 나가는 사람들이나 물건들에 대해서도 내부 비밀이나 귀중품을 몰래 빼내가는지를 검사하고 내보낼지를 결정해야 한다.

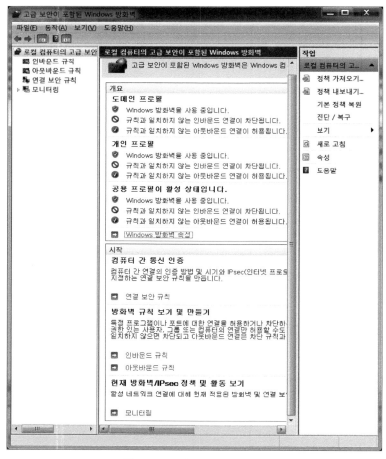

그림 2-67 방화벽 고급 설정 화면

네트워크를 통해 오가는 데이터의 흐름을 트래픽(traffic)이라고 하는데, 인바운드란 방화벽을 통해 외부에서 내부로 들어오는 트래픽을 말하고 아웃바운드란 방화벽을 통해 내부에서 외부로 나가는 트래픽을 말한다.

(그림 2-67)의 왼편에서 [인바운드 규칙]을 선택하면 (그림 2-68)과 같은 화면이 나오는 것을 볼 수 있다. 복잡한 이야기니 대충 감만 잡아 보면 '다음(Daum)'의 VoD 서버, 드롭박스, 곰플레이어 관련 트래픽이 허용되고 있는 것을 눈치챌 수 있을 것이다. 이와 유사하게 아웃바운드 규칙도 볼 수 있다. (그림 2-67)에서 IPSec에 관한 항목도 볼 수 있는데, 이것은 트래픽을 도청하는 것을 방지하거나 변조하는 것을 막기 위해 사용하는 암호화 방식 등에 대한 것으로서 4장에서 소개하는 암호에 대해 조금 이해해야 하는 사항이므로 여기서는 이 정도로만 이해하고 넘어가자.

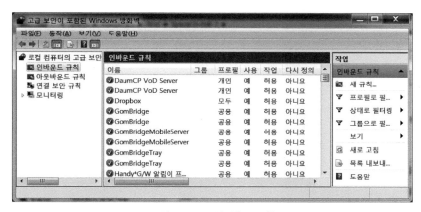

그림 2-68 인바운드 규칙

4) 윈도우즈 업데이트(update)

윈도우즈는 앞에서 설명했듯이 컴퓨터를 사용할 수 있도록 하는 거대한 프로그램인 운영체제(OS: Operating Systems)이다. 많은 사람들이 오랜 시간에 걸쳐서 작성하고 수정한 소프트웨어로서, 운영체제를 포함 모든 프로그램은 버그(bug)라고 불리는 오류를 포함하고 있다고 생각해야 한다. 벤더(소프트웨어 제공자)들은 이러한 버그들을 끊임없이 발견하고 분석해서 해결하고 있으며, 주로 패치(patch) 프로그램들을 통해 제공하고 있다. 이 외에도 새로운 서비스를 추가하거나 새로 개발된 혹은 발견된 취약점(공격자가 이용할 수 있는)을 발견하면 이를 방지하기 위해 운영체제를 갱신하고 있는데, 이것은 윈도우즈 업데이트 기능을 통해 제공하고 있다.

제어판(그림 2-64)에서 [Windows Update]를 선택하면 (그림 2-69)와 같은 화면이 나오는데 이 그림에서는 업데이트할 중요 항목이 2개, 선택 항목이 4개 준비되어 있음을 보여준다. [업데이트 설치(I)]를 선택하면 설치를 시작한다.

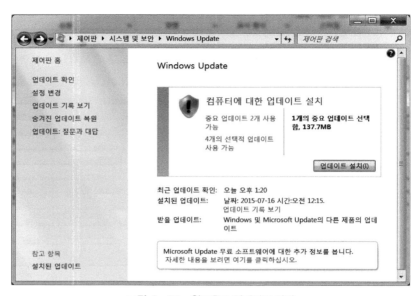

그림 2-69 윈도우즈 업데이트 화면

[업데이트 확인]은 현재의 운영체제가 최신의 것인지, 업데이트할 것이 있는지 검사하도록 하는 기능이다. 사실 (그림 2-69)는 '최근 업데이트 확인'란에 표시된 바와 같이 오후 1:20에 업데이트를 확인한 결과이다. 그러므로 그 사이 더 최신의 업데이트가 있는지 확인하고 싶을 때 이 기능을 사용하면 된다.

가장 중요한 것은 (그림 2-69)의 왼편에 있는 [설정 변경]이다. 이것을 선택하면 (그림 2-70)과 같은 화면이 나오는데 중요 업데이트를 언제 어떻게 설치한 것인지를 결정하고 있다. 예에서는 중요 업데이트를 '자동 설치'를 하도록 하고 있으며 매일 오후 12:00에 (점심시간을 활용해서) 중요 업데이터를 설치하도록 하는 것이다. 자동 설치하지 않으면 자주 수동으로 최신 업데이트를 확인하고 설치해야 하는데 매우 번거롭고 잊어버리기 쉬우므로 자동 업데이트 사용을 권장한다. 업데이트 시간은 컴퓨터가 켜 있으면서 사용하지 않는 시간으로 설정하는 것이 작업에 지장을 주지 않으면서 설치하는 현명한 방법일 것이다.

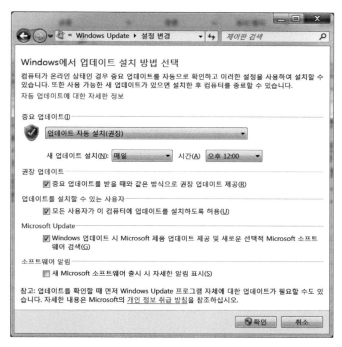

그림 2-70 윈도우즈 업데이트 설치 방법

중요 업데이트에 대해서는 (그림 2-71)과 같이 업데이트 확인과 다운로드 및 설치에 대해 자동으로 하거나 사용자가 선택하게 함으로써 4가지 옵션을 제공한다. 물론 제일 첫번째 옵션인 자동 설치를 권장한다.

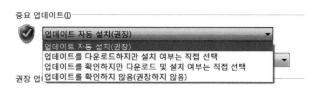

그림 2-71 중요 업데이트 설치 방법의 종류

2.3   백신(vaccine) 프로그램

이제까지 기술한 바와 같이 윈도우즈에서 여러 가지 보안 기능을 제공하고 있으나, 다양하고 지능화되는 공격을 모두 막을 수는 없으므로 별도의 장치가 필요하다. 이러한 장치로서 가장 대표적인 툴이 컴퓨터 백신이다.

백신이란 약하게 만든 병원체(바이러스, virus)를 인체에 주입하여 항체를 만들게 함으로써 그 질병에 대한 저항과 면역성을 가지게 하는 의약품이다. 여기서 유래한 컴퓨터 백신(그냥 백신이라고도 부른다)은 컴퓨터 바이러스를 예방하고 치료하는 프로그램을 말한다. 물론 그전에 컴퓨터 바이러스도 생물학적 바이러스에서 유래한 이름이다. 인체 대신 컴퓨터를 대상으로 다른 프로그램을 망가뜨리거나 의도하지 않은 작업을 하는 프로그램을 컴퓨터 바이러스(요즘은 그냥 바이러스라고 부른다)라고 한다.

1) 컴퓨터 바이러스

악성코드(malware)는 바이러스를 포함하여 애드웨어(adware), 스파이웨어(spyware), 웜(worm), 트로이목마(Trojan horse) 등 사용자가 의도하지 않은 혹은 의식하지 못하게 컴퓨터나 사용자에게 해를 끼치는 프로그램에 대한 통칭이다. 1장에서 설명했듯이 컴퓨터 바이러스는 악성코드의 일종이지만, 처음 출현한 악성코드가 바이러스이기 때문에 대부분 바이러스를 악성코드라는 용어 대신 사용하고 있다. 1장에서 악성코드에 대한 분류와 설명을 하였지만 복습하는 의미에서 대표적 악성코드를 다시 〈표 2-8〉에 요약 하였다. 이 외에도 많은 종류의 악성코드들이 생겨나기도 하고 2개 이상 부류의 특징을 가지는 악성코드들이 개발되기 때문에 정확한 분류는 하기 어렵고 크게 의미는 없다.

표 2-8 악성 코드 분류

구분	특징
바이러스	다른 프로그램이나 데이터에 삽입되는(기생하는) 명령어들로서, 다른 정상적인 프로그램에 복제되어 감염시킴
애드웨어	다른 소프트웨어를 실행할 때 자동적으로 광고를 띄움
스파이웨어	사용자 동의없이 설치되어 정보(패스워드, 신용카드 번호, 주민등록번호 등)를 공격자에게 전송함
웜	컴퓨터 약점을 찾아 네트워크를 통해 전파되며 자기 복제 능력이 있으나 바이러스와 달리 독자적으로 실행됨. 컴퓨터만 손상시킬 뿐 아니라 네트워크 대역폭까지 잠식시킴
트로이목마	자기 복제 능력이 없으며, 정상적인 프로그램 속에 숨어서 악의적인 작업을 함. 디도스(DDoS) 공격에 사용되는 좀비 PC로 만들기도 함

2) 컴퓨터 백신

원래의 백신은 예방약이라고 할 수 있겠지만, 컴퓨터 백신은 사실상 치료제부터 시작했다. 예전에는 백신을 사용자가 수동으로 실행시켜서 바이러스가 있는지 스캔(scan)하여 감염되었는지 검사하고 감염된 파일을 치료했다. 즉, 감염되기까지 예방하는 기능은 없고 사후 치료 위주였다는 뜻이다. 하지만 이제는 방화벽처럼 아예 시스템 구동과 함께 자동으로 실행되어 실시간으로 점검하여 악성코드의 침입부터 차단함으로써 감염을 막도록 하고, 그래도 감염된 악성코드들을 수동으로 점검하여 치료할 수 있도록 하고 있다.

악성 코드의 탐지는 기본적으로 시그너처(signature)를 기반으로 한다. 악성코드들은 저마다 특정의 코드들을 가지고 있다. 이를 시그너처(특정 코드를 구분하는 지문 혹은 서명과 유사한 의미이다)라고 하는데 백신 프로그램 개발자들은 이러한 악성코드 분석을 통해 얻어낸 시그너처들을 수집하여 데이터베이스에 저장한다. 백신 프로그램은 파일을 하나하나 점검하면서 알려진(데이터베이스에 저장된) 시그너처를 포함하는 파일을 찾는 것이다.

백신 프로그램은 매우 다양하다. 요즘은 백신 프로그램 단독으로 구성되는 경우보다는 백신과 실시간 감시 등 시스템을 종합적으로 보호하는 프로그램으로 구성되는 경우가 많다. 백신을 포함한 보안 제품으로는 우리나라 안랩에서 만든 V3, 이스트소프트에서 만든 알약, 네이버에서 만든 네이버백신 등이 있고, 외국 제품으로는 시만텍(Symantec)의 엔드포인트 프로텍션(Endpoint protection), 맥아피(McAfee)의 안티바이러스(antivirus) 등이 있다. 악성코드의 탐지는 악성코드가 가지는 획일화된 혹은 몇몇의 공식이나 규칙을 가지고 구분하는 것이 아니고 우후죽순 생겨나는 다양한 악성코드들에 대하여 수집된 시그너처 정보에 기반한다고 하였다. 그렇기 때문에 실시간으로 생겨나는 모든 악성코드를 감지한다고 할 수 없다. 그러므로 한 가지 백신만 사용하기 보다는 몇 가지 백신을 설치하여 사용함으로써 백신을 피해 빠져나가는 악성코드를 줄이려는 노력을 기울여야 한다. 하지만 종종 백신들이 타 백신을 서로 악성코드로 오인하기 때문에 치료(삭제) 시 주의해야 한다.

(1) 안랩의 V3

우리나라 제품 중에서 가장 널리 알려진 것은 안랩의 V3일 것이다. 이 제품은 우리나라 최초의 백신이기도 하면서 개인 사용자에게는 무료로 제공되고 있어서 더욱 친숙하다. 그럼 개인 사용자에게 무료로 제공되는 V3 Lite를 살펴보자. 안랩 홈페이지에서 소프트웨어를 다운로드 받아 설치하고 실행시키면 (그림 2-72)와 같은 화면이 출력된다. 여기서 가장 먼저 해야 할 일은 화면 맨 아래 오른쪽의 [업데이트]를 눌러 소프트웨어와 데이터베이스를 갱신하는 것이다. 앞에서 설명했듯이 새로운 악성코드와 변종들이 쉴

새 없이 쏟아져 나오기 때문에 오래된 데이터베이스로 점검해봤자 아무 소용이 없으므로 시그너처 데이터베이스는 정기적으로 업데이트 해야만 한다.

그림 2-72   V3 Lite 실행

바이러스 검사 및 치료를 위해서는 (그림 2-72) 상단의 [정밀검사]를 선택하여 (그림 2-73)에서 검사하고자 하는 영역과 디바이스를 선택하고, 검사 종료 후의 처리 방식을 선택한 다음 오른쪽 아래에 있는 [검사 시작]을 누르면 된다.

그림 2-73   PC 정밀 검사

PC 검사를 포함하여 실시간 점검 등의 이벤트는 모두 기록되며 (그림 2-74)와 같이 [도구]-[로그]-[이벤트 로그] 탭을 선택하여 볼 수 있다. 검사에서 발견된 악성코드는 치료하거나 검역소에 저장 혹은 삭제할 수 있다. 악성코드를 치료하거나 삭제한 경우에는 이벤트 로그를 통해 추후 파악할 수 있고, 검역소에 저장된 악성코드들은 (그림 2-75)와 같이 [도구]-[검역소]를 선택하여 목록을 확인할 수 있다. 다행히 필자의 PC에서 악성 코드가 탐지되지 않았기 때문에 그림에서는 검역소에 보관된 악성코드가 없다.

그림 2-74   이벤트 로그

그림 2-75   악성 코드 검역소

오른쪽 상단의 톱니바퀴 모양의 아이콘(⚙)을 선택하면 검사 옵션 등 환경설정을 할 수 있다. (그림 2-76)의 [PC 실시간 설정]-[PC 실시간 검사] 탭을 선택하면 실시간 검사를 할 때의 검사 방법이나 치료 방법 등을 설정할 수 있고, [정밀 검사] 탭을 선택하면 PC 정밀 검사 시의 검사대상과 치료 방법을 선택할 수 있다. (그림 2-77)에서는 검사 대상으로서 '유해 가능 프로그램'만을 선택하고 있고, (그림 2-78)에서는 악성 코드가 발견되면 치료 방법으로서 우선 검역소에 저장하도록 설정하고 있다.

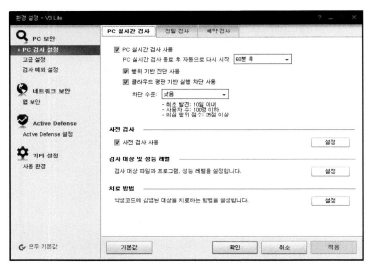

그림 2-76　실시간 검사 설정

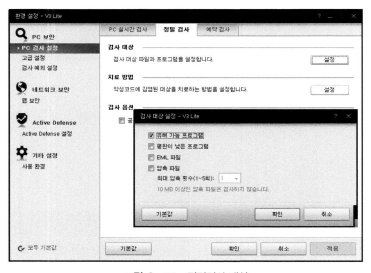

그림 2-77　정밀검사 대상

이러한 검사는 언제든 수동으로 검사할 수도 있지만, 주기적으로 자동 검사하도록 예약할 수 있다. (그림 2-79)은 검사 시간과 검사 영역, 검사 대상 및 치료 방법을 설정하여 예약하는 화면이고, (그림 2-80)은 '점심점검'이라는 이름으로 매일 12시에 메모/프로세스, 중요 시스템 파일 점검 예약 결과 화면이다.

그림 2-78　치료 방법 설정

그림 2-79　예약 검사 추가

그림 2-80 검사 예약 결과

ActiveX는 인터넷 익스플로러를 통해 웹사이트에 접속했을 때, 사용자에게 기능 제공을 위해 서버로부터 다운로드 되어 실행되는 작은 프로그램이다. 여기에 악성 코드를 심어 PC를 감염시키도록 악용되기도 하다. 툴바는 웹브라우저에 자동으로 삽입되어 화면을 복잡하게 하기도 하고, 자동적으로 팝업이나 기타 기능을 제한하여 사용에 불편을 초래하기도 한다. V3 Lite에서는 (그림 2-81)과 (그림 2-82)에서와 같이 [PC 관리] 메뉴를 선택하여 원하지 않게 설치된 ActiveX와 툴바를 삭제하는 기능도 제공한다.

그림 2-81 ActiveX 관리

그림 2-82 툴바 관리

(2) 시만텍의 엔드포인트 프로텍션

이번에는 외국 제품 중에서 많이 사용되고 있는 시만텍 제품을 간단히 살펴보자. (그림 2-83)은 시스템 보호 상태를 보여주고 있는데 탐지된 문제가 없다고 보고하고 있다. 왼편에 [LiveUpdate...]가 있는데 이것은 시그너처 파일을 비롯하여 시스템에 설치된 여러 가지 구성요소를 최신 파일로 업데이트하는 기능이다.

그림 2-83 시만텍의 노턴

앞에서 설명한 바와 같이 이러한 파일들이 오래된 것일 경우 최신의 악성코드들을 탐지할 수 없으므로 자주 업데이트 하는 것이 매우 중요하다. (그림 2-84)와 (그림 2-85)는 LiveUpdate 실행 과정과 결과를 보여준다.

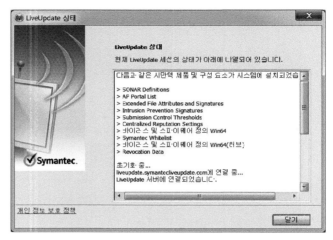

그림 2-84 LiveUpdate 과정

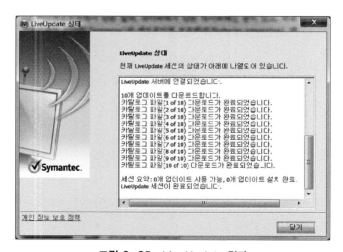

그림 2-85 LiveUpdate 결과

(그림 2-83)에서 '바이러스 및 스파이웨어 차단', '위협 요소 사전 차단 기능' 및 '네트워크 위협 요소 차단' 옵션을 선택했을 때의 메뉴는 각각 (그림 2-86), (그림 2-87) 및 (그림 2-88)과 같다.

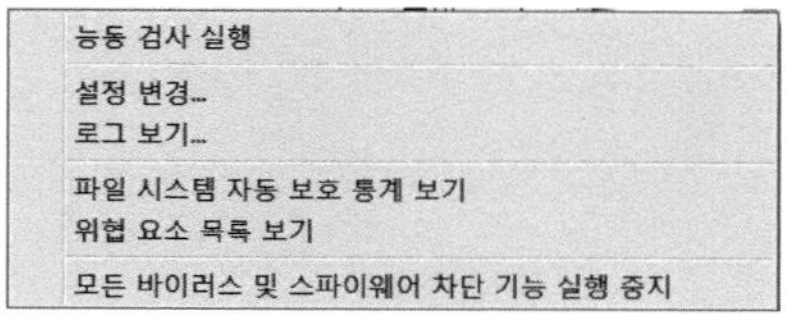

그림 2-86 '바이러스 및 스파이웨어 차단' 옵션

그림 2-87 '위협 요소 사전 차단 기능' 옵션

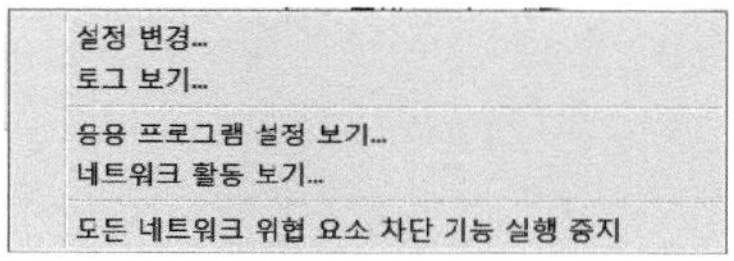

그림 2-88 '네트워크 위협 요소 차단' 옵션

우리가 관심을 가지고 있는 '바이러스 및 스파이웨어 차단'만 간단히 살펴보면, [설정]을 통해 자동보호 실행 여부와 보호 파일 형식, 악성 코드 발견 시 조치 사항, 발견된 악성 코드의 검역소 저장 기간 등을 설정할 수 있다.

[위협 요소 검사]를 통해 (그림 2-89)와 같이 간단한 [능동 검사]와 세밀한 [전체 검사]를 실행할 수 있는데, 버튼을 눌러 수동으로 즉시 실행할 수도 있고 예약된 시간에 실행하도록 할 수도 있다. 검사 예약은 (그림 2-89)의 가운데 있는 [새 검사 생성]을 통해 생성할 수 있다. (그림 2-90)~(그림 2-95)는 매주 월요일 아침 9시에 전체 검사를 예약하는 과정이고, (그림 2-96)은 그 결과로서 '주간검사'라는 이름으로 예약된 목록을 보여준다.

그림 2-89 위협 요소 예약 검사

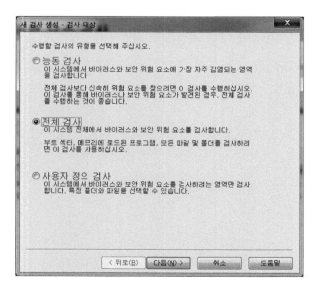

그림 2-90 주간 검사 예약 - 1

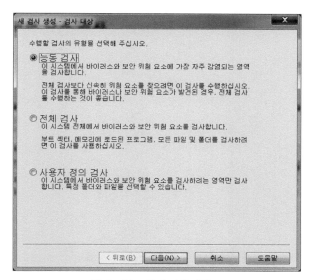

그림 2-91 주간 검사 예약 - 2

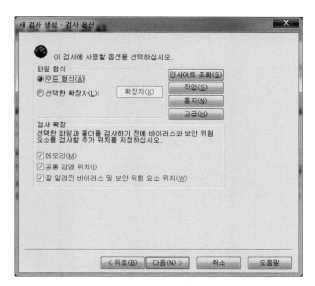

그림 2-92 주간 검사 예약 - 3

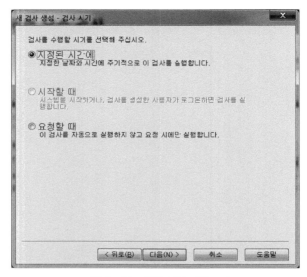

그림 2-93 주간 검사 예약 – 4

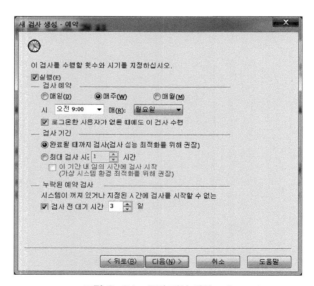

그림 2-94 주간 검사 예약 – 5

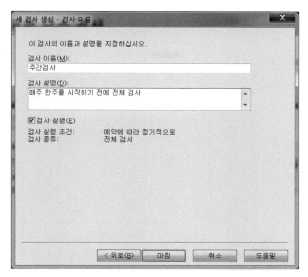

그림 2-95 주간 검사 예약 – 6

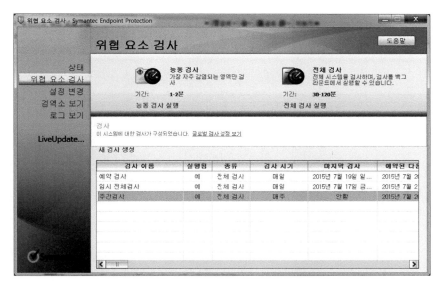

그림 2-96 주간 검사 예약 결과

화면의 왼편에 있는 [설정 변경]을 통해서는 (그림 2-97)과 같이 각 기능에 대해 설정을 변경할 수 있다.

그림 2-97 제공 기능에 대한 설정 변경

검사 중 위협요소를 발견하면 이를 격리시켜 검역소에 저장하는데, 화면의 왼편에서
[검역소 보기]는 검역소에 저장된 악성 코드에 대한 정보를 보여준다. 때로는 백신이
위험요소가 아닌 데도 위험요소로 오판할 수 있다. 따라서 발견한 위험요소를 바로 제
거하지 않고 검역소에 저장하면, 추후 사용자가 판단하여 원위치 시킬 수 있다. 기본적
으로 저장된 지 15일이 지난 위협요소는 삭제되는데 이 저장 기간은 변경할 수 있다.
(그림 2-98)의 [로그 보기]는 제공하는 검사에 대한 로그와 발견된 위협요소에 대한 로
그를 보여준다.

그림 2-98 검사 및 결과 로그 보기

2.4 ___ 응용 프로그램 보안

이 절에서는 응용 프로그램이 제공하는 보안 기능을 살펴볼 것이다. 다른 응용 프로그램에서 작성한 문서를 보호하기 위해 탐색기에 나타나지 않도록 해주는 프로그램도 있고, 패스워드를 걸어서 아무나 열어보지 못하도록 해 주는 프로그램들도 있다. 여기서는 가장 많이 사용하고 있는 문서 편집기인 훈글과 마이크로소프트 오피스의 파워포인트, 그리고 압축 프로그램인 알집에서 제공하는 기능을 소개한다. 이들 패스워드를 깨는 것도 가능한데 이것은 '8장 사이버수사-디지털 포렌식'에서 다룰 것이다.

1) 훈글

(그림 2-99)는 한컴오피스 한글 2014에서 [다른 이름으로 저장]을 이용하여 문서에 패스워드를 설정하는 화면이다. [문서 암호(P)..]를 누르면 (그림 2-100)에서와 같이 패스워드를 입력할 수 있게 된다. 나중에 이 문서를 열려고 하면 패스워드 입력 창이 뜨는데, 저장할 때 설정했던 패스워드를 입력하지 못하면 파일을 열 수 없게 된다. (그림 2-100)에서 '보안 수준 높음(H)'를 선택하면 훈글 2007에서부터만 열 수 있다고 되어 있는 것을 볼 수 있다. 훈글 2.x 버전에서 훈글 패스워드가 크랙되었던 것을 기억하는 독자들이 있을지 모르겠다. 사실상 패스워드를 깬다는 것은 그 값을 알아낸다는 것인데, 패스워드가 5자리만 되어도 그것을 깨는 데는 꽤 많은 시간이 걸린다. 물론 모든 가능성 있는 패스워드를 다 대입해 보는 방법을 기준으로 했을 때 말이다. 그런데 1995년 5자리 훈글 패스워드를 단시간에 깨버리는 사건이 발생했다. 사실상 패스워드를 알아낸 것은 아니고 파일을 열 때 패스워드를 비교하지 않도록 우회한 것이었다. 물론 패스워드를 알아낸 것이 아니라고 해도 매우 중요한 교훈을 남긴다. '공격자는 반드시 정면 도전하는 것이 아니며' 보안 전문가는 '어떠한 공격도 방어해야 한다'는 것이다. 철통같은 수비를 해도 엉뚱한 곳에서 허점이 발견되어 무너질 수 있다는 것이다. 아무튼 3.0 버전에서는 우회하지 못하도록 비밀정보를 분산시켰고 2007버전부터는 더 강력한 암호 방식(4장에서 설명할 RSA 암호)을 채택했다고 한다. '보안 수준 높음(H)' 옵션은 그러한 히스토리를 가지고 있다.

그림 2-99 훈글 파일 패스워드 설정하기

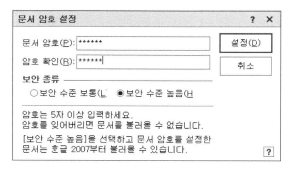

그림 2-100 훈글 파일 패스워드 보안 수준

2) 파워포인트

파워포인트도 패스워드 기능을 가지고 있는데, 파워포인트 2013을 예로 살펴보자. (그림 2-101)에서와 같이 역시 [다른 이름으로 저장]으로 저장할 때 패스워드를 설정할 수 있는데, [도구(L)]-[일반 옵션(G)...]을 선택하면 된다. (그림 2-102)에서와 같이 파워포인트에서는 훈글과 달리 읽기 패스워드와 쓰기 패스워드를 따로 지정할 수 있도록 지원한다. (그림 2-103)은 (그림 2-102)에서 입력한 각 패스워드에 대한 확인 입력 창이다.

패스워드가 지정된 파일을 열려고 하면 패스워드 입력을 요구한다. 쓰기 패스워드는 파일을 수정하거나 저장(다른 이름으로 저장하기 포함)하려고 할 때 사용된다. 만약 쓰기 패스워드만 설정된 파일을 열려고 하면 (그림 2-104)와 같이 쓰기 패스워드를 입력하거나 읽기 전용으로 열도록 한다. 만약 읽기 전용으로 열 경우 파일의 편집도 불가능하고 다른 이름으로 저장하기를 포함하여 저장기능을 사용할 수 없게 된다.

파워포인트의 패스워드 기능은 마이크로소프트 워드나 엑셀에서도 동일하게 지원하고 있다.

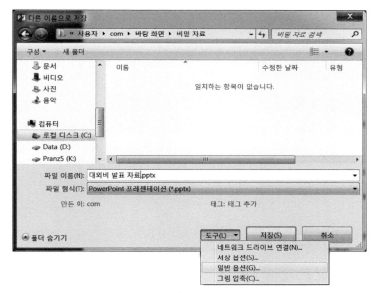

그림 2-101 파워포인트 파일 패스워드 설정하기

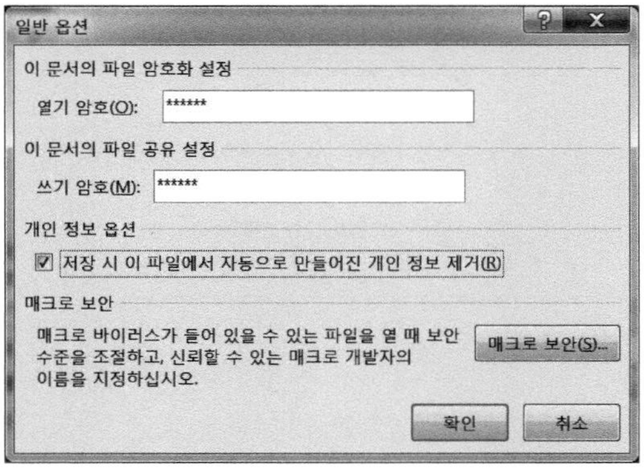

그림 2-102 파워포인트 패스워드 설정 옵션

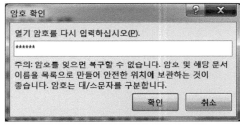

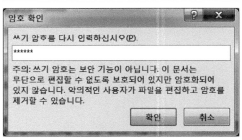

그림 2-103 파워포인트 패스워드 확인

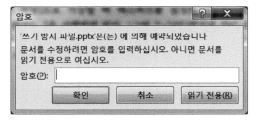

그림 2-104 쓰기 패스워드만 설정된 파일을 열 때

3) 알집

마지막으로 무료 압축 프로그램인 알집(예에서는 9.65버전)을 이용하여 패스워드 거는 방법을 알아보자. 압축 프로그램은 기본적으로 파일의 용량을 줄이기 위해 사용되지만, 부가적으로 여러 개의 파일을 하나의 압축파일로 묶어주는 역할도 하고, 또 패스워드를 걸어서 파일을 보호하는 기능도 제공한다. 훈글이나 파워포인트처럼 자체적으로 패스워드 설정 기능을 제공하지 않는 메모장에서 작성한 .txt 파일이나 이미지 파일 등을 보호하고 싶을 때 유용하다. (그림 2-105)는 앞에서 예로 보였던 파일을 포함하여 4개의 파일을 '비밀 자료.zip'으로 압축하는 화면이다. 아래쪽에 있는 [암호(P)...]를 누르면 (그림 2-106)과 같이 패스워드를 설정할 수 있다.

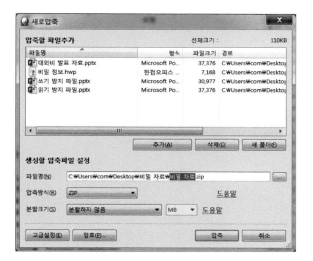

그림 2-105 '비밀 자료'.zip으로 압축하기

그림 2-106 압축 패스워드 설정

패스워드를 설정하고 압축한 '비밀 자료.zip'의 압축을 해제하기 위해 선택해 보면 (그림 2-107)과 같이 파일명 끝에 '*'가 표시된 것을 볼 수 있는데, 그 파일에 패스워드가 걸려 있다는 것을 나타낸다. 이 압축 파일로부터 '대외비 발표 자료.pptx'를 압축 해제하려고 하면 (그림 2-108)과 같이 패스워드 입력을 요구한다.

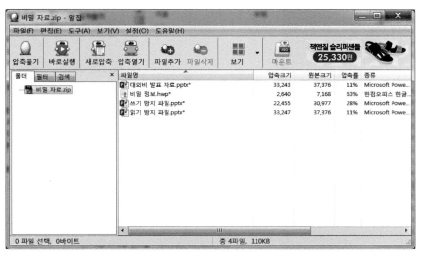

그림 2-107 패스워드가 설정된 압축 파일

경우에 따라 굳이 보호하지 않아도 되는 파일과 비밀 파일을 함께 압축해야 할 경우도 있다. 예에서처럼 이 비밀 자료를 압축해제하려고 하는 사람에게 주는 안내문 '읽어보세요.hwp'를 함께 압축하는 경우처럼 말이다. 이런 경우에는 압축 파일에 '읽어보세요.hwp'를 드래그앤드롭(drag & drop)으로 포함시키면 된다. 그러면 (그림 2-109)와 같은 화면이 나오는데 [암호사용(W)]를 선택하지 않으면 된다. 물론 이것을 선택하고 기존의 패스워드와 다른 패스워드를 입력함으로써 압축된 파일마다 다른 패스워드를 줄 수 있다. 이 기능은 (그림 2-107)에서 [파일추가]를 통해서도 지원된다. (그림 2-110)은 추가 결과인데 '읽어보세요.hwp' 뒤에는 '*'가 없는 것을 확인할 수 있다. [편집(E)]-[암호(P)...]를 이용해서 압축된 파일 각각에 패스워드를 거는 방법도 있다.

그림 2-108 패스워드가 설정된 압축 파일 풀기

그림 2-109 파일 추가

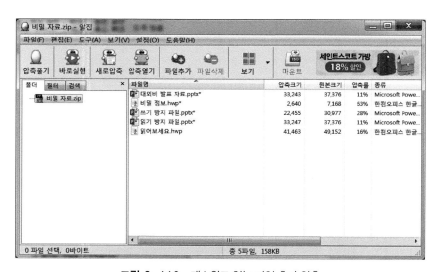

그림 2-110 패스워드 없는 파일 추가 압축

【 O/× 문제 】

※ 다음 문장이 옳으면 O, 그렇지 않으면 ×를 표시하라.

01. 메인메모리는 용량이 작은 비휘발성 기억장치로서 전원이 꺼지면 모든 기억이 지워진다.

02. 운영체제, 입출력 장치 드라이버, 컴파일러 등을 시스템 소프트웨어라고 한다.

03. 이벤트 뷰어는 컴퓨터에서 발생하는 문제점들을 모아 보여주는 프로그램이다.

04. 윈도우즈 7을 설치하면 기본적으로 administrator와 guest 계정이 자동 생성되지만 모두 비활성화되어 있다.

05. 윈도우즈 7에서 새로운 계정을 생성하지 않으면 컴퓨터를 사용할 수 없다.

06. 사용자 그룹은 표준사용자와 관리자 2가지이다.

07. 표준 사용자는 다른 사용자의 폴더에 접근할 수 없지만 패스워드를 설정해야만 의미가 있다.

08. 관리자는 다른 사용자의 패스워드를 변경하거나 제거할 수는 있지만 현재의 패스워드를 알아낼 수는 없다.

09. 다른 사용자의 파일이나 폴더에 접근할 수 없도록 하기 위해서, 모든 사용자는 '내 문서' 폴더에만 파일을 저장할 수 있다.

10. 사용자 관리 명령어인 lusrmgr.msc는 관리자만이 실행할 수 있다.

11. UAC란 표준 사용자가 시스템이나 다른 사용자에게 영향을 미치는 작업을 할 때 관리자 권한으로 자동 실행시켜 주는 기능이다.

12. 프로그램에 포함된 인증서란 그 프로그램이 정품임을 보증하는 인증서이다.

13. 그룹 정책 관리를 통해 패스워드 길이나 사용기한 등에 제한을 둘 수 있다.

14. 일정 횟수 이상 잘못된 패스워드가 입력되면 계정을 잠금상태로 만들 수 있는데, 이 경우 관리자가 계정을 없애야만 풀릴 수 있다.

15. 디스크는 여러 개의 플래터들로 구성되며, 플래터 양면에는 섹터라고 하는 동심원들이 있어 그 곳에 데이터가 저장된다.

16. 클러스터란 섹터들의 모음이며, 파일에 할당되는 디스크 공간의 단위이다.

17. NTFS는 FAT에 비해 보안성이 강화되었으며, 시스템 성능을 저하시키지 않으면서도 검색 속도를 빠르게 지원한다.

18. UAC에 의해 권한 상승을 하면, 다른 계정에서 만든 파일을 수정하거나 저장할 수 있다.

19. NTFS에서 제공하는 파일/폴더 암호화를 이용하기 위해서는 계정 패스워드가 있어야만 의미가 있다.

20. 방화벽이란 다른 사용자의 파일이나 폴더에 접근할 수 없도록 하기 위한 윈도우즈 기능이다.

21. 방화벽을 통해 인바운드 및 아웃바운드 트래픽에 대해 선별적으로 허용할 수 있다.

22. 윈도우즈 업데이트는 윈도우XP에서 윈도우7으로의 변경과 같이 새로운 윈도우즈 버전으로의 업그레이드를 말한다.

23. 윈도우즈 업데이트를 자동으로 확인/다운로드/설치하는 것은 효율성 측면에서 바람직하지 않지 않으므로 권장하지 않는다.

24. 컴퓨터 바이러스는 악성코드의 일종이지만 애드웨어, 스파이웨어, 웜, 트로이목마 등을 포함한 악성코드의 대명사로 불린다.

25. 웜은 자기 복제능력이 없지만 네트워크 대역폭까지 잠식시키는 악성코드이다.

26. 트로이 목마는 DDoS 공격에서 사용되는 좀비 PC를 만들기도 한다.

27. 악성코드의 탐지는 기본적으로 시그너처를 기본으로 하기 때문에 데이터베이스 갱신을 포함하는 백신의 업데이트는 매우 중요하다.

28. 여러 개의 백신을 설치하는 것은 서로 충돌을 일으킬 수 있어 매우 위험한 일이므로 절대 해서는 안된다.

29. 응용 프로그램에서 파일에 패스워드를 설정하는 것은 패스워드 분실의 우려가 있으므로 바람직하지 않다.

30. 알집과 같은 압축 프로그램은 파일의 크기를 작게 압축할 뿐 아니라 여러 개의 파일을 하나로 묶거나 패스워드로 보호할 수 있도록 해준다.

【 객관식 문제 】

01. 다음 중 운영체제가 관리하는 대상이 아닌 것은?

❶ 사용자 관리   ❷ 장치 관리   ❸ 저작권 관리   ❹ 네트워크 관리

02. 수행 중인 프로그램을 무엇이라고 부르는가?

❶ 프로세서   ❷ 플러그앤플레이 ❸ 응용 프로그램   ❹ 프로세스

03. 사용자가 파일을 저장하고 검색할 수 있도록 지원하는 운영체제 기능은?

❶ 파일 관리   ❷ 디스크 관리   ❸ 사용자 관리   ❹ 메모리 관리

04. 다음 중 성격이 다른 것은?

❶ 윈도우즈   ❷ 유닉스   ❸ 디도스   ❹ 리눅스

05. 다음 패스워드에 대한 설명 중 옳지 않은 것은?

❶ 접근제어용으로 사용됨   ❷ 파일 암호화를 말함
❸ 인증 수단임   ❹ 암호라고도 불림

06. 관리자 계정이 할 수 없는 일은?

❶ 다른 사용자의 패스워드 변경   ❷ 다른 사용자의 패스워드 복구
❸ 새로운 사용자 계정 생성   ❹ 다른 사용자 계정 삭제

07. 다음 중 표준 사용자 '홍길동'이 접근할 수 없는 폴더는?

❶ '이정책'의 내문서   ❷ c:\Program Files

❸ c:\사용자\홍길동\즐겨찾기   ❹ c:\Windows

08. lusrmgr.msc에 대한 설명으로 옳은 것은?

❶ 표준 사용자도 사용 가능   ❷ 사용자의 패스워드 변경 가능

❸ UAC 실행   ❹ 그룹 사용자 변경

09. NTFS에서 사용하고 있는 폴더 관리 구조는?

❶ FAT   ❷ 부트 마스터   ❸ B$^+$-트리   ❹ 인덱스

10. FAT에 비해 NTFS가 가지는 장점이 아닌 것은?

❶ 용량이 큰 디스크 지원   ❷ 암호화 기능

❸ 작은 클러스터 크기   ❹ 인덱스 기능

11. 방화벽이 가지는 장점은?

❶ 네트워크를 통한 트래픽 제어   ❷ 사용자 감시

❸ 시스템 원격 제어   ❹ 네트워크 통신 속도 증가

12. 윈도우즈 운영체제의 버그 패치나 업그레이드를 지원하는 기능은?

❶ 다중 사용자 지원   ❷ 윈도우즈 업데이트

❸ 방화벽   ❹ 그룹 정책 관리

13. 사용자 동의없이 설치되어 정보를 공격자에게 전송하는 악성코드는?

❶ 스파이웨어   ❷ 애드웨어   ❸ 트로이목마   ❹ 바이러스

14. 컴퓨터 백신 설치 후 가장 먼저 해야 할 일은?

❶ 실시간 검사   ❷ 검역소 점검   ❸ 예약 설정   ❹ 업데이트

15. 악성코드를 탐지의 기본으로서, 악성코드마다 가지는 특정의 코드는?

❶ 시그널   ❷ 시그너처   ❸ 인증서   ❹ 확장자

【 주관식 문제 】

01. 컴퓨터 운영체제의 이름을 3개 이상 나열하시오.

02. 시스템 소프트웨어의 종류를 나열하시오.

03. 운영체제의 주요 기능을 나열하시오.

04. 윈도우즈에서 표준사용자에게는 주어지지 않고 관리자에게만 주어지는 기능을 아는 대로 쓰시오.

05. 관리자가 다른 사용자의 패스워드를 함부로 변경하거나 제거할 수 없는 이유를 설명하시오.

06. 개인 파일을 사용자 폴더에 저장해야 하는 이유를 설명하시오.

07. 사용자가 속한 그룹을 변경하거나, 그룹에 속한 사용자를 변경하고자 할 때 사용하는 명령어를 쓰시오.

08. 사용자 계정 컨트롤(UAC)에 대해 설명하시오.

09. 디지털 서명에서 서명 검증에 필요한 문서로서 인감증명서에 비유될 수 있는 것은 무엇인가?

10. 윈도우즈 계정 패스워드 정책 6가지를 나열하시오.

11. 계정 잠금이 유용한 사용 예를 하나만 드시오.

12. 다른 계정에서 만든 파일은 기본적으로 '읽기'나 '읽기 및 실행'만 가능하다. 관리자이거나 관리자 패스워드를 아는 사용자일 경우 이 파일의 '쓰기' 권한을 가질 수 있는 방법을 기술하시오.

13. 계정 패스워드가 없을 경우, 파일/폴더 암호화를 해도 소용없는 이유를 기술하시오.

14. 여러 개의 백신 사용을 권장하는 이유는 무엇인가?

15. 백신 프로그램에서 위험요소(악성 코드)를 바로 제거하지 않고 검역소에 저장하는 이유는 무엇인가?

Introduction to **INFORMATION SECURITY**
for the Mobile Age

웹브라우저

3.1 　 웹(World Wide Web)

인터넷(Internet)은 우리 생활에서는 없어서는 안 될 존재가 되었다. 인터넷이라는 용어는 Inter + network의 합성어로 기존에 운영되고 있던 여러 컴퓨터들의 통신망을 세계적으로 연결하여 데이터를 주고받을 수 있도록 구성한 시스템을 일컫는다.인터넷은 서비스를 제공하는 중심이 되는 컴퓨터나 인터넷을 관리하는 중심 조직이 따로 있지 않고, 이를 이용하는 세계 각지에서 분산적으로 서비스되고 관리되고 있다. 인터넷을 통하여 이용할 수 있는 서비스는 전자우편(e-mail), 원격 컴퓨터 연결(telnet), 파일 전송(FTP), 정보열람(WWW:World Wide Web) 등 다양하다. 인터넷을 통한 다양한 서비스와 풍부한 정보 자원 덕분에 인터넷은 종종 정보의 바다라고 불리기도 한다.

간혹 인터넷을 웹과 혼동하는 경우도 있으나 엄밀히 말하면 웹은 인터넷을 이용한 서비스이다. 웹이란 월드-와이드-웹(WWW:World Wide Web)의 줄임말로 인터넷을 통하여 사용할 수 있는 상호 연결된 하이퍼텍스트(hypertext) 문서들로 구성된 시스템이다. 하이퍼텍스트는 컴퓨터를 통하여 저장된 정보를 사용자의 관심과 필요에 따라 자유롭게 검색하도록 도와주는 텍스트이다. 웹에서 보여지는 문서를 통칭하여 웹페이지(Web page)라 한다. 웹페이지는 다른 인터넷 상의 문서와 서로 연결할 수 있게 해주는 다양한 텍스트는 물론 그림, 소리, 동영상 파일도 내장할 수 있다.

웹 브라우저(Web browser)는 인터넷을 이용하여 다양한 정보를 제공하는 웹페이지를 편리하게 이용할 수 있도록 하는 소프트웨어이다. 책을 군데군데 펼쳐본다는 뜻의 browse라는 단어를 활용하여, 웹페이지를 펼쳐볼 수 있도록 만들어진 소프트웨어의 개념으로 웹 브라우저라는 이름을 가지게 되었다.

웹을 이용해본 독자라면 서버와 클라이언트라는 단어를 들어보았을 것이다. 사용자가 웹서핑을 할 때 (그림 3-1)과 같이 웹페이지를 보고자하는 쪽과 웹 페이지를 제공해주는 쪽이 있다. 클라이언트는 '보고자 하는 쪽'으로서 웹서핑을 하기 위해서 웹브라우저를 클릭하고 방문하고자 하는 URL(웹주소)를 입력하여, 보고자 하는 웹페이지를 요청한다. 서버는 '제공해주는 쪽'으로서 클라이언트가 요청한 내용을 제공하는 컴퓨터 또는 소프트웨어이며 클라이언트가 웹브라우저를 통하여 요청 내용을 볼 수 있도록 한다.

서버

클라이언트

그림 3-1　웹 클라이언트와 서버

인터넷을 이용하여 이메일, 파일 전송 등 여러 가지 서비스를 사용할 수 있지만, 가장 많이 사용하는 것은 웹브라우저를 통하여 웹페이지를 여행하는 것일 것이다. 이 절에서는 다양한 웹 브라우저의 종류 중에서 윈도우에 포함되어 있는 인터넷 익스플로러 (Internet explorer) 11과 구글의 크롬 브라우저에서 보안과 관련된 사항들을 살펴보고자 한다.

3.2　웹 브라우저 사용 흔적

우리가 웹 서핑을 할 때 사용하는 웹 브라우저는 사용자의 편의를 위하여 다양한 사용자의 사용 흔적을 간직하고 있다. 사용자는 이전에 방문했던 페이지를 주소 입력 없이 다시 보길 원하기도 하고, 회원 전용 홈페이지에서 한번 로그인하면 웹브라우저를 닫을 때까지 자신의 로그인 정보가 유지되길 원한다. 때로는 로그인할 때 ID와 패스워드를 매번 입력하지 않아도 자동으로 입력되길 원하기도 한다.

웹브라우저는 이러한 사용자 요구사항을 위하여 다양한 사용 흔적을 컴퓨터 내부에 저장해두게 된다. 인터넷 익스플로러와 크롬 브라우저에서 어떤 사용 흔적들을 남겨두는지 알아보자.

1) 웹사이트 목록

인터넷 익스플로러를 실행시키면 (그림 3-2)와 같이 화면의 위에 주소를 입력하는 란이
보인다. 여기에 자신이 방문하고자 하는 주소를 입력하게 되는데, 이 주소를 URL(Uni-
form Resource Locator)이라고 한다. URL은 컴퓨터 네트워크에서 자신이 원하는 정
보 자원(보고 싶은 웹페이지)을 찾기 위한 정보 자원의 위치와 종류를 나타내는 일련의
규칙이다. URL에는 웹 페이지의 위치(서버와 폴더, 파일 명 등)이 기록되어 있다.

그림 3-2 인터넷 익스플로러에서 URL 입력

웹 브라우저는 최근에 사용자가 접속한 웹페이지의 목록을 유지한다. (그림 3-3)와 같
이 주소란의 오른쪽에 있는 화살표를 누르면 사용자가 주소창에 입력하였던 페이지의
목록들이 나타난다. 이러한 기능은 이전에 방문했던 사이트를 다시 방문하고자 할 때
편리하게 사용할 수 있도록 해준다.

그림 3-3 이전에 입력했던 주소 목록

인터넷 익스플로러의 오른쪽 상단의 별모양을 누르면 (그림 3-4)와 같은 메뉴가 나온
다. [즐겨찾기], [피드], [열어본 페이지 목록]의 탭이 나오며 열어본 페이지 목록 탭에
서 방문했던 페이지 목록을 (그림 3-5)와 같이 [날짜순(D)], [사이트순(I)], [자주 열어

본 사이트순(M)], [오늘 열어 본 순서별(O)]로 정리해서 볼 수 있다(그림 3-6). 또는 단축키 (Ctrl + Shift + H)를 누르면 인터넷으로 열어본 페이지 목록이 출력되어 접속했던 사이트들을 모두 확인해볼 수 있다.

그림 3-4 　열어 본 페이지 목록 보이기

그림 3-5 　열어본 페이지 목록

그림 3-6 　열어본 페이지의 보기 정렬

사용자의 열어본 페이지 목록은 사용자의 최근 관심사나 성향 등을 파악할 수 있는 자료가 될 수 있다. 이는 개인 성향의 노출로 개인정보의 유출과 연관될 수 있다.

이제 사용자의 사용 흔적을 어떻게 삭제할 것인지에 대해 살펴보자.

목록을 모두 삭제하려면 인터넷 익스플로러 화면에서 다음과 같이 수행하면 된다.

1. (그림 3-7)에서 오른쪽 상단 '도구' ⚙ 버튼의 [안전(S)] → [검색 기록 삭제(D)]를 선택한다.

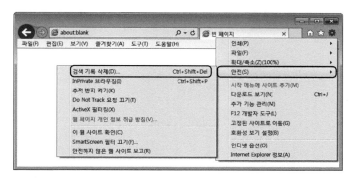

그림 3-7 검색 기록 삭제 메뉴

2. (그림 3-8)의 대화상자에서 [기록(H)]를 선택한다.

3. 아래 [삭제]버튼을 누른다.

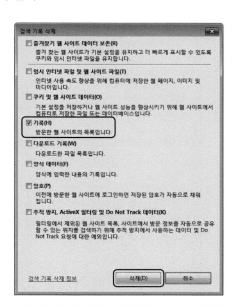

그림 3-8 열어본 페이지 목록 모두 삭제하기

위의 방법은 특정 목록만 삭제하지 못하고 모든 목록을 지우는데 이용된다. 만약 선택적으로 목록을 삭제하고자 할 때는 (그림 3-6)의 [열어본 페이지 목록]탭을 선택한후, (그림 3-9)와 같이 삭제를 원하는 목록에서 [MR] → [삭제(D)]를 눌러 삭제할 수 있다.

그림 3-9 열어본 페이지 목록 선택하여 삭제하기

구글의 크롬 브라우저에서도 사용자의 접속 사이트 목록은 인터넷 익스플로러와 동일하게 확인할 수 있다. 크롬을 실행시키면 (그림 3-10)과 같이 주소란이 보이며 URL을 입력하면 이전에 방문했던 웹페이지의 주소들이 풀다운 메뉴로 나타난다.

그림 3-10 크롬에서의 URL 입력

크롬은 (그림 3-11)에서와 같이 브라우저 툴바에서 Chrome 메뉴 ≡ → [방문기록(H)] → [방문기록(H)] 메뉴를 통하여 방문기록을 확인할 수 있다. 이 메뉴를 선택하면 (그림 3-12)와 같이 크롬의 새로운 탭에 날짜순, 시간순으로 방문했던 페이지 목록이 나타난다. 오른쪽 상단의 "기록 검색"을 통하여 방문기록을 검색할 수도 있다.

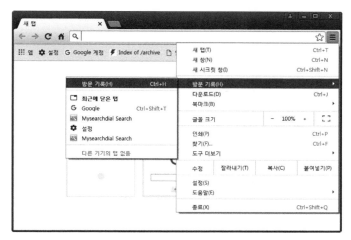

그림 3-11 크롬의 방문기록 보이기

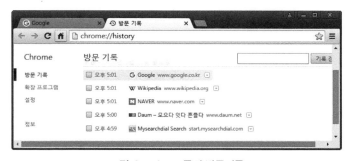

그림 3-12 크롬의 방문기록

크롬에서 사용자의 방문기록을 삭제하는 방법은

1. 브라우저 툴바에서 Chrome 메뉴 ≡ → [방문기록(H)] → [방문기록(H)]을 선택한다.

2. (그림 3-13)의 '방문기록' 창에서 [인터넷 사용정보 삭제] 버튼을 누른다.

3. (그림 3-14)와 같이 대화상자가 나타나면 [인터넷 사용기록]의 체크박스를 선택하고하고 [인터넷 사용정보 삭제] 버튼을 누른다.

그림 3-13 인터넷 사용 기록 삭제 보이기

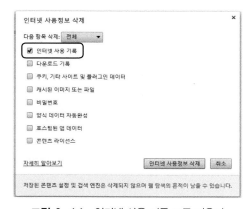

그림 3-14 인터넷 사용 기록 모두 지우기

크롬에서 선택적으로 목록을 삭제하고자 할 때는 방문기록 보기 화면에서 (그림 3-15) 와 같이 삭제하고자 하는 사용 기록을 선택하고 [선택한 항목 삭제] 버튼을 누르면 된다. [선택한 항목 삭제] 버튼은 사용 기록 중 항목을 선택한 경우에만 버튼이 활성화 된다.

그림 3-15 인터넷 사용 기록 선택하여 삭제하기

2) 임시인터넷 파일

웹브라우저는 인터넷 탐색속도의 향상과 동영상 품질 보장 등을 위하여 사용자가 접속하는 웹 페이지의 모든 자료를 사용자의 하드디스크에 저장한다.

예를 들어 사용자가 웹서핑을 할 때 [뒤로] 버튼을 통하여 이전에 방문했던 페이지를 다시 방문하고자 할 경우가 있다. 웹브라우저는 방문했던 페이지의 URL을 기억하고 있다가 서버에 접속하여 재요청할 수 있다. 그런데 만약 주소만 기억했다가 서버로부터 방문 페이지의 정보를 다시 가져온다면 시간도 오래 걸릴 뿐 아니라 네트워크 자원도 낭비될 수 있다. 시스템에서는 웹페이지를 처음 불러올 때 (그림 3-16)과 같이 그 페이지에 포함된 이미지나 동영상 파일 등을 사용자 컴퓨터의 저장장치에 저장해 두었다가, 다시 보고자 할 때 저장된 파일을 이용하여 화면에 보여줌으로써 효율성을 개선한다. 또한 크기가 큰 동영상을 웹브라우저에서 바로 플레이하여 볼 때 대부분은 끊김 없이 보여줄 수 있도록 "버퍼링"이라는 것을 수행한다. 네트워크의 상태에 따라 끊김 현상이 발생하는 것을 최소화하기 위하여 일정 양만큼을 미리 다운로드하여 사용자의 컴퓨터에 저장하였다가 보여주기를 함으로써 동영상의 재생 품질을 보장한다. 이 저장된 파일들이 임시 파일이다. 임시 파일은 파일 다운로드에도 사용된다. 파일을 다운로드 할 때는 사용자가 파일을 저장할 폴더를 지정하게 되는데, 사실상 곧바로 이 폴더에 저장하는 것이 아니라 일단 시스템이 관리하는 임시 폴더에 다운로드 받은 다음 사용자가 지정한 폴더로 복사한다.

서버

모니터   하드디스크
사용자(클라이언트)

그림 3-16 임시 인터넷 파일의 이용

인터넷 익스플로러에서 임시 인터넷 파일의 내용을 확인하기 위해서는

1. 인터넷 익스플로러의 오른쪽 상단 '도구' ⚙ 버튼의 [인터넷 옵션(O)] → [일반] 탭에

서 (그림3-17)과 같이 검색기록 항목의 [설정(S)]을 선택한다.

2. (그림 3-18)에서 [임시인터넷 파일]탭 → [파일보기(V)]를 선택한다.

임시저장된 인터넷 파일들은 (그림 3-19)에서 보는 바와 같다. 저장된 파일의 유형을 보면 HTML 문서 뿐 아니라, 자바스크립트 파일, 이미지, 텍스트 파일 등 거의 모든 정보들이 저장되어 있으며, 어느 사이트(인터넷 주소)에서 다운 받은 것인지도 나타나 있다. 이 파일들은 탐색기에서 직접 클릭하여 내용을 볼 수 있기 때문에 누구나 확인할 수 있다.

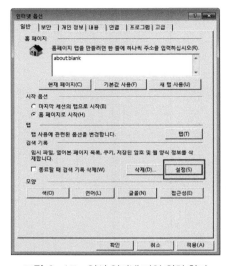

그림 3-17 임시 인터넷 파일 위치 찾기

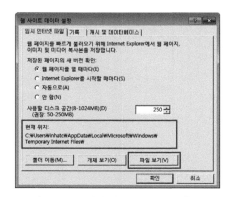

그림 3-18 임시 인터넷 파일의 내용 보기

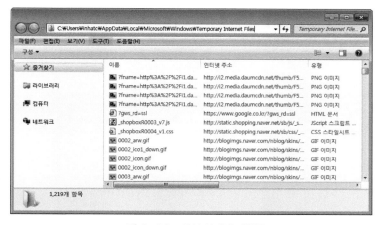

그림 3-19 임시 인터넷 파일들

인터넷 익스플로러에서 임시인터넷 파일의 내용을 지우는 방법은

1. (그림 3-20)과 같이 인터넷 익스플로러의 오른쪽 상단 '도구'✿ 버튼의 [안전(S)] →
[검색기록 삭제(D)] → [임시 인터넷 파일 및 웹사이트 파일(T)]을 선택한다.

2. [삭제] 버튼을 누른다.

임시인터넷 파일은 사용자의 하드디스크에 저장되기 때문에 저장공간을 차지하게 되며
사용자의 사용 흔적이 될 수 있으므로 주기적으로 삭제하는 것이 바람직하다.

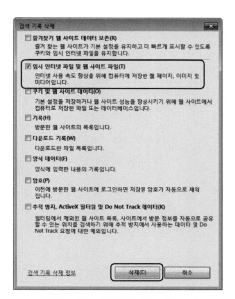

그림 3-20 임시 인터넷 파일 삭제

크롬에서 인터넷 사용정보를 삭제하는 방법은

1. 브라우저 툴바에서 Chrome 메뉴 ☰를 클릭한다.

2. (그림 3-21)에서 [도구 더보기] → [인터넷 사용정보 삭제(C)]를 선택한다.

3. (그림 3-22)의 '인터넷 사용정보 삭제' 대화상자에서 [캐시된 이미지 또는 파일] 체크박스를 선택 → [인터넷 사용정보 삭제] 버튼을 클릭한다.

그림 3-21 크롬의 도구 더보기

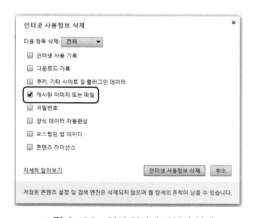

그림 3-22 임시 인터넷 파일의 삭제

3) 쿠키

쿠키(cookie)란 사용자가 특정 홈페이지를 접속할 때 생성되는 정보를 담은 임시 파일로, 웹서버가 자신을 방문했던 사용자 정보를 잊지 않기 위하여 사용자 컴퓨터에 저장해놓는 4KB 이하의 작은 파일이다. 쿠키는 사용자의 웹브라우저에서 웹서버의 요청에 따라 자동으로 만들기도 하고 갱신하기도 하며 웹서버로 기록을 전달하기도 한다. 쿠키의 내용은 웹서버에서 구성하기에 따라 다를 수 있으나 보통 사용자 로그온 정보, 웹페이지의 방문 기록, 방문 경로 등의 정보를 담고 있다. 사용자의 방문 페이지, 구매 내용 등의 다양한 정보들이 쿠키에 담겨 웹서버로 전송될 수 있기 때문에 사용자 개인의 사생활을 침해할 소지가 있으며, 보안문제를 유발하기도 한다. 쿠키에 대한 이해를 위하여 먼저 인터넷에서의 데이터 송수신 프로토콜인 http(hyper text transfer protocol)의 작동 원리를 간단히 설명하고자 한다. 우리가 인터넷 검색을 할 때 'http://www....'와 같이 인터넷 주소를 지정하는 것을 보았을 것이다. 즉, http라는 것은 하이퍼텍스트(hypertext) 문서를 교환하기 위하여 사용되는 통신규약으로 인터넷 주소에서 하이퍼텍스트 문서를 교환할 때는 http 통신규약으로 처리하라는 뜻이다. http가 하이퍼텍스트 문서를 교환하기 위해서는 하위 프로토콜로서 TCP(Transmission Control Protocol)를 사용한다. 쿠키 이해를 위해서 TCP 프로토콜을 먼저 이해해보자.

TCP 프로토콜에 대한 이해를 돕기 위해 (그림 3-23)와 같이 이삿짐 운반을 예를 들어 설명하고자 한다. 이사를 할 때 출발지에서는 짐이 많으면 여러 대의 트럭에 나누어 짐을 싣고, 트럭에 일련번호를 붙여 목적지로 보낸다. 짐을 보내기 전에 먼저 목적지에 연락하여 운송 예약을 하는 등 필요한 절차를 밟는다고 가정한다.

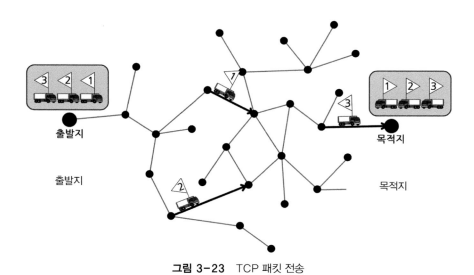

그림 3-23 TCP 패킷 전송

짐을 실은 각 트럭 기사에게는 목적지를 알려주고 각자 알아서 찾아가도록 한다. 따라서 각 트럭들이 목적지로 가는 경로가 모두 다를 수 있고, 도착 순서도 출발 순서와 다를 수 있다. 목적지에서는 모든 트럭이 도착할 때까지 기다렸다가 트럭을 순서대로 정렬하고, 누락된 트럭이 있는지 점검한다. 무사히 잘 도착했으면, 출발지와 목적지가 서로 연락할 일은 없다. 목적지에서 새 집에 맞게 짐 정리만 하면 된다.

TCP에서도 먼저 데이터를 전송하고자 하는 목적지에 연락을 취하여 전송을 위한 절차를 밟는다(이를 handshake라고 한다). 전송할 데이터의 크기가 크면 데이터를 일정한 크기의 패킷(packet)으로 나누어 보낸다. 패킷은 각각 네트워크 경로를 통해 목적지에 도착한다. 목적지에서는 패킷이 모두 도착하면 순서대로 정렬하여 원래의 데이터로 재조립한다. 출발지에서 목적지에 연락을 취하는 것부터 시작해서 목적지에서 패킷들을 점검하기까지의 기간을 하나의 세션(session)이라고 한다. 목적지와 출발지와의 연락은 세션 단위로 이루어진다.

우리가 하나의 웹페이지에서 다른 웹페이지로 링크된 텍스트나 이미지 등을 클릭하면, 링크된 웹페이지가 웹브라우저에 나타난다. (그림 3-24)와 같이 클라이언트가 서버에게 링크된 웹페이지 요청 메시지를 보내면, 웹서버가 요청받은 웹페이지에 대한 데이터를 사용자에게 보내게 된다.

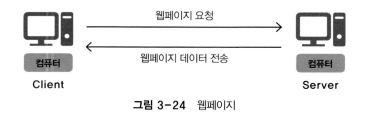

그림 3-24   웹페이지

정확한 표현은 아니지만, 웹서버로부터 웹페이지를 하나 전송받기 위한 작업을 하나의 세션이라고 생각하면 된다.

최근의 인터넷 카페나 블로그, 인터넷 쇼핑몰 등은 회원제로 운영되는 경우가 많다. 회원제로 운영되는 사이트는 웹브라우저(클라이언트)가 웹페이지 요청메시지를 보내면 웹서버에서 클라이언트가 회원인지를 확인한다. 예를 들어 (그림 3-25)에서와 같이 어떤 웹페이지 C가 2개 이상의 웹페이지(회원 웹페이지 A, 비회원 웹페이지 B 등)로부터 링크되었다고 가정해보자. 웹서버는 요청한 웹페이지 중 회원인 웹페이지 A는 자료를 전송해주어야 하지만 회원이 아닌 웹페이지 B는 자료를 제공해주면 안된다.

그런데 웹서버는 요청한 사용자에게 웹페이지 자료를 전송해 줄 뿐, 어느 페이지로부터 링크된 것인지 구분하지 못한다. 왜냐하면 앞에서 설명한 대로, http 프로토콜이 사용하는 TCP 프로토콜은 하나의 세션 단위로 서로를 인식하고 통신하는데, 하나의 웹페이지를 전송하고 나면 세션이 종료되기 때문이다. 따라서 클라이언트는 매 페이지 요청 시마다 회원이라는 정보를 서버에게 같이 보내주어야만 한다. 이러한 문제를 해결하기 위해 도입된 것이 쿠키이다.

웹서버는 회원 웹페이지 A가 회원임을 확인할 수 있는 정보(쿠키)를 만들어 요청한 웹페이지 내용과 같이 보낸다. 웹 브라우저는 서버가 보내준 쿠키 정보를 클라이언트의 컴퓨터에 보관하고 있다가 다른 웹페이지를 요청할 때 쿠키 정보를 페이지 요청 메시지와 함께 웹서버에게 보낸다. 웹서버는 웹브라우저가 보낸 쿠키 정보를 이용하여 웹페이지 요청자가 회원인지 여부를 확인할 수 있게 된다.

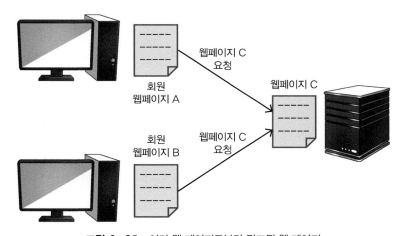

그림 3-25 여러 웹 페이지로부터 링크된 웹 페이지

쿠키는 보존기간과 생성자를 기준으로 구분할 수 있다.

보존기간에 따른 쿠키에는 임시 쿠키와 영구 쿠키가 있다. 임시쿠키(또는 세션 쿠키)는 웹브라우저가 실행되고 있는 시간만큼만 유효한 쿠키이다. 웹브라우저를 닫은 후(즉, 세션이 종료된 후)에는 컴퓨터에서 제거되는 쿠키이다. 가끔은 쿠키 프로그램 오류로 인하여 세션이 종료되어도 제거되지 않는 쿠키도 있다. 이와 달리 영구 쿠키(또는 저장된 쿠키)는 세션이 종료되어도 삭제되지 않고 하드 디스크상에 저장되는 쿠키이다. 보존 기간은 몇 초에서 몇 년까지 서버에서 프로그램하기에 따라 달라진다.

생성자에 따른 쿠키에는 자사 쿠키와 타사 쿠키가 있다. 자사 쿠키(현재 사이트의 쿠키)는 현재 클라이언트가 방문 중인 웹사이트에서 생성한 쿠키이다. 타사 쿠키(링크된 사이트의 쿠키)는 현재 방문한 웹사이트 이외의 다른 웹 사이트에서 생성한 쿠키이다.

현재 방문하고 있는 사이트의 광고나 이미지와 같은 항목이 삽입되어 있는 사이트에서 타사 쿠키를 생성하고 저장한다.

(그림 3-26)에서 보면 네이버라는 포털사이트가 있고 그 사이트 곳곳에 광고를 내는 배너들이 있다. 사용자가 방문한 네이버 사이트에서 제공하는 쿠키를 "자사 쿠키"라 하고 배너사이트에서 제공하는 쿠키를 "타사 쿠키"라 한다. 포털사이트 등의 배너를 위한 그림 이미지나 링크는 클라이언트가 현재 방문하는 사이트에서 보내주는 것이 아니라 광고를 하는 해당 웹사이트에서 가져오도록 표시만 해 둔다. 웹브라우저는 방문한 포털사이트의 웹페이지를 완성하기 위하여 배너사이트의 그림을 배너사이트에 접속하여 가져오게 되며 이 과정에서 배너사이트가 제공하는 쿠키를 사용자의 컴퓨터에 저장하게 된다. 이와 같이 사용자가 인식하지 못하는 사이에, 방문하지도 않은 사이트에서 생성한 타사 쿠키가 사용자의 컴퓨터에 저장될 수 있다.

쿠키에 관심을 가져야 하는 이유는 방문했던 사이트 정보의 흔적이 남기 때문만은 아니다. 사용자가 인식하지 못하는 사이에 저장된 타사 쿠키가 이후에 접속하게 된 광고사이트의 링크가 포함된 모든 웹사이트의 접속 정보를 광고 제공 서버에 보낼 수 있고 사용자의 웹서핑에 대한 정보를 제공하게 됨으로써 개인정보에 대한 피해가 발생될 수 있기 때문이다.

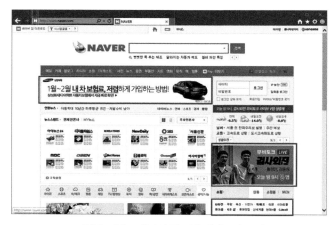

그림 3-26 배너와 링크된 사이트의 쿠키

인터넷 익스플로러에서 쿠키들을 수동으로 삭제하려면,

1. 인테넷 익스플로러의 오른쪽 상단 '도구' 버튼의 [안전(S)] → [검색 기록 삭제(D)]를 누른다.

2. (그림 3-27)와 같은 화면에서 [쿠키 및 웹 사이트 데이터(O)]의 체크박스에 체크를 한다.

3. [삭제] 버튼을 누른다.

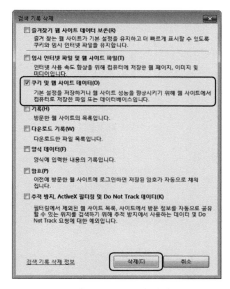

그림 3-27 쿠키 삭제

쿠키는 해당 페이지를 방문했을 경우 사용되는 정보이며 클라이언트 컴퓨터에 쿠키가 존재하지 않은 경우에는 해당 서버에서 필요에 따라 다시 생성하기 때문에 삭제하여도 문제되지 않는다.

표 3-1 쿠키 차단 레벨

단계	압축된 개인정보 보호 정책이 없는 타사의 쿠키	사용자의 동의 형태 없이 확인 가능한 개인 정보를 사용하는 타사의 쿠키	사용자의 동의 형태 없이 확인 가능 한 개인정보를 사용하는 자사의 쿠키
모든 쿠키 허용	허용	허용	허용
낮음	제한	제한(암시적)	허용
보통	차단	차단(암시적)	제한(암시적)
보통 높음	차단	차단(암시적)	차단(암시적)
높음	차단	차단(명시적)	차단(명시적)
모든 쿠키 차단	차단	차단(명시적)	차단(명시적)

쿠키를 자동으로 처리하는 단계는 6개 단계 중에서 선택할 수 있다. (그림 3-27)의 왼쪽 슬라이드 바를 통해 설정할 수 있으며, 기본 값은 "보통"이다. 각 단계별로 차단되거나 허용되는 쿠키와 기능은 〈표 3-1〉과 같다.

〈표 3-1〉에서의 용어는 일반 사용자에게는 조금 어려운 내용일 것이다. 각 항목의 개략적인 풀이는 다음과 같다.

■ '제한'의 의미는 인터넷 익스플로러에서 사이트가 영구쿠키를 설정하지 못하게 하며, 임시쿠키만 가능하다.

■ '압축 개인 정보 보호 정책'이란 쿠키에 의해 보내지거나 브라우저에 의해 읽힐 수 있는 단축 형태의 개인정보 보호정책을 의미한다.

■ '암시적 동의'는 사이트에서 확인 가능한 개인 정보를 사용할 수 있게 허용하는 단계를 거치지 않았음을 의미한다.

■ '명시적 동의'는 사이트에서 확인 가능한 개인정보를 사용할 수 있게 허용하는 단계를 거쳤음을 의미한다.

인터넷 익스플로러에서 수동으로 쿠키 차단 기준을 설정하고 싶다면,

1. (그림 3-28)에서 오른쪽 상단 도구 버튼의 [인터넷 옵션(O)] → [일반]탭 → 설정항목의 [고급(V)] 버튼을 누른다.

2. (그림 3-29)에서 [자동으로 쿠키 처리 안 함(O)]을 선택한다.

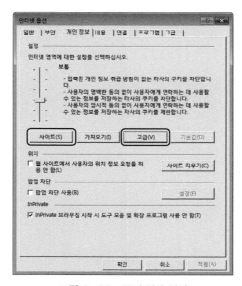

그림 3-28 쿠키 차단 설정

3. 현재 사이트의 쿠키와 링크된 사이트의 쿠키에 대한 처리 방법을 선택한다.

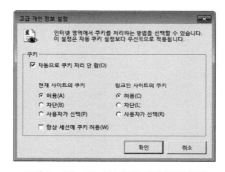

그림 3-29 쿠키의 수동 처리 방법 설정

좀 더 나아가 사이트별로 쿠키의 허용 여부를 설정할 수 있다. 특정 사이트의 쿠키를 차단하거나 허용하려면,

1. (그림 3-28)에서 [사이트(S)]를 누른다.

2. (그림 3-30)에서 '웹 사이트 주소(W)'란에 쿠키를 차단하거나 허용할 사이트 주소를 입력한다.

3. [차단(B)] 혹은 [허용(A)]를 누른다.

4. '관리된 웹 사이트(S)'에 사이트별로 관리되고 있는 사이트 목록이 나타난다.

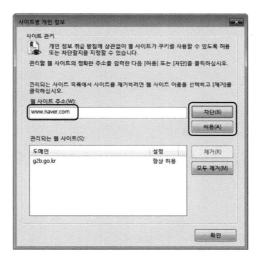

그림 3-30 사이트별 쿠키 관리 설정

크롬에서는 기본적으로 모든 쿠키가 허용되지만 사용자가 설정을 조정할 수 있다. 현재 보고 있는 페이지에서 쿠키가 설정되었거나 차단된 경우, 검색주소창 끝에 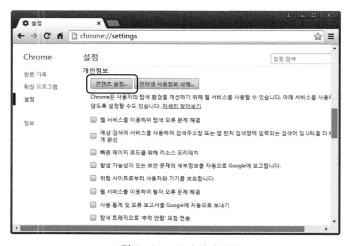 아이콘 이 표시된다.

크롬에서는 쿠키 삭제, 기본적으로 쿠키 차단하기, 기본적으로 쿠키 허용하기, 브라우 저를 종료할 때까지 기본적으로 쿠키 및 사이트 데이터 유지하기, 특정 웹사이트나 도 메인의 쿠키를 예외로 설정하기 등을 할 수 있다.

쿠키 및 사이트 데이터 허용을 설정하는 방법은

1. 브라우저 툴바에서 Chrome 메뉴 ☰를 클릭한다.

2. [설정(S)] → 하단에 있는 "고급정보 표시"를 클릭한다.

3. (그림 3-31)에서 '개인정보' 섹션에서 [콘텐츠 설정] 버튼을 클릭한다.

그림 3-31 쿠키 차단 설정

쿠키를 삭제하는 방법은

1. (그림 3-32)의 대화상자에서 [모든 쿠키 및 사이트 데이터] 버튼을 누른다.

2. 쿠키를 모두 삭제하려면 (그림 3-33)에서 대화상자 상단의 [모두 삭제] 버튼을 클릭 한다.

3. 특정 사이트의 쿠키를 삭제하려면 (그림 3-33)에서 쿠키를 발행한 사이트 위에 마우 스를 놓고 오른쪽 모서리에 나타나는 X 표시를 클릭한다.

그림 3-32   쿠키 삭제

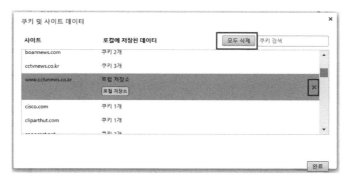

그림 3-33   선택 쿠키 삭제

모든 쿠키를 차단할 때는 모든 쿠키를 차단하거나 타사 쿠키만 차단할 수 있다.

1. 모든 쿠키를 차단하는 방법은 (그림 3-34)의 대화상자에서 [사이트에서 데이터를 설정하지 못하도록 차단]을 선택한다. 그러나 이 설정을 선택하면 로그인해야 하는 대부분의 사이트가 작동하지 않을 수 있다.

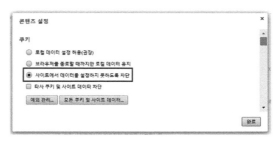

그림 3-34   모든 쿠키 차단

2. 타사 쿠키만 차단하는 방법은 (그림 3-35)의 대화상자에서 [타사 쿠키 및 사이트 데이터 차단] 확인란을 선택한다.

3. 아래의 [완료]버튼을 누른다.

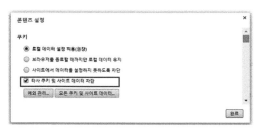

그림 3-35 타사 쿠키 차단

사이트별 쿠키 설정 방법은

1. 브라우저 툴바에서 Chrome 메뉴 ☰를 클릭한다.

2. [설정(S)] → 하단에 있는 [고급정보 표시]를 클릭한다.

3. (그림 3-31)에서 "개인정보" 섹션에서 [콘텐츠 설정] 버튼을 클릭한다.

4. (그림 3-33)에서 [예외관리] 버튼을 누른다

5. (그림 3-36)에서 "호스트 이름 패턴"란에 사이트 주소를 작성하고 "동작" 항목을 허용, 종료시 삭제, 차단 중에 선택하여 설정할 수 있다.

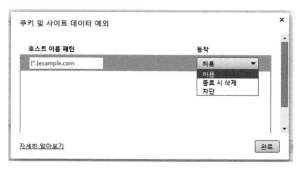

그림 3-36 사이트별 쿠키 차단

4) 자동완성

웹페이지에서 회원가입을 할 때 이름, 주소, 전화번호 등의 입력란에 내용입력을 하려고 하면 이전에 입력했던 값들의 목록이 나타나는 경우가 있다. 또한 (그림 3-37)과 같이 인터넷 익스플로러를 이용하여 로그온을 할 때 이전에 입력했던 로그온 아이디들의 목록이 뜨거나 패스워드 입력을 하고 나면 (그림 3-38)과 같이 암호 저장여부를 묻기도 한다. 이러한 편의는 자동완성 기능을 통해 제공된다.

그림 3-37 이전 입력했던 내용 목록

그림 3-38 암호 저장 여부 확인

인터넷 익스플로러에서는 자동완성 기능을 다음의 항목으로 선택하여 설정하거나 해제할 수 있다.

자동완성 기능을 설정 또는 해제하는 방법은

1. 인터넷 익스플로러의 오른쪽 상단 '도구' 버튼의 [인터넷옵션(O)] → [내용] 탭을 선택한다.

2. (그림 3-39)에서 '자동완성'의 [설정(I)]를 누른다.

3. (그림 3-40)와 같은 화면에서 원하는 자동완성을 선택한다. 선택 항목별 자동완성 기능은 〈표 3-2〉와 같다.

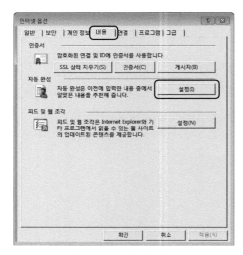

그림 3-39 자동완성 선택

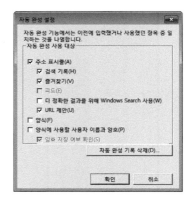

그림 3-40 자동완성 설정

표 3-2 자동완성 기능

자동완성 항목	기능
주소 표시줄(A)	웹 주소를 입력할 때 자동완성 기능을 사용하게 한다.
검색 기록(H)	검색 기록을 저장한다.
즐겨찾기(V)	즐겨찾기를 저장한다.
피드(E)	웹 사이트에서 게시하는 자주 업데이트되는 콘텐츠를 자동으로 확인하고 새 콘텐츠를 다운로드하도록 한다.
더 정확한 결과를 위해 Windows Search 사용(W)	자주 방문하는 사이트의 내용을 기록하는 기능을 한다.
URL 제안(U)	주소 표시줄에 입력된 알파벳과 관련된 URL 자동완성 기능을 사용하게 한다.
양식(F)	회원가입이나 기타 입력 양식 등에 자동완성 기능을 사용하게 한다.
양식에 사용할 사용자 이름과 암호(P)	아이디와 패스워드에 자동완성 기능을 사용하게 한다.
암호 저장 여부 확인(S)	사용자 이름과 암호에 자동완성 기능을 선택했을 때 사용할 수 있는 옵션으로서, 패스워드를 입력하면 (그림 3-38)과 같이 패스워드를 저장할 것인지 묻도록 한다.

자동완성 기능은 사용자 편의를 위하여 제공된다. 패스워드를 저장해 둠으로써 분실에 대비할 수 있으며 양식에 정보를 입력할 때 매번 같은 정보를 입력하지 않도록 할 수도

있다. 그러나 편리함은 보안상의 대가를 지불해야 할 경우도 생긴다. 만약 많은 사람이 사용하는 PC방에서 회원가입을 하면서 입력한 주소, 전화번호 등이 자동완성기능이 설정되어 있다면 중요한 개인정보 유출로 인한 피해로 이어질 수 있다. 심지어, 아이디와 패스워드가 저장되고 자동완성 된다면 매우 심각한 일이 발생될 수 있다. 그러므로 혼자 사용하는 컴퓨터가 아니라면, 웹 주소를 제외한 자동완성 기능은 사용하지 않는 것이 좋다.

자동완성 기능을 해제하더라도 이전에 저장한 자동완성 정보는 이미 윈도우즈 레지스트리에 저장되어 있다. 이미 저장되어 있는 양식의 정보나, 사용자 아이디와 패스워드 정보를 삭제하려면

1. 인터넷 익스플로러의 오른쪽 상단 '도구' 버튼의 [안전(S)] → [검색기록삭제(D)]을 선택한다.

2. (그림 3-41)에서 [양식 데이터(F)]와 [암호 삭제(P)]의 항목에 체크를 한 뒤 [삭제]버튼을 선택한다.

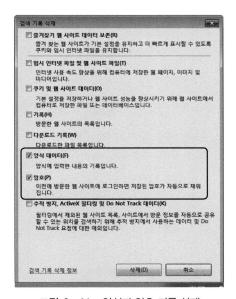

그림 3-41 양식과 암호 기록 삭제

크롬 브라우저도 사용자의 정보를 저장하였다가 자동완성 기능을 제공한다.

자동완성 기능을 해제하는 방법은

1. 브라우저 툴바에서 Chrome 메뉴 ≡를 클릭한다.

2. [설정(S)] → [고급 설정 표시]를 클릭한다.

3. (그림 3-42)에서 "비밀번호 및 양식" 항목에서 "클릭 한 번으로 웹 양식을 작성하는 자동완성 설정 관리" 항목을 선택 해제한다.

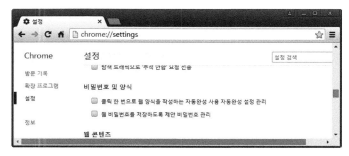

그림 3-42 자동완성 기능 해제

자동완성으로 저장된 정보를 삭제하는 방법은

1. 브라우저 툴바에서 Chrome 메뉴 ≡를 클릭한다.

2. [도구 더보기] → [인터넷 사용정보 삭제(C)]를 선택한다.

3. (그림 3-43)의 대화상자가 나타나면 [비밀번호]와 [양식 데이터 자동완성] 항목의 체크박스를 선택 → [인터넷 사용정보 삭제] 버튼을 클릭한다.

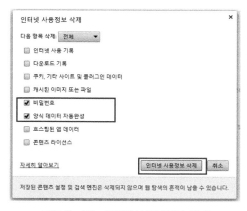

그림 3-43 자동완성 저장정보 삭제

3.3 ＿＿ 안전한 인터넷 사용

1) 팝업창

웹사이트를 방문하다 보면 (그림 3-44)와 같이 사이트의 팝업을 차단했다는 메시지를 받는 경우가 있다.

그림 3-44 팝업창의 차단

팝업창은 한시적으로만 보여 주는 안내문 등을 담고 있는 작은 창이다. 대부분의 웹브라우저들은 팝업창을 기본적으로 차단하고 있다. 팝업창을 차단하는 보안상의 이유는 무엇일까? 팝업창은 편리성을 제공하기도 하지만, 때론 원하지 않는 광고를 담고 있기도 하고, 원래의 웹페이지를 볼 수 없도록 위치가 변경되면서 사용자를 불편하게 하기도 한다. 가끔은 사용자가 눈치 채지 못하도록 팝업창을 최소화하면서 내부적으로는 어떤 프로그램을 설치하도록 하는 경우도 있다. 물론 사용자가 원치 않는 프로그램일 확률이 매우 높다. 이러한 이유로 기본적으로 팝업창을 차단하게 되었다. 그러나 경우에 따라서는 중요 정보를 보거나 로그온을 하기 위해서는 위하여 팝업창을 허용해야 할 경우도 있다.

방문한 웹페이지의 팝업창을 나타나게 하려면,

1. (그림 3-45)의 알림창에서 [한번 허용]을 클릭한다.

2. 또는 (그림 3-45)와 같이 이 사이트의 옵션을 [항상 허용] 이나 [기타 설정]을 눌러 설정한다.

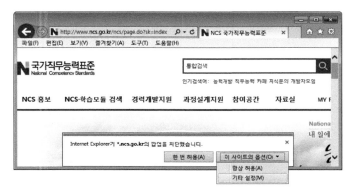

그림 3-45 팝업 창의 허용

인터넷 익스플로러에서 팝업창을 사이트별로 허용하거나 차단하도록 설정하는 방법은 다음과 같다.

1. 인터넷 익스플로러 창 메뉴에서 [도구(T)] → [팝업 차단(P)] → [팝업 차단 설정(P)] 을 선택한다.

2. (그림 3-46)에서 [허용할 웹 사이트 주소(W)]에 팝업창을 항상 허용할 사이트 주소 를 입력하고 [추가(A)] 버튼을 누른다.

3. 창 하단의 [허용된 사이트(S)]에 목록이 나타난다.

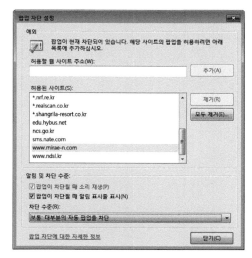

그림 3-46 사이트별 팝업 설정

크롬 브라우저에서도 기본적으로 화면에 팝업이 자동으로 표시되지 않도록 차단한다. 팝업이 차단되면 검색주소창에 팝업 차단 아이콘 ▣이 표시된다.

크롬에서 팝업창을 보이게 하는 방법은

1. 브라우저 툴바에서 Chrome 메뉴 ☰를 클릭한다.

2. [설정(S)] → [고급 설정 표시]를 선택한다.

3. '개인정보'에서 콘텐츠 설정을 클릭한다.

4. (그림 3-47)의 대화상자의 '팝업'에서 [모든 사이트에서 팝업 표시 허용] 또는 [모든 사이트에서 팝업 표시 허용 안함]을 선택한다.

팝업창을 사이트별로 관리하기 위해서는

1. (그림 3-47)에서 예외관리 버튼을 누른다.

2. (그림 3-48)에서 '호스트 이름 패턴' 항목에 사이트 주소를 입력하고 동작 항목의 [허용] 또는 [차단] 버튼을 누른다.

그림 3-47 크롬 브라우저의 팝업 설정

그림 3-48 사이트별 팝업 차단

2) 안전한 브라우징

여러 사람이 함께 사용하는 PC에서 웹서핑을 하는 경우에는, 자동완성이나 웹브라우저의 다양한 기록 저장 때문에 개인정보 유출 또는 프라이버시 침해 우려가 발생될 수 있다. 따라서 공용 PC를 사용할 때는 로그인 기록이 남지 않도록 하는 것이 프라이버시 침해를 예방하는 방법이다. 그러나 매번 웹브라우저를 이용한 후 모든 사용자 기록을 일일이 삭제하는 것은 번거로운 일이다. 인터넷 익스플로러와 크롬 브라우저는 이러한 불편을 해소하고 안전한 브라우징을 제공하기 위해 사용자에게 편리한 사용을 위한 기능을 제공한다.

인터넷 익스플로러에서는 인프라이빗 브라우징, 크롬은 시크릿 모드 기능을 제공한다. 이 두 가지의 기능들은 사용자가 웹서핑을 하는 동안 생길 수 있는 쿠키, 임시 인터넷 파일, 검색 기록과 같은 사용자의 흔적을 브라우저 종료와 함께 자동으로 모두 삭제한다.

인터넷 익스플로러에서 인프라이빗 브라우저의 실행방법은

- (그림 3-49)에서 인터넷 익스플로러의 오른쪽 상단 '도구' 버튼의 [안전(S)] → [InPrivate 브라우징(I)]을 선택한다.
- 또는 웹 브라우저를 실행시킨 상태에서 단축키(Ctrl + Shift +P)를 입력한다.

(그림 3-50)에서와 같이 주소창 왼쪽에 InPrivate이라고 표시된 창이 뜨게 된다.

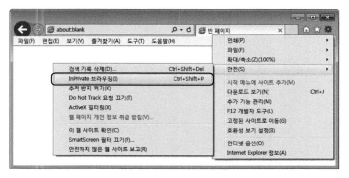

그림 3-49 인프라이빗 브라우저의 실행

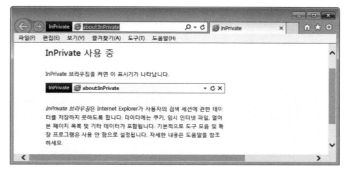

그림 3-50 인프라이빗 브라우저

크롬은 시크릿 모드라는 이름으로 인프라이빗 브라우징과 같은 기능을 제공하고 있다.

크롬 브라우저에서는

■ 브라우저 툴바에서 Chrome 메뉴 ≡ → [새 시크릿 창(I)]를 클릭한다.

■ 또는 브라우저를 실행시킨 상태에서 (Ctrl + Shift +N)을 입력한다.

(그림 3-51)에서와 같이 시크릿 모드를 사용하면 인터넷을 탐색할 수 있는 새 창이 열리며(그림 3-52 참조) 사용자가 방문한 사이트와 사용 기록들은 저장되지 않는다. 시크릿 창과 열었던 일반 창 간에 전환할 수 있으나 시크릿 창 사용 시에는 시크릿 모드로만 있게 된다.

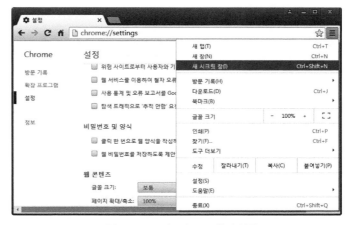

그림 3-51 시크릿 모드 창의 실행

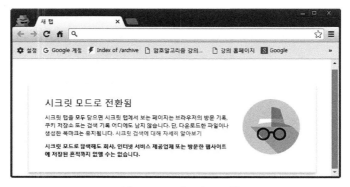

그림 3-52 시크릿 모드 창

3) 자바 애플릿

초창기의 웹페이지는 하이퍼텍스트(hypertext)를 통한 링크가 대부분이었지만 요즘의 웹페이지는 매우 다른 모습을 하고 있다. 음악, 이미지, 동영상과 같은 다양한 멀티미디어뿐만 아니라 사용자 입력을 허용하는 대화형 웹페이지로 발전하였다. 이러한 다양한 기능은 단순한 HTML(HypherText Markup Language)로는 지원될 수 없게 되었다. 동영상을 보기 위해서 동영상 플레이어가 필요하듯이 다양한 기능을 웹에서 제공하기 위해서는 다양한 프로그램이 필요하게 된다. 그러나 웹브라우저가 다양한 기능을 모두 제공할 수 없기 때문에 웹서버에서 기능을 수행할 수 있는 프로그램들을 사용자 컴퓨터로 다운로드하여 실행시킬 수 있도록 진화하였다.

웹서버에서 사용자 컴퓨터로 다운로드되어 실행되는 작은 프로그램으로 자바 애플릿이 있다. 어떤 웹페이지를 방문했을 때 (그림 3-53)과 같은 화면이 나타나는 것을 본 적이 있을 것이다. 이것은 자바 애플릿 수행을 준비 중임을 알려주는 것이다. 자바 애플릿은 JVM(Java Virtual Machine)이라는 가상 머신을 이용하여 웹 브라우저에서 수행되는 자바 바이트코드(bytecode)이다.

그림 3-53 자바애플릿 실행

바이트코드는 인터프리터(interpreter)를 통해 어느 플랫폼에서나 수행될 수 있는 명령어들의 집합이기 때문에, 웹페이지를 통해 어느 사용자 컴퓨터에서도 수행될 수 있으며 웹브라우저의 종류에 영향을 받지 않는다.

자바 애플릿은 사용자의 컴퓨터에 다운로드되어 사용자 컴퓨터의 자원(CPU, 메모리, 파일 등)을 사용하여 수행되는 프로그램이기 때문에 사용자 컴퓨터에 저장된 내용을 변경/삭제/생성할 수 있고 외부로 유출도 가능하다. 이러한 보안상의 문제를 해결하기 위해서 샌드박스(sandbox)라는 메커니즘을 사용한다. 샌드박스는 자바가 지원하는 보안 소프트웨어로 다운로드된 애플릿 프로그램의 수행환경을 엄격하게 제한하는 것이다. 샌드박스 메커니즘의 제어로 인하여 외부 프로그램은 특별한 디스크 저장 공간(scratch space)만 사용할 수 있으며(이 공간에 저장된 파일들은 주기적으로 삭제되기 때문에 보관이 필요한 파일은 저장하지 못한다), 호스트 시스템 정보를 조사할 수 있는 네트워크 접근과 입력 장치로부터의 읽기 등이 엄격하게 제한된다.

자바 애플릿 실행에 대한 옵션 설정은 인터넷 익스플로러의 [도구(T)] → [인터넷 옵션(O)] → [보안] 탭 → [사용자 지정 수준(C)]를 통해 (그림 3-54)와 같이 설정할 수 있다.

그림 3-54 자바애플릿 수행 제어

크롬의 최신 버전(2015년 9월 이후 버전)은 자바 애플릿의 실행을 지원하지 않는다. 자바 애플릿은 샌드박스 메커니즘을 이용하여 사용자의 정보를 최대한 보호하도록 노력하지만, 보안상의 다양한 문제가 발생되고 있다고 알려지고 있다. 따라서 자바 애플릿으로 웹페이지가 구성되어 있을 경우 크롬 이외의 다른 브라우저를 활용하여야 한다.

4) 기타 보안 설정

인터넷 익스플로러에서는 팝업창, 자바 애플릿, 자동완성 외에도 .NET에 관련된 사항, '끌어서 파일 복사' 허용 여부, 다른 도메인이나 웹 콘텐츠 영역에서의 탐색, 암호화되지 않은 양식 데이터 전송, 응용 프로그램 실행, 인증서 관련 사항, 스크립트 실행 여부, 글꼴 및 파일 다운로드 등에 대하여 보안 수준을 설정할 수 있다. 이러한 보안 수준은 인터넷, 로컬 인트라넷, 신뢰할 수 있는 사이트, 제한된 사이트 영역에 대하여 개별적으로 설정할 수 있다. 이 책에서는 모든 옵션에 대해서 자세히 다루지는 않고, 보안 수준 설정 방법만 설명하고자 한다. 설정 방법은 다음과 같다.

1. 인터넷 익스플로러의 [도구(T)] → [인터넷 옵션(O)] → [보안] 탭을 선택한다.

2. (그림 3-55)의 가운데 창에서 보안 수준을 설정할 영역(4개 중 하나)을 선택한다.

3. 인터넷에 대한 보안 수준을 설정하고자 할 경우에는, (그림 3-55)의 왼쪽 아래에 있는 슬라이더 바를 이용하여 3레벨로 설정할 수 있다. 각 레벨별 보안 수준은 〈표 3-3〉과 같다. 그렇지 않으면 [사용자 지정 수준(C)]을 선택하여 각각의 옵션에 대해 설정할 수 있다.

4. 나머지 3개 영역에 대한 수준도 이와 동일한 방법으로 설정할 수 있다.

그림 3-55 영역별 인터넷 보안 설정

각 보안수준별 설명은 (표 3-3)과 같다.

표 3-3 인터넷 보안 수준

보안 수준	설명
보통	– 안전하지 않은 콘텐츠를 다운로드하기 전에 알림 – 서명되지 않은 ActiveX 컨트롤 다운로드 금지
약간 높음	– 대부분의 웹 사이트에 권장 – 잠재적으로 안전하지 않은 콘텐츠를 다운로드하기 전에 알림 – 서명되지 않은 ActiveX 컨트롤 다운로드 금지
높음	– 위험성이 있는 콘텐츠를 포함한 웹 사이트에 권장 – 최대 보안 수준 – 보안 수준이 낮은 기능은 사용 금지

연습 문제

【 O/× 문제 】

※ 다음 문장이 옳으면 O, 그렇지 않으면 ×를 표시하라.

01. 인터넷으로 인해 바이러스 전파 속도가 빨라졌다.

02. 인터넷은 international network의 약자이다.

03. 웹브라우저는 웹페이지를 볼 수 있도록 해주는 소프트웨어이다.

04. URL은 홈페이지가 저장된 서버의 ip 주소이다.

05. URL은 Uniform Resource Locator의 약자이다.

06. 인터넷 익스플로러의 주소란에 저절로 나타나는 방문기록은 사이트별로 삭제가 가능하다.

07. 임시 인터넷 파일은 임시로 저장되는 파일로서 하루가 지나면 자동 삭제된다.

08. 임시 인터넷 파일은 사용자가 파일을 다운로드할 때 저장된 것이다.

09. 임시 인터넷 파일에는 어느 사이트로부터 다운로드된 것인지에 대한 정보도 나타난다.

10. 인터넷 프로토콜은 http이며, 하위 프로토콜로서 TCP를 사용한다.

11. 쿠키는 클라이언트(사용자)가 서버에 저장하는 방문기록이다.

12. 쿠키에는 사용자 방문 시각, 검색 페이지, 장바구니 등이 포함될 수 있다.

13. 쿠키에는 개인정보가 담겨져 있으며, 다른 컴퓨터로 내보내기를 할 수 있기 때문에 보안상의 문제를 일으킬 수 있다.

14. 팝업창은 사이트별로 허용하거나 차단할 수 있다.

15. 자바 애플릿은 바이트코드로서 인터프리터에 의해 수행된다.

16. 자바 애플릿은 보안을 위해 샌드박스 매커니즘을 사용하여 수행된다.

【 객관식 문제 】

01. 웹페이지를 펼쳐볼 수 있도록 만들어진 소프트웨어는?
    ❶ 웹브라우저   ❷ 인터넷   ❸ 웹페이지   ❹ 월드와이드웹

02. 웹 브라우저 사용 흔적이 아닌 것은?
    ❶ 임시인터넷 파일   ❷ URL
    ❸ 쿠키   ❹ 팝업

03. 쿠키를 생성하는 주체는?
    ❶ 서버   ❷ 클라이언트 컴퓨터

04. 쿠키가 저장되는 곳은?

    ❶ 서버   ❷ 클라이언트 컴퓨터

05. 자동완성 항목이 아닌 것은?

    ❶ 암호   ❷ 양식   ❸ 쿠키   ❹ URL

06. 자바가 지원하는 보안 소프트웨어의 이름은?

    ❶ 샌드박스   ❷ JVM   ❸ 자바애플릿   ❹ 바이트코드

07. 세션 종료시 삭제되는 쿠키는?

    ❶ 현재사이트의 쿠키   ❷ 링크된 사이트의 쿠키

    ❸ 영구쿠키   ❹ 세션 쿠키

08. 인터넷 익스플로러의 인프라이빗 브라우징 단축키는?

    ❶ Ctrl + Shift + P   ❷ Ctrl + Shift + N

    ❸ Ctrl + Alt + P   ❹ Ctrl + Alt + N

09. 크롬 브라우저의 안전한 브라우징 창의 이름은?

    ❶ 인프라이빗 브라우징   ❷ 인프라이빗 모드

    ❸ 시크릿 브라우징   ❹ 시크릿 모드

10. 인터넷 익스플로러에서는 "열어본 페이지 목록"을 볼 수 있다. 이 기록을 지우는 방법은?

    ❶ [도구] → [인터넷 옵션] → [일반]에서 "쿠키 삭제" 선택

    ❷ [도구] → [인터넷 옵션] → [일반]에서 "파일 삭제" 선택

    ❸ [도구] → [인터넷 옵션] → [일반]에서 "목록 지우기" 선택

    ❹ [도구] → [인터넷 옵션] → [일반]에서 홈페이지를 "빈 페이지"로 설정

11. 다음의 쿠키에 대한 설명으로 옳은 것은?

    ❶ 사이트를 방문하게 되면 클라이언트 컴퓨터에서 해당 사이트의 쿠키를 생성한다.

    ❷ 쿠키 파일에 바이러스가 있기 때문에 쿠키는 위험하다.

    ❸ 내가 방문한 사이트에 대한 쿠키만이 생성되고 저장된다.

    ❹ 쿠키는 사용자 컴퓨터의 일정한 폴더 안에 저장되어 있다.

【 주관식 문제 】

01. 인터넷 익스플로러에 남는 지문을 열거하라.

02. 인터넷 방문기록을 없애는 방법을 설명하라.

03. 열어본 페이지 목록을 탐색기에서 보려면 어떻게 해야 하는가?

04. 임시 인터넷 파일로 저장되는 파일의 종류를 나열하라.

05. 임시 인터넷 파일을 사용하는 목적은 무엇인가?

06. 세션이란 무엇인가?

07. 쿠키의 생존 기간을 기준으로 분류한 2가지는 무엇인가?

08. 배너에서 쿠키를 저장하는 이유는 무엇인가? 예를 하나 들어보아라.

09. 샌드박스의 개념을 설명하라.

10. 자동완성이 위험한 이유를 예를 들어 설명하라.

Introduction to **INFORMATION SECURITY**
for the Mobile Age

암호이야기

로버트 스티븐슨의 "보물섬"이라는 소설이 있다. 이 소설의 주인공 소년 짐 호킨스는 해적으로부터 보물섬의 지도를 얻어 지주(地主)인 트레로니, 의사 라이브지와 함께 보물섬을 찾아간다. 그러나 보물섬의 지도는 암호로 가득 차 있다. 보물섬을 찾아 나선 사람들은 보물섬의 위치를 알아내기 위해서 암호의 의미를 하나씩 알아내고 우여곡절 끝에 보물을 찾아낸다. 어린 시절 이 소설을 읽으면서 보물섬의 암호를 하나씩 풀어나가는 그 과정이 너무도 맘에 끌렸던 기억이 있다. 학창시절에는 또래 친구들끼리만의 비밀을 간직하고 싶었던 마음에 또래들끼리만 알 수 있도록 단어를 만들고 그 단어를 이용하여 비밀스러운 이야기를 했던 기억도 있다. 아주 단순하고 유치한 내용이었지만 다른 사람들이 못 알아듣는 것을 보고는 또 다른 재미를 느꼈던 기억도 있다.

사람들은 누구나 무언가를 다른 이에게 숨기고 싶을 때가 있다. 사소한 나만의 비밀일 수도 있고 한 나라의 중대한 비밀일 수도 있다. 혹은 보물이 가득 들어있는 보물섬의 위치일 수도 있다. 어떤 것을 지키기 위한 수단으로 우리는 '암호'라는 단어를 떠올린다. 그리고 이 '암호'는 비밀을 지키기 위한 사람들과 그 비밀을 알아내려는 사람들 사이에서의 지속적인 싸움 속에 많은 발전을 거듭하게 된다.

4.1   암호와 패스워드

암호에 대한 이야기를 하기 전에 먼저 '암호'란 용어에 대한 정의를 확실히 해야 할 필요가 있다. 그 이유는 일상생활에서 쓰이는 '암호'라는 단어는 두 가지 뜻으로 쓰이고 있기 때문이다. 국어사전에서 '암호'라는 뜻을 찾아보면 다음의 두 가지 뜻을 가지고 있다고 나온다.

- 사용자로부터 시스템이나 데이터 파일을 이용할 수 있는 권리를 확인하기 위하여 쓰는 비밀 부호
- 어떤 비밀을 유지하기 위해 당사자끼리만 알 수 있도록 꾸민 약속 기호

얼핏 보면 '암호'에 대한 두 가지의 정의는 같은 내용으로 보인다. 그러나 정보보안에서의 '암호'란 두 번째의 뜻이며 엄격히 이야기하면 첫 번째의 뜻과는 거리가 멀다. 어떤 차이가 있는지 다음 상황을 가지고 이해해보자.

(그림 4-1)에서와 같이 나라를 지키기 위해 전방 초소에서 보초를 서는 군인이 있다. 잠시 후 초소로 누군가가 다가온다. 어둡기 때문에 누구인지 분간할 수 없을 때 "누구냐? 암호를 대라." 라고 말한다. 상대방이 미리 약속되어 있는 암호를 대면 아군이다.

그림 4-1 '암호'를 대라

(그림 4-1)의 상황에서 군인들이 사용하는 '암호'는 아군인지 아닌지를 증명하기 위해 사용하는 약속된 비밀 부호로서 '암호'의 두 가지 뜻 중에서 '사용자로부터 시스템이나 데이터 파일을 이용할 수 있는 권리를 확인하기 위하여 쓰는 비밀 부호'의 의미가 된다. 여러분이 시스템이나 웹사이트에 로그인할 때 입력해야 하는 암호도 사용자를 확인하기 위한 비밀 부호의 의미가 된다. 즉, 이때의 암호는 '패스워드(password)' 또는 '비밀번호'라는 의미가 된다. 일상생활에서 '암호'라는 단어를 '패스워드'의 의미로 많이 사용하고는 있지만 이 장에서 살펴보려는 정보보안에서의 암호의 의미는 '패스워드'의 의미가 아니다.

정보보안에서의 '암호'는 '비밀정보를 이용하여 어떤 비밀을 유지하기 위해 당사자끼리만 알 수 있도록 꾸민 약속 기호'를 의미한다. 고대로부터 사람들은 당사자들끼리만 알 수 있도록, 비밀 정보를 이용하여 데이터를 변경하고 이를 통해 원래의 정보를 알 수 없도록 하여 내부 데이터의 내용에 대한 비밀을 유지하고자 하였다. 사람들은 '5장의 이

메일 안전하게 이용하기'에서와 같이 데이터(편지)의 내용을 다른 형태로 변경하고 그 데이터(편지)를 읽도록 허가된 사람만이 편지를 읽을 수 있는 체계를 만들었으며 이를 '암호'라 하였다. 이 책에서 다룰 '암호'는 이와 같은 의미를 가진다. 이제 다른 암호 서적들에서 주로 사용되는 가상의 인물인 앨리스와 밥, 이브의 도움을 받아 정보보안에서의 '암호'에 대한 개념을 좀 더 알아보도록 하자.

1) 암호화와 복호화

밥과 앨리스는 한 마을에 사는 서로 사랑하는 사이이다. 어느 날 밥은 앨리스에게 사랑의 편지를 보내면서 만남의 장소와 시간을 알려주었다. 그러나 밥을 짝사랑하며 둘의 사이를 질투하는 이브가 밥과 앨리스 사이의 편지를 몰래 엿보고 밥과 앨리스가 만나기로 한 장소에 나가서 훼방을 놓는다. 밥이 앨리스에게 약속장소와 시간을 편지로 알려줄 때마다 이브가 훼방을 놓자 밥은 앨리스만이 자신의 편지를 읽을 수 있는 방법을 모색한다. 밥은 (그림 4-2)와 같이 이브가 편지의 내용을 읽을 수 없도록 자물쇠가 달린 상자에 편지를 넣고 자물쇠로 잠가서 앨리스에게 보낸다. 물론 밥은 앨리스에게만 미리 자물쇠를 열 수 있는 열쇠를 주었다. 이브는 중간에서 편지가 들어 있는 상자를 가로챘다 하더라도 자물쇠를 열 수가 없기 때문에 편지의 내용을 알 수 없다. 이제 밥과 앨리스는 이브의 훼방을 벗어나 비밀리에 편지를 주고받을 수 있게 되었다.

그림 4-2 상자에 자물쇠를 채워 편지 주고받기

'암호'란 밥이 편지를 상자에 넣고 자물쇠를 채워 앨리스 이외의 사람이 그 내용을 볼 수 없도록 하는 것을 의미한다. 이때 자물쇠를 채워 원래의 데이터 내용을 알아볼 수 없도록 만드는 것을 '암호화(encryption)'라 하고(그림 4-3), 반대로 자물쇠를 풀어 원래의 데이터를 다시 복원해 내는 것을 '복호화(decryption)'라고(그림 4-4) 한다. 원래의 데이터 즉, 암호화하기 이전의 데이터는 '평문(plaintext)'이라 하고 암호화한 후의 데이터는 '암호문(ciphertext)'이라고 한다.

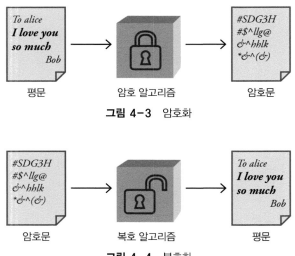

그림 4-3 암호화

그림 4-4 복호화

암호화를 남이 볼 수 없도록 상자에 자물쇠를 채우는 것에 비유했을 때, 다이얼을 돌리거나 열쇠를 이용하는 것과 같이 자물쇠를 잠그는 방식을 암호에서는 '암호 알고리즘'이라 하며 자물쇠를 여는 방식을 '복호 알고리즘'이라 한다. 암호에서는 알고리즘과 함께 열쇠가 있어야 자물쇠를 잠글 수 있는데, 이때 필요한 열쇠를 '키(key)'라고 부른다. 일상생활에서의 키의 형태는 일반적인 형태의 열쇠, 카드 모양의 열쇠 또는 번호 키 등 다양한 형태가 있지만 암호에서 사용하는 키의 형태는 번호 키의 형태가 된다. 평문을 암호화할 때 사용하는 키 즉, 자물쇠를 잠글 때 사용하는 키를 '암호화 키(encryption key)'라 하고 암호문을 평문으로 복호화할 때 사용하는 키 즉, 자물쇠를 열 때 사용하는 키를 '복호화 키(decryption key)'라 한다. 일반적으로 자물쇠를 잠그는 열쇠와 여는 열쇠는 같지만 암호에서의 암호화 키와 복호화 키는 서로 다를 수 있다. 자세한 내용은 4.4절에서 다시 설명하도록 하자.

여러분은 비밀리에 간직해야 할 물건을 보관하고자 자물쇠를 이용할 때, 간직해야 할 내용물이 소중하고 귀할수록 더 튼튼하고 안전한 자물쇠를 이용하려고 할 것이다. 어떤 경우에는 특수 제작한 자물쇠를 이용하고 그 자물쇠를 만드는 방법이 누구에게도 알려지지 않도록 할 수도 있다. 그러나 비밀 제작한 특수 자물쇠만 있으면, 우리가 지키려는 물건을 안전하게 보관할 수 있을까? 여러분이 새로 이사를 갔다고 하자. 새로 이사를 간 집의 현관문에 자물쇠를 달기 위해서 여러분은 자물쇠를 파는 가게에 가서 자물쇠를 사올 것이다. 그 자물쇠는 어떤 회사에서 대량으로 제작한 것이다. 어떤 경우에는 자물쇠를 고를 때 친구가 튼튼한 자물쇠라고 추천하는 자물쇠를 사기도 한다. 그리고 우리는 의심하지 않고 그 자물쇠를 사용한다. 여러분 친구와 여러분이 같은 회사에서 만든 자물쇠를 가지고 현관을 잠근다 하더라도 서로 다른 키를 가지고 있기 때문에 여러분은 그 자물쇠를 믿고 이용할 수 있다. 그러나 현관문에 설치한 자물쇠를 여는 열쇠를 잃어버리게 되면 그 자물쇠는 더 이상 안전하고 튼튼한 자물쇠가 아니다. 즉, 우리 집을 안전하게 지키기 위해서는 자물쇠를 튼튼하고 안전한 것으로 준비하는 것도 중요하지만 그것보다 더 중요한 것은 열쇠를 안전하게 보관하는 일인 것이다. 암호에서도 이와 마찬가지이다. 데이터를 비밀리에 간직하고자 할 때 튼튼한 암호 알고리즘을 선택하는 것은 매우 중요한 일이다. 대부분의 경우, 친구가 안전하다고 알려준 자물쇠를 이용하듯이 암호에서도 안전하다고 알려져 있는 암호 알고리즘을 이용하여 암호화를 한다. 또한 데이터를 안전하게 보관하기 위해서는 튼튼한 암호 알고리즘을 선택하는 것보다 암호화와 복호화를 위해 사용하는 키를 안전하게 보관하는 것이 더 중요하다.

4.2 역사속의 암호

어느 시대나 어느 지역이나 비밀리에 간직해야 하는 정보들이 있게 마련이다. 이러한 요구를 반영하듯 암호는 기원전부터 사용될 만큼 오랜 역사를 가지고 있다. 이 장에서는 역사 속에서 이용되었던 암호들에 대하여 소개한다.

1) 최초의 암호 – 스키테일 암호

기원전 450년경 스파르타가 페르시아와 동맹을 맺고 아테네와 교전을 벌이던 때의 일이다. 스파르타의 장군은 페르시아가 자신을 노리는 듯한 낌새를 챈다. 하지만 증거가 없었다. 만일 잘못된 판단으로 페르시아를 공격한다면 귀중한 동맹국을 잃는 처지가 돼버린다. 스파르타 장군은 고심 끝에 페르시아에 첩자를 잠입시켰다. 그 첩자는 상황을 파악한 후 한 노예의 허리띠에 기다란 문서를 숨겨 장군에게 보냈다. 스파르타의 장군은 즉시 문서를 원통형 막대기에 감았다. 그러자 "페르시아는 장군의 절친한 친구를 살해했다. 장군도 노리고 있다"는 문장이 나타났다. 더 이상 망설일 필요가 없었다. 스파르타는 즉시 페르시아로 쳐들어 가 승리를 거뒀다. 이들의 암호방법은 오늘날의 시각에서 보면 매우 간단하다. 하지만 그 당시로서는 아무나 쉽게 암호문을 열어볼 수 없는, 아주 교묘하고도 획기적인 방법이었다. 암호 방법은 다음과 같다.

1. 전쟁터에 나갈 군대와 본국에 남아있는 정부는 길이와 굵기가 같은 원통형 막대기 2

개를 서로 나누어 갖는다. 이 원통형 막대기를 스키테일(scytale)이라 불렀다.

2. 비밀리에 보내야 할 메시지가 생기면, 본국 정부의 암호 담당자는 스키테일에 가느다란 종이테이프를 서로 겹치지 않도록 위에서 아래로 감아올린 뒤 (그림 4-5)와 같이 종이테이프 위에 가로로 메시지를 적는다. 예에서는 "KILL KING TOMORROW MIDNIGHT"라고 적었다.

3. 노예의 허리띠에서 발견한 종이테이프를 풀어 세로로 길게 늘어선 글을 읽으면 무슨 뜻인지 전혀 알 수 없다. 예에서의 종이테이프를 펼쳐 읽으면 'KTMIOILM DLONKRIIRGNOHGWT'가 될 것이다. 즉, 암호문이 된다.

4. 받은 종이테이프를 스키테일에 감아 가로로 글을 읽으면, 원래의 문장이 복구되어 읽을 수 있다. 만약 보내는 사람의 스키테일과 받는 사람의 스키테일의 굵기가 다르다면, 비록 스키테일에 감는다고 하더라도 원문이 복구되지 않는다.

그림 4-5 스키테일 암호

여기서 '스키테일에 종이를 감아 가로로 편지를 쓴 다음 종이를 푼다'는 것이 암호 알고리즘이고, 받은 편지를 역시 '스키테일에 종이를 감아 가로로 읽는다'는 것이 복호 알고리즘이다. 그렇다면 키는 무엇일까? 바로 스키테일의 굵기이다. 이것을 맞췄다면 매우 훌륭한 독자이다.

스키테일 암호는 그 당시로서는 매우 효율적이고 안전한 암호였지만 조금만 노력을 기울이면 누구나 쉽게 메시지를 읽을 수 있다. 전령이 종이테이프를 가지고 전쟁터로 가는 도중에 적군에게 사로잡혀 지니고 있던 문서를 빼앗겼다고 하자. 적군의 정보 분석가는 비록 원통형 막대기가 없다 하더라도 몇 번의 간단한 작업을 거치면 암호문을 풀 수 있다. 만약 문서를 가로챘는데 다음과 같은 문자열이 나타났다고 하자.

PIKRRCEFAESECMPCTAET

보내는 사람이 사용한 스키테일에 종이테이프를 위에서 아래로 감았을 때 한 바퀴에 쓸 수 있는 문자의 개수를 n이라고 할 때 이 n값이 맞으면 메시지가 보이게 된다. 먼저, 값을 알지 못하므로, n = 3 이라고 해보자. 암호문에 나타나 있는 문자열을 3개씩 건너 뛰어 다시 써보면 다음과 같은 문자열을 얻는다.

P	R	E	E	C	C	E
I	R	F	S	M	T	T
K	C	A	E	P	A	

지금으로서는 무슨 내용인지 알 수 없다. 하지만 n = 4로 하고 다시 배열하여 옆으로 읽어보자. "Practice makes perfect"라는 메시지의 내용을 분명하게 알 수 있다.

P	R	A	C	T
I	C	E	M	A
K	E	S	P	E
R	F	E	C	T

스키테일 암호는 암호형태로 분류하자면 전형적인 전치암호(transposition)이다. 전치 암호란 메시지에서 사용한 문자들의 위치를 어떤 일정한 규칙에 의해 뒤섞어서, 그 규칙을 모르는 사람은 본래의 메시지를 알아볼 수 없도록 암호문을 만드는 암호를 말한다. 예를 들어

I love crypto

라는 메시지가 있을 때 이 문장의 문자들의 위치를 바꾸어

l vcyo Ioerpt

와 같은 암호문을 만드는 방법이 전치암호이다. 전치 암호만을 이용할 경우 암호문에서 평문을 알아내는 것은 그리 어렵지 않게 할 수 있다. 하지만 오늘날 사용하는 여러 가지 암호기법들 중 상당수는 전치암호가 적용되어 설계될 만큼 전치암호는 암호에 있어서 기본적인 암호화 방법이다.

2) 시저의 암호

전치암호화 비슷한 형태의 암호법으로 치환(substitution)암호라는 것이 있다. 치환암호는 메시지에서 사용한 문자의 위치를 바꾸는 것이 아니라 메시지의 각 문자들을 다른 문자로 바꾸는 암호를 말한다. 예를 들어

> **I love crypto**

를 치환암호로 암호화하여,

> **$ #!X% ^&A?@!**

와 같이 문자를 바꾸는 방식으로 암호문을 만든다. 이때 암호문에서 사용한 문자들은 이미 메시지에서 사용한 것일 수도 있고 전혀 다른 기호일 수도 있다. 소개할 시저 암호는 대표적인 치환암호이다.

시저(Gaius Julius Caesar)는 로마 출생으로 흔히 우리가 잘 알고 있는 문구인 "왔노라, 보았노라, 이겼노라"라는 유명한 말을 남겼으며, "제왕절개" 라는 말도 시저가 이 세상에 태어날 때 취해진 방법이라 해서 생겨난 것이다. 시저는 서양 역사상 가장 큰 영향을 남긴 사람의 하나로서 유서 깊은 귀족 집안 출신이었다(그림 4-6).

그는 여러 관직을 역임하면서 군인으로서 그리고 실제의 정책 운영 면에서 착실하게 성과를 거두어 명성을 획득하고 대정치가로서의 기반을 구축하였으나 그의 권세를 시기하던 일당들에게 미움을 받기도 했다. 시저는 가족과 비밀통신을 할 수 있는 암호화 방법을 가지고 있었다. 암호화 방법은 (표 4-1)에서와 같이 'a'는 'D'로, 'b'는 'E'로 문자를 세 자씩 뒤로 옮겨 쓰는 방법으로 글을 작성하는 것이다. 암호문을 작성하기 위해서 세 자씩 뒤로 옮겨 쓰고 이를 복호화 할 때는 앞으로 세 자씩 당겨써서 암호문을 해독한다. 자. 그럼 독자 여러분이 한번 생각해보기 바란다. 시저 암호에서 암호 알고리즘과 복호 알고리즘 그리고 키는 무엇이 될까? 그렇다. 시저가 이용한 암호에서 암호 알고리즘은 '글자를 오른쪽으로 옮겨 쓴다'가 되고 복호 알고리즘은 반대로 '글자를 왼쪽으로 옮겨 쓴다'가 된다. 시저 암호에서의 키 값은 '3'이 된다.

그림 4-6 시저

표 4-1 시저가 사용한 문자 대응 규칙

평문	a	b	c	d	e	f	g	h	i	j	k	l	m	n	o	p	q	r	s	t	u	v	w	x	y	z
암호문	D	E	F	G	H	I	J	K	L	M	N	O	P	Q	R	S	T	U	V	W	X	Y	Z	A	B	C

시저는 원로원 회의장에서 암살당하기 직전에 가족이 보낸 암호화된 편지를 하나 받았다. 편지의 내용은 다음과 같았다. 'EH FDUHIXO IRU DVVDVVLQDWRU'. 각 알파벳마다 세 자씩 당겨서 암호문을 풀자 다음과 같은 문장이 나타났다. "be careful for assassinator". 즉 "암살자를 주의하라"는 내용이었다. 당시 시저의 권세를 시기했던 일당은 시저를 살해할 암살 음모를 꾸미고 있었으며 시저 자신도 이를 어느 정도 눈치 채고 있었다. 하지만 시저는 구체적으로 암살자가 누구일지는 알지 못했기 때문에 가족으로부터 받은 이 편지의 내용을 무시했다고 한다. 결국 암호문을 전달받은 당일 시저는 자신의 신하인 브루투스에게 암살당한다. 간단하지만 시저 암호화 방식은 무려 500년 동안이나 사용되었다. 그러나 시저 암호는 매우 취약한 암호화 방식이다. 알파벳의 개수가 26개가 있으므로 하나의 글자가 다른 글자로 변경될 수 있는 경우의 수는 모두 25가지이다. 따라서 25번의 시도로 암호문은 모두 해독될 수 있다. 또한 모든 글자가 공통된 규칙을 가지고 변경되기 때문에 하나의 글자가 해독되면서 키 값이 알려지면 다른 모든 글자 역시 바로 해독될 수 있다. 이러한 이유로 이후의 사람들은 조금 더 복잡한 방법으로 글자를 바꾸는 방법에 대한 연구를 하게 된다.

3) 비즈네르 암호

비즈네르 암호는 1586년 프랑스 외교관 비즈네르(Blaise de Vigenere)에 의해 발표되었다. 외교관의 업무는 암호와 매우 깊은 관련이 있기 때문에 비즈네르는 암호에 깊은 관심을 가지게 되었다고 한다(그림 4-7).

그림 4-7 비즈네르

비즈네르 암호는 가장 오래된 다중치환암호(polyalphabetic substitution cryptography) 중 하나이다. 다중치환암호란 하나의 평문 글자가 여러 개의 암호문 글자로 변경되는 암호방식이다. 앞에서 설명한 시저 암호는 평문의 한 글자가 암호문의 다른 한 글자에 대응되는 방식인데 이러한 암호 방식을 단일치환암호라고 한다. 반면 다중치환암호에서는 키 값을 여러 개 적용시켜 하나의 알파벳이 여러 개의 키 값에 의하여 여러 가지의 글자로 대응된다. 따라서 평문에서의 'a'라는 글자가 암호문에서 'D'가 될 수도 있고 'Z'가 될 수도 있기 때문에 단일치환암호보다 해독하기가 더 어렵다. 이러한 아이디어는 여러 사람에 의해서 제안되었지만 그 중에 비즈네르가 제안한 암호기법이 가장 유명하다. 비즈네르 암호는 오늘날 사용되는 암호체계의 기본적인 모습을 가지고 있기 때문이다. 비즈네르 암호는 다음과 같이 암호화와 복호화 과정을 거친다.

1. 암호문을 만들기 위해 먼저 키를 정하여 서로 공유한다. 키는 '키 단어'라고 하는 문자열을 사용한다.

2. 그 다음 선택한 키 단어를 평문의 각 문자 바로 아래에 반복해서 쓴다. 예를 들어 단어 'VENUS'를 키 단어로 택하였다면, 이 키 단어 'VENUS'를 〈표 4-2〉와 같이 평

문의 끝에 도달할 때까지 반복해서 쓴다.

3. 암호문은 키단어의 문자와 평문의 문자를 서로 더하여 만든다(표 4-2). 문자끼리의 덧셈을 위해서는 먼저 알파벳에 번호를 붙인다. 즉, 'a'에는 0, 'b'에는 1, ..., 'z'에는 25 라는 번호를 붙이고 대소문자는 구별하지 않는다. 문자의 덧셈은 해당 번호의 덧셈과 같다. 그런 다음, 덧셈 결과에 해당하는 알파벳으로 다시 바꾸면 된다. 〈표 4-2〉에서 평문의 첫 번째 글자인 'p'와 키단어의 첫 번째 글자인 'V'를 더해보자. 'p'는 15, 'V'는 21이므로, 'p' + 'V' = 15 + 21 = 36이다. 그런데 알파벳은 26개 밖에 없기 때문에 36에 해당되는 알파벳이 없다. 이럴 경우에는 결과 값에서 26을 뺀다. 즉, 36 − 26 = 10이고 10에 해당되는 알파벳은 'K'이므로, 평문의 'p'는 키 단어의 'V'와 더해져서 암호문 'K'가 되는 것이다. 〈표 4-2〉에서 보면 평문에 두 개의 'p'가 나오는데 첫 번째 'p'와 두 번째의 'p'는 각각 암호문 'K'와 'T'로 바뀌었다. 같은 평문임에도 불구하고 다른 암호문으로 바뀐 것이다.

표 4-2 비즈네르 암호의 암호화

평 문	p	o	l	y	a	l	p	h	a	b	e	t	i	c
키단어	V	E	N	U	S	V	E	N	U	S	V	E	N	U
암호문	K	S	Y	S	S	G	T	U	U	T	Z	X	V	W

4. 암호문을 복호화하기 위해서는 〈표 4-3〉과 같이 키 단어를 반복해서 쓴 다음 암호화할 때와 반대로 더하기의 반대인 빼기를 수행하면 평문을 얻는다. 즉, 'K' − 'V' = 10 − 21 = (−11)이고 (−11) + 26 = 15가 된다(−11에 해당되는 알파벳이 없으므로, 0보다 작은 값이 나오는 경우에는 26을 더한다). 따라서 15에 해당하는 문자 'p'가 평문으로 복호화된 문자가 된다.

표 4-3 비즈네르 암호의 복호화

암호문	K	S	Y	S	S	G	T	U	U	T	Z	X	V	W
키단어	V	E	N	U	S	V	E	N	U	S	V	E	N	U
평 문	p	o	l	y	a	l	p	h	a	b	e	t	i	c

시저 암호에서는 평문의 글자를 일률적으로 세 글자씩 옆으로 이동했기 때문에 같은

평문 글자는 항상 같은 암호문 글자로 바뀐다. 그러나 비즈네르 암호에서는 같은 평문 글자라도 키 단어에 따라서 전혀 다른 암호문 글자로 바뀔 수 있다. 키를 모르는 채로 암호문을 해독하기 위해서는 다음 절에서 소개하는 '빈도분석'이라는 방법을 많이 이용한다. 빈도 분석이란 언어의 특성에 따라 통계적으로 많이 쓰이는 글자 수가 드러나게 되는 약점을 이용한 해독 방법으로, 시저 암호의 경우 빈도 분석의 방법을 이용하면 쉽게 해독이 된다. 그러나 비즈네르의 암호문은 통계적으로 모든 글자의 출현빈도가 거의 같기 때문에 안전하다. 비즈네르 암호가 처음 발명되었을 당시에는 수작업으로 암호문을 해독하는 것은 거의 불가능한 일이었다. 그러나 키 단어의 길이가 짧은 경우에는 위와 같은 장점에도 불구하고 어느 정도 쉽게 해독이 되었다. 이러한 단점은 키의 길이를 충분히 길게 하면 해결이 되는데, 예를 들어 송신자/수신자간에 사용할 공통된 책을 정해 놓고, 송신자가 책 페이지와 줄, 칸수를 보내면 수신자는 보내진 페이지와 줄, 칸에서부터 암호문 길이만큼 텍스트를 잘라 거대한 키로 이용할 수 있다.

4) 암호의 해독

아서 코난 도일의 소설 "춤추는 남자의 모험(The adventure of the dancing man)"이라는 소설을 보면 (그림 4-8)과 같이 낙서로 보이는 문자 인형 모양의 암호문이 나오고 이 암호문은 소설의 주인공 셜록 홈즈에 의해서 해독이 된다.

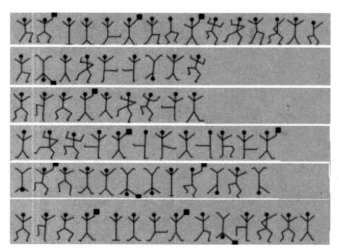

그림 4-8 '춤추는 남자의 모험'에 나오는 암호문

홈즈는 이 암호문이 특정한 규칙에 의해 만들어진 것임을 알아내고 암호문을 해독하게

된다. 홈즈는 암호문에서 가장 많이 나오는 그림을 찾아 그 그림이 'E'를 의미하는 것을 알아냈다. 'E'는 영어 알파벳 가운데서 가장 잘 사용되는 문자이며 짧은 문장에서는 더욱이 가장 많이 사용된다는 데에 착안한 것이다. 이것이 암호를 해독하기 위한 가장 널리 알려진 방법인 '빈도분석'이라는 방법이다. 빈도분석에서는 평문에 등장하는 문자의 빈도와 암호문에 나오는 문자의 빈도를 일치시켜서 암호문을 해독한다. 영어에서는 통계적으로 각 문자가 문장 중에 사용되는 빈도수가 (그림 4-9)와 같은 비율로 나타난다는 것이 알려져 있다. 따라서 암호문에서 가장 많이 나타나는 문자를 'e'로 바꾸고 그 다음으로 많이 나타나는 문자를 't'로 바꾸는 방식을 이용하면 암호문을 해독할 수 있다. 시저 암호와 같은 단일치환암호에서는 빈도분석 방법을 이용하여 암호문들이 쉽게 해독된다. 그러나 다중치환암호 방식의 암호문들은 한 글자가 여러 개의 글자로 치환되기 때문에 빈도분석 방법만을 이용하여 해독하기는 쉽지 않다. 그렇지만 빈도분석은 암호문 해독 방식에서 중요하고 기본적인 해독 방법의 하나이다.

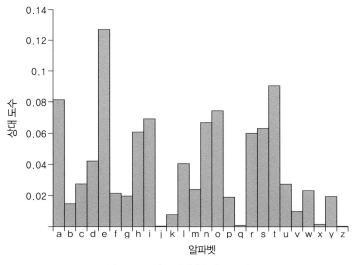

그림 4-9 영문자 출현 빈도 그래프

4.3   세계대전과 암호

암호는 전쟁으로 인하여 많은 발전을 이루게 된다. 특히 제 2차 세계대전을 통하여 암호는 비약적인 발전을 이루게 된다. 세계대전과 암호 이야기를 해보자.

1) 전설적인 여첩보원 마타하리의 악보암호

제 1차 세계대전(1914-1918)때 전설적인 독일 여첩보원 마타하리는 악보를 암호로 만들어 사용했다. 마타하리는 제 1차 세계대전 이전 파리에서 댄서로 일하면서 타고난 미모와 독특한 춤으로 사교계에서 명성을 떨치고 있었다. 1914년 마타하리는 암스테르담 독일 영사로부터 스파이로 활동할 것을 권유받았다. 마타하리는 일명 "첩보원 H21"이란 이름으로 프랑스 장교에 접근해 군사 기밀 정보를 독일에 빼돌렸다. 이때 비밀통신에 사용된 암호가 바로 악보암호이며 (그림 4-10)과 같이 일정한 형태의 음표에 알파벳하나씩을 대응시키는 방식을 사용하였다.

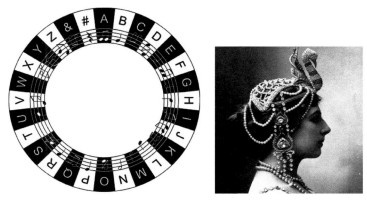

그림 4-10 마타하리의 악보암호

(그림 4-11)의 악보는 마타하리가 (그림 4-10)의 암호 규칙을 적용하여 만든 암호문이다. 얼핏 보기에는 평범한 악보처럼 보이지만 악보에는 "프랑스 호위선단 마르세이유에서 출항"이라는 문장이 암호화되어 있다. 실제로 마타하리의 악보를 연주하면 전혀 음악이 되지 않았다고 한다.

그림 4-11 마타하리의 암호문

마타하리의 첩보활동은 20여만 명에 달하는 프랑스군을 죽음으로 몰고 갔다. 그녀는 제 1차 세계대전이 끝나기 1년 전 프랑스 정보부에 체포돼 사형되었다.

2) 독일과 연합군의 수수께끼 풀이 전쟁

제 2차 세계대전 당시 연합군은 독일군의 암호를 해독하지 못해 독일군의 유보트와 전차부대의 움직임을 파악하지 못했고, 정보전에서 뒤진 연합군은 수적인 우세에도 불구하고 고전을 면치 못했다. 독일군이 이니그마(Enigma)라는 암호기기를 사용하여 지령을 암호화했기 때문이다. 이니그마는 (그림 4-12)와 같이 가로와 세로 30cm, 높이 15cm, 무게 30kg의 겉보기에는 둔탁한 타자기로 보이는 기계로 그리스어로 "수수께끼"라는 뜻을 가지고 있다. 1923년 독일 엔지니어 셀비우스는 폴란드 근교의 한 농촌에서 상업적 목적으로 이니그마를 만들었다. 제 1차 세계대전이 끝날 때까지 암호문의 중요성은 널리 인식되지 않았고 이니그마는 많이 사용되지 않다가 제 2차 세계대전에서 그 진가가 발휘되었다.

그림 4-12 이니그마와 회전자

이니그마는 알파벳 26자의 자판(tastatur), 회전자(rotor), 플러그보드(steckbrett), 램프보드(lampenfeld)의 네 가지로 구성되어 있다. 이 회전자 방식의 암호화 기계의 원리를 간략하게 설명하면, 회전자는 키보드의 알파벳 26자와 디스플레이를 위한 램프보드의 알파벳 26자를 연결하는 일종의 원통형 연결배선이다. 자판에서 한 글자를 치면 전선을 타고 전기신호가 플러그보드의 한 곳으로 전해진다. 이곳에서 전기신호는 회전자로 이동한 뒤 다시 플러그보드로 돌아온다. 이후 전기신호가 램프보드로 가면 해당 자판에 불이 들어온다. 이니그마는 기본적으로는 고대부터 전해져 오던, 각 문자를 다른 문자로 치환하는 암호화 방식에 기초하였지만 다른 점이 있었다. 회전자 암호화 장치를 이용하여 같은 자판을 계속 쳐도 매번 다른 램프가 켜지도록 복잡하게 만든 것이다(처음 'A'를 쳤을 때 'C'의 램프가 켜졌다고 한다면, 다음번에 'A'를 치면 'V'가 켜지는 식). 이런 복잡한 과정을 거쳐 글자 하나하나가 암호화되기 때문에 이를 해독하기란 여간 힘든 일이 아니었다. 더욱이 독일군은 매일 전선의 배치를 달리해 새로운 암호문을 만들어냈다.

1939년 영국 정부는 런던 근교의 블레츨레이 공원에 암호학교를 세웠다. 독일의 이니그마 암호문을 해독하기 위해 1천여 명의 연구원이 이 학교에서 연구에 참여하였다. 수학의 천재 튜링(1912~1954)을 비롯한 당대의 과학자들이 몰려들었다. 암호문을 해독하는 일은 무척 지루한 작업이었다. 여러 암호문에 나타난 일정한 패턴을 서로 비교해 분석하고 그 결과를 복잡한 과정을 통해 통계적으로 처리했다.

시간이 지나면서 암호문이 조금씩 해독되기 시작하였고 이를 알게 된 독일군은 이니그마를 더욱 복잡하게 만들었다. 초창기에 3개를 사용하던 회전자를 12개까지 늘렸다. 튜링은 이 복잡한 암호문을 더 이상 손으로 풀 수 없어 해독기를 만들기 시작했다. 튜링의 아이디어를 바탕으로 1943년 2천4백 개의 진공관을 가진 전자식 해독기 '콜로수스(Colossus)'가 만들어졌다(그림 4-13). "거인"이란 의미를 가지는 이 기계는 이니그마의 암호 조합 방식을 당시 기준으로는 어마어마하게 빠른 속도로 역추적하는 고성능 계산기였다.

그림 4-13 콜로수스

콜로수스는 이름에 걸맞게 1초에 2만 5천자를 번역해냈고 독일의 이니그마는 위력을 상실할 수밖에 없었다. 튜링과 콜로수스의 활약으로 독일군의 이니그마 암호는 대부분 해독되었다. 특히 튜링의 암호 해독은 노르망디 상륙작전의 성공을 이끄는데 결정적인 기여를 하였다. 콜로수스는 암호 해독 뿐 아니라 암호문 생성까지 가능하여 연합군은 암호문을 가짜로 만들어 독일군에게 흘렸다. 이니그마 암호만 철썩같이 믿은 독일군은 노르망디 병력을 다른 곳으로 분산 배치하는 실책으로 인하여 연합군에 패배하게 되었다. 우리나라에서 2015년 2월에 개봉된 베네딕트 컴버배치 주연의 '이미테이션 게임'은 이러한 역사적 사실을 기반으로 만든 영화이다.

4.4 현대의 암호화

이니그마를 이용한 암호문을 이니그마 없이 해독하기 위해서는 복잡하고 많은 계산을 해야 했다. 암호문을 해독하기 위한 시간과 노력이 너무나 많이 요구되었기 때문에 제2차 세계대전까지는 안전한 암호라 믿어졌다. 그러나 컴퓨터의 발전과 함께 이니그마는 더 이상 안전한 암호시스템이라고 할 수 없게 되었다. 복잡하고 많은 계산을 컴퓨터는 빠른 시간 내에 훌륭하게 해내게 되었고, 이니그마 암호를 해독하는 데에도 적은 시간과 노력만이 필요하게 되었다. 암호 연구자들은 더욱 안전한 암호 시스템을 만들기 위해서 복잡한 수학적 알고리즘으로 암호화하는 방법을 연구하게 되었고, 이러한 연구는 컴퓨터의 발달과 함께 획기적인 발전을 하게 된다.

1) 대칭형 암호방식

지금까지 우리가 알아낸 암호에 관한 지식을 정리해보자. 스키테일 암호에서는 비밀통신을 위하여 막대기의 굵기를 알고 있어야 한다. 시저암호를 이용했다면 알파벳을 몇 자리를 이동시키는지를 알고 있어야 암호문을 평문으로 바꿀 수 있다. 이니그마 암호기의 경우에도 이니그마라는 기계 자체가 필요하기도 했지만 매일매일 입력해야 하는 정보가 들어있는 코드북이 있어야 암호문을 해독할 수 있다. 이러한 암호 방식들은 현관문을 열 때 사용하는 키와 잠글 때 사용했던 키가 같은 것처럼 암호화에 이용되는 키와 복호화에 이용되는 키가 같다. 따라서 지금까지 이 책에 소개된 암호 방식들은 모두 송신자와 수신자가 자물쇠를 열 수 있는 키를 미리 나누어 가지고 있어야 한다. 또한 키들은 부당하게 해독을 시도하는 제 3자가 알아낼 수 없도록 비밀리에 잘 간직해야 한다. 이렇게 평문을 암호문으로 암호화하고 암호문을 평문으로 복호화 할 때 동일한 키를 사용하는 암호방식을 대칭형 암호 방식(symmetric cryptography)이라 한다. "대칭형"이라고 하는 이유는 (그림 4-14)와 (그림 4-15)와 같이 암호화할 때 이용하는 키와 복호화 할 때 이용하는 키의 모양이 서로 '대칭'이기 때문이다. 대칭형 암호방식은 정보 보안을 위하여 암호화 키와 복호화 키가 제 3자에게 누설되지 않도록 비밀로 간직해야 하기 때문에 비밀키 암호방식(secret key cryptography)이라고도 불리며 실제로는 이 이름이 더 많이 사용된다.

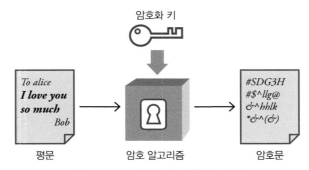

그림 4-14 대칭형 암호 방식의 암호화

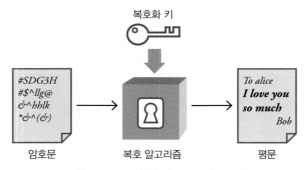

그림 4-15 대칭형 암호 방식의 복호화

대표적인 대칭형 암호방식의 예로 DES(Data Encryption Standard)가 있다. DES는 미국 NBS(National Bureau of Standards)가 1974년에 IBM에서 제안한 알고리즘을 수정하여 만들어졌으며 1977년부터 세계적으로 쓰이기 시작했다. DES 알고리즘의 구현에 관한 핵심적인 부분은 모두 공개되어 있어서 누구나 DES 암호화 프로그램을 만들 수 있다. 하지만 DES 알고리즘을 이용하여 암호화되어 있는 암호문은 키를 모르는 경우에는 해독이 매우 어렵다. 즉, 아무리 자물쇠를 만드는 방법을 알고 있다 하더라도 그 자물쇠에 맞는 열쇠가 없으면 그 자물쇠를 여는 것이 매우 어렵다는 것과 마찬가지이다. 그러나 고대의 스키테일 암호와 시저암호는 암호화/복호화 시에 같은 키를 이용한다는 면에서는 DES와 비슷하지만 이 두 암호는 암호화하는 방법, 즉 자물쇠를 만드는 방법 자체도 비밀이었다. 스키테일 암호화에서 원통의 굵기를 모르면 암호문을 해독하기 힘들었지만 그것보다는 종이에 적힌 내용이 종이를 원통에 감고 그 위에 글씨를 써서 만들어졌다는 사실 자체를 다른 사람들이 알지 못하게 하여 그 안전성을 유지하였다. 마찬가지로 시저암호도 세 글자를 옆으로 옮겨 암호문을 만들었을 때, 몇 글자를 옆으로 옮겼는가를 몰라서 암호문의 해독이 어려웠던 것이 아니라 글자를 옆으로 옮겨서 암호문을 만드는 방법 자체를 몰랐기 때문에 안전할 수 있었다. 반면 DES는 암호화하는 방법은 누구나가 알고 있지만 복잡한 수학적 알고리즘으로 만들어져 있어서 키를 모르면 해독하는 것이 거의 불가능에 가깝다.

암호를 해독한다는 것은 자물쇠에 맞는 열쇠를 찾아내는 것으로 생각할 수 있다. DES에서 사용되는 키는 56비트다. 0과 1을 마구 섞어서 56개를 늘어놓은 것이 DES의 키가 된다. 이때 56개의 비트로 만들어 낼 수 있는 서로 다른 키(숫자)의 개수는 약 7경 2,000조개나 된다. DES 암호문을 해독한다는 것은 서로 다른 7경 2,000조개의 열쇠 중에서 자물쇠에 맞는 열쇠 하나를 찾아낸다는 것이다. 하나의 키를 컴퓨터에 넣어서 복호화하는데(하나의 열쇠로 자물쇠를 열어보는데) 0.1초가 걸린다고 가정할 때 모든 키를 대입해서 확인해 보는 데에만 약 228,493,131년이 걸리게 된다. 엄청난 시간이다. 그러나 컴퓨터가 발전함에 따라 이 엄청난 해독시간이 줄어들게 되었다. 실례로 1997년부터 "DES 암호 깨기"라는 대회가 열렸는데 1997년 1회 대회에서는 78,000대의 컴퓨터를 병렬로 연결해서 96일 만에 키를 알아냈다. 3회 대회에서는 1만대의 컴퓨터를 병렬로 연결하고, 25만 달러의 DES 해독 전용 칩을 이용하여 22시간 15분 만에 DES를 해독하게 되었다. 22시간 만에 키를 알아내기 위해서는 많은 컴퓨터와 전용 칩이 있어야 하지만 암호를 연구하는 사람들 사이에서는 더 이상 DES를 믿고 사용할 수 없다는 생각이 들었다. 그리하여 더 안전한 대칭형 암호 방식에 대한 연구를 하였고 현재는 Triple DES나 AES라는 암호화 알고리즘을 이용하고 있다. Triple DES란 하나의 평문을 암호화할 때 DES 알고리즘을 세 번 반복하는 방법이다. 기본 과정은 다음과 같다.

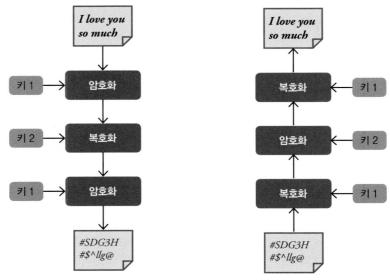

| 그림 4-16 | Triple DES의 암호화 | 그림 4-17 | Triple DES의 복호화 |

Triple DES에서는 두 개의 암호화 키를 사용한다. 암호화 키를 한 개 이용하게 되면 암호화를 수행한 후 복호화를 수행했을 경우에 암호문이 평문으로 바뀌기 때문에 DES를 한번만 시행한 결과와 같아지게 된다. 두 개 키를 이용하여 DES 암호를 세 번 반복하게 되면 DES를 한번만 적용시킨 암호를 해독하는 것보다 훨씬 더 많은 시간과 노력이 들어가게 되어 더 안전하게 사용할 수 있다.

비록 DES를 세 번 적용하여 암호화하는 방식이 좀 더 안전해지기는 하였지만 DES를 표준화한 기관인 NIST에서는 더 안전한 암호 알고리즘이 필요하다는 판단아래 1997년 새로운 암호 알고리즘인 AES(Advanced Encryption Standard)에 대한 공모를 하였다. 공모 조건은 앞으로 30년 정도 안전하게 사용할 수 있고 다양한 키 길이를 지원하는 것이었다. 키 길이란 DES의 키가 56 비트였던 것처럼 키를 만들기 위해 늘어놓는 비트의 개수를 의미하는데, 비트의 수가 많으면 많을수록 만들어낼 수 있는 서로 다른 키의 개수는 더 늘어나게 되므로, 이를 해독하는 데에도 더 많은 시간과 노력이 필요하다. AES는 기본적으로 128비트의 키 길이를 가지며 그 길이도 변경할 수 있는 것이 조건이었다. 1997년 공모가 나간 이후 여러 알고리즘들이 제안되었고 그 알고리즘들은 모두 앞의 조건을 만족할 수 있는지 평가를 거치게 되었으며, 2000년에 Rijndael이라는, 벨기에 사람들이 만든 알고리즘이 최종 AES 알고리즘으로 선정되었다. AES는 현재까지 거의 해독이 불가능한 알고리즘으로 인정받고 있다.

그러나 대칭형 암호화 방식에는 두 가지 큰 약점이 존재한다. 대칭형 암호 방식에서는 양측이 안전하게 통신을 하기 위해서 비밀키를 안전하게 공유하는 것이 핵심이다. 앨리스가 밥에게 보내는 편지를 대칭형 암호방식을 이용하여 암호화했다면 밥은 받은 편지를 읽기 위해서 암호화에 사용된 비밀키를 앨리스와 미리 나누어 가지고 있어야 한다. 만약 앨리스와 밥이 같은 회사에 다니거나 가까운 거리에 사는 사람이라면 안전하게 비밀키를 나누어 갖기 위해 서로 만나서 주고받으면 된다. 하지만 만약 서로 다른 나라에 살고 있어 서로 만나기 힘든 상황이라면 어떨까? 직접 만나서 비밀키를 교환하기는 힘들기 때문에 다른 사람을 통해 비밀키를 보내거나 우체국 우편을 이용할 수 있을 것이다. 또는 이메일이나 메신저와 같은 컴퓨터 통신을 이용하여 키를 전달할 수도 있을 것이다. 그러나 이러한 방법들은 전달 중에 분실이 될 우려도 있고, 이메일이나 메신저를 이용하는 경우에는 통신 장비를 이용한 엿듣기 등으로 얼마든지 비밀키가 외부로 노출될 수 있다. 따라서 대칭키 암호 방식을 이용하기 위해서는 사전에 키를 안전하게 공유하는 방법이 반드시 제공되어야 한다.

앨리스와 밥이 안전하게 비밀키를 공유함으로써 위의 문제가 해결되었다고 하자. 이제 둘 사이의 안전한 암호화 통신은 가능하게 되었다. 그러나 앨리스가 밥 이외에 캐롤과 데이빗과도 암호화통신을 하고 싶어 하며 통신의 내용은 다른 사람들이 알 수 없도록 하고 싶다고 가정해보자. 이렇게 하기 위해서 앨리스는 밥이나 캐롤, 데이빗과 서로 다른 비밀키를 나누어가져야 하기 때문에 서로 다른 3개의 비밀키를 소유해야 한다. 만약 앨리스뿐 아니라 밥이나 캐롤, 데이빗도 모두 앨리스처럼 암호 통신을 하고 싶어 한다면 비밀키는 총 몇 개가 필요하게 될까? (그림 4-18)을 보면 두 명일 경우에는 그림 (a)와 같이 하나의 비밀키만 있으면 비밀통신이 가능하다. 그러나 통신에 참여하는 사람의 수가 (b)에서와 같이 4명이 된다면 사용자 A, B, C, D가 서로 간 비밀 통신을 하기 위해서는 (A,B), (A,C), (A,D), (B,C), (B,D), (C,D)간에 사용되는 서로 다른 별도의 비밀키가 있어야 한다. 만약 사용자의 수가 1,000명이고 1,000명의 사용자 각자가 자신 이외의 999명과 비밀통신을 해야 한다고 가정하면, 서로 다른 통신용 키는 한 사람당 999개가 필요하다. 따라서 1,000명이 각각 암호 통신을 하기 위해서는, (1000×999)/2 = 49만 9500개(A와 B가 통신하는 것과 B가 A와 통신하는 것은 같은 의미)의 키가 필요하게 된다. 따라서 사용자의 수가 많아질 경우에 서로 다른 비밀키를 만들어내고 이것을 관리하기가 무척이나 힘들어지게 된다.

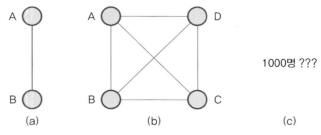

그림 4-18 사용자와 비밀키의 수

위의 두 가지 예에서 볼 수 있듯이 대칭형 암호 방식은 비밀키를 안전하게 나누어 가지는 방법에 대한 문제와 많은 키를 관리해야 한다는 약점이 존재한다. 이러한 대칭형 암호 방식의 문제점들은 비대칭형 암호 방식이 해결해 주었다. 다음 절에서 소개할 비대칭형 암호 방식을 이용하면, 사전에 미리 안전하게 비밀키를 나누어 가져야 하는 문제를 해결할 수 있다. 그리고 사용자 각자는 서로 다른 사람들과 통신을 한다 하더라도 2개의 키만 관리하면 된다.

2) 비대칭형 암호방식

1978년 론 라이베스트(Ron Rivest), 아디 샤미르(Adi Shamir), 레너드 에이들먼(Leonard Adleman)의 세 사람은 자물쇠를 잠글 때와 열 때 서로 다른 열쇠를 이용하는 RSA라는 신기한 자물쇠를 만들어냈다. 이 자물쇠는 열쇠 구멍이 두 개이고, 자물쇠를 잠글 때 사용하는 열쇠와 자물쇠를 열 때 사용하는 열쇠가 서로 다르다. 두 개의 열쇠 중에 하나의 열쇠로 잠그면 다른 하나로 자물쇠를 열수 있지만 반드시 쌍을 이루는 열쇠를 이용해야만 하는 특별한 자물쇠이다. (그림 4-19)의 세 사람이 RSA를 만든 주인공들이다.

그림 4-19 RSA의 세 사람

사실 이들이 만든 것은 실제 자물쇠는 아니고 비대칭형 암호 방식(asymmetric cryptography)을 사용하는 암호 알고리즘이다. 비대칭형 암호 방식은 (그림 4-20)과 (그림 4-21)과 같이 열쇠구멍이 두 개인 신기한 자물쇠이며 두 개의 열쇠 구멍은 서로 다른 열쇠를 이용하여 잠그고 열 수 있다. 암호화 할 때 큰 열쇠를 이용했다면 복호화할 때는 작은 열쇠를 이용한다. 암호화 키와 복호화 키가 서로 '비대칭'이기 때문에 이 암호 방식에는 '비대칭형'이라는 이름이 붙었다. 비대칭형 암호 방식에서의 암호화 키와 복호화 키는 반드시 하나의 쌍을 이루어 존재한다. 그리고 두 개의 키 중에서 하나의 키로 암호화를 수행하였다면 반드시 쌍을 이루는 다른 하나의 키로 복호화를 수행해야만 평문을 복원해 낼 수 있다.

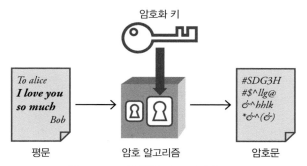

그림 4-20 비대칭형 암호 방식의 암호화

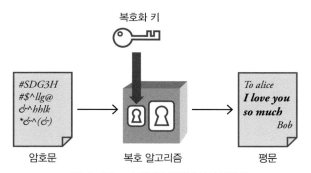

그림 4-21 비대칭형 암호방식의 복호화

비대칭형 암호 방식은 두 개의 키를 이용하여 암호화와 복호화를 한다는 특징 이외에 또 하나의 커다란 특징이 있는데 바로 암호화 키를 모든 사람들에게 공개한다는 것이다. 비대칭 암호화 방식에서 암호화 키는 '공개키(public key)'라고 불리며 공개키는 마치 전화번호부에 전화번호를 공개하듯 누구나 사용할 수 있도록 공공의 장소에 공개한다. 반면 한 쌍의 키 중에서 복호화 키는 아무도 모르도록 비밀리에 잘 간직해야 한다. 이 복호화 키는 한 개인만이 소유하는 키이기 때문에 '개인키(private key)'라고 부르며, 혼자만 비밀리에 간직해야 하기 때문에 '비밀키'라고도 부른다. 하지만 "비밀키"는 대칭형 암호 방식의 키와 혼동을 일으키므로 '개인키'의 사용을 권고한다. 키가 쌍으로 존재하기는 하지만 공개된 공개키를 이용하여 개인키를 알아내는 것은 기술적으로만 본다면 거의 불가능하고 개인키를 알면 간단한 계산만으로 공개키를 얻을 수 있다(자세한 이유는 잠시 후에 설명하도록 하겠다). 공개키로부터 개인키를 구하기 위해서는 현재 가장 속도가 빠른 슈퍼컴퓨터를 동원하더라도 수십 년 동안 계산해야 할 정도로 엄청난 시간을 필요로 한다. 비대칭형 암호 방식은 암호화 키를 공개하는 특성으로 인하여 공개키 암호 방식이란 이름으로 더 잘 알려져 있다.

비대칭형 암호 방식의 대표적인 알고리즘으로 RSA 암호가 있다. RSA에서의 키는 마치 다이얼을 돌리는 자물쇠처럼 숫자로 되어 있으며, 평문과 암호문도 모두 숫자로 표기된다. 이 알고리즘은 매우 풀기 어려운 수학적 문제를 이용하였기 때문에 암호와 관련된 모든 내용들은 숫자로 표현하게 된다. 수학에는 매우 풀기 어려운 문제들이 많이 있는데 RSA 시스템은 그 중에 큰 수의 소인수 분해 문제가 이용되었다. 소수란 1보다 큰 자연수 중에서 1과 자기 자신으로만 나누어지는 수를 의미하며, 소인수 분해란 어떤 수를 소수의 곱으로만 표현하는 것이다. 예를 들어, 6을 소인수 분해하면 $6=2\times3$이 된다. 일반적으로 소인수 분해는 수의 크기가 작을 때에는 쉽지만, 수가 아주 큰 경우에는 매우 어렵다. 실제로 1977년, 한 잡지에 129자리의 숫자가 공개되고 그 수를 소인수 분해하라는 문제가 공개되었다. 이 문제의 현상금은 100달러였다. 이 문제는 17년 동안 미해결 문제로 남아 있다가 1994년 600명의 지원자로 이루어진 팀에 의해 해결되었다. 그 팀의 팀원들은 자신들의 시스템을 총동원하여 그 수를 소인수 분해하는데 1년여의 시간이 걸렸다고 한다.

RSA 시스템에서 사용자는 두 개의 서로 다른 큰 소수 P와 Q를 만들고 그 소수를 곱하여 $P\times Q=N$이라는 수를 만들어 낸다. 그리고 P와 Q, 그리고 정해진 수학 공식을 이용하여 E와 D 값을 만들어 낸다. 자, 그러면 모두 5개의 숫자가 만들어졌다. 이 중에서 E와 N의 값은 공개키로 이용한다. 그리고 나머지 D와 P, 그리고 Q라는 값은 비밀로 유지해야 하는 개인키가 된다. 누군가 소인수 분해 문제를 해결하여 두 개의 큰 소수 P와 Q를 찾아냈다면 모를까, E와 N값을 알고 있다 하더라도 D의 값이 무엇인지를 알아낼 수 없다. 즉, 공개키를 아는 사람이라 하더라도 소인수분해 문제를 풀지 못하면 개인키를 알아낼 수 없다는 사실을 이용하여 RSA라는 신기한 자물쇠가 만들어진 것이다. 이 신기한 자물쇠는 20세기 암호학의 혁명으로까지 불렸다. 사실 비대칭형 암호 방식이 없었더라면 우리가 편하게 이용하는 인터넷뱅킹과 인터넷 쇼핑몰의 사용은 불가능했을 지도 모른다.

(그림 4-22)는 비대칭형 암호 방식이 비밀통신에 이용되는 방식에 대한 그림이다. 서로 다른 나라에 사는 앨리스와 밥이 있다. 앨리스가 밥에게 비밀 편지를 보내고 싶다.

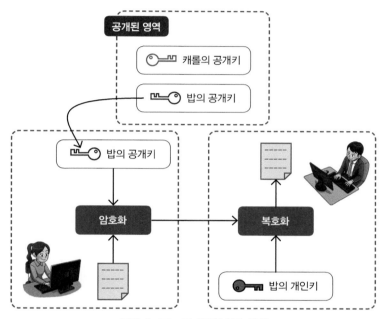

그림 4-22 비대칭형 암호 방식

먼저 앨리스와 각각 밥은 자신이 이용할 암호화 키(공개키)와 복호화 키(개인키) 한 쌍을 생성한다. 그리고 각자의 공개키를 공개키 등록 장소에 공개한다. 공개키는 누구나 볼 수 있도록 공개된 영역에 공개해 놓는다. 다만, 자신들이 생성해낸 공개키의 쌍인 개인키는 누구도 모르게 잘 보관해야 한다. 앨리스는 밥의 공개키를 이용하여 편지를 암호화하고 밥에게 전송한다. 밥은 앨리스로부터 암호화된 편지를 받아 자기가 가지고 있는 개인키를 이용하여 복호화를 한다. 중간에 다른 사람이 편지를 훔쳐본다 하더라도 편지는 암호화되어 있기 때문에 읽을 수 없으며, 복호화를 위한 개인키도 없기 때문에 복호화도 불가능하게 된다. 밥에게 비밀 편지를 보내고 싶은 사람은 누구든지 공개된 영역에서 밥의 공개키를 가져다가 암호화하여 밥에게 보내면 된다. 그러면 밥은 자신의 개인키를 이용하여 복호화하면 되고 밥 이외의 사람은 읽을 수가 없게 된다.

앞 절에서 살펴보았던 대칭형 암호 방식은 두 가지 문제점을 가지고 있었다. 한 가지는 비밀통신의 당사자들이 미리 키를 안전하게 교환해야 한다는 것이고, 두 번째는 한사람이 가져야 하는 키의 개수가 비밀통신을 하고자 하는 대상의 수만큼 많아야 한다는 것이다. 이러한 대칭형 암호 방식의 문제점은 비대칭형 암호 방식에서 모두 해결된다. 먼저 비대칭형 암호 방식에서는 암호화를 위해서 미리 키를 교환해야 할 필요가 없다. 암호화를 위해서는 상대방의 공개키를 공개키 등록 장소에서 가져와서 암호화하여 전송하면 되고 암호화된 메시지는 자신이 가지고 있는 개인키를 이용해서 복호화하면 된다. 따라서 비밀 통신을 위한 어떠한 키 교환도 이루어질 필요가 없다. 단지 자신의 공개키를 공개된 장소에 등록해놓고 자신의 개인키만 안전하게 보관하면 된다. 어떤 사용자가 100명의 사람과 각각 비밀통신을 하고 싶다고 가정하더라도 비대칭형 암호 방식에서는 단지 자신의 개인키만 안전하게 보관하면 된다. 모든 비밀통신을 하고자 하는 사용자들은 자신의 암호화 키를 공개해 놓기 때문에 비밀통신을 필요로 하는 당사자들은 상대방의 공개키를 공개된 장소에서 가져와 이용하면 된다. 따라서 비밀통신의 대상자 수만큼 키를 준비할 필요가 없어지게 되는 것이다.

비대칭형 암호 방식은 대칭형 암호 방식의 문제점들을 정말 훌륭하게 해결해 주었다. 이제 모든 암호화는 비대칭형 암호 방식을 이용하면 아무 문제없을 것 같다. 그러나 오늘날까지도 대칭형 암호방식은 암호분야에서 아주 중요한 부분을 차지하고 있고 많이 쓰이고 있다. 왜 사전 키 공유 문제와 키 관리 문제가 있음에도 불구하고 대칭형 암호 방식을 계속 이용하는 것일까? 그 이유는 속도 때문이다. 비대칭형 암호 방식이 대칭형 방식의 많은 문제점을 해결해 주긴 하였지만 비대칭형 암호방식은 대칭형 암호 방식보다 암호화 처리속도가 몇 백 배는 느리다. 더구나 암호화하려는 평문의 길이가 길수록 시간차이는 점점 더 커진다. 즉, 비대칭형 암호 방식을 이용하여 평문을 암호화하기에는 효율성이 많이 떨어진다. 그런데 두 가지 암호방식을 곰곰이 들여다보면 서로의 장점과 단점이 바뀌어 있는 것을 볼 수 있다. 대칭형 암호방식은 암호화/복호화의 처리속도는 빠르지만 사전 키 공유와 키 관리의 문제점이 있다. 반면 비대칭형 암호방식은 사전 키 공유 문제와 키 관리의 문제점을 해결하긴 했지만 처리속도가 느리다. 한 방식의 장점이 다른 방식의 단점이다. 그래서 사람들은 두 방식의 장점만을 조합하여 (그림 4-23)과 같은 하이브리드 암호화 방식(hybrid cryptography)을 만들었다. 하이브리드 암호 방식은 다음과 같이 이용된다.

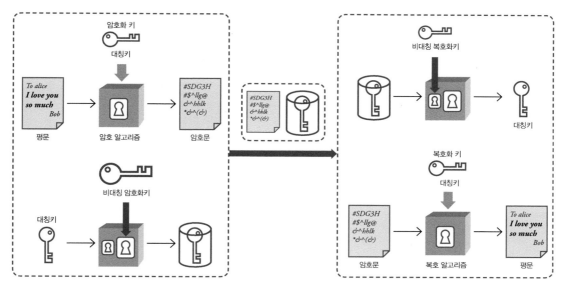

그림 4-23 하이브리드 암호화

밥이 앨리스에게 비밀 편지를 전송하려고 한다.

1. 밥은 편지를 암호화할 대칭형 암호 방식의 암호화 키를 하나 만든다.

2. 밥이 만들어낸 암호화 키를 이용하여 편지를 암호화한다. 이때 사용되는 암호방식은 대칭형 암호 방식이다. 편지의 내용이 길어도 대칭형 암호 방식은 속도가 빠르기 때문에 금방 암호화가 수행된다.

3. 편지를 암호화할 때 이용한 암호화 키를 앨리스의 공개키로 암호화한다. 암호화 키의 길이는 기껏해야 수백비트 정도이고 이 정도의 길이는 평문과 비교해 볼 때 매우 짧은 길이가 된다. 비대칭형 암호 방식은 짧은 길이의 평문을 빠르게 암호화할 수 있기 때문에 금방 암호화가 된다.

4. 암호화된 키와 암호화된 편지를 앨리스에게 보낸다.

앨리스는 밥이 보낸 암호화된 키와 암호화된 편지를 받고 다음의 절차를 밟는다.

5. 비대칭형 암호 방식으로 암호화된 대칭형 암호화 키를 자신의 개인키를 이용하여 복호화한다.

6. 복호화된 대칭형 암호화 키를 이용하여 편지를 복호화한다.

7. 밥이 보낸 편지를 읽을 수 있다.

하이브리드 암호 방식은 큰 용량의 데이터를 빠르게 암호화하는 대칭형 암호 방식의 장점과 키를 사전에 공유할 필요가 없는 비대칭형 암호 방식의 장점을 모아 효율성을 높인 암호 방식으로 현재 많은 응용 분야에서 사용이 되고 있다.

3) 디지털 서명

비대칭형 암호 방식은 밥과 앨리스가 비밀 편지를 주고받기 위한 자물쇠처럼 비밀 통신을 위해서 사용된다. 그러나 이 암호방식은 또 하나의 아주 중요한 사용처가 있다. 사용자가 어떤 일을 하고 나서 그 일을 하지 않았다고 시치미 떼는 행위를 막는 데에도 사용되는데 이를 '부인방지(non-repudiation)' 기능이라 한다. 예를 들어 회사의 회식 자리에서 술을 마시며 이런 저런 얘기를 하던 중 사장님이 한 직원에게 다음 달 보너스를 주겠다고 이야기한다. 그 직원은 잔뜩 기대를 하고 기다리지만 시간이 지나도 통장에 보너스는 들어오지 않고, 혹시나 한 직원은 사장에게 가서 이야기한다. 그러나 사장은 기억이 나지 않는 이야기라고 말한다. 직원은 억울하기는 하지만 그 이야기를 들었다는 증거가 없기 때문에 더 이상 보너스에 대한 주장을 할 수가 없다. 이런 경우가 부인 방지 기능이 없는 상황이다. 만약 그 직원이 사장의 이야기를 녹음해 두었다든지 보너스 지급 서류를 만들어 사장의 도장이나 서명을 받아 두었더라면 사장은 더 이상 부인하지 못하였을 것이다. 우리의 일상생활에서 말로 하는 약속은 언제나 부인이 가능하기 때문에, 대부분 중요한 약속에 대해서는 서류를 만들고 그곳에 자필 서명을 함으로써 그 약속에 대한 부인 방지 기능을 만들어 놓게 된다.

오프라인 세상에서는 도장과 서명이 부인 방지의 기능을 훌륭히 해낸다. 그럼 사이버 세계에서는 어떨까? 밥이 앨리스에게 100만원을 빌린다고 가정하자. 밥과 앨리스는 멀리 떨어져 있어서 만나서 돈을 주고받지는 못하는 상황이다. 앨리스는 100만원을 밥에게 송금하면서 밥에게 차용증서를 이메일로 보내라고 한다. 밥은 "앨리스에게 100만원을 빌렸음. -밥-"이라는 내용으로 차용증서를 앨리스에게 보냈다. 그러나 앨리스가 밥으로부터 차용증서를 받았다고 하더라도 이 차용증서는 법적인 효력을 가지지 못한다. 이메일은 쉽게 위조가 가능하기 때문이다. 일반 서류에 하는 자필 서명이나 도장처럼 디지털 문서에 적용할 수 있는 디지털 서명은 없을까? 이 질문에 대한 답을 하기 위해 먼저 서명의 특성을 생각해보자.

일반 종이문서에 서명을 작성할 경우에는 도장을 찍거나 펜을 이용하여 서명을 한다. 디지털 서명을 위해서도 도장이나 자신의 서명을 이미지로 만든 후에 디지털 문서에 첨부할 수 있다. 그러나 도장이나 서명 이미지는 쉽게 복제가 가능하기 때문에 다른 사람이 나의 도장이나 서명 이미지를 몰래 복사하여 다른 문서에 첨부할 수 있다. 서명이 효력을 발휘하기 위해서는 그 서명은 반드시 서명자 본인만이 작성할 수 있어야 한다. 그래야 나중에 분쟁이 생겼을 때 그 서명이 부인방지 기능을 할 수 있기 때문이다. 그러나 서명을 디지털 이미지로 만들어 사용하는 방법은 누구나가 타인의 서명을 복사하여 이용할 수 있기 때문에 서명으로서의 기능을 수행할 수 없다. 서명의 두 번째 특성은 작성된 서명은 종이문서와 함께 서명을 작성한 사람 이외의 누구든지 서명을 검증할 수 있어야 한다는 것이다. 누구든지 서명을 검증하여 서명을 작성한 사람이 누구인지를 확신할 수 있어야 서명이 유효할 수 있다. 이러한 서명의 특성은 잘 살펴보면 비대칭형 암호 방식의 공개키/개인키의 특성과 닮았다. 개인키인 복호화 키는 복호화 하는 사람만 가질 수 있다. 공개키인 암호화 키는 암호화를 행하는 누구나가 이용할 수 있지만 공개키를 이용하여 복호화를 수행할 수는 없다. 개인키를 이용하여 나만이 복호화를 할 수 있는 것은 서명에서 나만이 서명을 만들 수 있는 것과 닮았으며, 공개키를 이용하여 누구나가 암호화 할 수 있는 것은 서명에서 누구나가 서명을 확인할 수 있는 것과 닮았다. 자, 이제 좀 감이 오는가? 그렇다. 서명을 작성하는 것은 메시지를 개인키로 암호화하는 것에 해당되고 서명을 검증하는 것은 암호화된 메시지를 공개키로 복호화하는 것에 해당된다. 비대칭형 암호 방식에서 이용되는 한 쌍의 키는 하나의 키를 암호화에 이용하였다면 다른 하나의 키를 복호화에 이용하면 된다. 따라서 비대칭형 암호 방식에서 공개키와 개인키 한 쌍의 용도를 암호화 키와 복호화 키로 정하였다면 디지털 서명에서는 두 개의 키를 반대로 암호화와 복호화에 이용할 수 있다. 디지털 서명에서의 두 키의 사용은 〈표 4-4〉와 같이 비대칭형 암호 방식에서 사용할 때와 반대로 사용하면 된다.

표 4-4 비대칭 암호방식과 디지털 서명의 키 사용

	비대칭 암호 방식	디지털 서명	소유자
공개키	암호화할 때 이용	서명을 확인할 때 이용	누구나
개인키	복호화할 때 이용	서명을 생성할 때 이용	개인

디지털 서명에서 서명을 작성하고 서명을 검증할 때 '키'를 이용한다. 서명에 사용하는 키를 '서명용 키'라 하고 서명을 검증할 때 사용하는 키를 '검증용 키'라고 한다.

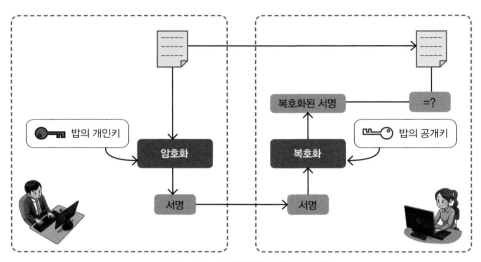

그림 4-24 디지털 서명의 작성과 검증

밥이 차용증서에 서명을 하여 앨리스에게 보내기 위해서는(그림 4-24)와 같이 다음의 절차를 따르면 된다.

1. 밥은 자신의 개인키로 차용증서를 암호화한다. 개인키를 사용하여 암호화한 암호문은 밥의 서명이 된다. 이 암호문은 밥의 개인키로 암호화하였기 때문에 밥 이외의 사람은 만들어낼 수 없다.

2. 밥은 차용증서와 서명을 앨리스에게 보낸다.

3. 앨리스는 수신한 서명(암호문)을 밥의 공개키를 이용하여 복호화한다. 수신한 서명이 밥의 개인키로 암호화된 암호문이라면 밥의 공개키를 이용하여 복호화를 할 수 있다. 만약 수신한 서명이 밥의 개인키로 만들어진 것이 아니라면 밥의 공개키로 올바르게 복호화가 되지 않는다.

4. 앨리스는 서명을 복호화해서 얻은 메시지와 밥으로부터 받은 차용증서의 내용을 비교한다. 두 개가 일치하면 복호화가 제대로 된 것이며, 이것은 그 서명을 밥이 만들어낸 것이라고 믿을 수 있다는 의미이다. 즉, 서명 검증에 성공한 것이다.

4) 해시함수

범죄 영화에서 보면 수사관은 범죄 현장에서 제일 먼저 범인의 지문 등을 채취한 후 범인이 누구인지 확정하기 위하여 채취된 지문을 이용하곤 한다. 즉 현장에 남아 있는 지문과 용의자의 지문을 비교함으로써 그 용의자가 범인인지 아닌지를 판단하는 것이다. 하지만 컴퓨터가 범죄에 많이 사용되는 요즈음의 디지털범죄 수사관은 제일 먼저 현장에 남아 있는 컴퓨터 하드디스크, 용의자의 스마트폰을 수거한 후 이 기기에서 추출한 정보를 이용해 수사를 진행한다. 추출된 정보는 이후에 정밀한 조사를 거쳐 범인에 대한 단서를 얻기 위해 사용되는데, 이러한 정밀 조사 과정 전에 추출된 정보에 대한 디지털 지문이 먼저 채취된다. 이 디지털 지문은 이 후 범죄 현장에서 수거한 기기로부터 나온 정보가 법원에서 증거로서 인정받기 위해 사용이 된다. 즉, 증거로 제출된 디지털 정보가 범죄 현장에서 수거한 디지털 정보와 동일한지가 증명되어야 법원에서 그 정보가 증거로서 채택이 될 수 있는데 이 때 디지털 지문이 사용되는 것이다. 여기서 디지털 지문에 해당하는 정보로 해시값(hash value)이 많이 사용되고 있으며 해시값을 만들기 위해서 사용하는 도구를 "암호학적 해시함수(cryptographic hash function)" 또는 간단히 "해시함수(hash function)"라고 한다.

디지털 세계에서의 모든 정보는 0 또는 1로 표현되는 비트들의 조합으로 나타낼 수 있는데 디지털 정보를 표현하기 위해 얼마나 많은 비트가 필요한지를 나타내는 값을 디지털 정보의 크기라고 한다. 그리고 해시함수는 임의의 크기를 가지는 텍스트 파일, 그림 파일, 동영상 파일 등을 포함하는 모든 종류의 디지털 정보를 입력으로 받아서 '일정한 크기'의 출력 데이터로 변환해 주는 '수학적인 함수'이며 이 때 이 출력 데이터를 입력 데이터에 대한 '해시값'이라고 한다.

해시함수는 다양한 분야에서 응용이 가능한데 이러한 응용을 가능하게 하기 위해서는 다음과 같은 특성을 가져야 한다.

1. 계산용이성: 계산용이성이란, 입력 데이터의 종류나 크기에 상관없이 그 해시값은 매우 빨리 계산될 수 있음을 의미한다.

2. 일방향성: 운전을 하다 보면 일방향 도로 표시를 만나는 경우가 있고 이 경우 운전자는 그 일방향 도로에서 한 쪽 방향으로는 통행이 가능하지만 그 반대 방향으로는 통행이 금지된다는 것을 알고 있다. 해시함수의 일방향성 역시 이와 유사한데, 임의의 입력 데이터가 주어지면 그 해시값의 계산은 매우 쉽지만(통행 가능), 반대로 임의의 해시값이 주어졌을 때 그 해시값에 대응하는 입력 데이터를 거꾸로 계산하는 것은 매우 어렵다(통행 금지)는 것을 의미한다.

3. 충돌회피성: 서로 다른 두 입력 데이터의 해시값이 동일하면 이 두 데이터는 서로 '충돌'한다고 표현한다. 그리고 충돌회피성이란 이러한 '충돌'을 인위적으로 발견하거

나 계산하는 것이 매우 어렵다는 것을 의미한다.

해시함수가 위의 세 가지 성질을 가지게 되면, 입력값이 조금만 변해도 그 해시값은 랜덤하게 변하게 된다. 이러한 사실은 (그림 4-25)에 잘 나타나 있는데, 그림에서 SHA-256이라는 해시함수에 대하여 "해시함수 예제입니다."라는 메시지와 "해시함수 예제입니다!"라는 메시지의 해시값이 보여지고 있고 이 때 메시지의 아주 작은 부분이 바뀌었는데도 불구하고 (이 예제에서는 '.'이 '!'로 바뀌었음) 그 해시값은 완전히 다른 형태로 바뀌었음을 알 수 있다.

해시함수의 이러한 성질을 이용하면 디지털 정보를 저장하거나 전송할 때 그 정보가 중간에 변조되지 않았음(이를 무결성이라고 한다)을 확인할 수 있는데 예를 들어 밥이 친구인 앨리스에게 대용량의 파일을 전송하는 상황을 생각해 보자. 이 때 파일을 전송받은 앨리스는 받은 파일이 친구가 보낸 원본 그대로라는 것을 어떻게 확인할 수 있을까? 가장 간단한 방법은 밥이 동일한 파일을 두 번 연속으로 앨리스에게 보내고 앨리스는 받은 두 파일이 같다는 것을 확인하는 것이다. 하지만 이 방법은 두 가지 면에서 문제점이 있는데, 하나는 네트워크를 이용해서 대용량의 파일을 두 번 연속 보내는 것이 상당한 시간을 필요로 하는 작업이라는 것이다. 또 다른 문제점은 전송받은 두 파일의 동일성을 검증하기 위해서는 관련 툴이 있어야 하고 툴이 있더라도 실제 검증에 많은 시간이 필요할 수 있다는 것이다. 그러나 만약 밥과 앨리스가 똑같은 해시함수를 구현한 소프트웨어를 가지고 있다고 가정하면 이러한 문제점들을 손쉽게 해결할 수 있다. 이를 위해 밥은 먼저 파일을 보내기 전에 보내고자 하는 파일의 해시값을 계산하고 파일과 그 해시값을 앨리스에게 동시에 전송을 한다. 파일을 전송받은 앨리스는 받은 파일에 대한 해시값을 다시 계산한 다음 그 값과 전송받은 해시값을 비교해서 만약 그 값들이 같으면 보내준 파일이 원본 파일임을 확신하게 되고, 만약 다르다면 그 이유는 알 수 없지만 전송 중에 어떤 형태로든 변경되었음을 알 수 있게 된다. 이렇게 해시값과 파일을 같이 전송하면 앞에서 언급한 두 가지 문제를 간단하게 해결한다는 것을 보여줄 수 있다. 먼저 해시값의 크기는 일반적으로 매우 작아서 기껏해야 몇 백 비트 정도가 된다. 따라서 해시값을 보내는 것은 그리 많은 네트워크 자원이나 전송 시간을 필요로 하지 않는다. 또한 앞에서 설명하였듯이 일반적으로 해시값의 계산은 매우 빠르기 때문에 (해시함수의 계산용이성) 해시값 계산에 의한 전체적인 연산 시간의 증가는 그리 문제가 되지 않는다. (그림 4-26)은 이 상황을 간략히 보여준다.

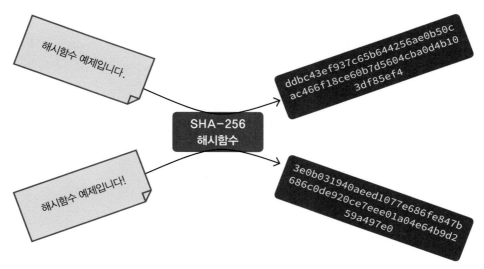

그림 4-25 해시함수 예제

지금까지 다양한 해시 함수가 개발되었는데 그 중에는 MD5(Message Digest 5), SHA-1(Secure Hash Algorithm 1), SHA-224, SHA-256, SHA-384, SHA-512 등이 있다. 그리고 (그림 4-25)는 '해시함수 예제입니다.'라는 메시지와 "해시함수 예제입니다!"라는 메시지에 대한 SHA-256 해시함수의 해시값을 16진수로 보여주고 있다.

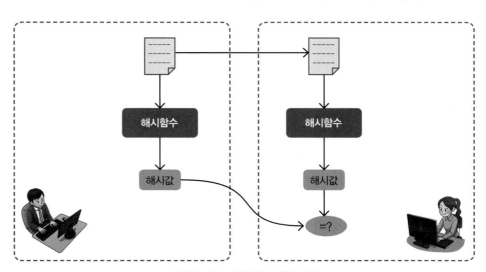

그림 4-26 파일 변조 확인 방법

해시함수는 윈도우즈, 리눅스와 같은 다중 사용자 운영체제에서 사용자 계정의 패스워드를 저장할 때도 사용된다. 다중 사용자 운영체제에 로그인하기 위해서는 일반적으로 아이디와 비밀번호를 입력해야 하는데 예전에는 로그인 정보를 저장하고 있는 특정 파일에 아이디와 비밀번호를 원본 그대로 저장한 후 사용자가 입력한 값과 비교하는 방식으로 사용자 인증이 진행되었다. 하지만 사이버 해킹 사건이 빈번하게 발생하고 이로 인해 로그인 파일에 저장된 정보가 유출되는 사건이 증가함에 따라 패스워드를 원본 그대로 저장하는 것에 대한 문제점이 지적되었다. 따라서 그에 대한 대안으로 패스워드를 원본이 아닌 해시값의 형태로 저장하는 방식이 사용되고 있다. 특히 리눅스 시스템에서는 계정에 대한 패스워드의 해시값을 shadow라는 이름의 파일에 저장하게 되는데, 이러한 shadow파일은 이 후 외부로 유출 되더라도 패스워드 자체의 유출은 방지할 수 있는데 그 이유가 바로 위에서 설명한 해시함수의 일방향성 때문이다.

4.5   정보은닉기술

첩보 영화를 보다 보면 스파이가 본인만이 알고 있는 정보를 겉으로는 아무런 관련이 없는 파일에 숨겨 놓음으로써 그 정보를 안전하게 숨기는 장면을 볼 수 있다. 또한 가끔 우리들은 지폐를 불빛에 비춰본 후 지폐의 한쪽 구석에서 보이는 이미지를 통해 그 지폐가 진짜인지를 판단하고는 한다. 이런 기술들을 일반적으로 정보은닉기술이라고 하는데 대표적으로 스테가노그라피와 워터마킹 기술이 있다. 앞 절에서 살펴본 암호학은 메시지를 다른 사람이 보더라도 그 내용을 해석하거나 알아볼 수 없게 만드는 기술인 반면 정보은닉기술은 메시지가 있다는 사실 자체를 숨기든가 아니면 메시지의 삽입 자체를 위조할 수 없게 함으로써 저작권을 보호하려는 목적 등으로 사용된다.

1) 스테가노그라피

첩보영화에서 보면 스파이가 동영상이나 노래 파일 속에 비밀 메시지를 숨기는 장면이 등장하곤 한다. '스테가노그라피(steganography)'는 이렇게 비밀 정보를 기존의 이미지 파일, 음악 파일, 동영상 파일 등에 숨겨서 전송하는 정보은닉(information hiding) 기술의 일종으로 그리스어로 감춘다는 뜻의 'stegano'와 통신한다는 뜻의 'graphos'가 결합된 단어이다.

스테가노그라피는 고대 그리스에서부터 이용되어온 것으로 알려져 있는데 그 중에서도 기원전 5세기경 그리스의 왕 히스티에우스의 사례는 매우 유명하다. 히스티에우스는 다이루스왕의 인질로 잡히게 되었는데 이 때 그는 밀레투스에 있는 그의 아들에게 비밀 편지를 보내려고 했다. 그리고 이 비밀 편지를 보냈던 방법이 바로 스테가노그라피의 일종으로, 실제로 그는 같이 생활하던 노예의 머리를 깎은 다음 두피에 비밀 편지의 내용을 문신으로 새겼다. 이 후 노예의 머리카락이 자라자 두피의 문신은 보이지 않게 되었고 이 노예를 그의 아들에게 보낼 수 있었다. 물론 밀레투스에 있는 히스티에우스의 아들은 노예의 머리를 깎은 다음 두피에 새겨진 비밀 편지의 내용을 확인할 수 있었다. 만약 노예의 두피에 비밀 편지가 문신으로 새겨져 있다는 사실을 알았다면 다이루스왕은 이 메시지가 전송되는 것을 막았겠지만 비밀 편지의 존재 자체를 몰랐기 때문에 이러한 비밀 통신이 가능했다. 이 외에도 고대 로마인들은 과일주스 등과 같은 자연원료를 이용해서 종이에 글씨를 쓰곤 했는데 이 글씨는 투명하게 보여 그 안에 어떤 메시지가 있는지 밖으로 드러나지 않았다. 그러나 그 편지에 열을 가하게 되면 메시지의 내용이 드러났기 때문에 이 방법 역시 스테가노그라피 기술의 일종이 된다. 또한 2차 세계대전 기간 중에 독일인들은 '마이크로도트'를 만들었는데 마이크로도트란 말 그대로 작은 점을 의미하고 실제로는 비밀 메시지를 매우 작은 점 하나의 크기로 축소한 것을 말한다. 이 마이크로도트를 실제 책에 있는 문자와 겹쳐 놓으면, 마이크로도트의 존재 자체를 모르거나 마이크로도트가 놓여 있는 위치를 모르는 사람은 책에 비밀 메시지가 숨겨져 있다는 것을 알아차리지 못하게 되기 때문에 마이크로도트 역시 스테가노그라피 기술의 일종이다.

스테가노그라피의 비밀 메시지가 숨겨지는 파일을 커버(cover)라고 한다. 텍스트 파일만 숨길 수 있는 것이 아니라 음악 파일, 그림 파일, 동영상 파일 등을 다른 텍스트 파일, 음악 파일, 그림 파일, 동영상 파일 등에 숨기는 것도 가능하다. 이러한 기술 중 가장 간단한 LSB 방식을 예로 들어보자. LSB란 least significant bit의 약자로 2진법으로 표시된 수의 최하위 비트를 말하며 LSB방식이란 비밀 메시지를 이진수의 최하위 비트에 숨기는 기술이다. 일반적으로 bmp, gif, jpg 같은 형식의 파일은 이미지를 '픽셀'이라고 불리는 기본 단위를 이용해서 표시하고 픽셀 각각에 색깔을 지정하여 전체 이미지를 표현한다. 그리고 일반적으로 픽셀별 색깔은 빨간색(R), 녹색(G), 파란색(B) 각각의 정도를 표시하는 3바이트 수가 지정됨으로써 표현 가능해진다. 따라서 만약 16진수로 D9, 또는 이진수로 11011001 라는 숫자를 3 픽셀로 이루어진 이미지 파일에 숨기기 위해서는 각 픽셀의 RGB를 나타내는 3바이트 숫자의 LSB를 16진수 D9를 나타내는 비트들로 바꿔 주면 가능하다. 그리고 이렇게 픽셀의 색깔을 표현하는 정보의 최하위 비트가 변화되더라도 이미지의 품질 자체는 거의 영향이 없기 때문에 메시지의 삽입 여부는 눈으로 확인이 어렵고 따라서 이미지 파일 안에 비밀 메시지를 은닉할 수 있게 된다. (그림 4-27)은 이러한 과정을 그림으로 표현한 것이다.

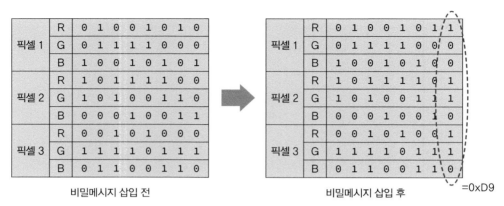

그림 4-27   LSB 방법

스테가노그라피를 구현하는 많은 툴이 있으며 그 중에서 본 절에서는 'OpenStego'라는 프리 소프트웨어를 소개하고자 한다. OpenStego는 **http://www.openstego.com**에서 다운로드가 가능하며 (그림 4-28)은 OpenStego 홈페이지를 보여준다.

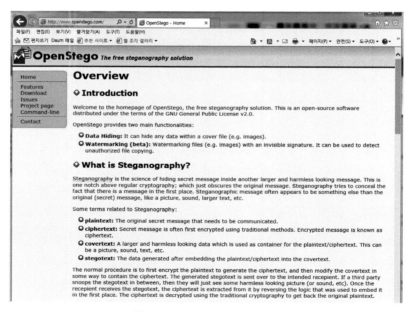

그림 4-28   OpenStego 홈페이지

다운로드한 파일을 실행하여 OpenStego를 설치한 후 실행하면 (그림 4-29)와 같은 화면이 나타난다.

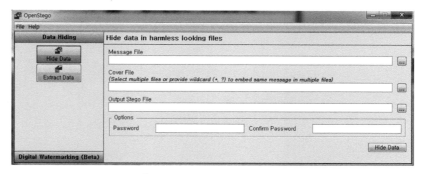

그림 4-29 OpenStego 실행 화면

OpenStego를 사용하기 위해서는 먼저 숨기고자 하는 메시지 파일과 이 메시지를 숨기는 커버 파일을 준비해야 한다. 그리고 나서 OpenStego 화면에서 'Hide Data' 메뉴를 선택한 후 'Message File' 항목에 숨기고자 하는 메시지 파일을 지정하고 'Cover File' 항목에는 커버 파일을 지정한다. 마지막으로 'Output Stego File' 항목에 결과 파일의 이름을 지정하고 'Hide Data'를 클릭하면 스테가노그라피 적용이 완료된다. (그림 4-30)과 (그림 4-31)은 스테가노그라피가 적용되기 전의 그림 파일과 '스테카노그라피 적용 예제'라는 텍스트 파일을 숨긴 후의 그림 파일을 각각 보여주는 데 두 그림의 차이를 눈으로 식별하기는 쉽지 않음을 알 수 있다.

그림 4-30 스테가노그라피 적용 전 사진

그림 4-31 스테가노그라피 적용 후 사진

메시지가 숨겨진 커버 파일로부터 메시지를 추출하기 위해서는 OpenStego의 'Extract Data'를 선택한다. (그림 4-32)는 OpenStego의 메시지 추출 화면을 보여준다.

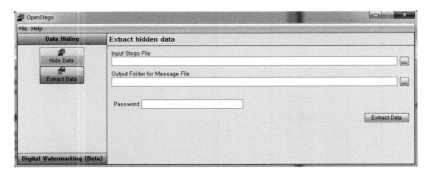

그림 4-32 OpenStego 메시지 추출 화면

(그림 4-32)에서 'Input Stego File'은 스테가노그라피가 적용된 파일을, 'Output Folder for Message File'에는 추출된 메시지를 저장할 폴더를 지정하고 'Extract Data'를 클릭하면 해당 비밀 메시지 파일을 추출할 수 있다.

2) 디지털 워터마킹

워터마킹이란 사진이나 동영상 같은 각종 미디어 데이터에 저작권 정보 등의 비밀 정보를 삽입하여 관리하는 기술을 말한다. 워터마킹이란 용어는, 지폐의 제작과정 중에 지폐가 젖어있는 상태에서 특정 그림을 삽입하고, 이를 말리는 기술에서 유래하였다. 이렇게 그림을 삽입하면 인쇄 이후에 지폐를 불빛에 비춰 보았을 때 그 그림이 보이게 되고 이를 통해 지폐의 위조 여부를 가릴 수 있게 된다. 디지털 워터마킹은 컴퓨터와 네트워크의 발달과 함께 디지털 콘텐츠가 불법적으로 복제될 가능성이 커지고 이로 인해 콘텐츠를 만든 저작권자의 정당한 권리가 침해되는 문제를 해결하기 위하여 고전적인 워터마킹 기술을 디지털 데이터에 적용한 기술을 의미한다.

그렇다면 스테가노그라피와 워터마킹의 차이는 무엇일까? 먼저 스테가노그라피에서는 메시지가 숨겨져 있다는 사실 자체가 비밀로 취급된다. 그러나 워터마킹은 디지털 콘텐츠의 불법적인 복제를 막고 지적재산권을 보호하기 위해 사용되는 기술이기 때문에 관련 저작권 정보가 디지털 콘텐츠 안에 숨겨져 있다는 사실 자체는 비밀로 취급하지는 않을 수 있지만 대신에 제3자가 관련 지적재산권 정보를 훼손되거나 무단 복제하는 것을 방지하는 것을 주목적으로 한다.

디지털 워터마킹은 디지털 콘텐츠의 불법적인 복제나 배포로부터 소유권을 증명할 수 있고 워터마크를 제거하거나 위조 또는 변경하려는 공격 등으로부터 그 기능을 효과적으로 발휘할 수 있어야하기 때문에 일반적으로 '비가시성'과 '강인성' 등과 같은 특성을 만족해야 한다. 먼저 비가시성이란 디지털 워터마크가 삽입된 후에도 원본 콘텐츠의 품질이 저하되지 않아야 함을 의미한다. 그리고 강인성은 워터마크가 삽입된 디지털 콘텐츠에 대하여 제3자가 다양한 변형을 가하더라도 해당 워터마크 정보가 손실되거나 훼손되지 않아야 한다는 특성이다.

워터마킹을 경험해 볼 수 있는 방법은 2가지가 있다. 먼저 상용 워드 프로세서는 출력물에 대한 고전적인 워터마크 인쇄 기능을 제공하는 경우가 있는데, 가령 많이 사용되고 있는 한글 프로그램에서 출력물에 대해 워터마크를 제공하고 싶으면 [파일] → [인쇄] 버튼을 클릭하고 해당 인쇄 화면에서 '워터마크' 탭을 클릭하면 된다. 이 경우 워터마크를 삽입하는 방법은 글자로 된 워터마크와 그림으로 된 워터마크가 있으며 (그림 4-33)은 워터마크를 삽입할 수 있는 인쇄 화면을 보여준다.

그림 4-33 출력물에 워터마크를 삽입하는 화면

또 다른 방법으로는 디지털 워터마킹을 임의의 파일에 삽입하는 방법이 있는데 앞 절에서 설명한 OpenStego는 이러한 디지털 워터마크 삽입 기능 역시 제공한다. (그림 4-34)는 이러한 OpenStego의 디지털 워터마크 삽입 기능을 보여주는 화면이다.

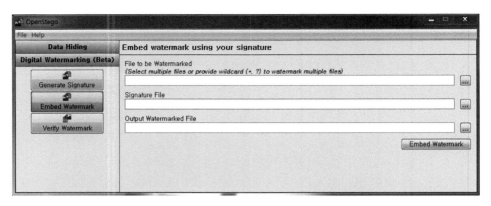

그림 4-34 OpenStego의 디지털 워터마크 삽입 화면

【 ○/× 문제 】

※ 다음 문장이 옳으면 ○, 그렇지 않으면 ×를 표시하라.

01. 평문을 암호문으로 바꾸는 것을 암호화라 한다.

02. 암호 알고리즘이 안전하기 위해서는 알고리즘이 비밀이어야 한다.

03. 전치암호는 암호화할 때 메시지의 문자 위치를 바꾸는 암호방식이다.

04. 공개되어 있는 암호 알고리즘은 비밀 알고리즘보다 안전하지 않다.

05. 다중 치환암호에서는 하나의 평문 글자에 하나의 암호문 글자가 대응된다.

06. 대칭형 암호 방식에서는 암호화할 때와 복호화할 때 같은 키를 사용한다.

07. 오늘날 대칭형 암호 방식은 키를 미리 나누어 가져야 하는 불편 때문에 잘 이용되지 않는다.

08. 비대칭형 암호방식으로 암호화할 때 수신자의 공개키가 필요하다.

09. 비대칭형 암호 방식을 비밀키 암호라고도 한다.

10. 공개키 암호의 암호화 속도는 대칭 암호의 암호화 속도보다 빠르다.

11. 하이브리드 암호에서는 대칭형 암호 방식을 써서 평문을 암호화한다.

12. 하이브리드 암호에서는 비대칭형 암호방식의 개인키를 써서 대칭 암호의 키를 암호화한다.

13. 디지털 서명은 대칭형 암호 방식을 이용하여 구현한다.

14. 비대칭형 암호방식의 암호화 키가 디지털 서명에서는 서명을 작성할 때 사용된다

15. 해시값의 길이는 해시함수별로 고정된 값을 가진다.

16. 동일한 해시함수에 대해서 동일한 메시지에 대한 해시값은 변할 수 있다.

17. 리눅스 시스템의 shadow화일에 저장되는 값은 패스워드의 해시값이다.

18. 디지털 워터마킹 기술의 특성 중에서 강인성이란 디지털 워터마크가 삽입된 후에도 원본 콘텐츠의 품질이 저하되지 않아야 함을 의미한다.

19. 한글 프로그램은 워터마크를 삽입하는 기능을 제공한다.

【 객관식 문제 】

01. 암호에 대한 다음 설명 중 잘못된 것은?

❶ 암호화를 위해 사용하는 키는 안전하게 보관해야 한다.

❷ 암호화 키와 복호화 키는 다를 수 있다.

❸ 암호화하기 전의 데이터를 평문이라고 한다.

❹ 암호기술은 1차 세계대전이후부터 사용되기 시작하였다.

02. 시저암호의 키 값은 무엇인가?

❶ 2   ❷ 3   ❸ 4   ❹ 5

03. 다음 중 다중치환암호에 해당하는 것은?

❶ 비즈네르 암호   ❷ 시저 암호   ❸ 스키테일 암호   ❹ 악보암호

04. 영문자중 통계적으로 출현빈도가 가장 높은 문자는 무엇인가?

❶ a   ❷ o   ❸ e   ❹ t

05. 독일의 암호체계를 해독하기 위해 튜링이 제안한 아이디어를 바탕으로 제작된 전자식 해독기를 무엇이라고 하는가?

❶ 이니그마   ❷ 콜로수스   ❸ 블레츨레이   ❹ 셸비우스

06. 100명의 참여자가 RSA를 이용한 암호통신을 하려고 한다. 이 때 각 참여자가 관리해야 하는 키는 몇 개인가?

❶ 2   ❷ 100   ❸ 200   ❹ 4950

07. 디지털 서명에서 서명을 확인할 때 필요한 키는 무엇인가?

❶ 서명자의 공개키   ❷ 서명자의 개인키
❸ 검증자의 공개키   ❹ 검증자의 개인키

08. 해시값이 주어진 경우 그 해시값에 대응하는 입력 데이터를 계산하는 것은 매우 어렵다는 해시함수의 특성을 무엇이라고 하는가?

❶ 일방향성   ❷ 충돌회피성   ❸ 계산용이성   ❹ 무결성

09. 다음 중 해시함수에 해당하는 것은?

❶ MAC   ❷ DES   ❸ MD5   ❹ AES

10. RSA에 대한 설명 중 잘못된 것은?

❶ 두 개의 큰 소수를 사용한다.

❷ N과 E를 공개키로 사용한다.

❸ 대칭형 암호방식이다.

❹ 디지털 서명에 사용할 수 있다.

【 주관식 문제 】

01. 암호와 패스워드의 차이점에 대하여 기술하라.

02. 전치암호와 치환암호에 대하여 설명하라.

03. 대칭형 암호 방식의 문제점을 비대칭형 암호 방식이 어떻게 해결하는지 설명하라.

04. 디지털 서명이 이용되는 곳에 대하여 아는 대로 써라.

05. 스테가노그라피 기술과 암호 기술의 차이점을 기술하라.

06. 스테가노그라피와 워터마킹의 차이점을 기술하라.

C H A P T E R

05

사이버 생활 보안

필자는 오전에 출근을 하면 컴퓨터를 켜고 이메일을 확인한다. 하루 동안 나에게 온 이 메일들을 일일이 확인하고 나서 업무를 위하여 컴퓨터를 이용한다. 친구에게 돈을 이체할 일이 생기면 은행을 가는 대신 인터넷 뱅킹을 이용하여 송금을 한다. 자리에 앉아서 클릭 몇 번으로 편하게 송금을 할 수 있기 때문에 필자는 인터넷 뱅킹을 자주 이용하곤 한다. 가끔은 인터넷 쇼핑도 즐긴다. 시장을 보러 대형 할인점이나 시장을 가는 대신 인 터넷 쇼핑몰에서 장을 보기도 한다. 역시 클릭 몇 번으로 오고 가는 시간도 절약할 수 있고 무거운 짐을 들고 다녀야 하는 번거로움에서도 해방될 수 있다. 인터넷으로 인하여, 그리고 인터넷을 이용한 다양한 응용 분야들의 발전으로 인하여 편리한 삶을 살아 가게 되었다. 그러나 인터넷은 이러한 편리함 뒤에 불편함도 또한 제공한다. 이메일을 확인하면서 전혀 모르는 사람으로부터의 메일을 받아보기도 한다. 수없이 쏟아져 들어 오는 받고 싶지 않은 광고 메일도 받는다. 때때로 개인정보 유출에 관한 뉴스를 들으며 인터넷 뱅킹이나 인터넷 쇼핑을 이용할 때 혹시라도 내 개인정보나 나의 계좌정보들을 누군가가 보고 있는 것은 아닌가 걱정이 되기도 한다. 이 장에서는 인터넷이 안겨준 편 리한 응용 분야들과 응용 분야들 사이에서 나타나는 여러 보안 관련 문제점들에 대응 할 수 있는 방안들에 대하여 소개한다.

5.1   이메일 안전하게 사용하기

이메일은 현대인들에게 중요한 하나의 필수품이 되었다. 우리는 매일 아침 회사에서 또 는 집에서 잠자는 동안 도착한 이메일을 확인하는 것으로 하루를 시작한다. 매일 아침 도착하는 많은 이메일 내용을 확인하는 것은 중요한 일과이다. 그러나 독자 여러분도 한번쯤은 광고메일 등을 확인하느라 시간을 허비해본 적이 있을 것이다. 매일 아침 이메일 내용을 확인하고 필요한 이메일과 그렇지 않은 이메일을 구분하는데 많은 시간을 할애하는 경우도 있을 것이다. 어떤 경우에는 메일 제목만 읽고는 친구에게 온 편지인 줄 알고 첨부되어 온 파일을 열어보았다가 바이러스에 감염되어 컴퓨터가 망가지는 경험을 해 본 사람도 있을 것이다. 이메일은 사용하는 사람들 사이에 빠르고 편리하게 소식을 전달할 수 있다는 점에서 매우 편리한 도구이지만 다른 모든 도구와 마찬가지로 부정적인 측면을 무시할 수 없다. 이메일을 좀 더 안전하게 이용할 수 있는 방법에 대하여 알아보자.

1) 이메일에 대한 이해

안전하게 이메일을 이용하는 방법을 알아보기 전에 우리가 주고받는 이메일은 어떻게 전송되는지 먼저 알아보자. 대부분의 사람들은 컴퓨터에서 작성한 이메일을 상대방에게 전송하면 상대방은 컴퓨터를 이용하여 이메일을 직접 받고 메일을 확인한다고 생각할 것이다. 그러나 개인의 컴퓨터는 이메일을 주고받을 때 이메일을 전송하고 수신하는 일을 하는 것이 아니라 메일을 쓰거나 메일을 읽는 도구로 이용된다. 이메일의 전송과 수신에 관한 일은 메일 서버에 의해서 이루어지게 된다. 그렇다면 메일 서버란 무엇인지부터 알아야겠다. A라는 사람이 이메일을 사용하려면 이메일 주소가 있어야 한다. 이메일 주소를 얻으려면 이를 제공하는 어느 기관(혹은 회사)에 등록을 해야 한다. 예로 'hong'이라는 아이디로 다음(daum)에 등록했다면 'hong@daum.net'라는 이메일 주소를 얻게 될 것이다. daum은 daum에 등록한 사용자들의 이메일을 관리할 메일 서버를 운영한다. 만약 사용자 A가 사용자 B에게 이메일을 보낸다면, 그 메일은 사용자 A의 컴퓨터에서 사용자 A의 메일 서버로 전송이 된다. 그 다음 사용자 A의 메일 서버는 사용자 B가 사용하는 메일 서버로 메일을 전송한다. 사용자 B가 메일 확인을 위해 컴퓨터에서 아웃룩이나 아웃룩 익스프레스를 구동하면 사용자 B의 서버에 저장되어 있던 메일이 사용자 B의 컴퓨터로 전송된다. 즉, 사용자의 컴퓨터와 컴퓨터에 설치되어 있는 아웃룩과 같은 이메일 클라이언트 프로그램은 메일을 작성하거나, 메일 서버에 저장되어 있는 메일을 확인할 수 있도록 도와주는 역할을 하게 된다.

이메일을 이용하는 방식에는 두 가지 방식이 있다. 특정한 메일 관련 프로그램을 이용하여 이메일을 작성하고 전송하는 이메일 클라이언트 프로그램 방식과 웹 브라우저 상에서 이메일을 이용하는 웹 메일 방식이 있다. 두 가지 방식의 메일 전송 방식은 모두 (그림 5-1)과 같고 단지 이메일을 이용하는 방법에만 차이가 있게 된다.

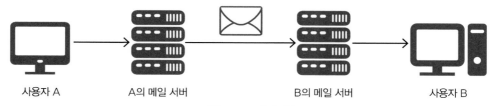

그림 5-1   메일 전송

(1) 이메일 클라이언트 프로그램 방식

이메일 클라이언트 프로그램 방식은 '아웃룩(Outlook)'이나 '아웃룩 익스프레스(out-look express)'와 같은 이메일을 위한 전용 프로그램을 이용하여 이메일을 송·수신하는 방식이다. 이 방식은 집에서 쓴 편지를 우체통에 넣으면 우체부 아저씨가 편지를 수거하여 우체국으로 가져가고, 자신에게 온 편지는 우체부 아저씨가 집까지 배달해주는 방식이라고 할 수 있다. 즉, 서버에 각자의 우편함을 두고 사용자 메시지를 저장한 다음, 개인용 컴퓨터의 이메일 클라이언트 프로그램이 주기적으로 서버에 접속하여 이메일을 다운로드하는 방식으로 운영된다. 이메일 클라이언트 프로그램은 메일 서버에 있는 내 편지를 나의 이메일 프로그램으로 가져올 때 일반적으로 "POP3(Post Office Protocol 3)"라는 전송 프로토콜을 이용하고, 내가 쓴 편지를 메일 서버에 전달할 때에는 'SMTP(Simple Mail Transfer Protocol)'라는 전송 프로토콜을 이용한다.

그림 5-2   아웃룩 화면

이메일 클라이언트 프로그램 방식은 사용자의 컴퓨터에 프로그램을 설치한 뒤 사용자가 메일 계정을 등록해두고 프로그램을 통하여 이메일을 확인하는 방식이다. 뒤에 소개할 웹 메일 방식과는 달리 메일 확인을 위하여 매번 서버를 방문하고 로그인 절차를 밟을 필요가 없다. 이 방식은 웹 브라우저가 웹 프로그램을 지원하지 못하던 시절 개인용 컴퓨터에서 이메일을 송수신할 수 있는 편리한 도구로 이용되었으며 현재에는 개인용 컴퓨터에 설치되어 동작하는 응용 프로그램으로써 다양한 메일 전용 기능을 제공하고 있다. 이메일 클라이언트 프로그램 방식은 받은 편지들이 메일 서버에서 내 컴퓨터로 복사되어 저장된다. 따라서 컴퓨터를 공유해서 사용해야 하는 상황에서는 다른 사람에게 자신이 송수신한 메일이 노출되는 보안상의 문제를 가지고 있다. 또한 여러 대의 컴퓨터를 사용하여 메일을 확인할 경우에는 다소 복잡한 초기 설정을 컴퓨터마다 다시 하여야 하며, 메일이 여러 컴퓨터에 분산되어 저장되므로 관리하기가 나쁘다는 단점이 있다. 이메일 클라이언트 프로그램 방식은 전용 개인 컴퓨터나 개인 컴퓨터상에 보안이 유지되는 자신의 계정을 가지고 있는 경우에 안심하고 편리하게 사용할 수 있는 방식이다.

(2) 웹 메일 방식

웹 메일 방식이란 이메일을 이용하기 위해 특정한 프로그램을 이용하는 것이 아니라 해당 홈페이지에 방문하여 웹 브라우저를 이용하여 이메일을 읽거나 쓰는 방식을 말한다. 이 방식은 자신에게 온 편지를 해당 지역의 우체국에 가서 직접 가져오는 방식이라고 할 수 있다. 사용자는 웹 메일 서비스를 제공하는 웹서버에 접속한 후 (그림 5-3)과 같이 로그인 절차를 거쳐 자신의 메일 계정으로 연결한다. 그리고 웹서버가 제공하는 메일 관련 웹 프로그램을 통해 자신의 메일을 작성하거나 확인하는 일을 수행한다.

그림 5-3 웹 메일 로그인화면

웹 메일을 통해 수신된 메일이나 발송한 메일은 웹 서버의 사용자 계정에 저장된다. 인터넷을 통하여 이메일을 확인할 수 있기 때문에 내가 어느 장소에 있든지 해당 홈페이지를 방문하면 언제든지 메일을 읽고 쓸 수 있다. 그러나 웹 메일은 웹 서버에서 여러 사람의 송수신 메일을 동시에 관리하고 여러 사람의 메일이 동일한 장소에 저장되기 때문에 저장 공간의 한계를 가지게 된다. 또한 동일한 컴퓨터를 사용하는 환경에서도 메일을 확인하기 위해 매번 로그인해야 하는 번거로움이 있다.

2) 스팸 메일로부터 탈출하기

이메일은 기존의 우편 시스템과 달리 보낸 즉시 상대방이 받을 수도 있다. 아무리 거리가 멀어도 몇 초만 기다리면 이메일을 주고받을 수 있다. 같은 내용의 편지를 여러 사람들에게 간단히 보낼 수도 있다. 이러한 이메일의 커다란 장점으로 인하여 많은 사람들은 우표를 붙이는 편지를 이메일로 대신하여 보내거나 받고 있다. 그러나 이메일은 단순히 아는 사람들끼리 편지를 주고받는 곳에만 쓰이지 않는다. 이메일을 이용하면서 가장 불편한 골칫거리 중 하나는 누구나가 한번쯤은 받아본 광고성 메일인 '스팸 메일'일 것이다. '스팸 메일(spam mail)' 이란 불특정한 다수의 사람들에게 홍보하고자 하는 내용을 담고 있는 광고성 메일, 또는 받기를 원치 않는 메일을 가리킨다. 스팸 메일은 정크메일(junk mail), 벌크메일(bulk mail)이라고도 한다. 이러한 광고성 메일에 스팸(SPAM - 모 회사의 맛있는 햄 이름과 같다)이라는 단어가 쓰이게 된 유래는 두 가지가 있다. 첫 번째 유래는 영국의 코미디 프로에서부터이다. 어느 식당 메뉴의 거의 모든 음식 이름에 스팸 이름이 포함되어 있고, 종업원은 손님들에게 "스팸 스팸 스팸 좋은 스팸" 이라고 합창을 반복해서 다른 소리가 안 들리게 하였다. 이 코미디 프로에서 "스팸이라는 말을 지나칠 정도로 사용함으로써 다른 이야기를 못 들리게 한다. 원하지 않는데 듣게 한다" 라는 뜻으로 유래되어 지금도 받기를 원치 않은 메일을 스팸 메일이라고 한다. 또 하나의 유래로, '스팸'은 미국의 'Hormel Foods 사'에서 만든 '깡통에 든 햄'으로 '햄(Ham)'의 대명사이다. 이 회사는 '스팸'을 홍보하기 위하여 모든 역량을 광고에 집중하여, 신문마다 스팸에 관한 광고지를 삽입하고 TV마다 햄 광고를 하였다. 사람들은 원하지 않는 광고지를 매일 받고 TV를 통해 보면서 '스팸'에 대한 공해에 시달리게 되었고 그래서 일반적으로 엄청난 광고로 인한 공해를 스팸이라는 말로 표현하기도 한다.

일반적으로 광고를 하기 위해서 TV 광고나 라디오 또는 신문 광고를 이용할 경우에는 비싼 돈을 지불해야 한다. 일반 우편 광고도 우표 값을 지불해야 한다. 그러나 이메일로 광고를 할 경우에는 거의 돈을 들이지 않고 광고를 할 수 있다. 광고를 하고자 하는 사람들은 이메일을 보낼 수 있는 서버와 네트워크에 연결된 컴퓨터만 있으면 된다. 광고

주들은 단지 이메일을 받을 사람들의 주소를 알아내기 위한 노력만 기울이면 되고 받는 사람의 주소가 얻어지면 적은 비용으로 큰 광고 효과를 기대할 수 있다. 그럼 광고주들은 우리의 이메일 주소를 어떻게 알아낼까? 대부분의 사람들은 웹서핑을 하면서 자신의 이메일 주소를 별다른 의심 없이 여러 사이트에 등록하기 때문에 거의 모든 사람들의 이메일 주소가 인터넷 어딘가에는 존재한다. 광고주들은 인터넷상에 흩어져 있는 이메일 주소를 자동적으로 검색해서 모아주는 '이메일 주소 수집기'라는 프로그램을 통하여 이메일을 수집할 수 있다. 또는 이메일 주소 수집을 목적으로 하는 웹사이트들도 존재하여 이 웹사이트가 불특정 다수의 이메일 주소를 수집하고 이를 광고주에게 판매하는 경우도 있다. 이메일 주소가 수집되고 나면 "자동 이메일 발송기" 프로그램을 이용해서 수집된 이메일 주소로 이메일을 자동으로 발송한다. 받는 사람이 이메일의 수신을 원하든 원하지 않던 말이다.

지긋지긋한 스팸 메일로부터 탈출하기 위해서는 스팸 메일로 생각되는 메일을 내 메일함으로 들어오지 못하도록 차단하는 것이 가장 좋은 방법이다. 스팸 메일을 차단하는 첫 번째 방법은 이메일 필터링이다. 이메일 필터링이란 정보 이용자가 원하지 않는 메일을 걸러내는 일 또는 그런 기능이나 과정을 말한다. 공사현장에서 모래 속의 굵은 돌을 골라내기 위해 모래를 체에 걸러내는 것처럼, 이메일을 걸러내는 체를 통해 스팸 메일이라고 생각되는 이메일을 솎아내는 것을 의미한다. 이때 걸러내는 체는 잘 선택해야 한다. 만약 너무 작은 구멍의 체를 이용하였을 경우 모래마저도 걸러질 수 있으며 너무 큰 구멍의 체를 이용할 경우에는 대부분의 돌멩이들이 걸러지지 않을 수도 있기 때문이다. 이메일 필터링도 이와 마찬가지로 필터링 규칙을 잘못 설정하였을 경우에는 중요한 메일을 못 받을 수 있거나 반대로 광고메일이 제대로 걸러지지 않을 수도 있기 때문에 필터링 규칙을 정할 때에는 신중해야 한다.

이메일 필터링을 하는 방법은 이메일 클라이언트 프로그램의 필터링 기능을 이용하는 방법과 전문적인 필터링 프로그램을 사용하는 방법이 있다. 웹 메일의 경우에는 대부분 메일 서비스를 제공하는 서버에 자체적으로 스팸 메일을 필터링 하는 기능이 있다. 웹 메일의 경우는 서버마다 설정하는 방법이 조금씩 다르기 때문에 자세한 내용은 이 책에서 다루지 않는다. 그러나 스팸 메일을 필터링 하는 방법은 비슷하기 때문에 이 책에서는 대표적으로 아웃룩에서의 메일 필터링 방법에 대해서 알아보도록 한다. 아웃룩에서 메일을 필터링하는 방법은 아주 간단하다. 수신되는 메일의 내용이나 제목을 '규칙'이라는 메뉴를 이용하여 검사해서 특정 단어가 들어가 있는 것은 수신되지 않도록 하면 된다. 만약, "[광고]"라는 단어가 제목에 들어 있는 메일을 걸러내어 삭제하고 싶다면 다음과 같은 단계로 진행하면 된다.

1. (그림 5-4)와 같이 아웃룩의 홈 메뉴 중 [규칙] → [규칙 및 알림 관리(L)]를 클릭한다.

그림 5-4 메시지 규칙 설정

2. (그림 5-5)의 규칙 및 알림 창에서 [새 규칙(N)]을 클릭하면 (그림 5-6)과 같은 [규칙 마법사] 창이 뜬다. 그리고 규칙 마법사 창에서 [다음]을 클릭하게 되면 "어떤 조건을 선택하시겠습니까?", "메시지로 무엇을 하시겠습니까?", "예외 항목이 있습니까?"에 대한 화면이 차례로 등장한다. "어떤 조건을 선택하시겠습니까?"에서는 어떤 조건에 해당하는 메일을 대상으로 할 것인지를 결정하고, "메시지로 무엇을 하시겠습니까?"에서는 대상이 되는 메일들을 어떻게 처리할 것인지를 지정할 수 있다. 그리고 "예외 항목이 있습니까?"에서는 설정한 규칙의 예외 사항을 지정할 수 있다.

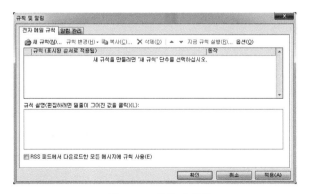

그림 5-5 규칙 및 알림

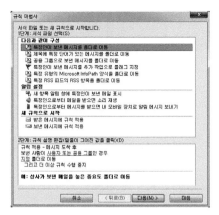

그림 5-6 규칙 마법사

3. 이제 제목에 '[광고]'라는 문구가 들어 있는 메일이 도착할 경우 바로 삭제하는 규칙을 만들어 보자. 먼저 규칙 마법사의 "어떤 조건을 확인하시겠습니까?"의 "1단계: 조건 선택"에서 [제목에 지정 단어이(가) 포함된 경우]를 선택하고 "2단계: 규칙 설명 편집"에서 '지정 단어'를 클릭하면 (그림 5-7)처럼 단어를 추가할 수 있는 창이 뜨게 된다. 그리고 이 창에 '[광고]'를 입력한 후 추가 버튼을 클릭한다.

그림 5-7 특정단어 입력

4. 규칙 마법사의 [다음]을 클릭하면 "메시지로 무엇을 하시겠습니까?"가 나타나는데 이 때 "1단계: 동작 선택"에서 [삭제]를 선택한다. 만약 잘못된 필터링으로 중요한 메일이

삭제되지 않을까 걱정된다면, [지정 폴더로 이동]이나 [지정 폴더에 복사본 이동]을 선택하면 된다. 이 경우, 스팸 메일은 삭제되지 않고 지정된 폴더로 이동되거나 복사된다.

그림 5-8 메시지로 무엇을 하시겠습니까?

5. 마지막으로 "예외 항목이 있습니까?"에 대한 설정이 완료되면 (그림 5-9)와 같이 "3단계: 규칙 설명 검토" 항목에서 선택한 조건 및 동작을 확인할 수 있다. "1단계: 규칙 이름 지정"은 이메일을 필터링하는 규칙을 여러 개 만드는 경우 각 규칙을 구별하는 규칙의 이름을 지정하기 위해 사용된다.

그림 5-9 규칙 설명 검토

현재 '정보통신망 이용촉진 및 정보보호 등에 관한 법률'에 보면 메일 제목의 첫 부분에 '광고'라는 단어를, 마지막에는 '@' 기호를 넣도록 의무화되어 있다. 또한 본문에는 수신

거부 의사를 표시할 수 있는 버튼을 포함하도록 하고 있다. 그러나 이를 지키는 스팸 메일은 거의 없을 것이다. 경우에 따라서는 수신거부 버튼이 수신거부 요청을 받아들이기 위한 것이기 보다는 실제로 이메일 주소가 이용되고 있는지, 수신자가 메일을 읽었는지의 여부를 확인하는 수단으로 이용되는 경우도 있기 때문에 거부 의사 버튼을 누른다 하더라도 거부가 되지 않을 수도 있다. "따라서 스팸에서 많이 사용되는 단어들을 수집한 후, 규칙의 조건에 "본문에 지정 단어이(가) 포함된 경우"를 선택하여 이러한 단어들을 포함시키면 보다 강도 높은 필터링을 할 수 있다."

아웃룩 내에서 제공하는 기능을 이용하여 스팸 메일을 걸러내는 방법 이외에 전문적인 필터링 프로그램을 이용할 수도 있다. 다양한 스팸 차단 프로그램이 있는데 그 중 무료로 사용가능한 스팸 메일 필터링 프로그램인 SpamPal에 대하여 소개한다. SpamPal 프로그램은 메일 필터링 프로그램으로 이메일 클라이언트가 메일 계정으로부터 받는 메일이 스팸 메일인지를 구분해 주고 스팸 메일을 차단시켜 주는 기능을 가지고 있는 프로그램이다. SpamPal 프로그램을 설치하면 트레이 영역에 (그림 5-10)과 같이 분홍색 우산 아이콘이 생긴다.

그림 5-10 SpamPal 프로그램

(그림 5-11)은 스팸 메일을 걸러내기 위한 옵션을 지정해 주는 곳이다. [SpamPal Detection] 항목에서는 세 개의 리스트를 설정할 수 있다. 이 옵션은 이메일 중에서 스팸 메일로 분류해야 할 이메일과 그렇지 않은 메일로 분류할 수 있도록 그 리스트를 작성하는 곳이다.

화이트리스트(white list)는 스패머로 걸러지면 안 되는 믿을 수 있는 이메일 주소를 지정해 두는 리스트이고, 블랙리스트(black list)는 반대로 스패머들을 등록해 두는 곳이다. 마지막 무시 리스트(ignore list)로는 스팸으로 여기지는 않으나 화이트 리스트에도 넣지 않는 목록들을 지정하면 된다. 각각의 리스트들은 이메일 주소 뿐 아니라 IP 주소나 도메인 등을 기준으로 설정할 수 있다.

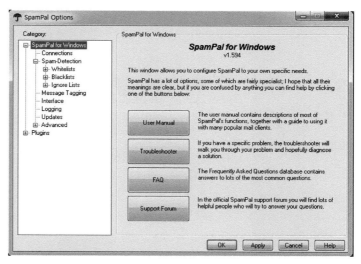

그림 5-11 SpamPal Options의 리스트 목록

(그림 5-12)와 같이 Message Tagging에서 스팸으로 의심되는 메일의 제목에 메시지를 추가하도록 설정할 수 있다. 여기서는 "**SPAM**"으로 설정되어 있다. SpamPal 프로그램을 통해서 걸러지는 메일들 중 스팸으로 의심되는 메일에 대해서는 (그림 5-13)과 같이 메일의 제목에 '**SPAM**'이라는 단어가 들어가 있음을 확인할 수 있다.

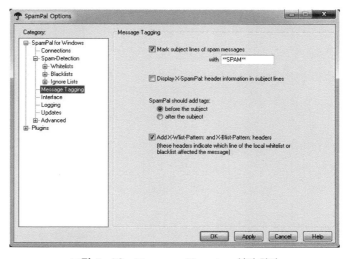

그림 5-12 Message Tagging 설정 화면

!	0	▽	보낸 사람	제목
			한국정보처리학회	제2회 정보통신분야학회 합동학술대회 논문모집 안내
			정보통신연구진흥원	[찾아가는 ITFIND] 주간기술동향 제1369호
			한국정보처리학회	ICACT2009 논문모집 연장 안내
	0		전산교수	제18회 CPQ(컴퓨터 프로그래머 자격) 시험 시행 안내
			트러스빌 관리자	[세금계산서](사)한국RFID/USN협회로 부터 세금계산서가 발급되었...
			정보통신연구진흥원	[ITFIND 메일진] 제368호 - [통집] IT 융합 산업 전망 등
			심영보	** SPAM ** **SPAM ORDB 119.42.184.68** [특성화콘텐츠] "운영...
			정보통신연구진흥원	[ITFIND 메일진] 제368호 - [특집] IT 융합 산업 전망 등
			neojith@karus.or.kr	[자료 다운로드 안내]2008 RFID/USN보안 컨퍼런스
			한국산업기술평가원	2009년도 지역혁신센터(RIC) 성과활용사업 선정 공고

그림 5-13 메시지 제목에 "**SPAM**" 추가됨

필터링 결과는 (그림 5-14)와 같이 날짜별로 알려주며 총 받은 메일의 수, 스팸 메일, 패스된 메일, 화이트리스트 등의 결과를 표시해준다. 그러나 100% 정확한 스팸 필터링은 어려우며 스팸 메일 확인 후 정상적인 메일인지의 여부를 확인하여 정상 메일로 확인될 경우에는 해당 메일 발송자를 화이트리스트에 추가함으로써 오류를 처리할 수 있다.

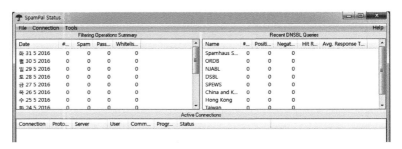

그림 5-14 SpamPal 통계 화면

스팸 메일을 더 이상 받지 않도록 하는 또 다른 방법은 '수신거부'를 통하여 스팸 메일 발신자에게 수신거부 의사를 밝히는 것이다. 메일 내에 수신 거부 메뉴가 설치되어 있는 스팸 메일은 그것을 선택하여 수신거부 의사를 밝힌다. 수신거부 메뉴가 없을 경우에는 '메일헤더' 정보에 있는 발송 경로를 파악하여 발신자에게 수신거부의사를 전달할 수 있다. 메일 헤더는 메일이 전달될 때 메시지, 제목 등과 함께 따라오는 부가적인 정보로 메일이 어떤 경로를 통하여 들어왔는지에 대한 정보가 들어있다. "아웃룩을 사용하는 경우에는 헤더를 보고자 하는 메일을 더블 클릭한 후 [파일] → [정보] → [속성]을 차례대로 선택하면 (그림 5-15)와 같이 헤더를 볼 수 있다. 기타 웹 메일의 경우에는 각 웹 메일에서 제공하는 [원문보기] 또는 [메일 헤더보기] 메뉴를 선택하면 된다. 아웃룩의 헤더를 살펴보면 메일 헤더의 "Received" 부분에 직접 메일을 보낸 발송 서버 및 발송자 이메일 주소가 들어 있음을 알 수 있다."

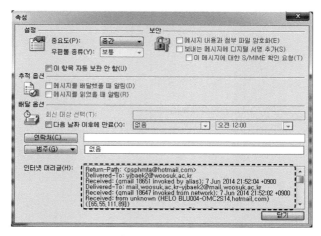

그림 5-15 이메일 헤더

지금까지 스팸 메일이 무엇이고 스팸 메일을 필터링하기 위한 방법에 대하여 이야기하였다. 스팸 메일 방지를 위하여 "불법 스팸 대응센터"에서는 다음의 "스팸 메일 방지 7계명"을 설정해 발표한 바 있다.

스팸 메일 방지 7계명

1. 이메일 주소는 다른 사람이 쉽게 추정할 수 없도록 만든다.

2. 인터넷 게시판을 이용할 때 되도록 이메일 주소를 남기지 않는다.

3. 인터넷 서비스에 회원으로 가입할 때는 '이메일 받지 않음'을 선택한다.

4. 스팸 메일 방지 프로그램이나 스팸 메일을 가려내는 필터링 기능을 활용한다.

5. 단순 광고성 스팸 메일은 발송자에게 강력한 수신 거부 의사를 전달한다.

6. 상습 스팸 메일 발송자는 관계 기관에 신고해 적절한 처벌을 받도록 한다.

7. 스팸 메일만 전용 수신하는 이메일 주소를 만들어 적절히 활용한다.

어떤 경우라도 사고가 발생하는 것에 대비하여 그 사고에 대한 적절한 대응책과 처리 방법을 준비해 두는 것은 매우 중요하다. 그러나 최선의 방어는 예방이라는 말이 있듯이 사고가 발생하지 않도록 미리 예방하는 것이 무엇보다 중요하다. 이메일의 경우도 마찬가지로 스팸 메일을 받지 않기 위한 다양한 기술적인 방법이나 툴의 사용도 중요하지만 무엇보다 중요한 것은 스팸 메일의 대상이 되지 않도록 미리 예방하는 것이라 할 수 있다.

3) 첨부파일과 이미지

이메일은 단순한 편지 뿐 아니라 파일을 첨부하거나 HTML 형태의 다양한 이미지들도 메일로 주고받을 수 있다. 이때 악의적인 목적으로 만들어진 프로그램이나 파일들이 정상적인 파일로 가장하여 이메일에 첨부되어 유포될 수 있다. 바이러스나 웜, 트로이목마와 같은 컴퓨터에 악의적인 일을 행하는 파일이나 개인 정보를 **빼내갈** 수 있는 프로그램들이 이메일의 첨부 파일 형태로 첨부되어 전송되고 사용자들은 이메일에 첨부된 파일을 정상적인 파일로 오인하여 확인하거나 클릭함으로써 악성 소프트웨어의 피해를 입게 된다. 따라서 첨부파일을 포함하고 있는 이메일의 발신자가 이전에 전혀 알지 못하는 존재인 경우 의심을 해야 하며 되도록 열어보지 않고 삭제를 하는 것이 안전하다. 신뢰하는 발신자로부터 수신된 메일에 존재하는 첨부파일이라 해도 수신 내용이 발신자와 관계없는 내용이라면 일단은 의심을 해야 한다. 그리고 항상 백신 프로그램을 가동시켜서 수신된 이메일을 확인하기 전에 체크하도록 하는 것이 악의적인 목적의 첨부 파일들로부터 시스템을 안전하게 지키는 방법이다. 기본적으로 아웃룩에는 바이러스가 들어 있을 가능성이 있는 안전하지 않은 첨부 파일을 차단하는 기능을 제공하는데 이러한 파일 중에는 .bat, .exe, .vbs, .js 파일 등이 포함된다.

메일 메시지에 포함된 이미지("웹 탐지 장치"라고도 함)는 보낸 사람에게 메시지를 비밀리에 다시 전송하도록 조작할 수 있다. 스팸 메일 발송자는 이러한 이미지에서 반환한 정보에 의지하여 첨부파일 차단을 설정한 수신자의 메일 주소의 위치를 파악한다. 이미지에 악성 소프트웨어를 포함시켜 스팸 메일 발송자의 메시지가 이메일 필터를 통과하도록 사용될 수도 있다. 이러한 "웹 탐지 장치"에 대한 최선의 방어는 메시지를 검토할 수 있을 때까지 그림의 다운로드를 차단하는 것이다. 아웃룩에서 그림의 다운로드를 차단하기 위해서는 다음과 같이 보안 설정을 하면 된다.

1. [파일] → [옵션]을 선택한 후 [보안 센터] → [보안 센터 설정]탭을 차례로 선택한다.

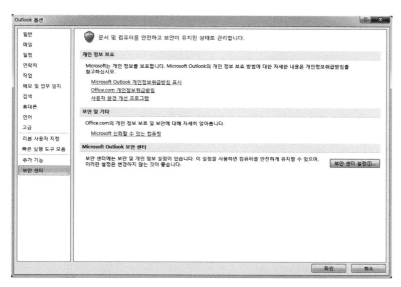

그림 5-16 아웃룩 옵션 중 보안 센터

2 보안 센터 창에서 [자동 다운로드] 탭을 선택하고 (그림 5-17)과 같이 "HTML 전자
메일 메시지 또는 RSS 항목에서 자동으로 그림 다운로드 안 함(D)"을 설정하면 이
미지 등이 포함된 이메일이 도착하였을 경우 (그림 5-18)과 같이 일부의 사진이 차
단되어 보인다.

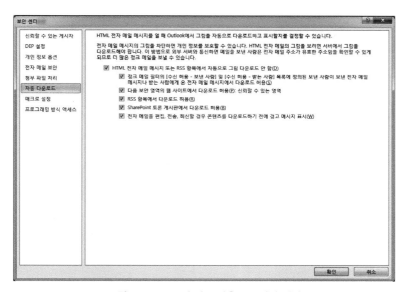

그림 5-17 그림 자동 다운로드 차단 설정

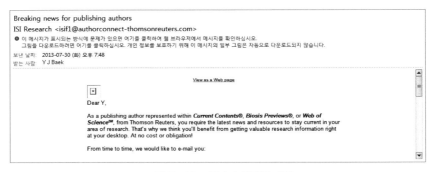

Breaking news for publishing authors
ISI Research <isif1@authorconnect-thomsonreuters.com>
❶ 이 메시지가 표시되는 방식에 문제가 있으면 여기를 클릭하여 웹 브라우저에서 메시지를 확인하십시오.
그림을 다운로드하려면 여기를 클릭하십시오. 개인 정보를 보호하기 위해 이 메시지의 일부 그림은 자동으로 다운로드되지 않습니다.
보낸 날짜: 2013-07-30 (화) 오후 7:48
받는 사람: Y J Baek

View as a Web page

Dear Y,

As a publishing author represented within *Current Contents®, Biosis Previews®*, or *Web of Science℠*, from Thomson Reuters, you require the latest news and resources to stay current in your area of research. That's why we think you'll benefit from getting valuable research information right at your desktop. At no cost or obligation!

From time to time, we would like to e-mail you:

그림 5-18　이미지 차단된 메일

4) 보안 메일 이용하기 – PGP

현대인들에게 편리한 의사전달 도구로 사용되고 있는 이메일은 또한 보안에 매우 취약하다고 알려져 있다. 즉 이메일을 보내는 사람의 주소, 받는 사람의 주소, 그리고 이메일의 내용 등은 이메일이 전송되는 도중에 외부로 쉽게 노출이 되거나 심지어 임의로 내용이 변경될 수 있다. PGP(Pretty Good Privacy)는 바로 이러한 이메일의 보안상의 취약점을 해결하기 위해 등장한 이메일 보안 프로토콜의 하나로 1991년에 필립 짐머만(Philip Zimmerman)에 의해서 개발되었고 이후 이메일 보안의 사실상의 표준(de facto standard)으로 사용되고 있다. PGP는 이메일의 내용뿐만 아니라 이메일에 첨부되는 문서 역시 암호화할 수 있고 윈도우 · 유닉스 · 리눅스 · 매킨토시 등과 같은 다양한 플랫폼에서 동작하기 때문에 현재 많은 사람들이 보안 이메일을 위한 도구로 사용하고 있다.

PGP는 기본적으로 기밀성(confidentiality), 인증(authentication), 무결성(integrity), 부인방지(non-repudiation) 등과 같은 보안 서비스를 제공한다. 각 보안 서비스가 무엇을 의미하는 지를 좀 더 명확히 알아보기 위해서는 먼저 앨리스가 밥에게 이메일을 보내는 상황을 가정해 볼 필요가 있다. 이 때 만약 앨리스와 밥 이외의 다른 사람이 앨리스가 보낸 이메일의 내용을 엿볼 수 있다면 이는 앨리스와 밥의 사생활에 대한 중대한 침해가 될 수 있다. 따라서 이메일의 내용이 외부로 노출되는 것을 방지할 필요가 있는데 이를 기밀성이라고 한다. 또한 밥이 메일을 받았고 보낸 사람이 앨리스로 되어 있더라도 앨리스가 진짜 보냈다는 것을 확신할 수 없다면 해당 메일의 내용은 무용지물이 되거나 문제가 될 수 있다. 따라서 메일을 정말로 앨리스가 보냈는지, 아니면 다른 사람이 앨리스로 위장해서 보낸 것은 아닌지를 확인할 필요가 있으며 이를 인증이라고 한다. 이메일의 내용이 전송 중에 쉽게 변경이 가능하면 중요한 금전적 · 법적 사항을 이메일로 보냈을 때 나중에 도의적 · 법적 다툼을 야기할 수 있다. 가령 앨리스가 밥에게 '빌린 돈을 내년 12월까지 갚겠다'라는 이메일을 보냈는데 메일이 전송되는 도중에 '빌린 돈을 내년 1월까지 갚겠다'라고 내용이 바뀐다면 앨리스는 매우 난처한 상황에 직면할 수 있다. 따라서 메일이 전송되는 도중에 내용이 변경 되지 못하게 하는 것은 매우 중요하며 이를 보장해주는 서비스가 바로 무결성이다. 마지막으로 앨리스가 밥에게 "빌린 돈을 내일 돌려주겠다"라는 메일을 보내고 난 후 사정이 생겨 내일까지 돌려주지 못하게 되었고 앨리스가 이에 대한 책임을 회피하기 위해 메일을 보낸 사실 자체를 부인하는 경우가 있을 수 있다. 그리고 이러한 부인 행위를 못하게 하는 것이 바로 부인방지 서비스이다. PGP는 이러한 보안 서비스뿐만 아니라 그 외에도 여러 가지 편리한 기능을 제공하며 이를 위해 〈표 5-1〉에 나와 있는 기술을 사용한다.

표 5-1 PGP에서 사용하는 기술

기술	설명	지원 알고리즘
대칭키 암호	– 이메일의 내용이 송·수신자를 제외한 제 3자에게 노출되는 것을 방지(기밀성)하기 위해서 사용됨 – 이메일의 내용을 암호화	AES, IDEA, Triple-DES 등
공개키 암호	– 대칭키 암호기술에 사용되는 암호화키를 이메일 양당사자가 공유하기 위해 사용함	RSA, ElGamal 등
디지털서명	– 이메일을 실제로 보낸 사람이 누구인지를 확인(인증)하기 위해서 사용됨 – 이메일을 보낸 사람이 보냈다는 사실 자체를 부인하는 것을 방지(부인 방지)하기 위해서 사용됨	RSA, DSA 등
해시함수	– 이메일의 내용이 전송 중에 변경되지 않았음(무결성)을 보장해 주기 위해 사용됨	MD-5, SHA-1 등
압축	– 이메일 전송 시 전송되는 데이터를 압축 – 전송 데이터의 크기를 작게 할 수 있으면 그만큼 전송시간 등에서 이점을 가질 수 있음	ZIP
Radix-64 변환	– 기존 이메일 시스템은 아스키(ASCII, 미국정보교환표준부호를 나타내며 영어 알파벳 등을 컴퓨터가 인식할 수 있는 숫자로 변환하는 규칙을 제공) 문자열만 인식이 가능함 – PGP에서 제공하는 암호화 기술을 사용하면 메일 내용이 아스키 문자열 이외의 특수 문자로 변환될 수 있고 따라서 기존 이메일 시스템과의 호환성에 문제가 발생할 수 있음 – 기존 이메일 시스템과의 호환성을 보장하기 위하여 PGP에서는 이메일 내용을 Radix-64 방식으로 변환한 후 전송함	
메시지 분할·재조립	– 이메일 시스템은 한 번에 50KB 이하의 데이터만 전송이 가능함 – PGP는 대용량 이메일을 전송하기 전에 해당 이메일을 자동으로 50KB 이하의 작은 메시지로 분할한 후 이를 전송함 – 이메일 수신자 측의 PGP 프로그램은 분할된 수신 이메일을 원래의 이메일로 재조립함	

가령, 앨리스와 밥의 PGP 프로그램이 SHA-1 해시함수, RSA 공개키/디지털서명 알고리즘, ZIP 압축 알고리즘 및 AES 대칭키 암호 알고리즘을 이용하여 보안 이메일을 전송하는 경우, 해당 프로그램은 실제로 다음과 같은 과정을 통해 이메일을 안전하게 전송하게 된다. 먼저 전송하려는 이메일 메시지를 M이라고 하면 앨리스가 사용하는 PGP 프로그램은 다음의 과정을 수행한다:

1. SHA-1 해시함수를 사용해서 M에 대한 해시값 h를 계산한다.

2. 앨리스의 개인키와 RSA 알고리즘을 사용해서 h에 대한 서명값 s를 계산한다. (서명값의 구체적인 계산법에 관해서는 4장 암호이야기 참조)

3. s와 M을 이어붙인(concatenation) 후 그 데이터를 ZIP 알고리즘을 사용하여 압축한다.

4. AES 알고리즘에서 사용할 키 K를 랜덤하게 생성한다.

5. K를 이용해서 (3단계)에서 계산한 압축 데이터에 대한 암호문 C를 계산한다. 이 때 사용하는 알고리즘은 AES이다.

6. 밥의 공개키를 이용해서 K에 대한 암호문 EK를 계산한다. 이 때 사용하는 알고리즘은 RSA이다.

7. C와 EK를 밥에게 전송한다.

C와 EK를 앨리스로부터 전송받은 후 밥이 사용하는 PGP 프로그램은 다음의 과정을 수행한다:

1. 밥의 개인키와 RSA 알고리즘을 사용해서 EK를 복호화한다. 이 때 만약 EK가 올바른 암호문이라면 그 결과 값은 K가 된다.

2. (1단계)에서 얻은 K와 AES 알고리즘을 사용해서 C에 대한 복호문을 계산한다.

3. (2단계)에서 얻은 복호문에 대하여 압축을 해제한다. 이 때 사용하는 알고리즘은 UNZIP이다.

4. (3단계)에서 얻은 데이터로부터 서명값 s와 메시지 M을 복구한다.

5. 앨리스의 공개키를 이용해서 s에 대한 서명원문을 계산한다. 이 때 사용하는 알고리즘은 RSA 알고리즘이다.

6. M에 대한 SHA-1 해시값 h를 계산한다.

7. (5단계)에서 계산한 서명원문과 (6단계)에서 계산한 h를 비교한다. 이 때 두 값이 일치하면 전송받은 이메일 내용 M은 앨리스가 보낸 것이 맞다는 것을 확신할 수 있다.

(그림 5-19)는 이러한 과정을 그림으로 표현한 것이다.

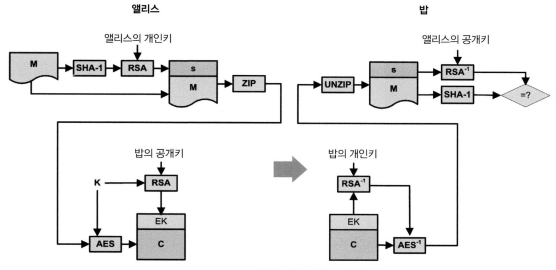

그림 5-19 PGP 동작 원리

PGP를 구현한 프로그램은 여러 가지가 있지만 그 중에서도 GnuPG(GNU Privacy Guard)는 가장 유명한 프로그램 중의 하나이다. GnuPG는 PGP의 상세한 설계사양을 정의해 놓은 문서인 RFC 4880 (RFC는 Requests for Comments의 약자로 인터넷의 구조와 기술에 관한 문서들을 모아놓은 것을 말함)에 따라 구현된 프리 소프트웨어로서 상용 PGP 소프트웨어를 완벽하게 대체하기 때문에 많은 사람들이 사용하고 있으며, 따라서 이후부터는 GnuPG를 중심으로 PGP의 실제 사용방법을 살펴보기로 한다.

GnuPG를 윈도우즈에 설치하기 위해서는 먼저 윈도우즈용 GnuPG의 다운로드 페이지(http://gpg4win.org/download.html)에서 관련 파일을 다운로드 받아야 한다. (그림 5-20)은 윈도우즈용 GnuPG의 다운로드 페이지를 보여주고 있으며 이 중에서 최신 설치 파일을 다운로드하면 된다.

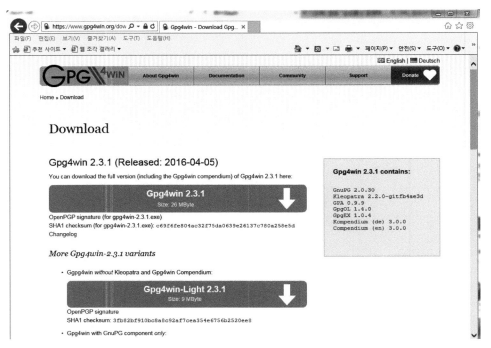

그림 5-20　윈도우즈용 GnuPG의 다운로드 페이지

다운로드한 설치파일을 실행시키면 (그림 5-21)처럼 설치 시작 화면이 나타나고 이 후
에는 계속 [Next]버튼을 클릭하여 설치를 완료할 수 있다.

그림 5-21　Gpg4win 설치 시작 화면

GnuPG는 콘솔창에 키보드로 명령어를 입력하는 방식으로 동작이 되기 때문에 이러한 환경에 익숙하지 않은 사용자들은 다소 불편함을 느낄 수 있다. 따라서 이러한 사용자들의 불편함을 해소하기 위하여 다양한 GUI(Graphic User Interface) 방식의 GnuPG 구동 프로그램들이 개발되었는데, 그 중 대표적인 것이 GPGshell이다. GPGshell은 http://www.jumaros.de/rsoft/에서 다운로드가 가능하며 (그림 5-22)는 GPGshell의 다운로드 페이지를 보여주고 있다.

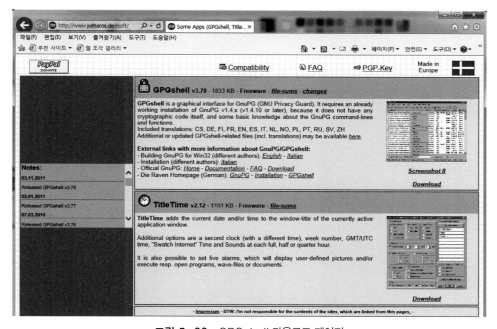

그림 5-22 GPGshell 다운로드 페이지

다운로드가 완료된 압축 파일을 클릭하면 (그림 5-23)에서 보이는 파일들이 나타나는데 이 중에서 GPGshell-Setup.exe를 실행시키면 GPGshell의 설치가 시작된다.

그림 5-23 GPGshell 설치 파일

그림 5-24 GPGshell 설치 시작화면

설치가 완료되면 (그림 5-25)처럼 GPGshell의 홈디렉토리를 보여주고 [예(Y)]를 클릭하면 다음 단계로 넘어간다.

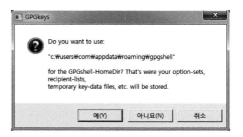

그림 5-25 GPGshell의 홈디렉토리를 보여주는 화면

처음 GnuPG를 설치하면 GnuPG에서 사용하려는 키가 아직 생성이 안 된 상태이기 때문에 새로운 키를 생성할지를 묻는 화면이 나타나고 이 때 [예(Y)]를 클릭하면 키 생성을 위한 화면으로 넘어간다. 물론 기존에 생성된 키를 가지고 있거나 나중에 키를 생성하고자 하면 [아니오(N)]를 선택하면 된다. 키 생성 과정을 좀 더 자세히 설명하면, 먼저 (그림 5-26)의 Key항목에서 Type은 사용할 공개키 또는 디지털서명 알고리즘의 종류를 나타내고, 선택한 알고리즘에서 사용할 키의 비트 크기는 Size에서 선택 가능하다. 그리고 User ID항목은 생성된 키를 식별하기 위한 용도로 사용되며 본인의 이름, 이메일 주소 등을 입력하면 된다. 마지막으로 생성된 키를 언제까지 사용할지, 즉 키의 유효기간을 결정한 후 이를 Expiration Date 항목에 설정하고 나서 Generate 버튼을 클릭하면 키 생성이 완료된다.

그림 5-26 GnuPG 키생성 화면

생성된 GnuPG키는 GPGshell 프로그램 안에 저장이 되며 이 키에 접근하기 위한 패스워드를 설정할 수 있는데 만약 패스워드를 설정하지 않으면 다른 사용자가 자신이 생성한 키에 무단으로 접근할 수 있기 때문에 가능하면 패스워드를 설정하는 것이 권장된다. (그림 5-27)은 이러한 패스워드를 설정할 지를 묻는 화면이며 [예(Y)]를 클릭하면 패스워드 설정화면으로 넘어간다.

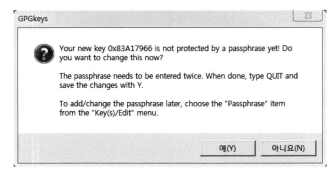

그림 5-27 GnuPG 키에 대한 접근 제어용 패스워드 설정 요청 화면

이제 (그림 5-28)처럼 사용자는 본인이 생성한 키에 접근할 수 있는 패스워드의 설정이 가능하고 설정이 완료되면 GPGshell 화면으로 이동한다.

그림 5-28 GnuPG 키에 대한 패스워드 설정 화면

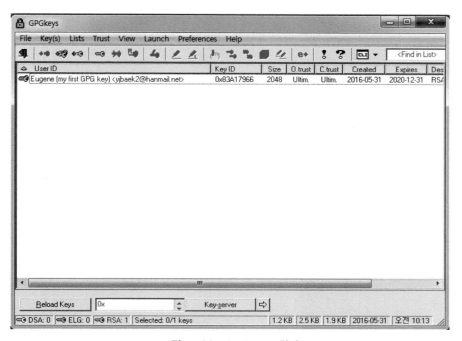

그림 5-29 GPGshell 화면

GnuPG를 이용해서 다른 사람과 보안 이메일을 주고받기 위해서는 먼저 (앞에서 생성한) 본인의 공개키를 상대방에게 전송하고 상대방의 공개키를 또한 전송받아야 한다. 본인의 공개키를 상대방에게 전송하기 위해서는 GPGshell 프로그램의 [Key(s)] 메뉴의 하위메뉴 중 [Export]를 클릭한다. 그러면 본인의 공개키를 저장할 위치를 선택하는 화면으로 이동하게 되고 적당한 위치를 지정한 후 [저장] 버튼을 누르면 본인의 공개키가 저장이 된다. 이 후 이 공개키를 이메일 등에 첨부하여 상대방에게 전달하면 공개키 전송이 완료 된다. 만약 이메일 등과 같은 공개적인 방법을 통해 공개키를 전달했을 경우 그 키가 전송 중에 변조되지 않고 안전하게 전송되었는지를 확인하고자 하는 경우가 있을 수 있는데 이 때는 그 키에 대한 Fingerprint 정보를 이용할 수 있다. Fingerprint 정보는 GPGshell 화면에서 키 위에 마우스를 위치시키고 마우스 오른쪽 버튼을 클릭하면 볼 수 있으며 이 Fingerprint값과 상대방에게 전달한 키의 Fingerprint값을 (전화 등을 통하여) 비교함으로써 공개키가 잘 전송되었음을 확인할 수 있다. (그림 5-30)은 필자가 생성한 공개키에 대한 Fingerprint값을 보여준다.

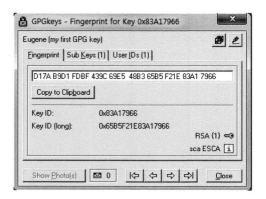

그림 5-30 공개키에 대한 Fingerprint 값

전송받은 상대방의 공개키는 GPGshell에 저장해야 하는데 이를 위해서는 먼저 전송받은 공개키를 임의의 폴더에 저장한 후 GPGshell의 [Key(s)] 메뉴의 하위 메뉴 중 [Import]를 클릭하면 된다. (그림 5-31)은 이러한 과정을 거쳐 Hong이라는 사용자의 공개키를 GPGshell이 읽어 들인 화면을 보여준다.

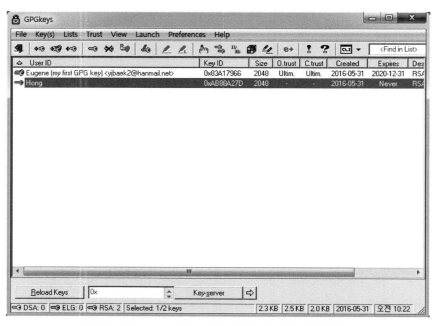

그림 5-31 Hong이라는 사용자의 공개키를 읽어 들인 화면

이제 마지막으로 보안 이메일을 주고받는 방법을 알아보자. 보안 이메일을 보내는 방법

은 크게 2가지가 있는데 하나는 메일 내용 자체를 암호화해서 보내는 방법이고 다른 하나는 이메일 내용을 텍스트 파일 등에 저장한 후 이 파일을 암호화해서 보내는 방법이다. 그 중에서 파일을 암호화하는 방법은 해당 파일에 마우스를 위치시킨 후 마우스 오른쪽 버튼을 클릭하면 'Sign and encrypt'가 나오고 이를 클릭하면 암호화가 진행된다. 이메일 내용 자체를 암호화해서 보내려면 사용자는 GPGshell 화면에서 Launch 메뉴 중 하위메뉴인 GPGtray를 클릭한다. 그러면 (그림 5-32)와 같이 윈도우즈 작업관리자의 오른쪽 알림 영역에 녹색 자물쇠 모양의 GPGtray 아이콘이 나타난다.

그림 5-32 GPGtray 아이콘

이 GPGtray 아이콘 위에 마우스를 위치시키고 마우스 오른쪽 버튼을 클릭하면 View/Edit Clipboard 메뉴가 나타나고 이 메뉴를 선택하면 메일을 작성할 수 있는 (그림 5-33)과 같은 클립보드 화면이 나타난다.

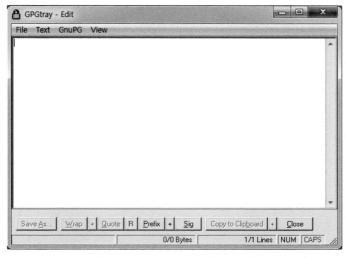

그림 5-33 GPGshell 클립보드 화면

이제 보내고자 하는 이메일을 클립보드에 작성한 후 클립보드의 상단 메뉴 중 GnuPG를 선택하고 하위 메뉴 중 [Encrypt] (암호화만 적용하고자 하는 경우) 혹은 [Encrypt and Sign] (암호화 및 디지털서명을 동시에 적용하고자 하는 경우)를 클릭하면 암호화키를 선택하는 화면이 나타나는데 그 화면에서 적당한 키를 선택하면 자동으로 메일 암호화가 진행된다. 그리고 암호화된 메일은 복사해서 이메일 본문에 붙여 넣어서 전송하면 보안 이메일 전송이 완료된다. (그림 5-34)와 (그림 5-35)는 암호화가 적용되기 전의 이메일과 암호화가 적용된 후의 이메일 내용을 보여주는데 그림이 보여주듯이 암호화가 적용되고 난 후의 이메일은 그 자체로는 의미 없는 문자들의 연속이기 때문에 이 이메일을 다른 사람이 보아도 그 내용을 알 수 없게 된다.

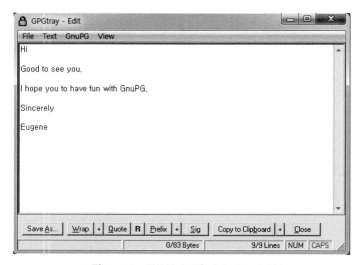

그림 5-34 암호화가 적용되기 전의 이메일

이제 PGP 보안 이메일을 전송받은 사람은 그 암호화된 메일 내용을 GPGshell의 클립보드에 복사해야 한다. 그리고 클립보드의 상단 메뉴 중 GnuPG를 선택하고 하위 메뉴 중 [Decrypt] (암호화만 적용된 이메일을 복호화 하고자 하는 경우) 혹은 [Decrypt and Verify] (암호화 및 디지털서명이 적용된 이메일을 복호화하고 디지털서명을 검증하고자 하는 경우)를 클릭하면 복호화 키를 선택하는 화면이 나타나는데 여기서 적절한 키를 선택하면 이메일 복호화가 진행된다.

그림 5-35 암호화가 적용된 후의 이메일

5.2 인터넷 뱅킹

인터넷 뱅킹 시스템으로 인하여 우리는 안방에서 손끝 하나로 편하게 은행 일을 처리할 수 있게 되었다. 증권사 객장을 직접 가지 않고도 주식을 사고 팔 수도 있다. 그러나 인터넷을 통한 거래는 거래 당사자가 얼굴을 보지 않고 거래를 하며 누구에게나 개방되어 있는 공간에서 일어나기 때문에 주민등록번호, 신용카드 번호 등과 같은 개인정보의 유출, 거래정보의 위·변조 및 거래 사실에 대한 부인 등 많은 위협이 도사리고 있다. 이러한 이유로 인터넷 뱅킹 서비스를 제공하는 은행들은 안전한 보안 시스템을 구축하고자 많은 노력을 기울이고 있다. 인터넷 뱅킹을 위협하고 있는 보안 문제들과 안전한 인터넷 뱅킹을 위한 기술들에 대하여 알아보자.

1) 키보드 입력을 조심하자

사용자가 인터넷 뱅킹을 이용하기 위해서는 계좌정보나 비밀번호 등을 키보드를 통하여 입력해야 한다. 대부분의 웹사이트들은 계좌번호나 비밀번호와 같이 민감한 정보들은 입력내용을 "****"의 형태로 보이도록 하여 제 3자가 화면상으로 입력한 내용을 볼 수 없도록 감춘다. 그러나 해커들은 비록 화면을 통해서는 입력 내용을 볼 수 없지만 특수 프로그램을 통해 사용자가 키보드를 통해 입력하는 모든 정보를 알아낼 수 있다. 컴퓨터에 키보드를 통해 문자가 입력되면 키보드는 전기신호를 발생시켜 컴퓨터의 운영체제가 식별할 수 있는 고유의 값으로 변환해 웹브라우저 등의 응용 프로그램으로 전송한다. 이 과정에서 전송되는 키보드 입력 값을 중간에서 가로채어 입력된 내용을 훔쳐볼 수 있게 되는데 이러한 행위를 "키보드 해킹"이라고 한다. (그림 5-36)과 같이 해커는 키보드 해킹을 위하여 다른 사람이 사용하는 컴퓨터에 보이지 않는 키로그 프로그램을 심어놓는다. 키로그 프로그램(keylog program) 이란 키보드로부터 키보드의 움직임을 탐지하여 입력을 감시하고 그 내용을 기록하는 소프트웨어이다. 이 프로그램을 이용하면 해커는 타인의 ID, 비밀 번호는 물론 계좌 번호, 신용카드 번호 등을 빼내는 키보드 스파이 행위를 통하여 많은 정보들을 얻을 수 있다. 실제로 2005년 철통방어를 자랑하던 국내 은행의 인터넷 뱅킹 보안 시스템을 무용지물로 만드는 사건이 발생했다. 고등학교를 중퇴한 20대의 해커는 그 당시 이중 삼중의 방어벽으로 인식되던 보안카드와 공인인증서를 간단히 뚫어버리고 피해자의 계좌에서 5천만 원을 인출하는 범죄를 저지른다. 이때 이용된 프로그램이 키로그 프로그램이다. 해커는 먼저 인터넷 재테크 카페에 키로그 프로그램이 삽입되어 있는 글을 게시판에 썼다. 인터넷에 띄운 특정 글을 클릭한 피해자의 컴퓨터에 키로그 프로그램이 설치되고 피해자는 키로그 프로그램에 의하여 키보드의 움직임을 탐지당하면서 키보드로 입력한 모든 정보를 빼앗기게 되었다. 자신도 모르는 사이에 프로그램이 설치되어 정보를 유출당하고 금전적인 피해까지 입게 된 것이다.

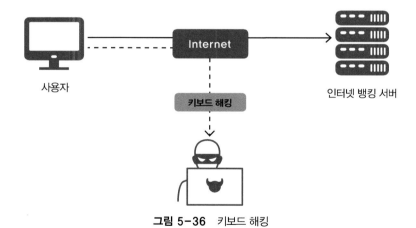

그림 5-36 키보드 해킹

키로그 프로그램은 원래 프로그램의 오류를 수정하기 위한 디버그(debug)등에 이용하기 위하여 개발된 툴이다. 키로그 프로그램이 개발된 초기에는 아이들이 유해 사이트에 접속하는 것을 감시하거나 평소 자신이 사용하던 암호를 저장하여 두었다가 분실하였을 때 이를 찾는 데 이용되었다. 그러나 최근에는 키로그 프로그램이 악용되면서 타인의 비밀번호나 개인정보를 훔치는 수단으로 많이 이용되고 있다. 키로그 프로그램은 트로이목마, 바이러스뿐만 아니라 셰어웨어나 프리웨어 프로그램, 웹사이트의 ActiveX 등에 포함되어 배포될 수도 있기 때문에 항상 주의해야 한다. 또한 이 프로그램은 상주형 소프트웨어로써 다른 소프트웨어를 사용하는 중에도 동시에 작동하기 때문에 사용하는 컴퓨터에 몰래 설치되어 자신도 모르는 사이에 개인 정보가 새어나갈 수 있다.

키로그 프로그램으로부터의 위협을 막기 위해서는 키보드 보안 프로그램을 이용해야 한다. 키보드 보안 프로그램이란 키보드로 입력되는 정보들을 키로그 프로그램보다 먼저 취득해 암호화 하여 응용 프로그램으로 전송함으로써 키보드로 입력되는 정보들이 유출되지 못하게 하는 프로그램이다. 사용자의 컴퓨터에 키보드 보안 프로그램이 설치되어 있으면 (그림 5-37)과 같이 사용자의 정보가 키로그 프로그램에 의하여 유출된다 하더라도 그 내용이 암호화되어 있기 때문에 안전할 수 있다.

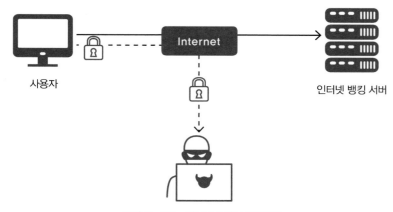

그림 5-37 키보드 보안 프로그램

인터넷 뱅킹을 이용할 때는 은행마다 각자의 키보드 보안 프로그램을 제공한다. 프로그램은 은행마다 다르지만 대부분 비밀번호 등 사용자가 정보를 입력해야 하는 공간에 마우스를 클릭해보면 (그림 5-38)과 같이 화면 오른쪽 하단에 위치한 트레이 영역에 아이콘이 나타난다. 은행에서 자체적으로 제공된 키보드 보안 프로그램은 대부분 인터넷 뱅킹을 이용하는 중에만 작동된다.

그림 5-38 키보드 보안 프로그램 작동

키로그 프로그램의 피해를 방지하기 위해서는 키보드 보안 프로그램을 설치하고 이용하는 것이 중요한 대응책이 될 수 있지만 이것 못지않게 키보드를 선택하는 데에도 신중을 기해야 한다. 우리가 사용하는 키보드는 (그림 5-39)의 (a)처럼 동그란 모양의 단자를 가지는 PS/2형 키보드와 (b)처럼 넓적하고 네모난 모양의 USB형 키보드의 두 가지가 있다. 최근에는 USB 형 키보드가 사용상의 편리함 때문에 많이 이용되고 있으나 이 형태의 키보드는 보안상 안전하지 않을 수 있다.

(a) PS/2 단자   (b) USB 단자

그림 5-39   키보드 단자의 형태

USB형 키보드는 키로그 프로그램이 아니더라도 침입자가 합법적으로 사용되고 있는 간단한 모니터링 툴만 설치하면 입력 정보를 모두 볼 수 있다. 모니터링 툴은 개발자가 프로그램상의 오류를 수정하기 위하여 설치하는 툴로써 툴 자체가 공개되어 있고 악성 소프트웨어로 분류되지 않기 때문에 누구나 사용할 수 있다.

2) 나도 모르는 사이에

2003년 11월 17일 미국의 이베이(eBay) 사이트에 가입되어 있는 고객들이 메일을 받았다. 이베이 사이트로부터의 메일 내용은 "보안상의 위험으로 계정이 차단됐으니 재등록해야 한다"는 것이었다. 고객들은 메일에 첨부된 링크를 클릭하였고 이 링크는 이베이 웹페이지로 바로 연결이 되어 있었다. 웹페이지에는 즉시 재등록하라고 친절하게 설명되어 있어 고객들은 별다른 의심 없이 아이디와 패스워드 정보를 입력하였다. 그러나 메일에 연결된 그 사이트는 실제로 이베이 사이트가 아닌 이베이 사이트와 아주 흡사한 해커가 만들어낸 가짜 사이트였고 이 사이트에 정보를 입력한 고객들은 해커에게 자신의 아이디와 패스워드 정보를 고스란히 넘겨주는 피해를 입게 되었다.

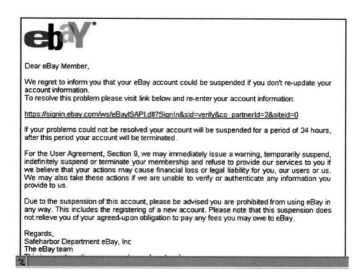

그림 5-40   가짜 이베이 이메일

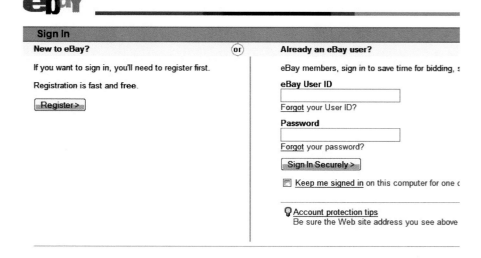

그림 5-41   가짜 이베이 사이트

이렇게 금융기관이나 기타 기관의 웹사이트나 거기서 보내온 메일로 위장하여 개인의 인증번호나 신용카드번호, 계좌정보 등을 빼내 이를 불법적으로 이용하는 사기수법을 '피싱(phishing)'이라 한다. 개인정보(private data)와 낚시(fishing)를 합성한 조어(造語)로 'phising'이라고 불린다는 설과 그 어원은 'fishing'이지만 위장의 수법이 "세련되어 있다(sophisticated)"는 데서 철자를 ㅍphishing'으로 쓰게 되었다는 설이 있다. 피싱의 공격 유형은 금융정보를 빼내가기 위한 공격과 개인정보를 빼내가기 위한 공격 유형의 두 가지가 있다. 앞서 보았던 이베이의 예는 개인 정보를 빼내가기 위한 공격 유형이며 최근에는 금융기관을 가장하여 금융정보를 빼내가기 위한 공격들이 많이 발견되고 있다. 예를 들어 은행 홈페이지 주소가 www.bank.co.kr일 경우 info@bank.co.kr과 같은 발신 주소를 이용하며, 계좌번호, 카드번호, 비밀번호 등의 확인 또는 갱신을 유도하거나 이러한 조치를 취하지 않을 경우 거래가 중지된다는 식으로 사용자들이 현혹되기 쉬운 문구를 사용한다. 그리고 이메일 내에 링크를 걸어 자신이 만들어 놓은 위장된 홈페이지로 연결되도록 유도한다. 위장 사이트들은 한 번에 많은 정보를 빼가기 위하여 비밀번호나 계좌번호와 같은 정보를 한 페이지에 입력하도록 요구하는 경우가 많다.

피싱 사이트는 백신 소프트웨어로 검출되지 않는다. 피싱은 단순히 HTML형식의 메일로 URL을 숨길 수 있기 때문에 첨부파일이나 취약성을 공격하는 파일이 없다. 따라서 피싱 공격을 피하기 위해서는 금융기관이나 포털 사이트 등으로부터 온 메일이라 하더라도 메일에 링크되어 있는 사이트를 통해서는 어떠한 정보도 제공하지 말아야 한다. 피싱으로부터의 위협에서 벗어나기 위해서는 이메일이 도착하였을 경우 이메일에 링크된 주소를 바로 클릭하지 말고 해당 은행, 카드사 등의 홈페이지 주소를 인터넷 주소창에 직접 입력해 접속해야 한다. 출처가 의심스러운 사이트에서 경품에 당첨됐음을 알리는 경우에는 사실인지를 확인하고 사실인 경우에도 가급적 중요한 개인정보는 제공하지 않도록 해야 한다. 최근에는 피싱으로부터의 피해를 막기 위한 피싱 방지 프로그램을 이용할 수도 있다.

피싱이라는 위협이 나온 후 이보다 좀 더 향상된 기능을 가지고 좀 더 교묘한 방법으로 사용자를 속이는 '파밍'이라는 공격방법이 나왔다. '파밍(pharming)'이란 해킹 범죄자들이 하나의 사이트가 공식적으로 운영하고 있던 도메인 자체를 중간에서 탈취하여 주소 자체를 바꾸어 놓는 것을 의미한다. 파밍은 자신도 모르는 사이에 거짓 사이트로 이동할 수 있기 때문에 훨씬 교묘하며, 사용자들은 늘 이용하는 사이트로 알고 탈취된 해당 사이트를 의심 없이 이용해 개인 ID, 패스워드, 계좌정보 등을 쉽게 노출시키는 것이 특징이다.

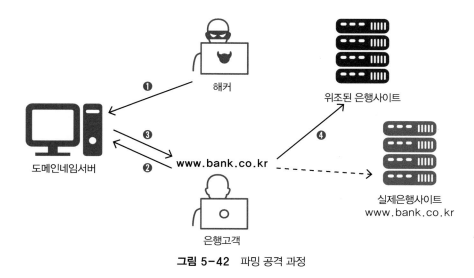

그림 5-42 파밍 공격 과정

(그림 5-42)는 파밍이 일어나는 과정을 그림으로 나타낸 것이다. 파밍이 일어나는 자세한 과정을 살펴보자.

1. 우리가 살고 있는 집에 주소가 있듯이 인터넷으로 연결되어 있는 수많은 컴퓨터들은 서로 정보를 주고받기 위해서 주소가 필요한데, 이 주소를 'IP 주소'라고 한다. IP 주소는 192.123.234.1과 같이 4개의 숫자로 이루어져있다. 그러나 사람들이 숫자로 이루어진 이 주소들을 기억하기가 쉽지 않기 때문에 숫자를 대신하여 부르기 쉽고 기억하기 쉬운 별명과 같은 주소를 만들었는데 그것이 우리가 흔히 보는 www.bank.co.kr과 같은 형태의 도메인 네임이다. 즉, IP 주소는 대한민국 컴퓨터구 보안동 보안아파트 101동 101호와 같은 철수네 실제 주소이고 도메인 네임은 "철수네 집"과 같이 기억하기 쉽게 붙여놓은 이름이 된다. 각 IP 주소와 도메인 네임은 도메인 네임 서버라는 곳에 저장되어 있다. 사용자가 웹사이트에 방문하기 위하여 주소창에 도메인 네임 주소를 입력하면 도메인 네임 서버는 도메인 네임의 실제 IP 주소를 알려주어 사용자가 사이트에 방문할 수 있게 된다. 파밍 공격을 하려는 해커는 도메인 네임 서버를 해킹하여 'www.bank.co.kr'이라는 주소를 입력하였을 때 자신이 위조한 은행 사이트로 연결되도록 하기 위하여 IP 주소를 변경한다. 즉, 도메인 네임 서버를 해킹하여 철수네 집 주소를 보안아파트 101동 201호로 바꾸어 놓는다.

2. 은행 사이트를 상시 이용하는 고객은 여느 때와 마찬가지로 인터넷 뱅킹 서비스를 이용하기 위해 도메인 네임을 웹브라우저의 주소 입력창에 입력한다. 은행 도메인을 입력받은 사용자 시스템은 은행 사이트에 접속하기 위해 도메인 네임의 실제 IP 주소를 도메인 네임 서버에 물어본다.

3. 도메인 네임 서버는 해커가 변경해 놓은 IP 주소를 질문한 도메인 네임의 주소라고 알려준다.

4. 은행 고객은 해커에 의해 위조된 시스템에 접속한다. 고객은 방문하고자 했던 실제 사이트로 오인하고 개인 및 금융정보 등을 입력하게 된다.

2007년에 우리나라에서 주민등록번호, 계좌번호, 계좌비밀번호, 인증서 비밀번호, 보안카드 번호 등을 입력하도록 유도하는 국민은행과 농협 위장 사이트가 신고 되었다. 이 2개의 피싱 사이트는 대만에 위치하고 있었는데, 사용자들이 무심코 금융정보를 입력할 경우 공격자에게 이 정보가 유출되는 사건이었다. 이 사이트들은 평소에 사람들이 입력하고 들어갔던 사이트 주소를 주소창에 입력하였을 때 그대로 연결되었으며 위장된 사이트도 (그림 5-43)과 같이 평소 방문하던 사이트와 거의 흡사하게 구성되어 사용자들은 별다른 의심 없이 개인정보를 입력하는 피해가 발생하였다.

그림 5-43 실제 사이트와 유사한 파밍 사이트

피싱 공격의 경우에는 사용자의 각별한 주의를 통하여 어느 정도 그 피해를 막을 수 있다. 그러나 파밍 공격은 피싱보다 더 교묘하고 지능적이기 때문에 사용자가 인식하지 못하는 사이에 일어나는 경우가 대부분이다. 파밍 피해를 막기 위해서 컴퓨터 사용자

개개인은 3장에서 본 바와 같이 인터넷 브라우저의 보안성을 강화하고 웹사이트를 속일 수 있는 위장기법을 차단하는 장치를 마련해야 한다. 개인 사용자가 인터넷 세상에서 자신의 신분을 증명하는 디지털 ID를 이용하듯이 인터넷 사이트도 그 사이트의 진위 여부를 판별할 수 있는 인증서가 있다. 웹 사이트를 방문할 때 그 사이트의 디지털서명 등을 이용해 그 사이트가 진짜인지의 여부를 항상 확인할 수 있도록 조치하는 것도 좋은 방법이다. 서버를 운영하는 회사에서는 자신의 도메인 등록대행기관에 도메인 잠금 기능(Domain Lock)이 설정되도록 신청하여 해커가 도메인 네임에 대한 실제 IP 주소를 변경하지 못하도록 하여야 한다.

3) 보안장치들

안전한 인터넷 뱅킹을 위해서 은행들은 각자 다양한 보안망 구축에 노력하고 있다. 실제로 인터넷 뱅킹을 위해서 대략 10단계의 보안 장치들이 구축되어 있기 때문에 친구에게 단돈 10원을 이체하려고 하여도 여러 단계에 걸쳐 비밀번호와 신분확인 절차를 수행하도록 되어 있다. 사용자가 인터넷 뱅킹 이용을 위해서 은행 홈페이지에 가면 가장 먼저 보안 모듈들이 사용자의 컴퓨터에 설치된다. (그림 5-44)와 같이 해킹 방지를 위하여 방화벽, 키보드 보안, 백신 프로그램 등과 같은 보안모듈들이 설치되고 거래중간에 인터넷을 통하여 전송되는 정보들을 암호화하기 위하여 암호화 모듈들이 설치된다.

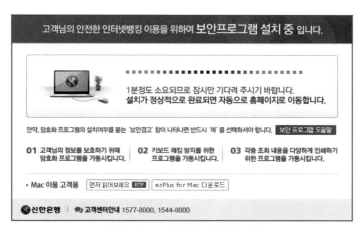

그림 5-44 보안프로그램 설치 화면

사용자는 안전한 인터넷 뱅킹을 위하여 보안모듈을 설치하는 것 외에도 여러 단계의

인증절차를 밟아야 한다. 인터넷은 비(非)대면으로 거래가 이루어지기 때문에 거래 당
사자가 누구인지를 믿는 것이 쉽지 않다. 따라서 여러 단계의 인증을 거침으로써 거래
에서의 안전성을 높인다. 인증을 위한 방법들은 은행마다 순서의 차이는 있지만 대부분
3가지의 방법을 이용한다. 먼저, 은행에서 직접 신청한 ID와 패스워드를 홈페이지에 입
력해야 한다. 로그인에 성공하게 되면 인터넷 뱅킹을 통하여 다양한 은행 거래를 수행
할 수 있는 첫 대문을 여는 것이다. 두 번째의 인증 방법으로 금융기관들은 (그림 5-45)
와 같이 난수표식 보안카드 시스템을 활용하고 있다. 거래할 때마다 보안카드에 나온
30~35개의 서로 다른 비밀번호 가운데 하나를 입력토록 하여 비밀번호가 일치해야만
거래가 가능토록 하는 방식이다.

그림 5-45 인터넷뱅킹용 보안카드

비밀번호는 거래 시마다 다른 번호를 입력하도록 요구되며 대부분 3~5회 이상 틀린 번
호를 입력하면 인터넷 뱅킹 거래가 정지되도록 설정되어 있다. 인터넷 뱅킹이 시행되는
초기에는 한 개의 비밀번호를 입력하도록 하였다. 그러나 안전해 보이는 이 방법도 작
은 틈으로 인하여 해킹 사고에 노출되었다. 2005년 발생한 해킹 사건에서 해커는 피해
자가 보안카드 비밀번호를 입력할 때 키로그 프로그램을 이용하여 비밀번호를 알아냈
다. 단 한 개의 비밀번호만을 알아낼 수 있었지만 해커는 인터넷 뱅킹 페이지가 로그아
웃 한 뒤 다시 로그인온을 하면 다른 보안카드 번호를 요구하고 5번의 입력 실패도 기
록되지 않는다는 취약점을 알아내게 되었다. 즉, 비밀리에 알아낸 비밀번호를 입력해서
틀리면 로그아웃하고 다시 로그온하는 과정을 자신이 알고 있는 비밀번호가 맞을 때까
지 반복하였다. 이런 방식으로 키로그 프로그램을 통해서 단 1개의 비밀번호를 알아냈
다 하더라도 그 번호가 맞을 때까지 비밀번호를 반복해서 입력하다 보면 은행 전산망
에 접속이 가능하게 되었다. 이후에 각 은행들은 이를 보완하기 위하여 하나의 비밀번

호를 입력하는 대신 두 개의 번호를 조합하여 입력하도록 하고 있다. 즉, 거래를 이용할 때 1번 비밀번호의 앞의 두 자리 숫자와 12번 비밀번호의 뒤의 두 자리 수를 넣는 방식과 같이 한 번에 두 개의 비밀번호를 조합하여 입력하도록 변경된 것이다. 이렇게 하면 키로그 프로그램을 통하여 비밀번호를 알아냈다 하더라도 어떤 번호의 비밀번호인지 알기 어려울 뿐 아니라, 똑같이 1번과 12번의 조합을 물어볼 확률도 그만큼 떨어지기 때문에 안전성은 크게 향상될 수 있다. 그러나 아무리 비밀번호를 복잡하게 조합하였다 하더라도 고정된 번호를 반복하여 계속 이용한다는 것은 여전히 문제가 될 수 있다.

비밀번호를 이용하는 가장 안전한 방법은 한번 사용한 비밀번호를 다시는 사용하지 않는 것이다. 이것이 일회용 패스워드(OTP: One Time Password)라는 것으로 최근 은행에서 이용하고 있는 OTP이다. 일회용 패스워드는 1회에 한해 사용할 수 있는 패스워드로서 OTP 장치를 통하여 1회만 사용할 수 있는 비밀번호를 만들어 낸다. OTP는 은행에 로그인할 때 패스워드 입력 시에도 이용되고 위의 비밀번호 카드를 대신하여 이용되기도 한다. 일회용 패스워드의 버튼을 누를 때마다 또는 일정 시간마다 전용 단말기 등에 새로운 패스워드가 생성되어 시스템에 접근할 때마다 새로운 패스워드를 입력해야 하기 때문에 해킹이나 사용자의 관리소홀 등으로 패스워드가 노출되는 것을 방지할 수 있다. 35~50개의 정해진 범위에서 비밀번호를 입력하는 기존의 인쇄된 보안카드에 비해 OTP는 사용자 비밀번호가 노출되더라도 그 비밀번호를 다시는 사용하지 않으며 매번 서비스를 받을 때에 새로 생성된 비밀번호를 입력해야 하기 때문에 훨씬 강력한 보안성을 제공할 수 있다.

어떤 사람이 타인에게 자신임을 증명하는 방법에는 크게 세 가지가 있다.

1. **자신이 알고 있는 것을 이용하는 방법**: 이 방법은 사용자가 알고 있는 것을 상대방에게 확인시킴으로써 자신임을 증명하는 방법으로 패스워드나 PIN 번호 입력과 같은 방식이 이에 해당한다.

2. **자신이 소유하고 있는 것을 이용하는 방법**: 이 방법은 쉽게 이야기하면 검문검색에 걸렸을 때에 신분증을 제시함으로써 자신을 증명하는 방법이다. 보안카드를 사용하거나 OTP 기기를 이용하는 방법이 이에 해당한다.

3. **사용자 자신을 이용한 방법**: 이 방법은 사용자 자신의 신체 정보를 이용하여 자신을 증명하는 것으로 신분증을 제시하였을 때 경찰관이 신분증의 사진과 자신의 얼굴을 비교 검색하는 것이 이 방법에 해당한다. 지문 인식이나 홍채, 얼굴 인식 등 자신의 신체 정보를 이용한 인증 방법이 이에 해당한다.

일반적으로 패스워드를 입력하도록 하거나 기존의 보안카드를 이용한 방법들은 세 가지의 증명 방법 중 한가지의 형태를 이용하는 인증 방법이다. 반면 OTP는 알고 있는 것(PIN 번호)과 소유하고 있는 것(OTP 기기) 두 가지의 방식을 조합해서 사용하는 방식을 제공해 주기 때문에 사용자를 인증할 때 좀 더 안전하게 인증할 수 있다.

그림 5-46 번호입력 패드가 있는 OTP

그림 5-47 번호입력 패드가 없는 OTP

OTP 기기는 PIN 번호를 주는 방식에 따라 기기의 모양이 다르다. (그림 5-46)과 같은 OTP 기기는 번호를 입력할 수 있는 패드가 부착되어 있는 형태로, 사용자가 자신이 기억하고 있는 올바른 PIN 번호를 OTP 기기에 입력해야만 기기에서 비밀번호가 생성되어 OTP 값이 나타나게 된다. 사용자가 올바르지 않은 PIN 번호를 입력하면 OTP 값이 제대로 생성되지 않고 기기가 잠김 상태로 바뀔 수 있다. 반면 (그림 5-47)과 같은 OTP 기기는 번호를 입력할 수 있는 패드가 없으며 기기에 PIN 번호를 입력하지는 않는다. 사용자는 인증을 요청할 때 기기에서 자동으로 생성된 비밀번호와 기억하고 있는 PIN 번호를 은행 홈페이지에 함께 입력함으로써 인증 받는다. OTP 기기는 사용자의 인증 요청과 상관없이 1분 간격마다 OTP 값이 바뀌어 생성되며 OTP 기기의 시간과 은행 서버의 시간이 정확히 맞아야 인증에 성공할 수 있다. 이때 1분 내에 비밀번호를 입력하지 못할 경우 중간에 패스워드가 바뀌어 다시 입력해야 하고, 실수로 OTP 값을 잘못 입력하면 인증 재시도를 위해 특정 시간을 기다려야 하는 불편함이 있다.

인터넷 뱅킹 이용 시에 사용자가 자신을 인증하는 세 번째의 방법으로 공인인증서의 사용이 있다. 은행 창구를 이용하여 업무를 처리하게 되면 얼굴 확인도 하고 신분증 확인도 하게 되지만 인터넷을 통해서 이루어지는 전자거래에서는 거래자의 신분 확인이 불가능하기 때문에 상대방이 진짜 그 사람인지를 판단할 수 있는 방법이 있어야 한다. 오프라인 세계에서 국가로부터 주민등록증을 이용하여 자신의 신원을 증명할 수 있듯이 온라인 세계에서는 공인인증서를 이용하여 자신임을 증명한다. 즉, 공인인증서는 온라인 금융 거래 시 거래자의 신원 확인과 증명을 위해 공인인증기관에서 발급하는 디지털 신분증으로 이 신분증을 받기 위해서는 반드시 사용자의 실명확인 절차를 거쳐야 한다. 공인 인증서는 인터넷을 통해 전송되는 정보 전달에 있어 발생할 수도 있는 정보의 유출, 위변조 등을 방지하며, 전자상거래 등에서 상대방을 보증해주는 역할을 수행한다. 공인인증서는 인터넷 뱅킹을 이용할 때뿐만 아니라 전자상거래에서 일정 금액 이상의 결제를 할 경우에도 필요하며, 인터넷상으로 증명서를 발급받을 때나 사이버 동사무소에서 서류를 발급받을 때도 공인인증서는 이용된다. 이러한 일은 실명확인 및 분쟁 발생 시 법적인 책임이 발생하기 때문에 국가 기관에서 정보통신서명법을 제정하여 공인인증기관을 관리하고 인증관리센터를 통하여 공인인증기관을 관리하고 있다. 우리나라의 공인인증기관은 금융결제원, 한국정보인증, 한국증권전산, 한국전자인증, 한국전산원, 한국무역정보통신 등이다. 공인인증서는 일반적으로 (그림 5-48)과 같은 경로에 저장되고 인증서를 발급한 기관 이름을 기준으로 저장된다.

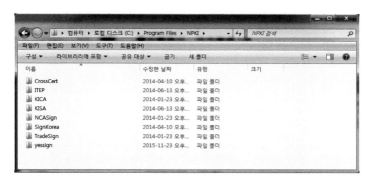

그림 5-48 공인인증서 저장 폴더

그림 5-49 공인인증서 구성파일

폴더 안에는 사용자별로 공인인증서가 저장되어 있으며 각 사용자 폴더에 들어가면 (그림 5-49)와 같이 두 개의 파일이 있는데, 일반적으로 말하는 인증서는 "signCert.der" 파일이고 "signPri.key"는 개인키 파일이다. signCert.der 파일을 더블클릭하면 (그림 5-50)과 같은 인증서를 볼 수 있다. 인증서의 [일반] 탭에는 간단한 인증서 정보와 인증서를 발급받은 대상, 인증서를 발급한 기관과 인증서의 유효기간에 대한 정보를 볼 수 있다. 인증서의 자세한 정보를 보려면 [자세히] 탭을 누르면 된다.

그림 5-50 signCert.der의 인증서 화면

그림 5-51 인증서의 [자세히] 탭의 내용

인증서에 저장되어 있는 기본적인 정보들은 〈표 5-2〉와 같다.

표 5-2 인증서의 항목과 내용

항목	내용
버전	인증서의 형식 구분으로 우리가 사용하는 인증서의 대부분은 버전 3이다.
일련번호	인증서를 발급한 인증기관내의 인증서 일련번호이다.
서명 알고리즘	인증서를 발급할 때 사용하는 알고리즘의 종류이다.
발급자	인증서를 발급한 인증기관의 이름이다.
유효기간(시작, 끝)	인증서를 사용할 수 있는 기간으로 시작일과 만료일이 초단위까지 기록되어 있다.
주체	인증서 소유자의 이름이다.
공개키	인증서 소유자의 공개키 값과 알고리즘 종류이다.
발급자 서명	인증서의 모든 영역의 내용에 대하여 인증기관의 개인키로 서명한 서명값이다.

이외에도 인증서마다 조금씩은 다르지만 확장 영역에 인증서 발급 기관의 키 식별자, 주체키 식별자, 인증서 정책 등 다양한 정보들이 저장되어 있음을 확인할 수 있다. (그림 5-52)는 실제로 필자가 이용하는 모 은행에서 인증서를 이용하여 로그인하는 화면이다.

그림 5-52 인증서 이용 화면

공인인증서의 관리는 발급받은 은행의 공인인증센터에 가면 할 수 있다. 이곳에서 공인인증서를 저장하는 위치나 매체, 인증서 암호 등을 변경할 수 있다. 일반적으로 많은 사람들이 공인인증서를 컴퓨터의 하드디스크에 저장한다. 그러나 공인인증서는 온라인상의 나의 신분증이기 때문에 컴퓨터에 보관할 경우 해킹의 대상이 될 수도 있다. 따라서 공인인증서는 USB와 같은 이동식 디스크에 보관하는 것이 좋다. 공인인증서의 저장 매체를 변경하고 싶으면 (그림 5-53)과 같이 인증서 복사 단추를 누르면 저장매체를 선택할 수 있는 창이 뜬다. 저장하려는 매체를 선택하고 확인 버튼을 누르면 하드디스크에 저장되어 있던 인증서가 선택한 저장 매체로 복사된다.

그림 5-53 인증서 저장매체 변경

최근에는 공인인증서를 안전하게 보관하기 위하여 보안토큰을 이용하는 은행이 있다. 보안토큰이란 스마트카드 칩을 내장한 USB 장치로서 어떠한 물리적, 논리적 해킹도 성공하지 못한 안전한 인증장치이며 은행이 서비스를 제공하는 경우 구매를 통하여 이용할 수 있다. 스마트카드도 보안토큰의 역할을 할 수 있으나 리더기가 있어야 하는 단점이 있다. USB장치는 실제 리더기 대신 소프트웨어 형태의 리더기를 이용하면 되기 때문에 언제 어디서나 사용이 가능하다. 보안토큰을 사용하기 위해서는 보안토큰용 비밀번호를 입력해야 되는데 비밀번호가 일치할 때만 잠시 보안토큰에 접근할 수 있는 소프트웨어와 통신을 하게 된다. 일반적으로 5회 이상 비밀번호를 잘못 입력하면 장치 자체가 잠김으로 설정되어 발급자 뿐 아니라 다른 누구도 사용이 불가능하도록 설계되어 있다. 또한 보안토큰과 통신을 할 수 있는 프로그램과 보안토큰은 항상 암호화 통신을 하기 때문에 컴퓨터 메모리를 해킹해도 내용을 전혀 알 수가 없다.

4) 부가적인 인증 수단

2014년 8월 7일부터 개인정보보호법(개인정보를 안전하게 처리하기 위한 사항을 정한 법률) 개정안이 시행됨에 따라 법에 근거 규정이 마련되지 않은 주민등록번호의 수집이 금지되었고 이를 위반해 주민등록번호를 수집·이용하는 경우 3천만 원 이하의 과태료를 내야 한다. 또한 2015년 3월 18일에는 인터넷 뱅킹이나 인터넷 쇼핑 등에서 자주 사용되던 공인인증서의 의무 사용이 폐지되었다. 이를 계기로 그동안 많이 사용해 오던 공인인증서나 주민등록번호를 대신할 본인 인증 방법에 대한 요구가 커져 가고 있다. 따라서 본 절에서는 공인인증서와 주민번호를 대체하는 본인 인증 방법 및 기술에는 어떤 것이 있는지 그리고 그 각각의 기술은 어떤 장·단점이 있는지 알아보려고 한다.

먼저 아이핀(i-Pin)은 인터넷상에서 주민번호를 대체하기 위해서 도입된 아이디와 패스워드 기반의 본인 확인 수단으로 현재 3 곳의 민간기관(서울신용평가정보, 나이스신용평가정보, 코리아크레딧뷰로)과 공공아이핀센터(www.g-pin.go.kr)에서 발급받을 수 있다. 발급 후에는 온라인상에서 더 이상 주민등록번호를 사용하지 않아도 아이핀 아이디와 패스워드만으로 회원 가입과 같은 서비스를 이용할 수 있다.

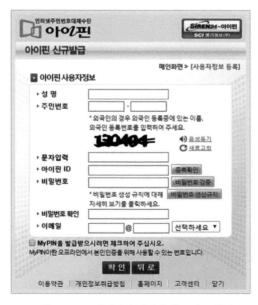

그림 5-54 아이핀과 마이핀 신규 발급 화면

반면에 마이핀(My-Pin)은 온라인이 아닌 오프라인 상에서 사용할 수 있는, 개인정보와 관련이 없는 13자리의 무작위 번호로 이루어진 본인 확인 수단으로 아이핀 발급기관에서 온라인으로 발급받거나 동주민센터를 방문하여 직접 발급받을 수 있다. 발급받은 마이핀은 멤버십카드 신청이나 ARS를 통한 서비스 요청시 본인 확인 용도로 사용 가능하다. (그림 5-54)는 아이핀과 마이핀을 신규로 발급받기 위한 화면을 보여주고 있다.

아이핀의 장점은 무료로 사용할 수 있다는 점과 본인 확인시 주민등록번호가 노출되지 않는다는 점에 있다. 하지만 간혹 발생하는 아이핀 도용 혹은 부정발급 사건 등으로 인해 그 안전성에 의문이 제기되고 있고 아이핀을 사용하기 위해서는 아이디와 비밀번호를 외우고 있어야 하며, 아이핀을 발급받으려면 주민등록번호 입력이 필수라는 점은 단점이라고 할 수 있다. 특히 주민등록번호를 대체하기 위해서 도입된 아이핀을 사용하기 위해서 주민등록번호를 필수적으로 입력해야 한다는 점은 아이핀 사용의 딜레마라 할 수 있다.

주민등록번호는 도용되더라도 변경이 쉽지 않다는 문제점을 가지고 있는데 반해 마이핀은 잃어버리거나 도용되었을 경우 1년에 5회까지 바꿀 수 있어 한층 안전하다고 할 수 있다. 하지만 아이핀과 마찬가지로 발급 시 주민등록번호가 필요하다는 점은 마이핀 사용의 단점이라고 할 수 있다.

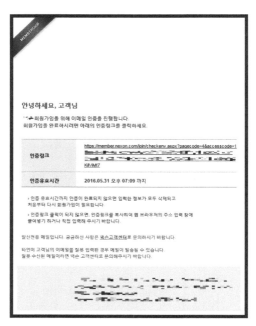

그림 5-55 이메일 인증 화면

또 다른 본인 인증 방법 중의 하나로 이메일을 이용한 인증이 있다. 이메일 인증은 사용자가 이메일 인증을 구현한 사이트에 이메일 주소를 입력하고 입력된 이메일 주소로 본인을 확인할 수 있는 인터넷 주소가 발송되면 사용자가 해당 주소를 클릭하여 인증을 완료하는 방식으로 동작한다. 특히 이메일 인증은 회원가입이나 비밀번호 재발급 등에 자주 사용되는데 (그림 5-55)는 이메일 인증을 지원하는 사이트에서 회원 가입을 했을 때 사용자가 입력한 이메일 주소로 발송된 인증용 이메일을 보여준다.

이메일 인증은 사용자와 인터넷 사이트 모두 무료로 사용할 수 있고 사용이 편리하다는 장점이 있지만 실명 인증이 불가능하다는 단점이 있다. 즉 이메일 가입 시 실명이 아닌 다른 이름으로 가입하게 되면 그 이메일을 사용하는 인증 역시 실명 확인이 불가능하게 된다.

휴대폰 인증은 본인 인증이 필요한 경우 이름, 휴대폰 번호, 이용하고 있는 이동통신사, 성별, 생년월일 등을 기입하고 해당 휴대폰 번호로 인증번호가 발송되면 이 인증번호를 해당 사이트에 입력함으로써 인증을 완료하는 방식으로 동작한다. 휴대폰 인증은 앞에서 소개한 아이핀, 마이핀보다는 사용하기가 편리하다는 점, 실명으로 가입한 휴대폰 번호를 이용해서 인증을 진행하기 때문에 이메일 인증에 비해서 실명확인이 가능하다는 점, 그리고 무료로 이용 가능하다는 점 등이 장점이지만 휴대폰 미사용자의 경우 인증이 불가능하고 휴대폰을 도용당했거나 분실했을 경우 본인 확인에 문제가 발생할 수 있다는 것은 단점으로 지적된다. (그림 5-56)은 휴대폰을 이용한 본인확인 화면을 보여준다.

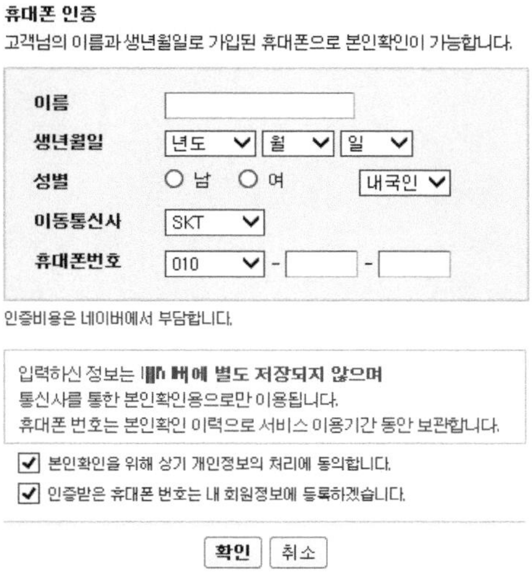

그림 5-56 휴대폰 본인확인 화면

이 외에도 최근에는 인터넷 뱅킹을 이용해서 일정 금액 이상을 송금하는 경우 기존 공인인증서 외에 은행에서 SMS 인증이나 전화 인증과 같은 부가 인증 방법을 요구하는 경우도 있다. 먼저 SMS 인증은 앞서 소개한 휴대폰 인증과 유사하게, 은행 사이트에 등록해둔 휴대폰 번호로 인증번호를 발송하고 전달받은 인증번호를 인터넷 뱅킹 사이트에 입력함으로써 인증이 완료되는 방식을 사용한다. (그림 5-57)은 은행에서 전송한 인증번호를 보여주는 SMS 화면을 보여준다.

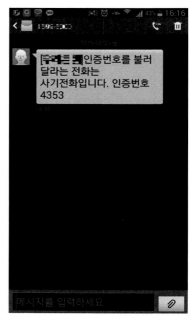

그림 5-57 SMS 인증 화면

전화인증은 SMS 인증과 매우 유사하며, 은행 사이트에 지정해둔 전화번호로 ARS 승인 전화가 발송이 된다. 이 때 인증이 필요한 사용자는 전화안내에 따라 필요한 사항을 처리함으로써 인증을 완료할 수 있는데, SMS 인증과는 다르게 휴대폰뿐만 아니라 집 전화를 이용한 인증도 가능하다는 장점이 있다.

5.3   전자상거래

독자 여러분들은 적어도 한번은 인터넷 쇼핑몰에서 구매를 해 본적이 있을 것이다. 국내 인터넷 쇼핑몰이 처음으로 개설된 시기는 지난 1996년경이다. 인터넷 쇼핑몰은 인터넷을 기반으로 하는 사이버 공간이 생겨나고, 이로 인하여 사이버에 시장이 형성되기 시작하면서 만들어졌다. 개인용 컴퓨터의 보급과 통신망의 발달, 그리고 인터넷을 사용하는 사용자가 늘어나면서 인터넷 쇼핑몰은 기하급수적으로 늘어가게 되었으며 현재는 수백 개의 쇼핑몰 사이트가 운영되고 있다. 인터넷 쇼핑몰은 오프라인의 쇼핑몰과 비교해 볼 때 다른 점들이 많이 있다. 먼저, 인터넷 쇼핑몰은 24시간 점포를 개방하고 물품을 판매한다. 내가 상거래 하고 싶은 시간에 아무 때나 상거래가 가능하다. 또한 오프라인과 달리 인터넷만 가능하면 어디서든 구매를 할 수도 있다. 직접 점포를 방문하지 않고도 클릭 몇 번으로 상품을 주문할 수 있기 때문에 주문도 편리하다. 그러나 인터넷 쇼핑몰은 이와 같은 이점에도 불구하고 직접 물건을 보지 않고, 판매자를 직접 만나지 않고 상품을 산다는 약점을 지니고 있다. 뉴스를 통해 인터넷 쇼핑몰을 허위로 만들어놓고 물건을 타 사이트보다 싼 가격에 파는 것처럼 위장한 다음 돈만 받아 가로채는 사기 사건을 본 적이 있을 것이다. 이런 사기사건이 가능한 것은 인터넷 쇼핑몰이 비(非)대면으로 거래가 이루어지고 결국 고객은 불충분한 정보에 의존하여 의사결정을 내려야 하는 상황에 있기 때문이다.

전자상거래란 소비자가 자신의 장소에서 원격정보 커뮤니케이션 시스템을 통해 시장 내의 다른 모든 참가자와 시장거래를 통하여 구매 또는 거래를 하거나 그러한 구매 및 거래를 완료 하는 것으로 정의될 수 있다. 협의의 전자상거래란 인터넷상에 홈페이지로 개설된 상점을 통해 실시간으로 상품을 거래하는 것을 의미한다. 군이 전자상거래의 정의를 살펴본 이유는 안전한 전자상거래의 보안 요구사항이 기존의 다른 응용 시스템에서의 보안 요구사항과 다르기 때문이다. 응용 시스템은 데이터와 시스템 자원에 대한 사용자의 접근 통제 및 시스템 이용에 대한 관리를 주로 해야 하는 반면, 전자상거래에서는 데이터에 대한 접근 통제 이외에도 사용자의 실체에 대한 증명과 데이터 내용에 대한 사후 검증 수단의 확보에 중점을 둔다. 따라서 안전한 거래를 위해서는 지불보안 기술과 인증기술, 웹보안 기술과 개인정보를 보호할 수 있는 기술들이 복합적으로 필요하게 된다. 이 장에서는 안전한 지불 보안 기술에 대하여 알아보자.

1) 안전한 지불보안 기술

온라인상에서 물건을 구매할 경우 결제를 위하여 신용카드를 이용한다. 과거의 신용카드 이용방법은 아주 간단했다. 상점에 신용카드 결제에 필요한 정보를 주고, 상점이 직접 신용카드 회사로부터 결제를 받도록 하는 구조였다. 따라서 전적으로 상점을 신뢰하는 경우에만 안전한 결제가 이루어질 수 있다. 하지만 인터넷 상점이 생겨나면서 이러한 구조 내에서 사용자들의 피해는 점점 늘어나게 되었고, 고객으로부터 받은 신용카드 정보를 악용하는 사례도 나타나게 되었다. 상점을 믿는 경우라 하더라도 인터넷상에서 신용카드 정보를 상점에게 넘겨주는 사이 앞에서 보았던 키로그 프로그램 등에 의하여 결제정보가 노출되는 위협도 있다. 따라서 온라인상에서는 좀 더 안전한 결제 방법이 필요하다.

현재 국내에서 사용되는 신용카드는 종류에 따라 세 가지 결재 방식이 채택되어 이용되고 있다. 첫 번째로 비씨 카드에서 이용하는 인터넷 안전결제(ISP) 방식이 있다. 인터넷 안전 결제는 모든 거래 정보가 암호화되어 통신이 이루어지고 거래 당사자 확인을 위하여 공인 인증서를 사용한다. 사용자는 인증서를 이용하여 ISP 등록을 하고 나면 결제를 수행할 때에 신용카드 번호 및 유효기한 등을 입력하지 않는다. 결제는 전자인증서 이용을 위한 비밀번호(6자리 이상, 영어+숫자 조합)의 입력만으로 이루어지며, 이용자가 입력한 비밀번호는 신용카드사에서도 알 수 없다. 따라서 신용카드 번호 유출에 의한 타인의 부정사용은 물론, 인터넷을 통한 해킹 및 쇼핑몰로부터의 정보유출을 막을 수 있다. 인터넷 안전결제(ISP)는 기존의 신용카드로 지정한 전자인증서를 통해 결제가 이뤄지므로, 별도의 카드 신청이나 발급 절차가 전혀 필요 없다. 전자인증서의 발급은 인터넷을 통해 인터넷뱅킹 인증서와 동일하게 파일형태로 바로 전송이 되므로 간편하게 이용할 수 있다. (그림 5-58)은 안전결제 서비스를 이용하여 결제를 진행하는 과정이다.

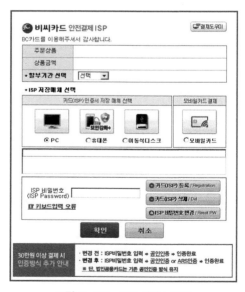

그림 5-58 ISP 서비스 화면

두 번째로 비자 안심클릭 방식이 있다. 비자 안심클릭도 인터넷 안전결제 방식과 같이 모든 거래 정보는 3D-Secure라는 암호 기술에 의하여 암호화되어 통신된다. 이 방식은 사용자에게 카드 비밀번호 외에 안심클릭 비밀번호라는 별도의 비밀번호를 부여하며 고객 인증과 카드 승인 절차가 분리되어 있어 고객 정보 유출이 최소화되도록 설계되어 있다(그림 5-59).

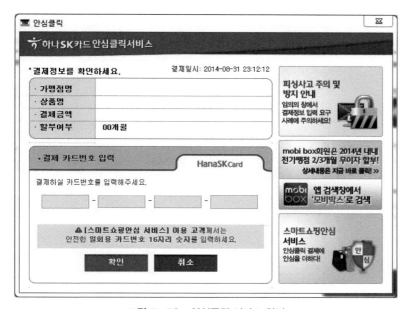

그림 5-59 안심클릭 서비스 화면

온라인상에서 물건 값을 지불하는 방법은 신용카드 이외에도 실시간 이체, 가상계좌, 휴대폰 결제 등으로 매우 다양하다. 인터넷 쇼핑몰의 지불 수단이 신용카드인 경우에는 카드 회사에서 마련한 보안 솔루션을 이용하면 되지만 이외의 다양한 지불 방법에 대하여서는 쇼핑몰 별로 안전한 지불 수단을 준비해야 한다. 그러나 인터넷 쇼핑몰이 각각의 지불 방식에 대한 모든 솔루션을 구축하는 데에는 어려움이 있다. 또한 지불 방식에 대한 안전한 보안 서비스가 함께 제공되어야 하지만 이러한 보안서비스 전반까지 각 쇼핑몰에서 관리하기는 쉽지 않다. 이러한 이유로 대부분의 쇼핑몰들은 (그림 5-60)과 같이 상품의 등록 및 주문만을 담당하고 상품 금액의 지불은 결제대행업체가 담당하는 구조를 가지고 있다.

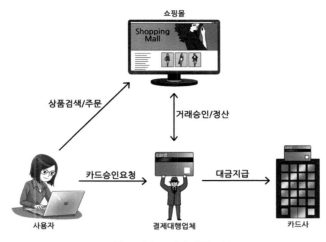

그림 5-60 지불 대행 흐름도

결제대행업체는 다른 말로 payment gateway라고도 한다. 결제대행업체들은 인터넷쇼핑몰에 보안성이 요구되는 결제정보 처리시스템을 제공하고 금융기관 및 이동통신회사를 위해 판매대금을 수금하는 업무를 대행한다.

2) 믿을 수 있는 웹사이트

인터넷을 이용하여 전자상거래를 할 때 회원 가입 시 등록하는 개인정보들이나 로그인 정보, 구매 시의 결제정보 등 민감한 많은 정보들이 쇼핑몰로 전송되게 된다. 인터넷은 누구나에게 개방되어 있는 네트워크이기 때문에 인터넷을 통해서 전달되는 데이터들의 가장 큰 위협은 해커들의 도청이라고 할 수 있다. 해커는 키로그 프로그램이나 스니핑 툴과 같은 도청 프로그램을 이용하여 사용자의 모든 정보들을 엿볼 수 있기 때문이다. 그러나 인터넷 뱅킹을 이용할 때처럼 철저한 암호화 모듈이 강제적으로 설치되지 않기 때문에 정보 유출에 대한 위협이 항상 존재하게 된다. 또한 최근에 많이 행해지고 있는 피싱이나 파밍 공격으로부터도 자유로울 수 없다. 이러한 위협으로부터 안전하기 위해 웹 보안 기술의 대표적인 기술로 SSL이 있다. SSL이란 Secure Socket Layer의 약자로 웹서버 인증 또는 서버 인증이라고도 하며 웹 서버는 SSL 인증서를 설치하여 이 기능을 제공할 수 있다. 안전한 이메일 사용을 위하여 제공되는 보안 이메일 기능에 "암호화"와 '디지털 서명'의 두 기능이 있었던 것과 마찬가지로 SSL에도 두 가지 기능이 있다. SSL에서의 '암호화'는 말 그대로 웹브라우저와 웹 서버 사이의 통신을 암호화해서 다른 사람이 도청하지 못하게 하는 것이다. 이 기술이 적용된 전자문서는 별도의 암호화 과정을 거쳐 상대방에게 전달되고 웹브라우저에 정보를 입력하는 사용자와 서버간의 통신 정보는 암호화가 되기 때문에 해당 사이트의 웹서버 관리자 외에는 그 내용을 해독할 수 없다. SSL에서의 '디지털 서명'은 어떤 웹 사이트를 방문할 때, 그 사이트가 정말로 내가 아는 사람에 의해 만들어졌는지 판단할 수 있도록 '웹 사이트 인증서'를 이용하여 방문 사이트를 인증해 주는 것을 의미한다. 개개인의 인증서와 같은 개념이다. 차이점이 있다면 공인인증서는 개인에게 발급되는 신분증명서이고 'SSL 인증서'는 기업에게만 발급되는 증명서라는 것이다.

SSL 인증서는 웹 서버에서 스스로 만드는 경우도 있고 신뢰할 수 있는 베리사인과 같은 회사가 인증서를 판매하는 경우도 있다. 그러나 스스로 만드는 인증서는 신뢰할 수 있는 근거가 없다. 해커가 자기 자신을 마이크로소프트라고 속이는 인증서를 만들 수도 있기 때문이다. 따라서 의심스러운 SSL 인증서의 경우 인터넷 익스플로러 11 버전에서는 (그림 5-61)과 같이 웹 브라우저의 창에 경고 메시지를 표시한다.

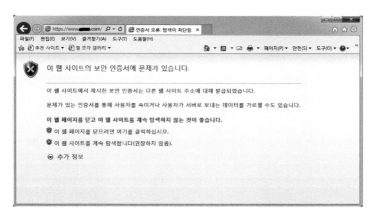

그림 5-61 신뢰할 수 없는 인증서로 인한 보안 메시지-IE 11

대부분의 웹 주소에는 앞에 http:// 가 붙지만 가끔 https:// 가 붙는 주소도 존재한다. 가끔 웹페이지를 이동하다 보면 "이 사이트는 암호화 통신을 사용합니다. 계속하시겠습니까?" 같은 메시지가 나오기도 한다. 이것은 현재 사이트가 SSL 암호화 통신을 사용하고 있다는 것을 의미한다. SSL을 이용한 암호화 통신은 전자상거래 사이트에서 로그인 정보나 결제 관련된 정보를 입력하려고 할 때 활성화된다.

학교, PC방, 회사 등의 공용 네트워크를 사용하는 PC에서 SSL이 설치되지 않은 사이트로 접속할 경우, 개인정보가 타인에게 노출될 가능성이 매우 높다. SSL은 전자상거래를 위하여 꼭 필요한 기본적인 필수 보안 요소이다.

연습 문제

【 ○/× 문제 】

※ 다음 문장이 옳으면 ○, 그렇지 않으면 ×를 표시하라.

01. 이메일 서버로부터 메일을 가져올 때 SMTP 전송 프로토콜을 이용한다.

02. 원하지 않는 광고성 메일을 스팸 메일 또는 정크메일이라 한다.

03. 스팸 필터링 프로그램은 스팸 메일을 완벽하게 걸러준다.

04. 웹메일 방식에서는 스팸 메일을 걸러내는 필터링 기술을 이용할 수 없다.

05. 스팸 메일에는 법으로 "광고"라는 단어를 넣도록 의무화되어 있다.

06. 스팸 메일을 막을 수 있는 가장 최선의 방법은 메일 필터링 프로그램을 이용하는 것이다.

07. 스팸 메일에 있는 "수신거부" 버튼을 누르면 스팸 메일이 다시 오지 않는다.

08. PGP에서 제공하는 기밀성은 이메일의 내용이 전송 중에 변경되지 못하도록 하는 보안 서비스를 의미한다.

09. PGP에서 사용하는 대칭키 암호기술은 이메일 사용자가 공개키 암호기술에서 사용하는 암호화키를 서로 공유하게 한다.

10. 키로그 프로그램은 프로그램의 오류 수정을 위하여 만든 툴이다.

11. 키보드 보안 프로그램은 입력 내용을 모두 암호화한다.

12. 보안상 더 좋은 키보드는 USB형 키보드이다.

13. 하나의 사이트를 방문하고자 할 때 그와 똑같아 보이는 다른 사이트로 오인하도록 유도하는 것을 피싱이라 한다.

14. 메일의 발신자가 금융기관인 경우 메일에 링크되어 있는 주소를 바로 클릭하여도 안전하다.

15. 피싱 피해를 막기 위해서는 백신 프로그램을 이용해야 한다.

16. 인터넷뱅킹 이용 시에 공인인증서를 이용하기 위해서는 인증서를 은행에서 발급받아야 한다.

17. 마이핀은 도용되더라도 1년에 5회까지 바꿀 수 있다.

18. 이메일 인증은 주민등록번호를 사용하기 때문에 실명 인증이 가능하다.

19. ISP 안전 결제 서비스는 3D-Secure 암호 기술에 의하여 암호화통신이 이루어진다.

20. SSL 인증서는 인터넷 사용자를 위한 인증서이다.

【 객관식 문제 】

01. 마이핀은 개인정보와 관련이 없는 ( )자리의 무작위 번호로 이루어져 있다.

    ❶ 12   ❷ 13   ❸ 14   ❹ 15

02. 해킹 범죄자들이 하나의 사이트가 공식적으로 운영하고 있던 도메인 자체를 중간에서 탈취하여 주소 자체를 바꾸어 놓는 것을 무엇이라고 하는가?

    ❶ 피싱   ❷ 스미싱   ❸ 파밍   ❹ 암호화

03. 키보드로부터 키보드의 입력을 감시하여 그 내용을 기록하는 소프트웨어를 무엇이라고 하는가?

    ❶ 키로그 프로그램   ❷ 백신 프로그램
    ❸ 키보드 프로그램   ❹ 이메일 클라이언트

04. 인터넷의 구조와 기술에 관한 문서들을 모아놓은 것을 무엇이라고 하는가?

    ❶ RFC   ❷ DNS   ❸ OSI   ❹ RSA

05. 우리나라의 공인인증기관이 아닌 것은?

    ❶ 금융감독원   ❷ 한국증권전산   ❸ 한국전산원   ❹ 한국무역정보통신

06. PGP에서 지원하는 공개키 암호 알고리즘은 무엇인가?

    ❶ AES   ❷ DSA   ❸ SHA-1   ❹ ElGamal

07. 공인인증서에 저장되는 정보가 아닌 것은?

    ❶ 버전   ❷ 소유자의 서명   ❸ 유효기간   ❹ 발급자

08. 인증 방법 중 자신이 알고 있는 것을 이용하는 방법에 해당하는 것은?

    ❶ 사원증   ❷ 홍채   ❸ PIN 번호   ❹ 보안카드

09. 아이핀(i-Pin)을 발급하는 기관이 아닌 것은?

    ❶ 서울신용평가정보   ❷ 나이스신용평가정보
    ❸ 코리아크레딧뷰로   ❹ 한국전자인증

10. SSL로 암호화 통신이 이루어지는 웹사이트의 주소는 ( )로 시작한다.

❶ ssl://　　　　　❷ https://　　　　　❸ ftp://　　　　　❹ telnet://

【 주관식 문제 】

01. 피싱과 파밍에 대하여 기술하라.

02. 자신을 인증하는 세 가지 방법에 대하여 기술하라.

03. 스팸 메일을 방지할 수 있는 7가지 방법에 대하여 기술하라.

04. 인터넷 뱅킹 이용 시에 OTP를 사용하는 것이 비밀번호카드를 이용하는 방법보다 더 안전한 이유를 설명하라.

05. PGP에서 제공하는 보안 서비스를 기술하라.

06. 공인인증서와 주민등록번호를 대신할 수 있는 본인 인증 수단에 대하여 기술하라.

Introduction to **INFORMATION SECURITY**
for the Mobile Age

공격과 방어

6.1 네트워크 기초

네트워크의 발달과 인터넷의 발달로 일상의 많은 일들이 인터넷을 통하여 해결 가능하게 되었다. 은행을 가지 않고 송금과 조회를 할 수 있으며, 상점을 가지 않고 물건을 구매할 수 있다. 동사무소를 가지 않고 각종 증빙서류를 출력하기도 하고 중요한 거래정보를 이메일로 주고받기도 한다. 이렇게 네트워크 상에서의 가치 있는 정보가 늘어남에 따라 다양한 공격들이 생겨나고 범위와 횟수가 늘어나고 있다. 이 장에서는 우리를 괴롭히는 다양한 공격방법들과 그를 막는 방법들에 대하여 알아보고자 한다. 먼저 네트워크의 기본 개념부터 이해하고 넘어가자.

1) 네트워크 기본

네트워크란 통신이 가능한 장치들이 데이터 통신을 위해 연결되어 있는 구조를 말한다. 데이터 통신을 위해서는 기본적으로 보내고자 하는 메시지, 이를 주고받을 송/수신자, 전송 매체, 그리고 프로토콜이 필요하다.

네트워크 상에서 보내고자 하는 메시지는 이메일, HWP나 PDF와 같은 문서 파일, 웹페이지 등 다양한 종류가 될 수 있다. 이를 주고받을 송/수신자는 다양한 장치가 될 수 있다. 쉬운 예로는 컴퓨터를 생각해볼 수 있으며, 모바일 기기도 사람뿐만 아니라 대상이 될 수 있다. 상황에 따라서는 이후에 소개할 연결 장치들이 송/수신자가 될 수도 있다.

전송매체란 네트워크에 연결된 컴퓨터들이 정보 공유를 하기 위한 통로로써, 사용하는 매체에 따라 유선 매체와 무선 매체로 나눌 수 있다. 유선 매체에는 나선(open wire), 꼬임선(twisted pair wire), 동축 케이블(coaxial cable), 광케이블(optical fiber cable)

등 사람의 눈으로 볼 수 있는 선의 형태를 가진다. 무선 매체로는 소리를 전파하는 공기, 무선 신호, 라디오파, 마이크로파 등이 있다. 네트워크 통신을 위해서는 컴퓨터에 NIC(Network Interface Card)이 있어야 하는데 NIC은 우리가 흔히 말하는 랜카드(LAN card)를 생각하면 된다. NIC은 전송매체나, 네트워크의 규모에 따라 달라질 수 있다. NIC은 고유한 MAC(Media Access Control) 주소를 가지고 있다. 이 주소는 12자의 16진수로 표현되는 6바이트의 주소값을 가지게 되며 NIC마다 유일한 주소를 가진다. 윈도우를 사용하는 경우에는 (그림 6-1)과 같이 명령어창에서 'ipconfig /all'을 입력하면 관련 정보가 나타난다. '물리적 주소'라고 표시된 6개의 숫자와 영문의 조합(16진수 숫자)이 내 컴퓨터에 장착되어 있는 네트워크 카드의 MAC 주소이다.

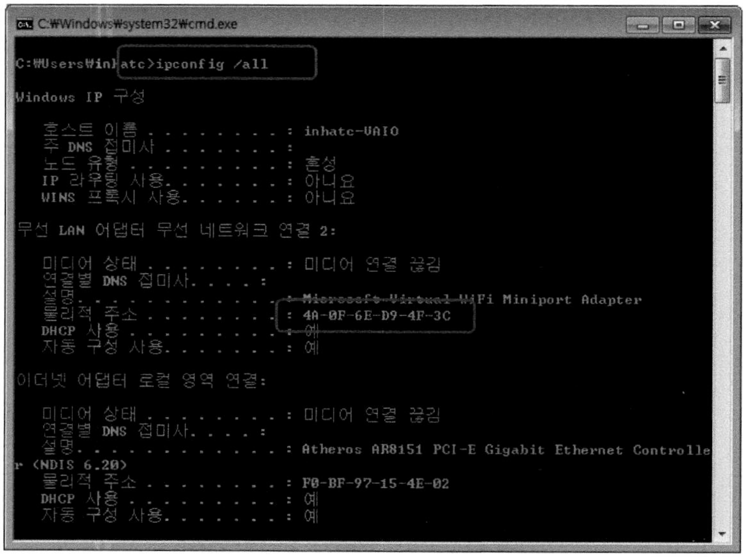

그림 6-1   MAC 주소 확인

네트워크는 규모에 따라 LAN(Local Area Network), MAN(Metropolitan Area Network), WAN(Wide Area Networks) 등으로 나눌 수 있다. LAN은 흔히 근거리 통신망이라고 불린다. 여러 대의 PC와 주변장치가 전용의 통신회선을 통하여 연결되어 있는 통신 네트워크로서 그 규모가 한 사무실, 한 건물, 한 학교 등과 같이 비교적 가까운 지역에 한정되어 있는 것을 말한다. LAN의 사전적인 의미를 살펴보면 '반경 수 Km 이내에서 수 Mbps에서 수백 Mbps까지 고속통신이 가능하며, 사유기관에 속하는 통신 네트워크'라고 정의되어 있다. MAN은 같은 도시나 지역사회와 같이, 지리적으로 같은 위치에 있는 여러 개의 LAN을 연결하는 중거리 네트워크이다. LAN보다 장거리이고 고속이며 최대 범위가 75km 정도인 네트워크이다. WAN은 원거리 통신망 또는 광역통신망으로 근거리 통신망(LAN) 또는 중거리 통신망(MAN)을 다시 하나로 묶는 거대한 네트워크이다. 하나의 도시, 나라, 대륙과 같이 매우 넓은 지역에 설치된 컴퓨터들 간에 정보와 자원을 공유하기에 적합하도록 설계한 컴퓨터 통신망이다.

우리가 전화를 걸어 상대방과 통화를 하기 위해서는 간단한 순서 규칙이 있다. 먼저 발신자는 수신자 전화번호를 눌러 전화를 건다. 수신자는 대기 상태에 있다가 전화벨이 울리면 전화를 받는다. 발신자와 수신자는 통화를 진행한다. 발신자와 수신자 중 원하는 사람은 종료 버튼을 통하여 통화를 종료할 수 있다. 전화의 예와 마찬가지로 네트워크에서도 송신자가 보낸 메시지를 전송매체를 통하여 보내고 수신자가 이를 받아 메시지를 활용할 수 있기 위해서는 송수신자간의 통신 규약이 필요하다. 네트워크에서 메시지를 주고받기 위한 전송 규약(規約)을 네트워크 프로토콜(또는 프로토콜)이라 한다.

프로토콜은 원래 외교상에 쓰이는 단어로 두 상대방 사이에서 원활한 교류를 위하여 합의된 약속이라는 의미를 가지고 있다. 일반적으로 통신하는 상대방은 서로 원격지에 위치한다. 따라서 전기적 혹은 광학적 신호로 변환된 정보가 통신채널을 통해 전달될 때에는 정상적으로 흘러가지 못하도록 훼방을 놓는 여러 가지 현상이 존재하게 된다. 예를 들어 두 사람이 전화 통화를 할 때, 수신자는 전화 도중 발생되는 혼선 또는 잡음으로, 또는 송신자가 너무 빨리 말을 하여 못 알아들을 수 있다. 이러한 일은 네트워크를 통한 데이터 전송 시에도 발생될 수 있다. 네트워크 프로토콜은 혼선 또는 잡음, 연결 상태의 불량, 송신자의 데이터 속도 조절 등을 처리하는 기능을 제공한다. 즉, 프로토콜은 "에러 제어"를 통해서 연결 상태나 에러에 의한 데이터 손실에 대한 처리를 하며, "흐름 제어"를 통해서 데이터 전송의 속도를 제어하게 된다. 정보를 정확히 그리고 효율적으로 전송하기 위해서는 동기화(synchronization)도 매우 중요하다. 만약 정보를 송수신하는 상대방이 서로 한 비트의 시간 길이를 서로 다르게 사용한다든지, 한 메시지의 시작 지점을 서로 다르게 인식하게 되면 순식간에 대량의 에러가 발생하게 된다. 따라서 동기화를 통하여 이들에 대해서도 사전 약속을 한다.

2) 네트워크 계층구조

ISO(International Standards Organization)에서는 복잡해져가는 통신 규약을 체계적으로 정리하고 기준을 세우기 위하여 OSI(Open System Interconnection) 표준 모델

을 제정하였다. OSI 모델에서는 통신 프로토콜이 해야 할 일을 응용 계층(application layer), 표현 계층(presentation layer), 세션 계층(session layer), 전송 계층(transport layer), 네트워크 계층(network layer), 데이터 링크 계층(data link layer), 물리 계층(physical layer)으로 나누었다.

OSI 모델에서는 (그림6-2)와 같이 송신자의 응용프로그램에서 만들어진 데이터를 케이블을 통해 전송하고, 수신자 컴퓨터에서 수신 후 응용 프로그램에 전달되어 처리되기까지 7계층의 처리단계를 거친다. 보내고자 하는 데이터에 (그림 6-2)와 같이 각 단계를 거치면서 필요한 정보를 데이터에 추가해 나가는데, 이를 헤더(header)라고 한다(혹은 tailer가 함께 붙기도 한다). 우리가 상대방에게 물건을 보낼 때 물건을 포장하고 전송할 때 상자에 물품의 내용, 발신처와 수신처 등을 표기하여 전송한다. 이처럼 네트워크상에서 데이터를 전송할 때도 데이터를 포장하고 정보의 발신처, 수신처 등의 주소와 전송 시에 에러의 발생이 있었는지를 점검하기 위한 정보, 그 밖에 흐름제어 등을 위한 정보 등을 표기하기 위해서 헤더에 이들의 내용을 표기하게 된다. 받는 쪽에서는 헤더를 붙인 순서와 반대로 헤더를 떼어내면서 헤더 정보를 참조하여 처리하고 최종적으로 수신 응용 프로그램에 전달한다.

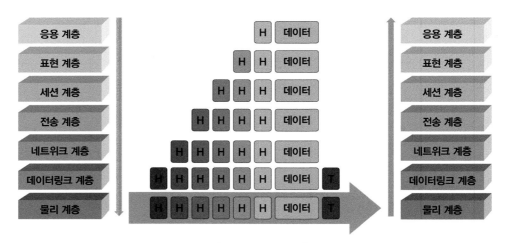

그림 6-2 OSI 7 계층

OSI 7계층의 각 계층별 자세한 기능은 다음과 같이 정리된다.

1. 응용계층: 응용계층은 사용자가 직접 접하는 응용프로그램을 의미한다. 이 계층에서는 사용자들 사이의 대화 유형이나 파일 전송, 전자 메일 서비스와 같은 서비스를 이

용할 수 있는 프로토콜을 제공한다.

2. **표현계층:** 표현계층은 데이터의 변환, 암호화, 압축을 담당한다. 응용 계층에서 발생
된 데이터들을 전송할 수 있는 데이터의 형태로 변환시키고, 전달받은 데이터를 응
용 계층이 해석할 수 있는 데이터 형태로 변환하는 기능을 제공한다.

3. **세션계층:** 세션계층은 통신을 시작하고자 할 때 송수신 프로세서 간의 연결을 확립
하고 유지하며, 통신을 종료할 때 연결을 해제하는 역할을 담당한다. 두 컴퓨터가 논
리적으로 연결되도록 하고, 동기점 또는 검사점(check point)을 두어 파일이나 메시
지 전송 시 실패가 발생하였을 경우에는 동기화 서비스를 통해서 최후의 검사점 이
후의 데이터만을 재전송할 수 있도록 한다.

4. **전송계층:** 전송계층은 세션을 맺고 있는 두 사용자 사이의 데이터 전송을 위한 다양
한 제어 기능을 수행한다. 세션계층에서 데이터를 받아 필요시 작은 단위로 분할하
고, 분할된 데이터들을 목적지까지 무사히 도착하도록 확인하는 기능을 수행한다.
또한 하나의 컴퓨터에는 여러 개의 프로세스가 수행되는데 내 컴퓨터에 들어온 다양
한 데이터들을 올바른 프로세스에 전달해주는 역할을 하게 된다.

5. **네트워크 계층:** 네트워크 계층은 전송하고자 하는 패킷을 발신지로부터 여러 네트워
크(링크)를 통해 목적지까지 정확하고 안정적으로 전송하는 기능을 수행하는 계층
이다. 통신망 간의 기술적 차이로 인해 발생하는 문제들을 해결하고, 원하는 통신 서
비스를 제공하여 데이터 전송을 할 수 있도록 경로를 선택하거나 전송 절차를 구현
한다.

6. **데이터링크 계층 :** 물리적 링크를 신뢰성있게 전송하고 비트를 프레임이라는 논리적
단위로 구성한다. MAC 주소를 이용하여 통신할 수 있게 한다.

7. **물리계층:** 통신의 가장 아래 단계로 보내고자 하는 데이터들을 데이터링크 계층에서
받아와 전자적 신호로 바꿔 전송한다.

우리가 편지를 보내거나 소포를 보낼 때 봉투에 담거나 소포 포장을 하는 것처럼 네트
워크에서는 각 프로토콜이 정보의 운반을 위하여 프로토콜 데이터 유니트(PDU: Pro-
tocol Data Unit)라고 하는 상자를 이용한다. PDU는 (그림 6-3)과 같이 OSI 7 계층에
서 계층별로 서로 다른 이름을 가지고 있으며 데이터와 함께 각 계층에서 필요로 하는
헤더를 포함하고 있다.

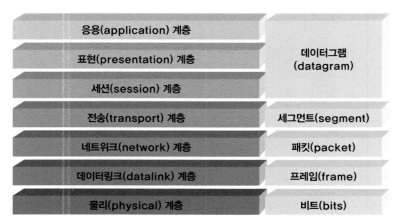

응용(application) 계층	데이터그램 (datagram)
표현(presentation) 계층	
세션(session) 계층	
전송(transport) 계층	세그먼트(segment)
네트워크(network) 계층	패킷(packet)
데이터링크(datalink) 계층	프레임(frame)
물리(physical) 계층	비트(bits)

그림 6-3　프로토콜 데이터 유니트

각 계층에서 추가하는 헤더 정보에 대한 자세한 내용은 이 책의 범위를 벗어나므로 개념만 이해하자. 단, 우리가 인터넷에서의 주소라고 알고 있는 IP 주소는 TCP/IP 프로토콜에서 IP 계층인 네트워크 계층의 헤더에 포함되어 있고, MAC 주소는 데이터 링크 계층 헤더에 포함되어 있다는 사실만 알고 넘어가도록 하자.

3) TCP/IP

TCP/IP는 인터넷을 위한 가장 기본적인 프로토콜이다. TCP(Transmission Control Protocol)라는 전송 조절 프로토콜과 IP(Internet Protocol)라는 패킷 통신을 위한 프로토콜이 결합된 것이 TCP/IP이다. 웹(WWW)에 사용되는 HTTP, 원격 컴퓨터 제어를 위한 텔넷(telnet), 파일 전송을 위한 FTP, 메일에 사용되는 SMTP 등이 TCP/IP를 사용한다. 인터넷 통신을 위한 TCP/IP 프로토콜은 앞에서 살펴본 OSI 7계층에 기반을 두었으나 표준을 그대로 따르지는 않고 4단계로 구분하고 있다. OSI 모델의 계층에 대응되는 TCP/IP 계층은 (그림 6-4)와 같다.

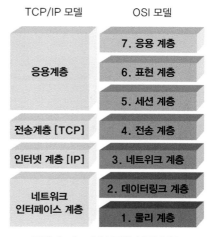

TCP/IP 모델   OSI 모델

그림 6-4   OSI 모델과 TCP/IP

인터넷 통신을 위해서는 TCP/IP 프로토콜을 구현한 프로그램이 필요한데 윈도우즈나 리눅스와 같은 운영체제를 컴퓨터에 설치하게 되면 기본적으로 이 프로그램은 설치된다. 윈도우즈의 경우 [제어판] → [네트워크 및 인터넷] → [네트워크 및 공유센터]로 들어가 (그림 6-5)와 같이 [어댑터 설정 변경]을 선택하면 (그림 6-6)과 같은 창이 뜬다. 'Internet Protocol Version 6', 'Internet Protocol Version 4'의 항목이 있다. 인터넷 프로토콜 프로그램이 설치되어 사용할 수 있음을 나타낸다.

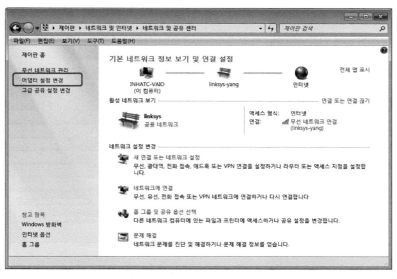

그림 6-5   로컬 영역 연결 속성 설정

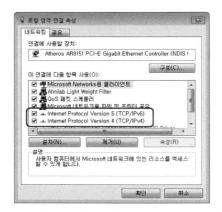

그림 6-6 기본적으로 설치된 TCP/IP 프로그램

(a) 자동으로 IP 주소 할당   (b) 수동으로 IP 주소 할당

그림 6-7 IP 등록 정보 화면

(그림 6-6)에서 TCP/IPv4를 선택하고 [속성]을 누르면 (그림 6-7)이 출력된다. 내 컴퓨터에서 IP 주소를 지정하는 방식은 (그림 6-7)의 (a)와 같이 IP 주소를 자동으로 할당받거나 (그림 6-7) (b)과 같이 IP 주소를 직접 입력하는 방식이 있다. 대부분 가정에서 이용하는 컴퓨터들은 자동으로 할당받는 방식으로 설정되어 있다. 자신의 IP 주소는 (그림 6-7)과 같이 [인터넷 프로토콜 등록정보]에 들어가 보면 알 수 있다. 그러나 [자동으로 IP주소 받기]가 선택되어 있는 경우에는 IP 주소를 알 수 없다. 윈도우를 사용하는 경우에는 (그림 6-8)과 같이 명령어창에서 'ipconfig /all'를 입력하면 관련 정보가 나타난다. "IPv4 주소"라고 표시된 네 개의 숫자가 내 컴퓨터의 IP 주소가 된다.

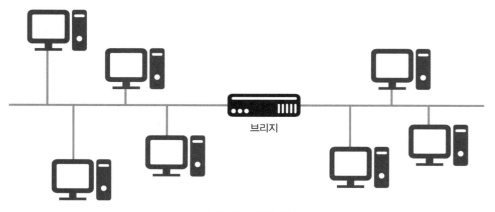

화면 내용:
```
C:\Windows\system32\cmd.exe

연결별 DNS 접미사. . . . :
설명. . . . . . . . . . . : Atheros AR9285 Wireless Network Adapter
물리적 주소 . . . . . . . : 4C-0F-6E-D9-4F-3C
DHCP 사용 . . . . . . . . : 예
자동 구성 사용. . . . . . : 예
링크-로컬 IPv6 주소 . . . : fe80::d9c3:daf4:ifei:9e09%10〈기본 설정〉
IPv4 주소. . . . . . . . . : 192.168.1.106〈기본 설정〉
서브넷 마스크 . . . . . . : 255.255.255.0
임대 시작 날짜. . . . . . : 2016년 1월 29일 금요일 오후 10:15:26
임대 만료 날짜. . . . . . : 2016년 1월 30일 토요일 오후 10:15:26
기본 게이트웨이 . . . . . : 192.168.1.1
DHCP 서버. . . . . . . . . : 192.168.1.1
DHCPv6 IAID. . . . . . . . : 239865710
DHCPv6 클라이언트 DUID. . . : 00-01-00-01-15-74-79-0A-F0-BF-97-15-4E-02
DNS 서버. . . . . . . . . : 210.220.163.82
                            219.250.36.130
Tcpip를 통한 NetBIOS . . . : 사용
```

그림 6-8   IP 주소의 확인

4) 네트워크 연결장치

인터넷은 서브넷(subnet) 혹은 세그먼트(segment)를 서로 연결하여 거대한 통신망의 집합체가 되었다. 이렇게 네트워크들을 크게 하나로 묶거나 반대로 큰 네트워크를 작은 서브넷으로 분할해 주기 위해서는 연결 장치가 필요하다.

네트워크에 사용되는 케이블은 종류에 따라 전송가능 거리에 제한이 있다. 신호가 멀리 갈수록 약해지게 되기 때문이다. 멀리 있는 컴퓨터까지 메시지를 보내기 위해서는 약해지는 신호를 증폭해야 하는데 이때 이용되는 장치가 리피터(repeater)이다. 허브(hub)는 리피터의 기능을 하는 여러 개의 포트를 가진 멀티포트(multi-port) 리피터와 같다. USB 허브를 생각하면 이해하기 쉬울 것이다. 리피터와 허브는 OSI 계층의 물리 계층에서 동작하는 장치이다.

브리지

그림 6-9   브리지 구성

허브는 매우 단순한 장치로서 받은 데이터를 다른 모든 포트로 무조건 복사하여 보내기 때문에 수신자가 아닌 허브에 연결된 모든 컴퓨터도 데이터를 받게 되며, 이로 인해 보안상의 문제를 일으키기도 한다.

브리지(Bridge)는 데이터 링크 계층(링크 계층이라고도 함)에서 동작하는 연결 장치이다. 즉, 링크 계층에서 붙인 헤더를 인식하여 목적지의 MAC 주소를 알아내고 이 주소로 데이터를 보내는 역할을 한다. 입력되는 데이터의 목적지 MAC 주소가 브리지의 반대편에 있을 때만 데이터를 통과시킨다.

스위치(switch)는 서로 다른 매체 타입을 사용하는 두 네트워크를 더 큰 네트워크로 연결시키는데 유용한 장치로 멀티포트 브리지라고 생각하면 된다. 스위치는 MAC 주소 테이블을 유지하면서 스위치로 들어오는 데이터의 목적지 MAC 주소를 보고 어느 포트에 연결된 장치로 가야 하는지를 파악하고 그 포트로만 데이터를 보내준다. 스위치라는 이름은 (그림 6-10) (a)에서와 같은 전기 스위치의 역할에서 따온 것 같다. 그림에서와 같이 연결된 여러 개의 전구 중에서, 불이 들어오도록 할 전구 A로 스위치를 연결시키면 전구 A로만 전류가 흐르게 된다. (그림 6-10) (b)는 8개의 포트를 가진 스위치에 7대의 컴퓨터가 연결된 상태를 보여준다. 스위치의 1번 포트에 연결된 컴퓨터 A가 컴퓨터 G로 보낼 데이터를 스위치로 보내면, 스위치는 데이터의 목적지 MAC 주소를 보고 8번째 포트로 데이터를 내보낸다.

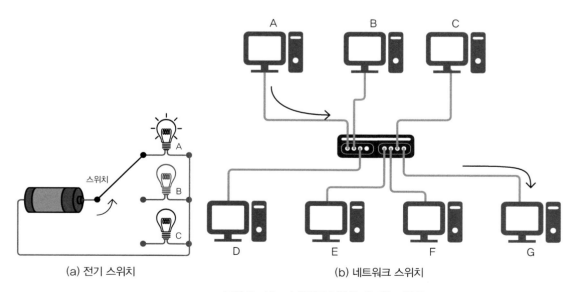

(a) 전기 스위치   (b) 네트워크 스위치

그림 6-10 스위치를 이용한 네트워크 구성

라우터(router)는 네트워크 계층에서 작동하며 서로 다른 네트워크를 중계해주는 역할
을 한다. 송신자가 보낸 정보의 IP를 인식하여 수신처 주소를 읽고 데이터패킷이 IP 주
소에 해당하는 시스템에 찾아갈 수 있도록 가장 적절한 통신 통로를 지정하고 다른 통
신망으로 전송하는 장치이다. 브리지는 단순히 통신망을 연결해주지만, 라우터는 경로
배정표에 따라 다른 통신망을 인식하여 경로를 배정한다. 또한 수신된 패킷에 의하여
다른 통신망 또는 자신이 연결되어 있는 통신망 내의 수신처를 결정하여 여러 경로 중
가장 효율적인 경로를 선택하여 패킷을 보낸다.

게이트웨이(gateway)는 보통 별도의 장치를 사용하기보다는 서버에서 동작하는 소프
트웨어로 구현된다. 게이트웨이는 서로 다른 프로토콜을 사용하는 다른 종류의 네트워
크를 연결하는데 사용되며 OSI 모델의 응용 계층에서 작동한다.

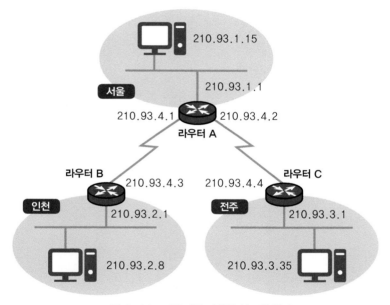

그림 6-11 라우터를 이용한 서브넷 연결

6.2   공격의 이모저모

대부분의 사람들은 해킹을 남의 시스템에 몰래 들어가 자료를 빼내오는 등의 범죄행위
라고 생각할 것이다. 그렇다. 해킹은 일종의 도둑질과 같다. 남의 시스템을 뚫는 것은
가정집에 무단 침입하는 것이고 시스템에 있는 자료를 삭제하는 것은 기물 파손과 같

고, 자료의 유출은 절도나 마찬가지이다. 따라서 도둑질을 하면 처벌을 받듯이 해킹을 하면 관련 법규에 의해 처벌을 받는다. 그런데, 도둑이 되고 싶어 하는 사람은 없지만 해커가 되고 싶어 하는 사람은 많다. 아마도 해킹이 범죄라고 의식하지 못한 채, 다른 시스템에 침입하는 경험이 짜릿함을 주고 무언가 컴퓨터를 잘 아는 것처럼 느끼게 해 주는 이유 때문은 아닐까?

1) 공격자

해커의 사전적인 의미는 컴퓨터 시스템의 내부 구조와 동작 따위에 심취하여 이를 알고자 노력하는 사람이다. 컴퓨터가 발전하는 1950~1960년대의 해커들은 윤리 의식을 가지고 컴퓨터와 프로그램에 대한 연구를 하던 사람들이었다. 그러나 1970년대로 넘어오면서 해커는 허가받지 않은 남의 컴퓨터에 침입하여 시스템을 파괴하거나 소프트웨어를 불법으로 복사하여 배포하는 등의 범죄 행위를 행하는 사람으로 그 뜻이 변질되었다. 이로 인해 최근의 '해커'라는 용어는 의도를 기준으로 〈표 6-1〉과 같이 구분하고 있다.

표 6-1 해커의 의도를 기준으로 한 분류

분류	설명
white-hat 해커(화이트 해커)	윤리적 해커로 공익을 위하거나 학업 등을 위한 순수 목적으로 정보시스템을 해킹하는 모의 해킹(penetration testing)이나 다른 취약점 점검 등을 수행하는 전문적인 보안전문가를 일컫는다. 보안상의 취약점을 찾아내고 개선하기 위해 회사와 함께 일하기도 한다.
gray-hat 해커	해킹 기술을 사용하여 시스템의 취약점을 분석하고 허가 없이 시스템에 침투한다. 하지만 시스템을 파괴하기보다는 알아낸 취약점을 보완하기 위하여 보안 장치를 설치해주려 한다. 즉, 침입의 목적은 선하지만 침입 자체는 불법이므로 법적 문제를 고려하여 대부분 그들의 흔적을 남기지 않는다.
black-hat 해커(크래커)	악의적 목적을 가지고 정보 체계 침입, 컴퓨터 소프트웨어 변조(變造), 컴퓨터 바이러스 유포 등의 행위를 하여 해를 끼치는 해커로 크래커라고도 한다.

해커는 수준을 기준으로 구분하기도 한다. 내 시스템에 접근하는 공격자의 수준을 파악하게 되면 공격자의 수준에 맞는 적절한 방어책을 세울 수 있기 때문에 공격자를 정확히 파악하는 것 또한 중요하다. 이 책에서는 많이 알려진 길버트 아라베디언의 분류에 따른 5개의 해커 등급을 소개하고자 한다.

표 6-2 해커의 수준을 기준으로 한 분류

부류	설명
레이머 (Lamer)	해커가 되고 싶지만 경험이나 기술이 없는 초보 수준의 실력을 가지고 있다. 네트워크나 OS에 관련된 기술적 지식을 가지고 있지 않으며 대부분 해킹 툴을 사용해 보는 수준에 머무른다.
스크립트 키디 (Script Kiddie)	네트워크나 OS에 관한 약간의 지식을 가지고 있으며 널리 알려진 해킹툴을 사용하는 그룹이다. 악의를 가지고 다른 사람들에게 피해를 입힌다거나, 불법적으로 특정 이득을 얻으려는 것보다는 재미로 사이버 공간을 다니며 다른 사람들을 놀라게 하는 것에 관심을 가지고 있다.
디벨롭트 키디 (Developped Kiddie)	네트워크나 OS에 대한 깊은 지식은 없다. 대부분의 해킹 기법들을 알고 있으며 그 기법을 어디에 사용할 것인지 알고 있다. 해킹 수행 코드가 적용될 수 있는 취약점을 발견할 때까지 여러 번 시도해 시스템 침투에 성공할 수는 있지만 새로운 취약점을 발견하지는 못한다.
세미엘리트 (Semi Elite)	컴퓨터에 대한 포괄적인 지식이 있고 네트워크와 OS에 대한 지식도 갖추고 있으며, 특정 취약점을 발견하거나 공격할 수 있는 코드를 만들어낼 수도 있다. 언론에 보도되는 해킹 사건의 주인공이 이 부류에 속한다고 볼 수 있다.
엘리트 (Elite)	운영체제나 네트워크, 프로그래밍 등에 대한 해박한 지식을 가지고 있으며 해킹하고자 하는 시스템의 새로운 취약점을 찾아내어 해킹할 수 있는 최고 수준의 해커다. 이 등급의 해커는 시스템 안팎에 흔적을 남기지 않고 해킹을 수행한다.

해킹은 1950년대 후반부터 시작되었다. 해킹의 역사는 시대별로 나누어 1950년대 후반부터 1960년대를 1세대, 1970년대를 2세대, 1980년대를 3세대, 1990년대를 4세대라고 한다. 각 세대에는 유명한 해커들과 유명한 해킹 일화가 전해 내려온다. 역사에 기록된 유명한 해커 몇 명을 소개하자.

첫 번째 소개할 해커는 존 드래퍼(John Draper)이다(그림 6-12). 존 드래퍼는 수의사였는데 베트남 파병 당시 군인용 야전 식량인 시리얼박스에 들어있는 (그림 6-13)의 장난감 호각을 불면 무료로 장거리 전화를 걸 수 있다는 것을 알아내게 되었다. 이 방법은 컴퓨터를 이용하지 않은 최초의 해킹이라고 할 수 있는 '프리킹(phreaking)'으로서 "어떤 도구나 수단으로 전화 체계를 교란시켜 전화 요금을 내지 않는 행위"를 뜻한다.

그림 6-12 존 드래퍼

그림 6-13 장난감 호각

본격적으로 해킹이 발생한 1970년대에는 유명한 해커들이 많이 배출되었다. 이때부터 영화에 해커의 이야기가 등장하기 시작하였고 해커들의 지하조직이 형성되기도 하였다. 유명한 해커로 케빈 미트닉(Kevin Mitnick)이 있다(그림 6-14). 케빈 미트닉은 17세의 고등학생 시절부터 상당한 수준의 해킹 기술을 가지고 있었다. 그는 고장난 라디오를 수리하고 모뎀을 부착해 1:1 컴퓨터 접속을 시도하는 해킹 방법을 시도하기도 하였고 고교시절에는 학교 컴퓨터 시스템에 침투해 성적을 변조하기도 하였다. 케빈 미트닉은 훔친 정보를 다른 곳에 숨겨두는 등 자신만의 기법을 사용한 해킹 사건들을 잇따라 발생시켰고, 그만의 특별한 해킹 기법이 실마리가 되어 1995년에 FBI에 의해 체포되었다. 가석방이 된 후에도 미트닉의 해킹을 막기 위하여 3년간 컴퓨터와 휴대폰을 이용한 인터넷 접속을 금지당했을 만큼 실력은 대단하였다.

그림 6-14 케빈 미트닉

미트닉을 주인공으로 하는 책과 영화도 많이 만들어질 정도였다. 현재 그는 "미트닉 시큐리티 컨설팅"이라는 보안 회사를 운영하면서 그동안 자신이 해커로서 쌓은 다양한 지식들을 여러 회사들의 시스템을 보호하는 곳에 이용하고 있다.

로버트 타판 모리스(Robert Tappan Moris)는 인터넷을 통해 전파된 최초의 웜으로 유명하다(그림 6-15). 1988년 코넬대학에 재학 중이던 모리스는 인터넷의 크기를 파악하려는 순수한 의도로(자신의 주장에 따르면) 웜을 배포했다고 한다. 그러나 모리스가 구현한 프로그램은 인터넷에 연결된 6,000여대의 컴퓨터를 감염시키고 컴퓨터가 다운되는 문제를 발생시켰다. 이로 인해 모리스는 실형을 선고받고 10,000달러의 벌금과 긴 사회봉사 명령을 받았다. 현재 로버트 모리스는 MIT의 교수로 재직 중이며 컴퓨터 네트워크 분야에서 상당히 활발한 연구를 수행하고 있다.

그림 6-15 로버트 타판 모리스

이 외에도 스니브 워즈니악, 리처드 스톨만 등의 화이트 해커들도 있으며 최근에 유명한 어나니머스와 같은 해킹 단체도 있다(1장 참조).

해커가 공격대상 시스템에 침투하기 위해서는 다양한 과정을 거치게 된다. 모든 해커들이 똑같은 해킹 과정을 거쳐 공격을 수행한다고 말할 수는 없지만 가장 널리 알려진 해킹의 패턴은 (그림 6-16)과 같다.

해커는 먼저 공격 대상의 정보를 수집하게 된다. 공격 대상의 운영체제, 네트워크의 구성, 보안 장치의 존재 여부 등 공격대상에 대한 다양한 정보를 수집하게 된다. 해커는 수집된 정보들을 면밀히 분석하여 공격 성공을 할 수 있는 취약점을 찾아낸다. 취약점이 발견되면 어떻게 공격을 수행할 것인지 치밀한 계획을 세우고 이를 실행에 옮긴다. 추적을 방지하기 위한 사후 처리 또한 절대 잊지 않는다.

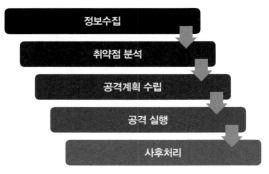

그림 6-16 해킹 단계

2) 공격 방법들

(1) 악성코드

악성코드란 사용자 시스템에서 악의적인 동작을 수행하는 코드를 일컫는다. 악성코드를 악의적인 소프트웨어 또는 멀웨어(mal-ware, malicious software)라고도 한다. 악성코드는 가끔은 시스템에 해를 끼치는 '악질적인 프로그램'이 아닌 장난 정도로 그치는 프로그램도 있다. 여름에 갑자기 무서운 화면이 나타나도록 한다거나, 실제로 파일을 삭제하지는 않으면서 마치 파일이 삭제되는 것처럼 꾸미는 등의 joke가 그것이다. 1장과 2장에서 악성코드에 대한 분류를 살펴보았지만, 이 절에서는 '악질적인' 악성코드에 대하여 조금 더 자세히 알아보도록 한다.

① 바이러스와 웜 그리고 트로이목마

컴퓨터 바이러스(virus)는 컴퓨터 프로그램의 한 종류로 사용자 몰래 컴퓨터 프로그램이나 실행 가능한 부분을 변형하고 그곳에 자기 자신 또는 자신의 변형을 복제하여 컴퓨터 동작에 피해를 주는 명령어들의 조합이다. 컴퓨터 바이러스는 감염 대상 프로그램에 기생하고, 다른 프로그램이나 실행 가능한 부분에 감염을 시키는 특성을 가지고 있다. 이러한 특성이 생물학적인 바이러스와 비슷하다고 하여 바이러스라고 하는 이름이 붙여졌다.

최초의 컴퓨터 바이러스는 1985년 파키스탄에서 발견된 브레인 바이러스로 알려져 있다. 브레인 바이러스는 파키스탄의 프로그래머 형제가 자신들이 만든 프로그램을 불법 복제한 사용자들을 골탕 먹이기 위해 만들었다고 한다. 이 바이러스는 자신을 복제하여 유포하면서 감염된 플로피 디스크의 이름을 '(C) Brain'으로 변경하여 브레인 바이러스라는 이름을 가지게 되었다. 브레인 바이러스 이후로 바이러스는 원시적인 형태와 단순한 파괴력을 가지는 바이러스로부터 복잡한 기능과 파괴력을 가지는 형태의 바이러스까지 다양하게 진화하였다.

바이러스 프로그램은 독립적으로 존재하거나 실행되지 못하기 때문에 자신을 다른 프로그램으로 감염시키기 위하여 부트 섹터나 실행 가능한 파일을 대상으로 하는 경우가 대부분이다. 바이러스가 어느 부위에 감염되는지에 따라, 즉 감염 대상 프로그램의 어느 영역에 위치하느냐에 따라 분류할 수 있다. 〈표 6-3〉는 감염된 부위에 따른 바이러스의 특징과 피해에 대한 내용이다.

표 6-3 감염 위치에 따른 바이러스 분류

종류	감염 위치	설명
부트바이러스	부트 섹터	컴퓨터가 처음 가동되면 하드 디스크의 부트섹터에 위치하는 프로그램이 가장 먼저 실행되는데, 이곳에 자리 잡는 컴퓨터 바이러스이다. 감염이 되면 부팅이 되지 않거나 부팅 시간이 오래걸리거나 시스템 속도가 저하되기도 하며, 디스크를 인식하지 못하는 경우도 있다.
파일바이러스	실행 파일	실행 가능한 프로그램에 감염되는 바이러스로 감염되는 대상은 확장자가 com이거나 exe인 실행파일이 대부분이다. 국내에서 발견된 바이러스의 80~90% 정도가 파일 바이러스에 속할 정도로, 파일 바이러스는 가장 일반적인 바이러스 유형이다. 파일 바이러스에 감염되면 특정 파일 또는 프로그램이 실행되지 않거나, 실행 시간이 오래 걸리거나 파일의 생성 날짜/시간 등이 변경되는 등의 증상이 나타난다.
부트/파일 바이러스	부트 섹터 /실행 파일	부트/파일 바이러스는 부트섹터와 파일에 모두 감염되는 바이러스로 대부분 바이러스의 크기가 크고 피해 정도도 크다.

파일 바이러스는 .com이나 .exe와 같은 실행 가능한 파일 내에 자신의 코드를 삽입시킨다. 바이러스 프로그램은 감염된 실행 파일이 실행될 때 함께 실행되며, 메모리에 상주하면서 그 이후에 실행되는 다른 실행 파일들에 자신의 코드를 복제하여 삽입함으로써 다른 실행 파일을 감염시켜 나간다. 실행파일을 감염시키는 바이러스 프로그램은 (그림 6-17)의 (a)와 같이 파일의 앞부분에 바이러스 코드를 첨부하여 활성화된다. 때에 따라서는 (b)처럼 바이러스 코드가 실행 파일의 앞과 뒷부분에 모두 붙어 프로그램을 감싸는 형태도 있다. 이러한 형태는 바이러스 복제 뿐 아니라 원래 프로그램의 실행 결과를 바꿀 수도 있다. (a)와 (b)의 형태는 감염된 실행 파일들의 크기가 바이러스 프로그램의 크기만큼 증가되므로 바이러스 검출이 용이할 뿐만 아니라, 삽입된 바이러스 코드만 삭제하면

되므로 치료(복구)도 간단하다. 바이러스 코드가 원래의 프로그램 코드와 병합되는 (c)와 같은 타입은 파일의 크기를 변경시키지 않기 때문에, 앞에서의 형태처럼 파일의 크기로는 바이러스의 존재 여부를 알기 어렵다. (c)와 같은 바이러스를 제작하기 위해서는 원래의 프로그램 구조를 잘 알아야 병합이 가능하여 만들기 어려운 바이러스로 알려져 있다. 그러나 (c)와 같이 바이러스에 감염된 실행파일은 완전한 치료가 불가능할 수 있다.

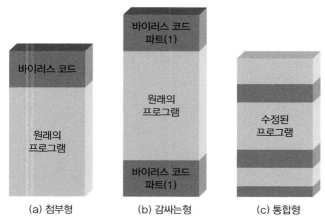

그림 6-17 바이러스 코드의 위치

웜(worm)은 네트워크나 기억장소에서 연속적으로 스스로를 복제함으로써 기억장치나 네트워크 자원을 소모하거나 파괴하는 컴퓨터 프로그램이다. 스스로를 무제한 복제하고 네트워크로 전파시킴으로써 과도한 트래픽을 유발시켜 시스템과 네트워크가 정상작동을 할 수 없도록 만든다. 웜은 바이러스와 달리 감염대상 없이 스스로를 복제하고 수행되며 네트워크를 통한 자가 전파의 능력을 가지고 있다. 반면 바이러스는 감염 대상에 기생하여 실행되고 타 프로그램에 전염시키지만 네트워크를 통한 전파는 하지 않는다. 바이러스와 웜의 차이는 〈표 6-4〉와 같이 정리할 수 있다.

표 6-4 웜과 바이러스의 비교

	웜	바이러스
감염 대상 프로그램	감염 대상이 필요 없다.	감염 대상이 필요하다.
스스로 전파	네트워크를 통하여 스스로 전파 가능하다.	네트워크를 통한 전파는 하지 못한다.
피해방식	네트워크를 손상시키고 대역폭을 잠식한다.	컴퓨터 파일이나 시스템을 손상한다.

인터넷을 통해 전파되고 대중에게 널리 알려진 최초의 웜은 앞서 소개한 모리스웜이다. 웜은 1999년 이후 이메일을 통하여 전파되기 시작하면서 일반일들에게 널리 인식되었다. 초기의 웜은 자신을 무제한 복제하여 네트워크로 전파함으로써 네트워크 트래픽을 과다 생성토록 하여 피해를 입혔다. 악성코드는 자신의 파괴력과 웜의 전파력을 가지면서 많은 컴퓨터들에게 피해를 입히게 되었다.

트로이목마(Trojan horse)의 이름은 그리스 신화의 트로이 전쟁에서 유래한다. 그리스는 전쟁이 거의 트로이의 승리로 끝날 무렵 그리스군을 나무로 만든 목마 속에 숨기고 목마를 트로이 성 입구에 놔두고 떠난다. 트로이는 그리스군이 퇴각한 줄 알고 목마를 승리의 상징으로 여겨 트로이군 성 안으로 옮겼다. 트로이 성에 쉽게 들어간 목마 속의 그리스군은 트로이군을 기습 공격하여 마침내 승리를 거둔다.

그림 6-18 트로이목마

악성코드의 한 종류인 트로이목마는 유래에서와 같이 악성코드를 정상 프로그램 안에 숨겨 마치 정상 프로그램인 것처럼 위장하여 사용자 시스템에 접근하고 피해를 입히는 프로그램이다. 즉, 겉으로 보기에는 유용한 프로그램이지만 실행하면 악의적인 기능이 실행되어 시스템을 파괴하는 악성코드이다. 트로이목마는 인터넷을 통하여 파일을 다운로드하는 과정에서 감염되거나 이메일의 첨부파일 형태로 전파되는 경우가 많으며, 웜과 바이러스와는 다르게 자기 복제나 전염, 네트워크로의 전파 능력을 가지고 있지 않다. 따라서 한 컴퓨터에서 바이러스가 발견되면 다른 모든 프로그램의 감염 여부를 검사해야 하지만 트로이목마는 해당 프로그램만 지우면 문제가 해결된다.

② 스파이웨어와 애드웨어 그리고 랜섬웨어

스파이웨어(spyware)는 스파이(spy)와 소프트웨어(software)의 합성어로 사용자 동의 없이 컴퓨터에 설치되어 사용자 정보를 수집하고 전송하는 악성코드를 말한다. 스파이웨어는 미국의 인터넷 광고 전문회사인 라디에이트에서 사용자의 컴퓨터에 번호를 매겨 몇 명의 사용자가 광고를 보고 있는지를 알아내고, 개인 사용자의 취향을 파악하여 광고주에게 제공하기 위해 개발한 것으로 알려져 있다. 초기의 스파이웨어는 사용자의 동의 하에 수집된 정보를 마케팅에 활용할 목적으로 사용자의 정보를 수집하였다. 그러나 최근에는 사용자의 동의 없이 개인 사용자의 취향 이외에 사용자 이름, IP 주소, 개인 ID, 패스워드 등 개인의 민감한 정보까지도 수집하면서 정보 유출로 인한 심각한 문제를 발생시키고 있다. 스파이웨어의 기준은 국가마다 조금씩 다르다. 국내 기준은 2007년 방송통신위원회가 개정/발표한 내용에 따르면 다음 7가지 유형의 기준에 하나라도 해당하는 프로그램을 스파이웨어로 간주한다.

1. 웹 브라우저 같은 정상 프로그램(사용자가 용도를 명확하게 인지하고, 설치를 동의한 프로그램) 또는 시스템의 설정을 변경하는 행위

2. 정상 프로그램 또는 시스템 운영을 방해, 중지, 삭제하는 행위

3. 정상 프로그램 또는 시스템의 설치를 방해하는 행위

4. 정상 프로그램 외의 프로그램을 추가로 설치하게 하는 행위

5. 운영체제 또는 타 프로그램의 보안설정을 제거하거나 낮게 변경하는 행위

6. 이용자가 프로그램을 제거하거나 종료해도 프로그램이 제거/종료되지 않도록 하는 행위

7. 키보드 입력 내용, 화면 표시 내용, 시스템 정보를 수집/전송하는 행위

스파이웨어는 트로이목마처럼 독립적으로 실행되기는 하지만 사용자 동의 없이 설치된 스파이웨어는 일반적인 제거 방법을 제공하지 않을 뿐 아니라, 잘 알려지지 않은 시작 프로그램 등록 방법을 사용함으로써 삭제를 어렵게 하는 경우가 많다.

애드웨어(adware)는 소프트웨어 자체에 광고를 포함하거나 아니면 소프트웨어와 광고를 같이 묶어서 배포하는 것을 가리킨다. 애드웨어는 프로그래머가 소프트웨어를 개발하는 비용을 충당하기 위하여 광고를 삽입하거나 사용자가 무료 또는 할인된 가격으로 프로그램을 사용할 수 있도록 삽입하기도 한다. 그러나 현재는 광고를 보여주기 위한 프로그램으로 '웹페이지를 특정 홈페이지로 고정시키거나 사이트 광고를 하는 프로그램'

의 의미로 사용된다. 초기의 애드웨어는 사용자의 동의를 얻고 설치되며 직접 사용자 정보를 훔쳐가는 행동은 하지 않았다. 비교적 유용한 소프트웨어를 무료로 제공하므로 일반 해킹 프로그램과는 성격이 달랐다. 그러나 애드웨어가 사용자 몰래 설치되어 악용되기 시작하면서 악성코드의 한 부류가 되었다. 사용자 컴퓨터에 애드웨어가 설치되면 바탕화면이나 시작메뉴 등에 특정 사이트의 바로가기가 생성되기도 한다. 사용자의 동의 혹은 통보 없이 웹브라우저의 시작 페이지가 특정 사이트로 바뀌기도 한다. 웹 브라우저 사용 중에 주기적으로 광고 팝업 창이 떠서 사용자를 귀찮게 하는 경우도 있고 웹브라우저의 설정을 변경하여 즐겨찾기 또는 검색 기능에 특정 사이트를 추가하거나, 주소창의 내용을 가로채 사용자의 주소 입력 내용과 상관없이 애드웨어가 설정해 놓은 곳으로 강제로 이동시키기도 한다. 어떤 경우에는 애드웨어 자체의 버그로 인하여 인터넷이 안 되거나 심한 경우 시스템에 에러가 발생하는 등의 직접적 피해를 입을 수도 있다.

랜섬웨어(ransom ware)는 몸값을 뜻하는 랜섬(ransom)과 제품을 뜻하는 웨어(ware)의 합성어로 사용자의 파일을 '인질'로 하여 '몸값'을 요구하는 악성 프로그램이다. 랜섬웨어는 사용자의 동의 없이 컴퓨터에 불법적으로 설치되어, 문서나 그림 파일 등을 암호화해 열지 못하도록 한 뒤, 돈을 보내주면 해독용 열쇠 프로그램을 전송해 준다고 하며 금품을 요구한다(그림 6-19).

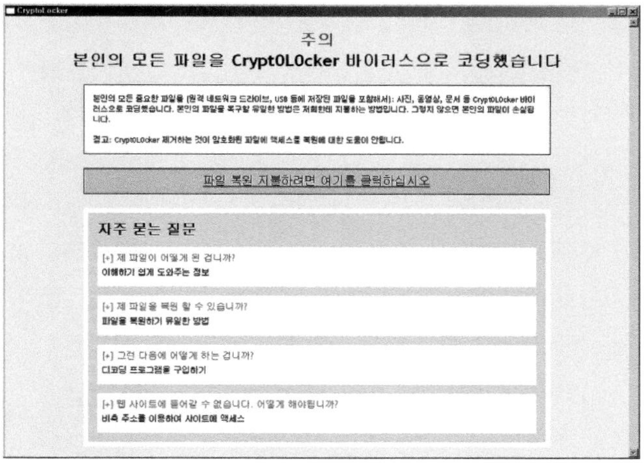

그림 6-19 랜섬웨어에 감염된 예

랜섬웨어에 감염될 경우 하드웨어에 저장되어 있는 파일이 5장에서 배운 복잡한 알고리즘으로 암호화되어 파일을 열어보더라도 내용을 알 수 없도록 변조된다. 이메일이나 메신저의 첨부 파일 등의 형태로 배포되고 있으며 웹사이트를 통하여도 감염되기도 한다. 백신프로그램을 이용하여 랜섬웨어 자체를 없앨 수는 있으나 랜섬웨어가 삭제된다고 하더라도 암호화된 파일은 복구가 되지 않아 많은 피해가 생긴다.

(2) 네트워크 해킹

네트워크 해킹이란 공격자가 TCP/IP 등 통신 프로토콜의 다양한 취약점을 이용하여 허가되지 않은 네트워크 자원에 접근하거나 그 자원을 파괴하거나 또는 그 자원의 사용을 방해하는 행위를 말한다. 종종 신문에 오르내리는 서비스 거부 공격(DoS: Denial of Service attack) 또는 분산 서비스 거부 공격(DDoS: Distributed Denial of Service attack) 등이 여기에 속한다.

어떤 중국집에 전화주문을 받을 수 있는 전화가 2대 있다고 하자. 악동 2명이 중국집에 서로 다른 번호로 계속 장난전화를 건다면, 중국집 주인은 이들이 거는 장난 전화를 받느라 다른 일은 할 수 없을 뿐 아니라, 진짜 주문전화를 받을 수도 없을 것이다. 이처럼 네트워크상에서 서비스를 제공하는 서버를 공격하여 서비스를 제공하지 못하는 서비스 불능 상태에 빠지게 만드는 공격을 서비스 거부 공격이라 한다. 잘 알려진 DOS 공격 방법 중에 죽음의 ping 공격, SYN flooding 공격 등이 있다. ping은 IP 네트워크를 통해 특정한 컴퓨터에 도달할 수 있는지의 여부를 테스트하는 데 쓰이는 컴퓨터 네트워크 도구의 하나이다. ping 명령을 실행하면 내 컴퓨터는 상대방의 시스템에 패킷을 보내고 상대방은 패킷에 대한 응답을 하게 된다. 이때 인터넷 프로토콜 허용 범위(65,536 바이트) 이상의 큰 패킷을 고의로 전송하여 보내면, 작은 패킷의 길이를 허용하는 네트워크를 지날 때 여러 개의 작은 패킷으로 분할된다. (그림 6-20)처럼 만약 65,500바이트 크기의 ping을 보냈을 때 패킷이 지나는 네트워크의 최대 크기가 100바이트라고 한다면 패킷은 655개의 패킷으로 나누어지게 되며 공격대상 시스템은 655개의 ping 응답을 처리해야만 한다. 마치 산탄총처럼 공격자는 한 알의 총알을 장전하여 쏘지만 피해자는 여러 발의 총알을 맞게 되는 결과가 되는 것이다.

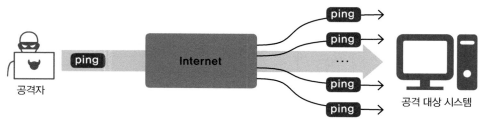

그림 6-20 죽음의 핑 서비스 거부 공격

SYN flooding 공격은 TCP 프로토콜의 3-way 핸드셰이킹을 이용하는 공격이다. 두 사람이 전화 통화를 하고자 할 때 한쪽에서 "여보세요"라고 말하면 다른 쪽에서도 "여보세요"라고 말하여 서로의 통화 의사를 확인한다. 이처럼 TCP 기반의 프로토콜은 (그림 6-21)과 같이 기본적으로 통신하고자 하는 두 컴퓨터 간의 통신에 대한 의사 여부를 확인하는 3-way 핸드셰이킹(3-way handshaking)을 수행한다.

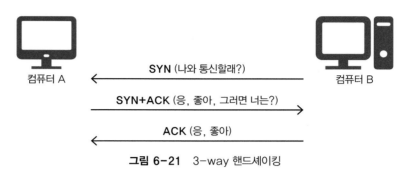

그림 6-21 3-way 핸드셰이킹

1단계 컴퓨터 A는 컴퓨터 B에게 접속을 요청하는 SYN(synchronization) 패킷을 보낸다.

2단계 컴퓨터 B는 요청을 받고 컴퓨터 A에게 요청을 수락한다는 ACK(Acknowledgement) 패킷과 SYN 패킷을 발송한다.

3단계 컴퓨터 A는 컴퓨터 B에게 ACK를 보내고 나면 연결이 이루어지고 데이터가 교환된다.

한 대의 컴퓨터와 동시에 연결할 수 있는 컴퓨터의 대수는 한정되어 있다. 따라서 연결을 요청하는 SYN 패킷은 한꺼번에 받아서 처리할 수 있는 개수가 한정되어 있다. SYN+ACK 패킷을 받은 컴퓨터 B는 컴퓨터 A 로부터 응답이 오기를 일정한 시간동안 기다리며 대기 상태가 된다. 일정 시간(75 초)동안 다음 요청이 오지 않으면 해당 연결을 초기화하지만 초기화하기 전까지는 SYN 패킷을 메모리의 공간에 기록해두게 된다. 그런데, (그림 6-21)에서 공격자가 1 단계만 요청(SYN)하고 컴퓨터 B로부터 응답을 받은 후(SYN+ACK) ACK 를 보내지 않는다면 어떻게 될까? 또한 이 위조된 연결 시도가 초기화되는 속도보다 빨리 하거나 새로운 연결 요구를 한꺼번에 많이 하게 되면 어떻게 될까? 이러한 경우 SYN 패킷이 계속 쌓이게 되어 결국 메모리를 꽉 차게 만들게 되며 더 이상의 연결을 받아들일 수 없는 상태, 즉 서비스 거부 상태로 들어가게 되는 것이다. 이것이 SYN flooding 공격이다.

분산 서비스 거부 공격은 여러 대의 공격자를 분산 배치하여 동시에 특정 사이트를 공격하도록 동작시키는 해킹 방식의 하나이다. 해커들은 원격으로 특정 시스템을 제어할 목적으로 사용하는 '봇(bot)' 프로그램을 작성하여 유포시킨다. 봇 프로그램은 이메일이나 악성코드 등을 통하여 일반 사용자의 PC를 감염시켜 이른바 '좀비PC'로 만든다. 해커는 봇을 통하여 컴퓨터를 원격 조종하면서 개인 정보를 빼내갈 수도 있고 특정 웹 사이트를 공격하도록 조종할 수도 있다. DDoS 공격은 (그림 6-22)과 같이 좀비 컴퓨터들이 동시에 공격대상 시스템이 처리할 수 없을 정도의 엄청난 분량의 패킷을 보냄으로써 대상시스템의 네트워크 성능을 저하시키거나 마비시킨다. DDoS 공격은 사전에 막기도 어려울 뿐 아니라 공격자가 누구인지 찾기도 어려워 심각한 문제로 이어질 수 있다.

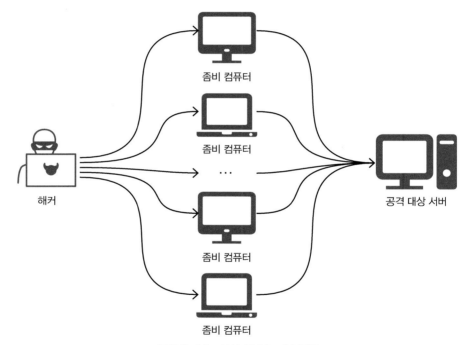

그림 6-22 분산 서비스 거부 공격

이외에도 다른 사람들 간의 통신 내용을 도청하는 스니핑(sniffing), 자신의 IP 주소나 DNS 주소 등을 속이는 스푸핑(spoofing), 이미 연결되어 있는 정상적인 통신연결을 가로채서 정당한 사용자처럼 행세하며 상대로부터 정보를 수신하는 세션가로채기(session hijacking) 등과 같은 다양한 공격이 있다.

(3) 시스템 해킹

시스템 해킹은 공격자가 허가되지 않은 불법적인 시스템에 접근하고 시스템에 저장된 정보나 시스템의 정상적인 운용을 방해하는 공격을 말한다. 시스템을 공격하는 방법으로는 패스워드 크래킹(password cracking), 백도어(backdoor), 버퍼 오버플로우(buffer overflow) 등이 있다.

우리에게 익숙한 윈도우즈나 리눅스는 다중 사용자 모드를 지원하며 사용자를 계정과 패스워드를 이용하여 구분하고 인증한다. 사용자의 패스워드는 시스템에 저장될 때 시스템 관리자라 하더라도 패스워드를 알지 못하도록 암호화되어 저장된다. 패스워드 크래킹이란 이러한 암호화된 패스워드들을 알아내는 공격방법이다.

일반적으로 패스워드 암호화에는 '해시함수(hash function)'가 이용된다. 5장에서 살펴본 바와 같이 해시함수란 임의의 길이의 입력 값에 대하여 고정된 길이의 출력 값을 생성하는 함수로서 다음의 중요한 세 가지 특징을 가지고 있다.

첫 번째, 입력 값의 길이에 관계없이 출력 값(해시값)의 크기는 같다.

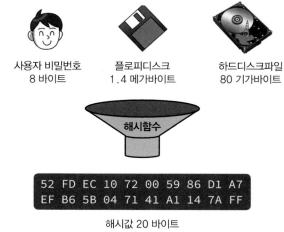

사용자 비밀번호　　　　플로피디스크　　　　하드디스크파일
8 바이트　　　　　　1.4 메가바이트　　　　80 기가바이트

해시함수

```
52 FD EC 10 72 00 59 86 D1 A7
EF B6 5B 04 71 41 A1 14 7A FF
```

해시값 20 바이트

그림 6-23 일정한 길이의 해시함수 출력 값

두 번째, 입력 값이 한 비트만 달라도 출력 값은 전혀 다르다.

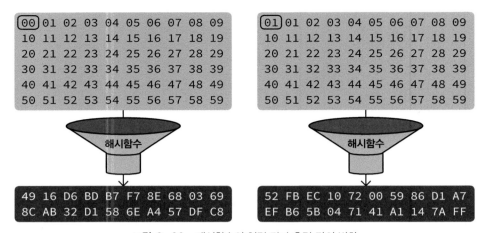

그림 6-23 해시함수의 입력 값과 출력 값의 변화

마지막으로 해시값으로부터 입력 값을 알아낼 수는 없는 일방향의 성질을 가지고 있다.

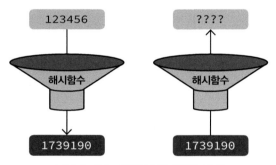

그림 6-24 해시함수의 일방향 성질

사용자의 패스워드가 해시함수로 암호화되어 저장되어 있다면 해시함수의 마지막 성질인 일방향 성질 때문에 저장된 해시값만으로는 원본값인 패스워드를 찾아내는 것이 불가능하다. 그러나 잘 알려진 크래킹 프로그램으로 'L0phtCrack'이나 'Jonh the ripper' 등은 원본값인 패스워드를 찾아낸다. 어떻게 원래의 패스워드를 찾아내게 되는 것일까? 컴퓨터 사용자들의 대부분은 기억하기 좋게 하기 위하여 일상적인 단어들이나 의미가 있는 단어들을 이용하기 때문에 쉽게 유추가 가능하다. 패스워드 크래킹 툴은 사용자가 사용할 법한 패스워드들에 대한 해시값을 사전처럼 미리 만들어 놓고 그 사전 내에서 일치하는 해시값을 찾아낸다. 해시값이 같으면 그 해시값을 만들어낸 단어가 원래 패스워드가 되는 것이다. 이러한 공격방법을 '사전 공격(dictionary attack)'이라고 한다.

만들어진 패스워드 사전을 이용하여 패스워드를 해킹하는 데에는 그리 많은 시간이 걸리지 않는다. 만약, 사전 공격으로 크래킹이 되지 않을 경우에는 모든 문자를 조합하여 단어를 만들고 그 해시값을 비교하는 '무차별 대입 공격(brute force attack)'을 수행한다. 즉, 문자와 숫자를 계속 변경하면서 조합하고 패스워드의 해시값과 비교하여 크래킹을 하기 때문에 시간과 자원이 많이 소요되는 공격 방법이다.

공격자가 어렵게 해킹하여 시스템에 침입에 성공하였다면 그 다음 침입 시에는 재침입 시 수고를 덜기 위하여 백도어를 설치하게 된다. 백도어(backdoor)란 침투에 성공한 시스템에 다시 침입하기 위하여 공격자가 자신만이 알도록 시스템에 몰래 설치해 놓은 뒷문이다. 백도어가 설치되면 공격자가 정상적인 로그온 절차를 거치지 않고 시스템 또는 응용 프로그램에 접근할 수 있는 통로가 만들어진다. 백도어는 관리자나 시스템 공급자의 프로그래머가 시스템의 유지보수를 할 때 인증 및 셋업시간 등을 단축하기 위한 비악의적인 목적으로도 이용된다. 그러나 백도어를 비양심적인 프로그래머가 이용하여 비인가된 원격접속을 시도하거나, 개발이 완료된 후 삭제되지 않은 백도어가 다른 사용자에 의해 발견될 경우 대단히 위험할 수도 있다.

시스템 해킹 공격의 유명한 공격 기법 중에 하나로 버퍼오버플로우 공격이 있다. 버퍼오버플로우(buffer overflow)는 소프트웨어가 컴퓨터의 메모리에서 동작할 때 메모리의 관리에 허점이 있어 잘못 동작하게 되는 취약점을 이용한 공격이다. 원래 운영체제는 하나의 프로세스가 그에게 허용된 메모리 공간에서만 동작하도록 해야 한다. 즉, 특정 프로그램이 수행될 때 그 프로그램의 프로세스는 그 프로세스에 할당되어 사용이 허가된 버퍼라고 하는 메모리 영역 내에서만 읽고 쓰기를 할 수 있어야 한다. 그런데 소프트웨어를 만드는데 사용된 어떤 함수들은 이 부분이 허술하게 작성되어 있어서 할당된 영역 밖의 버퍼 공간에도 쓰기를 하는 경우가 있다. 오버플로우란 '넘친다' 라는 뜻으로 할당된 영역 밖의 메모리(버퍼) 공간까지 넘쳐나게 쓰도록 함으로써 원하지 않는 내용이 실행되도록 하는 공격이 버퍼 오버플로우 공격이다. 이때 공격자는 이를 교묘히 이용하여 악성코드가 시스템의 관리자 권한으로 실행되게 하는 등의 공격을 실행할 수 있다.

(4) 웹 해킹

IT 기술의 발전으로 인터넷을 통해 제공되는 서비스는 매우 다양해졌다. 그 중에서 가장 큰 비중은 웹서비스일 것이다. 웹서비스는 그 특성상 불특정 대상에게 널리 제공되어야 하는 것이므로 악의를 가진 공격자에게도 접근을 허용할 수 밖에 없다. 웹을 이용한 많은 서비스들이 제공되면서 웹을 통한 다양한 공격이 이루어지고 있다. 웹을 통한 공격은 응용프로그램의 보안상 허점을 이용해 이루어지는 경우가 많다. OWASP(The Open Web Application Security Project)라는 국제 웹 보안 표준 기구에서는 3년마다 웹 어플리케이션 취약점 중 빈도가 높고 영향을 많이 줄 수 있는 공격 10가지를 선정하여 발표한다. 우리나라에서는 국가사이버안전센터(NCSC)에서 국내 각 기관에서 홈페이지 해킹에 많이 악용되었던 취약점 8종을 선정하여 발표한다. 잘 알려진 웹서비스 관련 공격으로 SQL 삽입 공격, 크로스사이트 스크립트(XSS) 공격 등이 있다.

웹페이지에는 사용자가 원하는 서비스를 요청할 수 있도록 텍스트를 입력하여 서비스를 요청하는 텍스트필드(text field)라는 영역이 있다. 사용자가 텍스트를 입력하여 요청을 하면 서버에서는 요청 텍스트를 키워드로 하여 데이터베이스에 질의를 하게 된다. 예를 들어 (그림 6-25)와 같은 로그온 창에서 ID와 패스워드를 입력하는 영역을 텍스트필드라 하며 사용자가 ID와 패스워드를 입력하면 데이터베이스에 이 두 개의 값을 질의하여 맞으면 로그온이 허용되게 된다. 대부분의 웹페이지들은 사용자가 텍스트필드에 정상적인 텍스트를 입력할 것이라는 전제 하에 웹을 만들기 때문에, 사용자가 요청한 텍스트를 기반으로 하여 데이터베이스에 저장된 데이터를 활용하여 결과를 제공해 주게 된다. 그러나 텍스트필드에 정상적인 텍스트를 입력하지 않고 데이터베이스 처리를 수행하도록 하는 SQL문을 삽입하고, 그 SQL문이 실행될 수 있다면 이는 웹페이지의 취약점이 될 수 있다. SQL문이란 데이터베이스를 구축하고 활용하기 위하여 사용하는 언어이다. 쉽게 말해 데이터가 저장되어 있는 데이터베이스에 데이터를 저장할 수 있도록 데이터베이스를 구축하고, 데이터베이스에서 조건에 맞는 원하는 데이터를 꺼내올 수 있도록 요구하는 데 이용되는 언어이다. SQL 삽입(SQL Injection) 공격은 개발자가 생각지 못한 SQL문이 실행되게 함으로써 데이터베이스를 비정상적으로 조작하는 공격 기법이다.

그림 6-25 사용자 입력 받는 텍스트 필드

이것이 가능하게 되면 패스워드를 입력하지 않고도 로그온이 가능하게 된다든지, 허가받지 않은 사람이 데이터베이스에 저장되어 있는 모든 데이터를 지우거나 출력하는 작업이 수행될 수도 있다.

크로스사이트 스크립트(XSS) 공격은 브라우저로 전달되는 데이터에 악성 스크립트가 포함되어 사용자의 브라우저에서 실행되면서 해킹을 하는 것이다. 스크립트란 컴파일(compile)하지 않고 클라이언트에서 바로 실행되는 동적 데이터를 생성하는 언어이다. 대표적인 스크립트 언어로 4장에서 살펴본 자바스크립트가 있다. 공격자는 게시판과 같이 사용자의 입력을 받아 처리하는 웹 응용프로그램에서 공격용 악성 스크립트가 포함된 게시물을 등록한다. XSS 공격의 예는 (그림 6-26)과 같이 게시물을 열람하는 일반 사용자는 악성 스크립트가 브라우저에서 실행됨에 따라 공격자의 프로그램 내용에 따라 페이지가 깨지거나 다른 사용자의 사용을 방해하거나 쿠키 및 기타 개인 정보가 특정 사이트로 전송되는 등의 피해를 당할 수 있다.

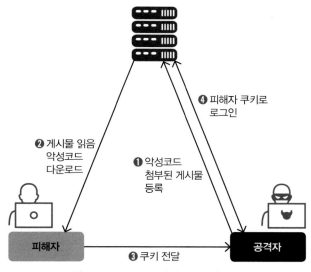

그림 6-26 크로스 사이트 스크립트 공격

(5) 사회공학적인 공격

대중매체를 통하여 '보이스 피싱'이라는 전화사기의 피해를 접해본 적이 있을 것이다. 수사기관이나 금융감독원을 사칭해 범죄에 연루됐다며 개인 정보 또는 금융 정보를 요구하거나 안전계좌로의 현금이체를 유도하는 경우도 있고 가짜 사이트로 접속을 유도해 보안카드 전체 번호나 일회용 비밀번호 생성기인 OTP 번호 입력을 요구하기도 한다. 자녀를 납치했다거나 대학입시 추가 합격으로 등록금 납부를 요구하기도 한다. 전화사기의 내용들을 살펴보면 공격자는 고위 공무원, 금융관계자 또는 경찰 등 일반인이 신뢰할 수 있는 사람임을 사칭하고 자신 또는 주위의 가까운 사람에게 문제가 생겼다는 형식의 누구나가 관심을 가질 수 있는 이야기를 한다. 문제의 해결 방법으로 계좌이체나 개인정보 제공 등의 거짓 방안을 제시함으로써 피해자가 이를 행동에 옮기도록 만든다. 이와 같이 시스템이 아닌 사람의 취약점을 공략하여 원하는 정보를 얻는 공격 기법을 사회공학(social engineering)적인 공격이라 한다. 즉, 사회공학적인 공격이란 컴퓨터 보안에서 인간 상호 작용의 깊은 신뢰를 바탕으로 사람들을 속여 정보를 얻어내는 기술적이지 않은 침입 수단이라고 정의할 수 있다.

해킹에서의 사회공학은 시스템의 관리자 권한을 획득하거나 중요한 데이터의 유출을 목적으로 목표 시스템에 접근하는 데 필요한 정보를 접근 권한이 있는 담당자들이 제공하도록 하는 방법이다. 공격자는 먼저 공격 대상자의 가족 관계, 직장 생활 그리고 사회 모임 등 다양한 정보를 수집한다. 공격자는 수집된 정보를 기반으로 공격 대상의 직장 상사나 정보기관의 고위 공무원 등으로 위장하거나 공격 대상의 도움을 절대적으로 필요로 하는 인물로 위장하여 그가 요청하는 사항을 쉽게 거부하거나 거절하지 못하게 한다. 따라서 공격 대상은 공격자의 요청 사항에 대하여 직접적인 실행을 하게 되고 이로 인하여 실질적인 피해가 발생하게 된다.

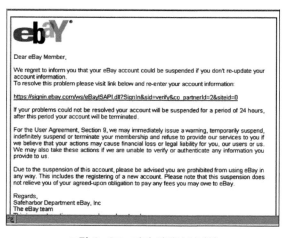

그림 6-27 가짜 이베이 이메일

사회공학적인 해킹 방법으로 우리에게 잘 알려진 공격으로는 피싱과 파밍 공격이 대표적이다. 2003년 미국의 이베이(eBay) 회원들은 "보안상의 위험으로 계정이 차단됐으니 재등록해야 한다"는 메일을 받는다(그림 6-27). 고객들은 메일에 첨부된 링크를 클릭하였고 웹페이지에서 안내된 대로 아이디와 패스워드를 다시 입력하였다(그림 6-28). 그러나 메일에 연결된 그 사이트는 실제로 이베이 사이트가 아닌 이베이 사이트와 아주 흡사한 해커가 만들어낸 가짜 사이트였고 이 사이트에 정보를 입력한 고객들은 해커에게 자신의 아이디와 패스워드 정보를 고스란히 넘겨주는 피해를 입게 되었다.

그림 6-28　가짜 이베이 사이트

이와 같이 금융기관이나 전자상거래 기업 등 유명기관을 사칭하여 이메일을 보내고, 거짓 이메일을 통하여 위조된 홈페이지로 유인하여 개인의 금융정보나 개인정보를 빼내가는 사기수법을 '피싱(phishing)'이라 한다. 이메일에 링크된 가짜 홈페이지는 해당 기관의 실제 인터넷 홈페이지의 외형과 절차를 그대로 복제하여 소비자들은 진위 여부를 판별하기 쉽지 않다. 피싱(phishing)은 개인정보(private data)와 낚시(fishing)의 합성어로, 개인정보를 낚는다는 의미를 가지고 있다. 최근에는 인터넷을 통한 피싱 뿐 아니라 스마트폰이나 휴대폰을 대상으로 한 피싱기법까지 그 대상과 방법이 다양해지고 있다.

피싱 공격을 막기 위한 방법으로 한국인터넷 진흥원에서는 다음과 같은 가이드라인을 제공하고 있다.

1. 메일이나 게시판에 연결된 사이트에 개인정보 입력 시는 주의해야 한다.

2. 무분별한 인터넷 이벤트 참여는 자제해야 한다.

3. 금융거래 사이트는 인터넷 주소를 직접 입력하여 접속한다.

4. 좋은 비밀번호를 서로 다르게 설정하고 주기적으로 변경한다.

피싱보다 한 단계 진화한 지능적인 공격 방법 중에 '파밍(Pharming)'이라는 공격방법이 있다. 파밍이란 해킹 범죄자들이 하나의 사이트가 공식적으로 운영하고 있던 도메인 자체를 중간에서 탈취하여 주소 자체를 바꾸어 놓는 것을 의미한다. 피싱 공격은 사용자가 주의 깊게 살펴보면 그 피해를 막을 수 있지만 파밍은 그렇지 않을 수 있다. 왜냐하면 파밍은 자신도 모르는 사이에 거짓 사이트로 이동되어 사용자들은 늘 이용하는 사이트로 알고 의심 없이 이용해 개인 정보나 금융 정보 등을 노출시킬 수 있기 때문이다.

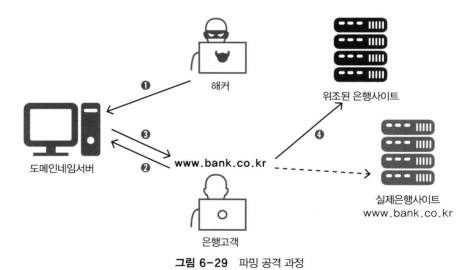

그림 6-29 파밍 공격 과정

파밍 공격은 해커가 도메인 네임 서버를 공격하거나 악성코드를 배포하여 사용자 PC를 조작하여 공격한다. 악성코드에 감염된 PC를 조작하여 이용자가 인터넷 '즐겨찾기' 또는 포털사이트 검색을 통하여 정상적인 홈페이지 주소로 접속하여도 피싱 사이트로 유도되어 개인정보나 금융정보를 몰래 빼가는 공격방법이다.

(그림 6-29)는 도메인 네임 서버를 공격하여 파밍이 일어나는 과정의 한 예를 그림으로 나타낸 것이다. 파밍이 일어나는 자세한 과정을 살펴보자.

1. 우리가 이용하는 URL은 쉽게 기억할 수 있도록 도메인 네임을 이용하고 있다. 그러나 실제 웹사이트에 서비스 요청을 하기 위해서는 웹서버의 IP 주소가 필요하다. 사용자가 웹사이트에 방문하기 위하여 www.bank.co.kr 과 같은 도메인 네임 주소를 입력하면 도메인 네임 서버는 도메인 네임에 대응하는 실제 IP 주소를 알려주어 사용자가 사이트에 방문할 수 있게 된다. 파밍 공격은 도메인 네임 서버를 해킹하여 도메인 네임에 해당하는 IP 주소를 변경하여 자신이 위조한 은행 사이트로 연결되도록 한다.

2. 인터넷 뱅킹 서비스를 이용하기 위한 사용자는 도메인 네임을 웹브라우저의 주소 입력창에 입력한다. 은행 도메인을 입력받은 사용자 시스템은 은행 사이트에 접속하기 위해 도메인 네임의 실제 IP 주소를 도메인 네임 서버에 물어본다.

3. 도메인 네임 서버는 해커가 변경해 놓은 IP 주소를 질문한 도메인 네임의 주소라고 알려준다.

4. 은행 고객은 해커에 의해 위조된 시스템에 접속한다. 고객은 방문하고자 했던 실제 사이트로 오인하고 개인 및 금융정보 등을 입력하게 된다.

2007년에 우리나라에서 주민등록번호, 계좌번호, 계좌비밀번호, 인증서 비밀번호, 보안 카드 번호 등을 입력하도록 유도하는 국민은행과 농협 위장 사이트가 신고되었다.

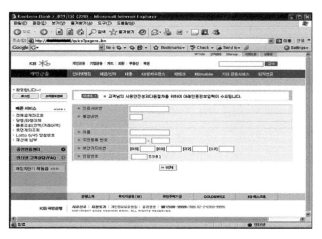

그림 6-30 실제 사이트와 유사한 파밍 사이트

이 2개의 사이트는 대만에 위치하고 있었는데, 사용자들이 무심코 금융정보를 입력할 경우 공격자에게 이 정보가 유출되는 사건이었다. 이 사이트들은 평소에 사람들이 입력하고 들어갔던 사이트 주소를 주소창에 입력하였을 때 그대로 연결되었으며 위장된 사이트도 (그림 6-30)과 같이 평소 방문하던 사이트와 거의 흡사하게 구성되어 사용자들은 별다른 의심 없이 개인정보를 입력하는 피해가 발생하였다.

파밍 공격을 막기 위해서는 인터넷 브라우저의 보안성을 강화하고 웹사이트를 속이는 위장기법을 차단하는 장치를 마련해야 한다. 웹 사이트를 방문할 때 그 사이트의 디지털서명 등을 이용해 그 사이트가 진짜인지의 여부를 항상 확인할 수 있도록 조치하는 것도 좋은 방법이다. 서버를 운영하는 회사에서는 자신의 도메인 등록대행기관에 도메인 잠금 기능(domain lock)이 설정되도록 신청하여 해커가 도메인 네임에 대한 실제 IP 주소를 변경하지 못하도록 하여야 한다.

6.3 방어하기

앞서 살펴보았던 다양한 공격으로부터 컴퓨터시스템과 정보를 안전하게 보호하기 위해서는 기본적으로 시스템에 대한 보안패치를 주기적으로 해주어야 한다. 그리고 백신 프로그램을 이용하여 컴퓨터 내에 바이러스나 트로이목마가 있는지를 검사하는 것도 중요한 방법이다. 백신 프로그램은 초기에는 바이러스를 탐지하고 치료하기 위하여 만들어졌으나 악성코드들이 다양하게 발전하기 시작하면서 바이러스 탐지 이외의 복합적인 보안 기능을 가지도록 개발되고 있다. 이 절에서는 공격 방법들에 대한 보안을 위한 방법들에 대하여 알아보기로 한다. 악성코드를 탐지하고 치료하는 프로그램들과 시스템의 취약점을 점검해주는 툴들에 대하여 알아보기로 한다.

1) 안티 바이러스 프로그램

안티 바이러스(anti-virus) 프로그램은 컴퓨터 내의 바이러스를 찾아내고 치료하는 프로그램으로 흔히 백신(vaccine)이라고도 불린다. 초기의 안티 바이러스 프로그램은 바이러스를 찾아내는데 국한되어 사용되었으나 최근에는 트로이목마, 스파이웨어 등 다양한 악성코드를 찾아내 제거하거나 예방하는 형태로 발전되고 있다.

안티 바이러스 프로그램은 어떻게 바이러스를 탐지하고 치료할까?

첫 번째 방법은 바이러스의 시그너처에 기반한 탐지(signature based detection)방법이다. 바이러스 시그너처(signature)란 마치 사람의 지문과 비슷한 역할을 하는 바이러스마다 가지는 고유한 비트열이나 패턴을 뜻한다.

안티 바이러스 프로그램은 (그림 6-31)과 같이 컴퓨터 파일이나 부트 레코드 등을 검색하여 시그너처가 저장된 데이터베이스와 일치하는 것이 있는지 비교함으로써 바이러스를 탐지한다. 데이터베이스는 현재까지의 알려진 바이러스가 등록되어 있으며, 백신 프로그램을 제조한 개발자 또는 개발사에 따라 다를 수 있다.

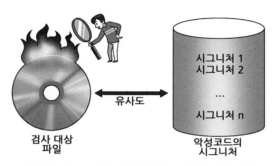

그림 6-31 시그너처를 이용한 스캐너의 동작 원리

시그너처에 기반한 탐지방법은 이미 알려진 바이러스 리스트를 이용하여 기존에 알려진 바이러스들의 리스트와 특징을 이용하여 탐지하기 때문에 탐지 정확도가 높다는 장점이 있다. 반면 새로운 바이러스의 탐지에는 한계가 있으며 바이러스 시그너처의 지속적인 갱신이 이루어져야 하는 단점이 있다.

두 번째 안티바이러스의 탐지 방식은 휴리스틱 탐지 방법(heuristic based detection, 발견적 탐지)이다. 휴리스틱 탐지 방법은 시그너처 기반 탐지 방식이 새로운 바이러스를 탐지하지 못하는 한계를 극복하기 위한 방식 중의 하나이다. 휴리스틱 탐지방법은 검사대상 파일이 바이러스 시그너처와 얼마나 높은 유사도를 가지고 있는지를 특별한 규칙을 기반으로 판단하여 새로운 악성코드를 탐지한다. 또한 바이러스가 갖는 특별한 행동(시스템 파일 변경, 이메일 자동 실행, 부트섹터 수정 등)을 탐지하는 방법도 이용된다. 그러나 가끔은 정상 파일들도 시스템 파일 변경이나 이메일 실행 등을 수행할 수 있기 때문에 바이러스 탐지의 오탐으로 정확도가 떨어진다는 단점이 있다.

안티바이러스 프로그램은 백그라운드에서 일정하게 바이러스의 징후를 탐지하는 동작모드와 사용자가 프로그램을 수동으로 동작시키는 온디맨드 모드가 있다. 백그라운드모드란 사용자는 인식하지 못하지만 메모리와 CPU를 활용하여 계속 프로그램을 수행시키는 동작 방식이다. 안티바이러스 프로그램이 백그라운드로 동작할 때에는 사용자의 컴퓨터 자원이 요구되는 최소 자원 이상이 되어야 사용자에게 불편을 주지 않을 수 있다. 따라서 자주 감염되는 영역이나 잘 알려진 바이러스에 대한 탐지를 수행할 때 적당하다. 온디맨드 모드는 사용자가 프로그램을 일부러 기동시켜 동작시키는 방식이다. 디스크의 전체 영역이나 시스템 파일, 숨겨진 바이러스 등 바이러스 탐지에 컴퓨터의 자원을 많이 필요로 하는 경우에 동작시키는 방식이다.

대부분의 안티 바이러스 프로그램들은 두 가지 방식을 모두 제공하고 있다. 이러한 안티 바이러스 프로그램은 상용 제품도 있고 무료 제품도 있다. 최근에는 각종 바이러스나 웜, 기타 다양한 사이버 상의 보안 사고로 인하여 백신에 대한 사용 의식이 늘어나고 있다.

국내의 안티바이러스 프로그램인 안랩의 V3와 이스트소프트의 알약은 일반 사용자에게 무료로 제공하고 있으며 몇몇의 포털 사이트들에서도 무료로 제공하고 있다.

윈도우즈 운영체제는 윈도우즈 디펜더(Windows Defender)라고 하는 기본적인 안티 스파이웨어(Microsoft AntiSpyware)를 제공하고 있다. 윈도우에서 스파이웨어를 검색하여 제거하고 예방하도록 고안된 마이크로소프트사의 소프트웨어 제품이다. 윈도우즈 비스타부터 기본적으로 내장되어 있으며 윈도우즈 이전 버전에서도 쉽게 무료로 내려받을 수 있다. 윈도우즈 8부터는 안티 바이러스 기능도 추가되었다. 윈도우즈 디펜더를 실행하기 위해서 [시작] → [검색] 입력란에 'defender' 라고 입력하면 (그림 6-32)와 같이 Windows Defender 가 검색된다.

그림 6-32 윈도우 디펜더 실행

상단 메뉴 중 도구를 누르고 페이지에서 (그림 6-33)과 같이 [옵션] 항목을 선택한 후

(그림 6-34)와 같이 자동 검사 설정을 하면 된다.

그림 6-33 윈도우 디펜더의 옵션 설정

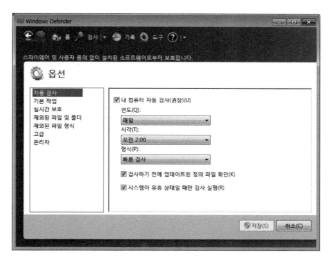

그림 6-34 윈도우 디펜더의 자동 검사 설정

2) 네트워크 보안 장비들

① 방화벽

방화벽이란 건물에 발생된 화재가 더 이상 번지는 것을 막아주는 벽이다. 네트워크에서

의 방화벽(firewall)이란 외부 인터넷과 조직 내부의 통신망 사이에 설치하여 기업이나 조직 내부의 네트워크와 인터넷 간에 전송되는 정보를 선별하여 정보를 수용, 거부, 수정하는 기능을 수행하는 보안 시스템을 말한다. 전용통신망에 불법 사용자들이 접근하여 컴퓨터 자원을 사용하거나 중요한 정보들을 불법으로 외부에 유출하는 행위를 방지하는 것이 목적이다.

네트워크 방화벽은 네트워크를 통해 들어오는 패킷에 대해 사전에 관리자가 설정해 놓은 보안 규칙(ACL, Access Control List, 접근 제어 목록)에 따라 패킷의 허용 또는 차단 기능을 수행한다. 방화벽으로 들어오는 모든 패킷은 내부에 설정된 보안 규칙인 접근제어 목록에 따라 통과 여부가 결정된다. 네트워크에는 데이터가 이동하는 통로인 약 65,000여 개의 '포트(port)'라는 것이 있다. 포트는 제공되는 서비스에 따라서 0~65,535번까지 서로 다른 번호로 할당이 된다. 홈페이지 운영을 위한 웹 서비스(http)는 80번, 파일 전송을 위한 FTP 서비스는 20/21번과 같이 시스템들이 공통적으로 이용하는 서비스에는 포트 번호가 미리 정의되어 있다. 사용자가 네트워크를 이용하는 새로운 서비스를 만들게 되면 새로운 포트번호를 할당해줄 수 있다. 방화벽은 외부로부터 접근하는 IP 주소나 통신 포트 등의 접근/거부 여부를 결정하는 보안 규칙을 설정하고 설정된 규칙은 모두 접근 제어 목록에 포함되어 일괄 적용된다. 최근의 방화벽은 과거의 IP 또는 포트에 대한 설정 외에 다양한 계층에 적용할 수 있는 방화벽이 만들어지고 있다.

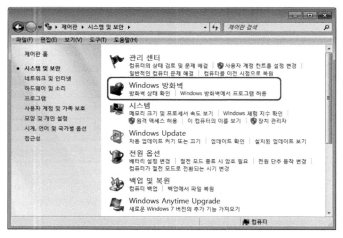

그림 6-35 윈도우 방화벽

방화벽은 하드웨어의 형태와 소프트웨어의 형태로 만들 수 있다. 하드웨어 형태의 방화벽은 네트워크 장비의 앞단에 설치하여 패킷들을 검사하게 되며 주로 많은 조직의 네트워크 구성에 사용한다. 방화벽의 내부에는 마치 컴퓨터처럼 운영체제와 메모리 등이 들어있으며 외부에는 랜선을 꽂을 수 있는 여러 개의 포트가 있다.

소프트웨어 형태의 방화벽은 PC에 설치하여 이용할 수 있는 방화벽이다. 윈도우즈 7은 ICF라는 방화벽 기능을 내장하고 있다. 윈도우 방화벽은 [제어판] → [시스템 및 보안]에 들어가면 (그림 6-35)와 같이 방화벽을 설정하는 메뉴가 나온다. 윈도우즈 방화벽은 (그림 6-36)과 같이 '윈도우즈 방화벽 설정 또는 해제' 항목을 통하여 설정하거나 해제할 수 있다.

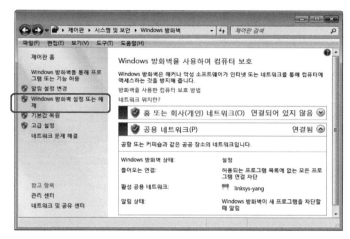

그림 6-36 윈도우 방화벽 설정 또는 해제

인터넷의 활용이 많아지면서 다양한 웹 기반 해킹 및 유해 트래픽을 실시간 감시, 탐지하고 차단하는 하는 웹 애플리케이션 보안 시스템의 필요성이 대두되었다. 웹 방화벽은 웹 기반의 웹페이지 위변조 등 특별히 웹을 통한 해킹을 막기 위해 특화된 방화벽이다. 웹 방화벽은 주로 웹 서버에 설치되어 운용되며 네트워크 방화벽과 마찬가지로 소프트웨어로 구현된 경우와 하드웨어 형태의 방화벽이 존재한다. 한국인터넷진흥원에서는 소프트웨어 형태의 웹 방화벽을 무료로 제공하고 있다.

② 침입탐지, 침입방지 시스템

방화벽은 외부에서 내부 네트워크로 들어오는 패킷에 대하여 들어와도 되는지의 여부를 미리 걸러내게 된다. 만약 방화벽에서 허용하는 패킷의 설정을 잘못 한다든가, 악성 패킷이 좋은 패킷으로 위장하는 경우 방화벽에서는 악성 패킷의 방어에 실패할 수도 있다. 또한 외부에서 들어오는 패킷을 잘 방어했다 하더라도 내부에서 일어나는 해킹 사고는 방화벽을 이용하여 막을 수 없다. 이처럼 방화벽이 효과적인 차단에 실패했을 때, 이에 따른 피해를 최소화하고 네트워크 관리자가 부재중일 때도 해킹에 적절히 대응할 수 있는 시스템이 필요하게 되었다.

침입탐지시스템(IDS: Intrusion Detection System)은 전산시스템과 네트워크에서 송수신되는 모든 데이터의 움직임을 감시하고 악성 패킷이 시스템 내에서 해킹을 시도하려고 할 때 이를 탐지하여 대응하는 네트워크 보안 장비이다. 컴퓨터 시스템이 비정상적으로 사용되거나 남용되는지 등을 실시간으로 탐지하고 있다가 이상행위가 탐지되었을 경우 이를 네트워크 관리자에게 통보한다. 침입탐지시스템은 기업정보를 빼내거나 파괴하려는 움직임을 감지하고 차단하는 역할도 한다.

침입방지시스템(IPS:Intrusiom Prevention System)은 IP/Port를 기반으로 패킷을 차단하는 방화벽과 컴퓨터 시스템의 비정상적인 사용, 오용, 남용 등을 실시간으로 탐지하는 침입탐지시스템을 결합한 보안장비이다. 침입방지시스템은 비정상적인 트래픽의 탐지에 그치지 않고 이에 대하여 능동적으로 차단하고 격리하는 등 방어 조치를 취한다. 예를 들어 기업 내부 사용자가 이메일을 확인하려면 기업 메일서버로 들어온 메일들을 다시 자신의 PC에 있는 메일 클라이언트 프로그램을 이용하여 다운받아야 한다. 그러나 직접 서버에 접속하여 자신의 이메일을 확인하려 한다면 불순한 의도로 판단하고 이 시도를 차단하게 된다.

해킹 기법들의 공격 방법이 진화되고 복잡해짐에 따라 하나의 보안 장비에서 탐지와 차단의 기능을 한 곳에서 수행할 수 있는 통합된 형태들도 나오고 있다. 하나의 장비를 통하여 차단을 수행하게 되고 미처 차단되지 못한 패킷이나 내부의 이상 행위를 하는 패킷들을 탐지하며 이에 대한 정보를 다시 차단에 이용함으로써 해킹사고에 효과적으로 대처하고자 한다.

3) 보안패치와 시스템 점검

인터넷을 사용하는 우리의 컴퓨터는 각종 위험에 노출되어 있다. 이러한 위험으로부터 시스템을 안전하게 지키기 위하여 첫 번째로 해야 할 일은 보안 패치를 주기적으로 적용하는 것과 시스템을 주기적으로 점검하여 취약한 부분을 보완하는 일이다. 사용하는 컴퓨터가 윈도우즈 운영체제라면 MBSA(Microsoft Baseline Security Analyser)라는 툴을 이용하여 시스템을 점검할 수 있다. MBSA는 마이크로소프트사에서 제공하고 있는 프로그램으로 윈도우즈 운영체제의 누락된 보안 업데이트가 있는지 또는 잘못된 일반 보안 구성이 있는지를 점검할 수 있는 취약점 분석 툴이다. 마이크로소프트는 리눅스 운영체제처럼 운영체제의 정보들을 공개하지 않는다. 따라서 운영체제상의 취약한 부분들에 대하여 마이크로소프트는 끊임없는 보완 방법을 제공하고 있으며 이러한 취지로 MBSA도 제작하였다고 할 수 있다. MBSA는 Microsoft TechNet 사이트(https://technet.microsoft.com/ko-kr/security/cc184923)에서 무료로 다운받을 수 있다.

MBSA는 〈표 6-5〉와 같이 4개의 범주에 대하여 검사를 수행한다. 각 범주는 윈도우즈 운영체제의 보안 패치 점검, 윈도우 관리적 취약점 점검, IIS(Internet Information Service) 점검, SQL 점검으로 분류되며 각 범주에서 보안 취약 부문과 보완 패치의 설치 여부 등을 검사해준다.

표 6-5 MBSA의 검사 항목

구분	검사 항목
Security updates	Windows Server Update Services를 사용하여 점검한다. 시스템에서 보안 패치를 하였는지의 여부를 점검해준다.
Windows administrative vulnerabilities	윈도우에서 Guest 계정을 사용하는지, 파일 시스템과 파일 공유에 대한 정보, 관리자 계정과 같은 윈도우의 보안 이슈에 대하여 검사한다.
IIS administrative vulnerabilities	IIS 5.0, 6.0의 sample applications 이나 가상 디렉터리 같은 보안 이슈를 점검하며 IIS Lockdown tool 의 실행여부를 점검한다. 윈도우에 IIS 프로그램이 설치되었을 경우에 위의 점검 내용이 레포트된다.
SQL administrative vulnerabilities	SQL 서버나 Microsoft Data Engine(MSDE)의 인증모드의 종류, SA 계정의 패스워드 상태, 서비스 계정 memberships 같은 관리적 취약점에 대해서 점검한다.

MBSA를 이용한 사용자 컴퓨터의 취약점 점검 과정은 다음과 같다.

1. 설치된 MBSA를 실행시키면 (그림 6-37)과 같은 화면이 나타난다. [Scan a computer]는 하나의 컴퓨터를 검사하는 명령어이다. [Scan multiple computers]는 다수의 컴퓨터를 검사하는 명령이며, [View existing security reports]는 이미 스캔한 결과에 대하여 기록된 내용을 보는 보고서 보기 메뉴이다. 보고서 메뉴는 한번이라도 검사를 수행한 경우에만 활성화된다. 여기서는 [Scan a computer]를 클릭하여 각자의 컴퓨터 한 대를 점검해보자.

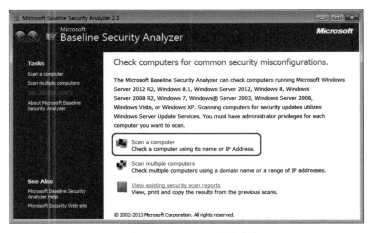

그림 6-37 MBSA 실행 화면

2. (그림 6-38)은 스캔할 컴퓨터를 설정하는 화면이다. 컴퓨터 이름이나 IP 주소를 이
용하여 검색 대상을 설정하면 된다. 컴퓨터 이름은 MBSA에서 검색한 내역 중에서
고르면 되고 IP주소는 직접 입력하면 된다. IP주소에 원격 컴퓨터의 IP 주소를 넣으
면 다른 컴퓨터도 검색 가능하다. [Option]부분에서 검사를 수행하고자 하는 항목
을 선택할 수 있다. 개인 PC를 이용한다면 IIS와 SQL 검사는 선택 해지하여도 좋다.
[Start Scan]을 클릭하면 몇 분 동안 사용자의 컴퓨터 보안 체크를 수행하게 된다.

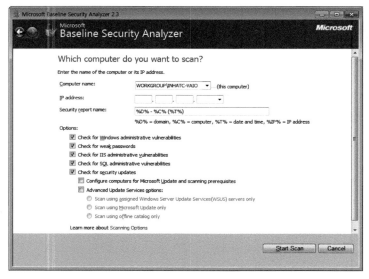

그림 6-38 스캔할 대상 선택

3. (그림 6-39)은 점검 결과를 항목별로 상세하게 출력한 화면이다. 점검 결과는 아이콘으로 보안 취약점에 대한 심각성을 표시한다. 아이콘에 대한 간략한 의미는 〈표 6-6〉과 같다.

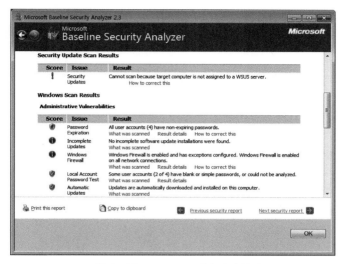

그림 6-39 MBSA 스캐닝 결과 화면

표 6-6 MBSA의 스캐닝 결과에 나오는 아이콘의 의미

아이콘	의미	예
	Check failed (critical)	사용자가 패스워드 설정을 안 한 경우와 같이 시스템에 심각한 문제를 줄 수 있는 경우
	Check failed (non-critical)	패스워드에 대한 설정은 하였으나 만료를 정하지 않아 하나의 패스워드를 계속 사용하는 경우처럼 시스템에 심각한 영향을 미치는 문제를 발생하지는 않지만 주의를 기울여야 하는 경우
	Check passed	보안상 아무 문제없는 경우
	Additional information	운영체제의 버전과 같은 추가 정보 제공하는 경우
	Check Not Performed	검사를 수행하지 않은 경우로 윈도우 시스템 중에서 IIS가 설치되지 않은 컴퓨터는 IIS 관련 항목에 사용

4. 만약 문제점이 발견 되었다면 'How to Correct this'를 클릭하여, 문제점 해결 방법에 대하여 확인하고 이를 적용한다.

MBSA는 윈도우 운영체제를 이용하는 독자라면 설치해 놓고 자신의 컴퓨터를 주기적으로 점검하는 것이 좋다. 다양한 악성 코드들은 여러 가지 시스템의 취약점을 통하여 내 컴퓨터로 들어오기 때문에 컴퓨터의 취약한 부분을 미리 파악하여 취약한 부분을 강화하는 것이 보안에서는 그 무엇보다 중요하다.

【 O/× 문제 】

※ 다음 문장이 옳으면 O, 그렇지 않으면 ×를 표시하라.

01. 크래커는 윤리적인 해커들이 만들어낸 비윤리적 해커의 이름이다.

02. 유명한 해커인 케빈 미트닉은 프리킹의 창시자이다.

03. gray-hat 해커는 악의를 가지고 행동하는 비윤리적인 해커를 일컫는다.

04. 해시함수는 입력 값이 1비트 변하면 출력 값도 1비트 변하는 함수이다.

05. 암호화된 패스워드는 절대로 크래킹되지 않는다.

06. 사용자가 사용할 법한 패스워드를 파일로 만들어 이를 패스워드 크래킹에 무차별 대입하는 방법을 무차별 대입 공격이라 한다.

07. 웜은 파키스탄의 형제가 최초로 만들었다.

08. 바이러스는 자기 스스로를 무제한 복제하여 네트워크를 통하여 전파된다.

09. 웜은 감염대상을 필요로 하며 다른 곳에 자신을 복제한다.

10. 사회공학은 상대 시스템을 해킹하기 위한 기술적이지 않은 침입 수단 중의 하나이다.

11. 트로이목마는 바이러스처럼 자기복제 능력이 있으며 백신 프로그램으로 치료가 된다.

12. 휴리스틱 탐지 방법은 바이러스의 시그너처를 확인하여 바이러스를 탐지한다.

13. 바이러스를 치료하기 위해서는 사용자가 매번 안티바이러스 프로그램을 가동시켜야 한다.

14. 'MBSA'는 윈도우 운영체제에서 이용하는 안티 스파이웨어 프로그램이다.

【 객관식 문제 】

01. 데이터 통신을 위하여 기본적으로 필요한 것이 아닌 것은?

❶ 메시지 ❷ 송/수신자 ❸ 전송매체 ❹ 프로그램

02. 반경 수 Km이내에서 수 Mbps에서 수백 Mbps까지의 고속통신이 가능한 통신 네트워크는?

❶ LAN ❷ MAN ❸ WAN ❹ CAN

03. 네트워크에서 메시지를 주고받기 위한 전송규약이라는 뜻의 용어는?

❶ 전송매체 ❷ 프로토콜 ❸ 프로그램 ❹ 메모리

04. 전송계층의 데이터 유니트 이름은?

❶ 비트 ❷ 프레임 ❸ 세그먼트 ❹ 데이터그램

05. 약해지는 신호를 증폭하기 위하여 이용하는 네트워크 장비는?

❶ 허브 ❷ 리피터 ❸ 스위치 ❹ 브리지

06. 윤리적 해커를 부르는 다른 용어는?

❶ 화이트 햇 해커 ❷ 그레이 햇 해커

❸ 블랙 햇 해커   ❹ 크래커

07. 해커가 되고 싶지만 경험이나 기술이 없는 초보자 해커를 일컫는 말은?

❶ 레이머   ❷ 스크립트 키디

❸ 디벨롭트 키디   ❹ 엘리트

08. 스스로를 복제함으로써 기억장치나 네트워크 자원을 소모하거나 파괴하는 악성코드는?

❶ 바이러스   ❷ 웜

❸ 트로이목마   ❹ 스파이웨어

09. 부트 바이러스가 감염시키는 컴퓨터의 위치는?

❶ 파일   ❷ 부트 섹터   ❸ 매크로   ❹ 실행영역

10. 문서나 그림 등을 암호화하는 악성코드는?

❶ 스파이웨어   ❷ 애드웨어   ❸ 랜섬웨어   ❹ 트로이목마

11. 다음 중 해킹 공격의 종류가 다른 것은?

❶ 버퍼오버플로우   ❷ 패스워드 크래킹

❸ 백도어   ❹ 디도스

12. 해시함수의 세 가지 특징이 아닌것은?

❶ 입력값 크기에 관계 없이 출력값의 크기 동일

❷ 입력값이 한 비트 다르면 출력값이 완전히 다름

❸ 일방향의 성질

❹ 양방향의 성질

13. 악성코드 탐지의 기본으로서, 악성코드마다 가지는 특정의 코드를 일컫는 용어는?

❶ 시그널   ❷ 시그너처   ❸ 인증서   ❹ 확장자

14. 시스템 내부의 해킹 시도를 탐지하고 대응하는 보안장비는?

❶ 방화벽   ❷ 침입차단시스템

❸ 보안패치   ❹ 침입탐지시스템

15. 마이크로소프트사의 윈도우즈 용 취약점 분석 툴은?

❶ MBSA ❷ MBA ❸ 안티바이러스 ❹ IDS

【 주관식 문제 】

01. 해킹이란 무엇인가?

02. 해커의 분류 기법 중 길버트 아라베디언 기법의 5 부류에 대하여 설명하라.

03. 해시 함수의 특징 3가지에 대하여 기술하라.

04. 일반적인 해킹의 5단계에 대하여 써라.

모바일 보안

필자는 아침에 스마트폰 알람에 맞춰서 일어나고, 일어난 후 제일 먼저 스마트폰을 이용하여 메일과 뉴스를 확인한다. 또한 페이스북, 트위터, 카카오톡 등의 SNS(Social Network Service)에 올라온 새로운 소식을 읽으면서 하루를 시작한다. 스마트폰 인터넷 뱅킹을 이용해 돈을 이체하기도 하고 ○○페이나 모바일 신용카드를 이용하여 물건을 구매하기도 한다. 예전에는 이런 일을 컴퓨터를 이용해서 했지만 요즘은 스마트폰에 이런 모든 기능이 있어서 언제 어디서나 원하는 일은 모두 스마트폰으로 할 수 있다.

하지만 가끔 TV 뉴스에 나오는 피싱, 스미싱 등을 이용한 온라인 사기 기사에 가슴을 쓸어 내리기도 하고 친구로부터 오는 모바일 청첩장이나 돌잔치 초대장을 보면서 과연 이것이 친구가 보낸 것인지 아니면 친구를 사칭한 누군가가 보낸 것은 아닌지 의심하기도 한다. 메시지와 함께 도착한 링크를 눌러서 내용을 확인해야 하는지, 잘못 눌러서 혹시 스마트폰에 저장된 나의 정보가 다른 곳으로 유출되는 것은 아닌지 걱정도 하곤 한다. 또한 스마트폰 인터넷뱅킹용 모바일 공인인증서를 사용할 때는 공인인증서 유출 사건이 떠올라 한 번 더 그 안전성에 대해 생각해 보게 된다.

이번 장에서는 이와 관련하여 스마트폰이 가져다 준 편리함 그리고 그 편리함 속에 숨어 있는 여러 가지 보안 관련 문제점들을 알아보고 이에 대응할 수 있는 방안들에 대하여 소개한다.

7.1 모바일 운영체제

운영체제(Operating System, OS)라는 말을 들으면 가장 먼저 떠오르는 것은 PC운영체제인 윈도우즈일 것이다. 일반적으로 컴퓨터는 중앙처리장치로 불리는 CPU (많은 사람들은 인텔이라는 회사에서 만든 CPU를 장착한 컴퓨터를 사용한다), CPU가 하는 작업을 위한 작업 공간을 제공해 주는 메모리, 모니터·키보드·마우스·프린터 등과 같은 주변장치, 파워포인트·워드·한글 등과 같은 응용 프로그램, 그리고 이러한 CPU·메모리·주변장치·응용프로그램을 관리하는 프로그램인 운영체제 등으로 구성된다. 즉 윈도우즈는 1장에서 배운 바와 같이 PC의 CPU·메모리·주변장치·응용 프로그램을 관리하는 역할을 하는 프로그램인 것이다.

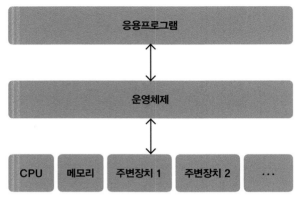

그림 7-1 컴퓨터의 구조

스마트폰 역시 CPU (다수의 스마트폰은 ARM이라는 회사에서 설계한 ARM CPU를 장착하고 있다), 메모리, 액정화면·카메라 등과 같은 주변장치, 페이스북·카카오톡·네이버 등과 같은 응용 프로그램('앱'이라고도 한다), 그리고 이러한 CPU·메모리·주변장치·앱을 관리하는 프로그램인 모바일 운영체제 등으로 구성된다. 즉 모바일 운영체제는 스마트폰 등과 같은 모바일 기기에 탑재되어 기기를 관리하고 앱 설치 작업을 편하고 쉽게 해주는 등의 역할을 하며 그 역사는 휴대폰 특히 스마트폰의 역사와 같이 한다.

스마트폰 이전에 사용된 휴대폰은 주로 음성통화, 단문메시지 송·수신, 전화번호부 관리 등과 같이 비교적 간단한 기능만을 제공했기 때문에 운영체제 역시 이러한 작업에 적합한 단순한 형태로 개발되었다. 그러나 2007년 아이폰이 등장할 즈음부터는 휴대폰이 음성통화 위주에서 인터넷 검색, 노래 및 동영상 감상, 개인 일정 관리, 이메일, 인터넷 뱅킹, 인터넷 쇼핑, 메신저 등 PC에서 사용하던 기능을 거의 그대로 제공하면서 시간·장소에 구애받지 않고 이러한 기능을 이용할 수 있게 해주는 개인 비서와 같은 역할을 하게 되었다. 그리고 스마트폰은 그 성능과 응용 분야가 지속적으로 개선되고 발전하면서 요즘은 PC 이상의 사용자 경험을 가져다주는 기기가 되었다.

스마트폰의 발전과 함께 모바일 운영체제 역시 PC 운영체제와 거의 유사하거나 심지어는 PC 운영체제와 모바일 운영체제가 통합된 형태로 발전이 되었다. 그리고 PC에서는 윈도우즈가 주로 사용되는 운영체제라면 모바일 기기에서는 구글에서 만든 안드로이드와 애플의 iOS가 주로 사용되고 있다.

이번 절에서는 이러한 모바일 운영체제의 종류와 역사 그리고 각 운영체제의 장·단점을 살펴보기로 한다.

1) 심비안(Symbian)

심비안은 국내에서는 개발자 이외의 사용자에게서 별다른 관심을 못 받아서 좀 생소한 운영체제이기는 하지만 한때는 전 세계 모바일 시장의 주류를 형성했었다.

심비안은 1998년에 노키아, 모토롤라, 에릭슨 등이 주축이 되어 설립한 심비안이라는 이름의 회사에서 개발한 모바일 운영체제로서, 당시 전 세계 휴대폰 시장에서 점유율 1, 2위를 다투고 있던 모토롤라와 노키아가 참여함으로써 한때는 전세계 스마트폰 판매량의 절반 이상이 채택할 정도로 각광을 받았다. 하지만 애플이 아이폰을 출시하고 구글이 안드로이드 운영체제를 무료로 개방한 이후 지속적으로 점유율이 하락하였다. 이후 노키아가 심비안을 인수하고 심비안 운영체제를 로열티가 없는 오픈 소스 운영체제로 운영하면서 심비안의 회생에 노력을 기울였지만 다른 휴대폰 제조사들의 관심을 거의 받지 못하면서 서서히 그 존재감을 잃어가게 되었다. 게다가 이후 노키아마저 심비안을 탑재한 스마트폰 출시를 포기하고 대신 윈도우폰 진영으로 갈아타면서 현재는 사람들의 관심을 거의 받지 못하는 사장된 운영체제라고 할 수 있다. (그림 7-2)는 노키아가 출시한 심비안 운영체제 탑재 스마트폰을 보여준다.

그림 7-2 노키아폰

2) 안드로이드(Android)

조사 시기에 따라 약간의 편차가 있기는 하지만 국내 스마트폰 시장에서 안드로이드폰은 80% 이상의 점유율을 보이고 있고 20% 미만의 시장을 아이폰 등이 차지하고 있을 만큼 국내에서 안드로이드는 점유율이 압도적으로 우세한 모바일 운영체제이다.

미국의 작은 벤처기업이었던 안드로이드사가 개발한 안드로이드 운영체제는 2005
년 구글이 안드로이드사를 인수하면서 모바일 운영체제 시장의 주류가 되었다. 구글
은 2007년 여러 칩 제조업체, 통신사업자 및 스마트폰 제조업체 등과 함께 '오픈 핸드
셋 얼라이언스(OHA)'를 구성하였고 2008년에는 안드로이드를 오픈 소스로 공개하며
안드로이드 진영을 확장하는 정책을 펼쳤으며 이를 통해 안드로이드는 세계 시장에서
70% 이상의 점유율을 보유한, 이전 PC 시대의 윈도우즈 운영체제와 같은 위상을 가지
게 되었다.

안드로이드는 현재 140만개 이상의 앱이 배포되고 있고 검색엔진인 구글, SNS인 Goo-
gle+, 동영상 공유 서비스인 유투브 등을 기본 탑재하면서 사용자 편의성에서 많은 장
점을 보유하고 있다. 하지만 여러 스마트폰 제조업체에서 안드로이드 운영체제를 자체
적으로 최적화하면서 안드로이드 운영체제가 제조사별로 서로 호환이 되지 않아서 생
기는 운영체제의 파편화 현상이 발생하고 있고, 앱의 배포를 애플이 주도하는 아이폰
생태계와는 다르게 앱 개발자가 안드로이드 앱 배포를 주도하고 또한 앱을 배포하는
장터가 일원화되어 있지 않고 여러 장터가 혼재되어 있기 때문에 악성코드의 배포가
상대적으로 쉽다는 보안상의 단점을 가지고 있다. (그림 7-3)은 삼성에서 출시하고 안
드로이드 운영체제를 탑재한 갤럭시 스마트폰을 보여준다.

그림 7-3 안드로이드폰

3) 윈도우 모바일(Windows Mobile)

PC 운영체제 시장의 절대강자였던 마이크로소프트는 1996년에 '윈도우 CE' 운영체제
가 내장된 모바일 기기를 출시하면서 모바일 운영체제 시장에 진출하였다. 이후 윈도우

CE는 PDA(Personal Digital Assistant, 스마트폰이 나오기 이전에 손으로 들고 다니는 미니 컴퓨터라는 개념으로 개발·판매된 기기)용 버전인 '포켓 PC 2000'을 거친 후 '윈도우 모바일'이라는 이름으로 진화하였다.

윈도우 모바일은 사용 환경에서 PC용 운영체제인 윈도우즈와 매우 흡사하기 때문에 사용자에게 친근한 작업 환경을 제공하고 있고, 회사나 개인의 업무 현장에서 많이 사용하는 파워포인트, 워드, 엑셀 등의 프로그램을 모바일 기기에서도 동일하게 사용할 수 있기 때문에 업무 생산성이 매우 높다는 장점을 가지고 있다. 그러나 이미 모바일 운영체제 시장은 안드로이드와 iOS가 대부분을 차지하고 있는 상황에서 윈도우 모바일은 모바일 운영체제 시장에 너무 늦게 진입하였다는 점과 윈도우 모바일용 애플리케이션이 아직까지는 안드로이드나 iOS에 비해 많이 부족하다는 점 때문에 현재 시장 점유율 확대에 많은 어려움을 겪고 있다. 이에 따라 마이크로소프트는 과거의 전략과는 다른 방식으로 접근한 새로운 모바일 운영체제를 발표하게 되었는데 이것이 '윈도우폰 7'이다.

그림 7-4 윈도우폰

2010년에 출시된 윈도우폰 7은 메트로 UI(User Interface)라는 마이크로소프트가 자체 개발한 UI를 사용하면서 마이크로소프트의 검색엔진인 빙, 음악 및 동영상서비스인 준, 게임 기능을 위한 엑스박스 라이브 등을 탑재하였다. 또한 최근에는 PC와 모바일 기기 모두에서 동작하는 윈도우즈 10 운영체제를 발표하고 이를 통해 PC와 모바일 모두에서 동일한 사용자 환경을 제공함으로써 지금까지의 낮은 시장점유율을 만회하기 위해 노력하고 있다.

4) iOS(iphone OS)

전세계 스마트폰 시장에서 안드로이드와 쌍벽을 이루고 있는 iOS는 애플에서 Mac OS X이라는 PC용 운영체제를 기반으로 개발한 모바일 운영체제이며 애플의 모바일 기기인 아이팟, 아이패드, 아이폰 등에 탑재되고 있다.

스마트폰 시장은 아이폰 등장 이전과 이후로 나뉠 정도로 iOS는 등장 초기부터 사용자의 많은 사랑을 받았는데 이는 사용상의 편리성, 훌륭한 하드웨어 및 소프트웨어 디자인 그리고 다양한 편의 사항 제공 등의 이유 때문에 가능하였다. 특히 당시 출시되었던 다른 어떠한 스마트폰보다도 빠른 반응 속도를 보였고 '멀티 터치'라고 하는, 지금은 대부분의 스마트폰이 채택하고 있을 만큼 보편화된 기술이지만 당시로서는 매우 획기적인 기능을 제공하면서 많은 주목을 받았다. 아울러, 지금은 안드로이드 진영에 역전을 당했지만, 한동안은 다른 운영체제에 비해 압도적으로 많은 애플리케이션을 제공하면서 사용자의 요구 사항을 다양한 방식으로 만족시킬 수 있는 환경을 구축할 수 있었다.

그림 7-5 아이폰

iOS의 단점으로는 애플에서 만든 기기에만 탑재가 가능하기 때문에, 개별 국가 별 다양한 요구사항을 충족시키는 것이 쉽지가 않고, 앱의 배포가 매우 폐쇄적이라는 점이 있다. 하지만 이러한 폐쇄적인 앱 배포 정책은 또한 안드로이드에 비해 악성코드의 배포를 어렵게 하는 보안상의 장점을 제공한다는 측면도 가지고 있다.

5) 블랙베리(BlackBerry)

캐나다의 림(RIM)사가 개발한 블랙베리 운영체제는 자사의 같은 이름의 모바일 단말기인 블랙베리 스마트폰에 탑재되기 위해 1999년에 처음 개발되었다(그림 7-6).

블랙베리 운영체제는 일반 사용자보다는 비즈니스를 목적으로 하는 사용자에게 큰 각광을 받았는데 그 이유는 PC 환경과 유사한 쿼티(qwerty) 방식의 문자 입력 방식을 제공하고 이메일 사용에 있어서 매우 높은 보안성을 제공한다는 점 때문이었다. 하지만 애플이 아이폰을 출시하고 구글이 안드로이드 운영체제를 무료로 개방한 이후 지속적으로 점유율이 하락하였으며 특히 아이폰이 블랙베리가 강점을 가졌던 기업용 시장을 잠식하면서 현재는 그 점유율이 5% 미만으로 하락하였다.

그림 7-6　블랙베리폰

7.2　스마트폰 안전하게 사용하기

스마트폰은 사용자가 다양한 소프트웨어나 앱을 자유롭게 설치하여 생활에 필요한 많은 작업을 앱을 통해서 할 수 있고 또한 언제 어디서든 인터넷 접속이 가능하기 때문에 많은 편리함을 준다. 하지만 이러한 편리함 뒤에는 다양한 보안위협이 존재하고, 사용자는 이러한 위협에 노출될 가능성이 매우 크다는 단점을 가지고 있다. 특히 스마트폰 운영체제는 PC와 거의 동일한 작업 환경을 제공하기 때문에 PC에서 발생할 수 있는 보안위협들이 스마트폰에서도 동일하게 문제가 될 수 있고 또한 스마트폰은 개인이 소유하는 개인화된 기기이기 때문에 개인정보와 금융 정보를 저장하고 사용하는 경우가 많아서 이로 인해서 생기는 보안상의 위험 역시 존재한다.

그렇다면 이러한 스마트폰의 보안을 위협하는 요소에는 구체적으로 무엇이 있을까? 먼저 스마트폰의 분실 및 도난에 따른 개인정보의 유출 가능성이다. PC는 보통 사무실이나 집의 고정된 위치에 설치가 되어 사용되기 때문에 분실 및 도난의 위험이 거의 없다. 하지만 스마트폰은 개인이 항상 휴대하기 때문에 잃어버릴 가능성이 매우 크고 따라서 스마트폰에 저장된 개인 연락처, 통화 및 SMS 전송 내역, 이메일, 개인의 금융정보 등과 같은 개인정보 역시 외부로 유출될 확률이 매우 높아지게 된다. 이러한 개인정보의 유출은 그 자체로도 문제가 되지만 또한 이 정보를 이용한 보이스 피싱과 같은 2차 피해의 원인이 될 가능성이 매우 높기 때문에 스마트폰의 분실이나 도난은 보안이라는 측면에서 매우 커다란 위협요소가 된다.

스마트폰 보안을 위협하는 또 다른 요소에는 무선랜 접속환경도 있다. 스마트폰은 3G, 4G와 같은 이동통신망뿐만 아니라 무선랜(WiFi)을 통해서도 인터넷에 접속할 수 있으며 스마트폰 사용자들은 무선데이터 요금을 아끼기 위해 가급적이면 무선랜을 사용하려고 한다. 그리고 무선랜을 사용하기 위해서는 무선 AP(Access Point)라는 장치에 접속해야 하는데 만약 악의적인 목적을 가진 사람이 무선 AP를 설치해 놓고 이를 통해 무선 AP 접속자의 개인정보를 수집한다면 이는 스마트폰 사용자에게 커다란 위협이 될 것이다.

또 다른 스마트폰의 보안 위협 요소로는 스마트폰 애플리케이션을 사고 팔 수 있는 앱마켓의 개방성이 있으며 이는 특히 안드로이드폰의 보안에 많은 문제를 야기할 수 있다. 즉 구글이 운영하는 안드로이드 마켓인 구글 플레이스토어나 다른 통신 사업자나 제조업체가 운영하는 안드로이드 앱 마켓에서는 누구든지 콘텐츠를 제작하여 이를 판매할 수 있으며 이러한 앱의 제작과 판매는 앱개발자 중심으로 이루어진다. 따라서 만약 나쁜 의도를 가진 개발자가 악성코드가 삽입된 앱을 개발하여 이를 유통시키면 이를 다운로드하여 설치한 일반 사용자는 꼼짝없이 피해를 입을 수밖에 없다. 아이폰의 경우에는 애플이 운영하는 앱마켓에서만 앱을 다운로드할 수 있고 앱에 대한 통제권 역시 개발자가 아닌 애플이 직접 가지고 있기 때문에 안드로이드보다는 악성코드의 유포 면에서 안전할 것으로 기대가 된다. 하지만 사용자가 부주의하게 휴대폰을 사용하거나 탈옥을 통한 인위적인 사용자 환경 조성을 시도하는 경우 보안 위협이 발생할 수 있기 때문에 역시 안심할 수는 없는 상황이다. 〈표 7-1〉은 현재 전세계적으로 가장 많이 사용되고 있는 안드로이드와 iOS 운영체제의 보안기능을 비교한 표이다.

표 7-1 안드로이드와 iOS의 보안기능 비교

	안드로이드	iOS
기반 OS	리눅스	유닉스
앱에 대한 기본 통제권	개발자	애플
앱 배포 방식	제조사별, 통신사별 앱 마켓이 존재할 수 있음	애플 아이튠즈에서 일괄 배포
앱 보안 모델	샌드박스식 모델을 채택하고 있으나 애플리케이션간 데이터 전달은 iOS에 비해 좀 더 자유로움	샌드박스식 모델을 채택하고 있으며 기본적으로 애플리케이션간 데이터 전달이 불가능함
앱에 대한 서명	개발자가 서명	애플이 서명
보안상의 문제	루팅을 하게 되면 심각한 보안상의 문제가 발생할 수 있음	탈옥을 하게 되면 심각한 보안상의 문제가 발생할 수 있음

이처럼 급속히 확대되고 있는 모바일 보안 위협은 개인적인 차원을 넘어 사회 전체적으로 큰 문제를 야기하고 있으며 특히 인터넷 망에 대한 해킹 사고와 맞물리면서 그 심각성과 우려가 점점 더 커지고 있다. 따라서 이번 절에서는 이러한 스마트폰의 보안위협에 대처할 수 있는 방법을 소개하고 이를 통해 좀 더 안전하게 스마트폰을 사용할 수 있는 방법을 제시하고자 한다.

1) 스마트폰 잠금 및 원격 데이터 삭제

필자는 가끔 스마트폰을 잃어버리게 되면 무슨 일이 일어날까를 상상해 보고는 한다. 제일 먼저 걱정되는 것은 스마트폰을 습득한 사람이 마음대로 전화를 걸고 특히 외국으로 국제 전화를 걸어 요금 폭탄을 맞게 될 가능성이다. 또 다른 걱정거리는 스마트폰에 저장된 필자의 개인정보가 다른 사람에게 노출되는 것이다. 필자가 찍은 사진, 필자가 아는 사람들의 주소와 연락처, 통화 내역, SMS 내용, 이메일 등이 노출된다는 것은 매우 끔찍한 경험이 될 것이다. 게다가 최악의 상황은 스마트폰에 저장된 필자의 금융정보가 노출되고 이를 통해 필자의 계좌에서 돈이 인출될 가능성이 있다는 것이다. 최근에는 스마트폰에 저장해서 사용할 수 있는 모바일 카드가 등장했고 또한 ○○페이라는 이름이 붙은 다양한 모바일 결제 수단이 상용화되었기 때문에 스마트폰 분실에 따른 이런 금융상의 위험성은 점점 커지고 있는 상황이다.

그렇다면 이러한 걱정을 줄여줄 수 있는 가장 간단한 방법은 무엇이 있을까? 그 방법은 다름 아닌 스마트폰의 잠금 기능과 스마트폰 원격 데이터 삭제 기능을 이용하는 것이다.

먼저 스마트폰 잠금 기능이란, 스마트폰의 화면이 꺼지고 다시 켜질 때 마다 비밀번호 등을 입력하게 하여 스마트폰을 분실하더라도 다른 사람이 스마트폰 데이터에 접근하지 못하게 하는 기능이다. 안드로이드에서 제공하는 이러한 잠금 기능으로는 '드래그', '패턴', 'PIN', '비밀번호' 등이 있고 그 외에도 제조사별로 '얼굴 인식'이나 '지문 인식'을 추가로 제공하는 경우도 있다. 이 중에서 단순히 화면을 슬라이드하여 잠금 화면을 해제하는 드래그 방식을 제외하면 각 잠금 방식은 어느 정도의 보안성을 제공해주고 있으며 따라서 분실시 개인정보나 금융정보 유출의 위험성을 줄여주는 역할을 하기 때문에 스마트폰 사용자들은 조금 불편하더라도 이러한 잠금 방식 중 하나를 사용하는 것이 권장되고 있다.

안드로이드폰에서 잠금 기능을 사용하기 위해서는 먼저 스마트폰의 환경설정에서 '내 디바이스 → 잠금 화면 → 화면 잠금'을 차례로 터치한 후 본인이 선호하는 잠금 방식을 선택하면 된다. (그림 7-7)은 잠금 방식을 선택할 수 있는 화면을 보여준다.

그림 7-7 화면 잠금 방식 선택

(그림 7-7)이 보여주는 것처럼 화면 잠금 방식에는 드래그, 패턴, PIN, 비밀번호의 4가지 방식이 있으며 각 방식에 대한 구체적인 설명은 〈표 7-2〉에 있다.

표 7-2 화면 잠금 방식

방식	동작방식	보안 수준
드래그	- 손가락으로 화면을 옆으로 움직여 잠금을 푸는 방식 - 누구나 잠금을 풀 수 있기 때문에 보안 수준이 아주 낮음	아주 낮음
패턴	- 스마트폰 화면에 9개의 점과 각 점 사이를 연결하는 직선을 이용한 특정 패턴을 입력 - 패턴을 만드는 방법은 엄청나게 많지만 사람들이 많이 사용하는 패턴도 있고 거의 사용하지 않는 패턴이 존재하기 때문에 보안 수준은 중간정도임 - 패턴을 기억 못 하는 경우를 대비해서 PIN(비밀번호)을 함께 설정함	중간
PIN	- 숫자로만 이루어진 비밀번호를 의미 - PIN을 구성하는 숫자의 개수에 따라 보안 수준이 다를 수 있음. 가령, 4자리의 숫자로 된 PIN의 경우, 선택 가능한 총 비밀번호의 개수는 10,000개이기 때문에 보안 수준이 높다고 할 수는 없지만 더 많은 숫자로 이루어진 PIN은 그보다 높은 보안 수준을 제공	중간 높음
비밀번호	- 영문자, 숫자, 기호를 섞은 비밀번호를 의미 - 영문자, 숫자, 기호를 섞기 때문에 PIN보다는 높은 보안 수준을 제공 - 하지만 좋은 패스워드 생성 규칙, 즉 영문자, 숫자, 기호를 모두 포함하고 10자리 이상으로 이루어져 있으며 사전에 등록된 단어나 본인의 개인정보에서 유추할 수 있는 정보만으로 이루어진 비밀번호를 피하지 않으면 보안 수준은 매우 낮을 수 있음	높음

최근에는 화면 잠금 해제나 본인 인증을 위해 지문 인식이나 얼굴 인식 기능을 제공하는 스마트폰이 점점 더 많이 출시되고 있다. 이렇게 신체적 특징을 이용한 잠금 해제나 본인 인증의 경우 비밀번호처럼 외울 필요가 없고 본인만이 가지고 있는 정보를 이용하기 때문에 한결 더 안전한 방법으로 간주되고 있다. 하지만 이러한 방법도 단점이 존재하는데 가령, 비밀번호는 다른 사람에게 노출이 되더라도 새로운 비밀번호로 교체가 가능하지만 신체특성정보는 이러한 교체가 불가능하다. 또한 스마트폰이 본인의 지문이나 얼굴을 인식하지 못하거나 다른 사람의 지문이나 얼굴을 본인 것으로 잘못 인식할 수 있는 가능성 등은 단점으로 간주된다.

잠금 기능을 이용하면 스마트폰을 분실하거나 도난당했을 때 개인정보가 유출될 위험성을 어느 정도 감소시킬 수 있으나 그 위험성을 완전하게 없애주지는 못한다. 이 때 유용하게 사용할 수 있는 기능이 바로 '스마트폰 원격 데이터 삭제' 기능이다.

안드로이드폰의 경우에 이러한 원격 데이터 삭제 기능을 이용하기 위해서는 먼저 구글의 안드로이드 기기 관리자 페이지(https://www.google.com/android/devicemanager?hl=ko)에 접속해야 한다. 이 페이지는 기본적으로 본인 휴대폰의 대략적인 위치를 보여주는 기능을 제공하는데 이를 위해서는 접속 후 본인이 설정한 패스워드를 입력해야 한다.

그림 7-8 안드로이드 기기 관리자 페이지

안드로이드 기기 관리자 페이지는 (그림 7-8)처럼 스마트폰의 대략적인 위치 외에도 '벨 울리기', '잠금', '초기화' 기능을 제공한다. 이 중에서 '벨 울리기' 기능은 본인의 스마트폰에서 최대 5분간 벨을 울리게 할 수 있으며 스마트폰을 무음 또는 진동 모드로 설정해도 이용 가능하다. 이 기능을 사용하면 스마트폰을 집안의 어디에다 두었는지를 모를 때 스마트폰의 위치를 알 수 있으며 벨소리를 종료시키기 위해서는 스마트폰 화면을 터치하면 된다.

'잠금' 기능은 현재 스마트폰에 설정된 화면 잠금 방식을 비밀번호 방식으로 바꾸고 비밀번호를 설정할 수 있게 해 준다(그림 7-9). 따라서 잠금 기능을 활성화하지 않고 스마트폰을 분실하였다면 바로 이 기기 관리자 페이지의 '잠금' 기능을 이용하여 비밀번호를 설정해 주는 것이 좋다.

새로운 잠금 화면

현재 잠금 화면이 비밀번호 잠금으로 바뀝니다. Google 계정 비밀
번호를 사용하지 마세요.

새 비밀번호

비밀번호 확인

복구 메시지(선택사항)

이 메시지는 잠금 화면에 표시됩니다.

전화번호(선택사항)

이 번호로 연결되는 버튼이 잠금 화면에 표시됩니다.

취소   잠금

그림 7-9 안드로이드 기기 관리자 페이지의 잠금 기능

기기 관리자 페이지의 마지막 기능은 본인의 스마트폰 데이타를 원격에서 삭제하고 초기화하는 기능이다. 즉 이 기능을 사용하면 스마트폰을 분실 · 도난당했을 때 스마트폰에 저장된 개인정보나 금융정보를 바로 삭제하는 것이 가능하다. 그러나 이 기능을 이용하려면 먼저 본인의 안드로이드폰에서 이 기능을 활성화해야 하는데 이를 위해서는 스마트폰의 '환경설정 → 더보기 → 보안 → 디바이스 관리자'를 선택한 후 'Android 기기 관리자' 선택 버튼을 체크하여야 한다. (그림 7-10)은 이러한 과정을 보여준다.

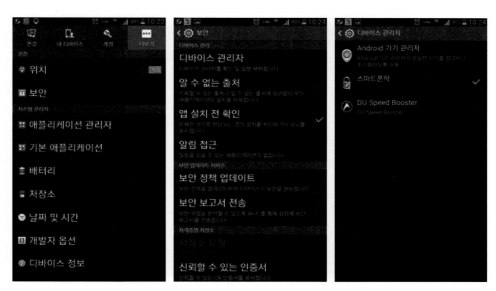

그림 7-10 안드로이드 기기 관리자 활성화

2) 스마트폰앱 권한 설정

2013년에 구글 플레이스토어에 정식 등록된 앱이 이를 다운받아 설치한 스마트폰에서 사용자의 개인정보를 불법 수집하고 이 정보를 앱 개발자에게 전송한 사건이 발생하였다. 앱 개발자는 이후 이를 소액결제에 이용해 2억여 원의 부당이익을 챙겼는데 이러한 사례는 구글 계정만 있으면 누구나 개발자 등록이 가능하고 또한 이렇게 등록된 앱을 통해 불법 행위가 가능하다는 사실을 보여 준다.

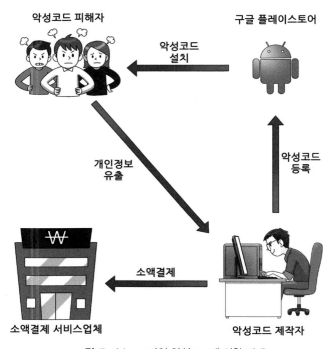

그림 7-11 모바일 악성코드에 의한 피해

요즘은 집이나 회사 사무실에 있는 컴퓨터가 인터넷에 연결되어 있으면 누구나 쉽게 인터넷을 통해서 해당 컴퓨터로의 접속이 가능하고 이를 통해 다양한 데이터가 사용자 몰래 빠져나갈 수 있다. 특히 이런 문제는 스마트폰에서 더 쉽게 발생할 수 있는데 스마트폰 사용자들 중 일부는 이러한 사실을 아예 모르는 경우가 많다. 즉 자신의 스마트폰에 설치되어 있는 앱의 종류와 이러한 앱이 어떤 기능을 가지고 있는지를 모르거나 관심이 없어서 스마트폰에 저장된 사용자 정보가 앱을 통해 언제 어떻게 유출되는지 알지 못하는 것이다.

이렇게 앱을 통한 불법 행위가 가능한 가장 큰 이유 중의 하나는 앱에 부여된 권한을 사용자가 스스로 선택하지 못한다는 점에 있다. 따라서 어떤 앱이 스마트폰에 저장된 주소록에 접근할 수 있고 네트워크에 접속할 권한이 주어져 있다면 그 앱이 사용자 몰래 주소록에 접근해서 내가 아는 사람들의 전화번호를 수집하고 이 정보를 네트워크를 통해 다른 사람에게 유출하더라도 스마트폰 소유자는 이를 알 수 있는 방법이 없는 것이다. 즉 앱을 다운로드하여 사용할 때 제일 먼저 해야 할 일은 바로 그 앱이 어떤 권한을 요구하는지 그리고 그 앱이 너무 과도한 권한을 요청하는 것은 아닌지 확인해 보는 것이다. 이와 관련하여 이번 절에서는 스마트폰의 개인 정보 유출을 방지할 수 있는 최소한의 장치인 '앱 권한' 보기를 소개하려고 한다.

앱을 구글 플레이스토어에서 다운로드하여 설치하려고 하면 그 앱이 요구하는 권한 목록이 제일 먼저 보이게 된다. 예를 들어 (그림 7-12)는 세계 최대 SNS 서비스인 Facebook이 요구하는 권한 목록을 보여준다.

그림 7-12 Facebook이 요구하는 앱권한

만약 이전에 설치했던 앱의 권한이 어떻게 되는지를 알고 싶다면 스마트폰 설정화면의 '더 보기 → 애플리케이션 관리자'에서 해당 앱의 애플리케이션 정보를 살펴보면 된다. (그림 7-13)은 국내에서 가장 많이 사용되고 있는 메신저 앱인 카카오톡의 앱 권한을 보는 방법을 보여주고 있으며 〈표 7-3〉은 카카오톡이 가지고 있는 권한에 대한 간략한 설명을 보여준다.

그림 7-13 카카오톡의 앱 권한 보기

표 7-3 카카오톡이 보유한 앱 권한에 대한 설명

권한	설명
통화	애플리케이션이 사용자의 허가 없이 전화를 거는 것을 허용
내 메시지	애플리케이션이 문자메시지를 보낼 수 있도록 허용
카메라	애플리케이션이 언제든 카메라를 사용해 사진과 동영상을 촬영할 수 있도록 허용
마이크	애플리케이션이 오디오 녹음경로에 접근하는 것을 허용
현재 위치	애플리케이션이 기지국이나 무선 AP 등의 네트워크에 기반한 위치정보 서비스를 사용하여 사용자의 대략적인 위치를 알 수 있도록 허용
소셜 정보 읽기	애플리케이션이 내 디바이스에 저장된 모든 연락처(주소) 데이터를 읽을 수 있도록 허용
저장소	애플리케이션이 내장 메모리에 데이터를 쓸 수 있도록 허용
내 계정	애플리케이션이 휴대폰에 저장되어 있는 계정 목록에 접근할 수 있도록 허용
네트워크 통신	애플리케이션이 모든 네트워크의 상태를 볼 수 있도록 허용
블루투스	애플리케이션이 블루투스 설정을 볼 수 있도록 허용하고 등록된 기기와 연결할 수 있도록 허용
애플리케이션 정보 접근	애플리케이션이 최근 또는 현재 진행 중인 작업에 관한 정보를 얻을 수 있도록 허용
다른 애플리케이션 실행	애플리케이션이 다른 애플리케이션의 앞에 표시되거나 해당 애플리케이션의 인터페이스를 편집할 수 있도록 허용
진동 설정 관리	애플리케이션이 진동을 조절할 수 있도록 허용
오디오 설정	애플리케이션이 음량과 오디오 경로와 같은 전체 오디오 설정을 변경할 수 있도록 허용
시스템 도구	애플리케이션이 바로가기를 생성하고 홈 화면에 추가할 수 있도록 허용

이러한 앱 권한과 관련하여 어떤 앱은 기능과는 상관없는 과도한 권한을 요구하는 경우가 있을 수 있다. 가령 덧셈, 뺄셈 등과 같은 계산을 해주는 계산기 앱이지만 사진 찍기, 주소록, 통화기록, SMS, 계정 기록, 심지어는 보호된 저장소까지의 접근을 원한다면 이것은 뭔가 문제가 있는 앱이라는 것을 알 수 있다. 따라서 이런 앱들은 개인정보를 수집하기 위해 만들어 놓았을 가능성이 많기 때문에 설치하지 않는 것이 좋다.

이러한 앱 권한 부여의 가장 큰 단점 중의 하나는 각 앱에 부여되는 권한을 사용자가 선택하지 못한다는 것에 있다. 즉 해당 권한 모두를 승인하여 설치하거나 아니면 설치 자체가 불가능하게 되는 것이다. 하지만 앞으로 출시될 안드로이드 차기 버전의 경우 사용자가 이러한 권한 설정을 스스로 할 수 있도록 할 예정이라고 하니 스마트폰 보안 측면에서 바람직한 방향이라고 할 수 있다. 사실 이미 설치된 앱의 권한을 선별적으로 해제할 수 있도록 하는 앱이 있긴 하지만, 임의로 사용자가 권한을 해체할 경우에 앱이 제대로 작동되지 않을 수 있다.

3) 무선랜 보안

무선랜이란 무선 AP(Access Point)가 설치되어 있는 장소에서 인터넷에 접속할 수 있는 서비스를 의미한다. 무선랜을 이용하기 위해서는 무선랜과 유선 인터넷망을 연결해주는 장치인 무선 AP가 있어야 하고 이러한 AP에 접속하여 인터넷에 연결할 수 있는 무선랜카드를 장착하고 있는 노트북, 스마트폰 등의 무선 단말기가 있어야 한다(그림 7-14).

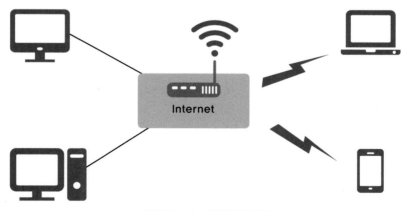

그림 7-14 무선랜 구성도

무선랜은 여러 면에서 장점을 가지는데 그 중에서 가장 큰 장점은 역시 무선으로 다양한 인터넷 서비스를 이용할 수 있다는 점일 것이다. 특히 공항, 철도역, 버스터미널 등과 같은 공공장소에 설치된 무선랜을 사용할 수 있거나 해외여행 중에 무선랜을 이용할 수 있다면 본인의 무선데이터를 사용하지 않고도 노트북이나 스마트폰 등을 이용하여 공짜로 인터넷에 연결할 수 있기 때문에 사용자의 입장에서 보면 매우 편리한 서비스임에 틀림없다. 하지만 3G나 4G와 같은 이동통신망과는 달리 무선랜은 무선 AP 근처에서만 사용 가능하며 공중 무선랜의 경우 너무 많은 사람들이 동시에 접속하면 속도가 매우 느려지는 단점이 있을 수 있다. 또한 해외에서는 국내에서처럼 공짜로 무선랜이 제공되는 지역이 많지 않기 때문에 답답함을 느끼기도 한다. 무선랜의 가장 큰 단점을 꼽으라면 해킹에 취약하고 따라서 무선 단말기에서 정보유출이 발생할 가능성이 크다는 점을 들 수 있다.

먼저 무선랜은 동일한 주파수를 사용하여 여러 사람이 동시에 통신을 하기 때문에 이 주파수를 수신할 수 있는 무선 단말기를 보유한 사람은 불특정 다수의 신호를 수신할 수 있다. 따라서 만약 무선랜으로 주고받는 데이터를 암호화하지 않을 경우 도청에 매우 취약할 수밖에 없다.

또 다른 무선랜의 보안상의 취약점은 가짜 무선 AP의 사용에 있다. 즉 악의적 목적을 가진 사람이 무선 AP를 설치한 후 이 AP에 접속한 사람들의 무선 데이터를 가로채서 그 안에 있는 개인정보를 탈취하게 되면 무선랜 사용자는 속수무책으로 당할 수밖에 없다. 또한 스마트폰에는 한번 접속한 무선랜에 자동으로 접속하는 기능이 있고 무선랜의 이름은 관리자가 임의로 변경이 가능하기 때문에 만약 악의적인 목적을 가진 사람이 가짜 무선 AP를 설치하고 잘 알려진 무선랜 이름으로 가장한다면 스마트폰 사용자는 그 AP에 자동접속이 되고 따라서 이를 통해 개인정보가 유출될 위험성이 매우 크다 (그림 7-15).

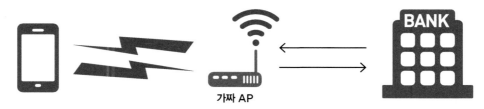

가짜 AP

그림 7-15 가짜 AP의 위험성

무선랜은 ARP(Address Resolution Protocol, 주소 결정 프로토콜) 스푸핑(spoofing) 기술을 이용한 도청에도 취약할 수 있다. 일반적으로 인터넷 통신이 가능하려면 인터넷 주소와 MAC(Media Access Control address, 접근제어주소) 주소라는 2개의 서로 다른 주소가 모두 있어야 한다. 하지만 통신을 하고자 하는 단말기들은 보통 상대 단말기의 인터넷 주소는 알지만 MAC 주소는 모르는 경우가 많다. 이 경우 ARP라는 프로토콜을 사용하여 통신하는 두 대상이 서로의 MAC 주소를 주고받을 수 있는데 이 ARP 프로토콜의 보안상의 취약점을 이용하는 공격이 바로 ARP 스푸핑이다. 예를 들어 x.x.x.x라는 인터넷 주소와 y.y.y.y.y라는 MAC 주소를 가지는 A라는 단말기가 z.z.z.z 라는 인터넷 주소를 가지는 B라는 단말기와 통신을 하려고 하면 A와 B는 다음과 같은 방식으로 서로의 MAC 주소를 교환하게 된다.

1. A는 자신의 인터넷 주소, MAC 주소를 같은 네트워크에 있는 모든 단말기에 보내면서 z.z.z.z라는 인터넷 주소를 가지는 단말기는 자신의 MAC 주소를 A에게 알려 달라고 요청한다.

2. B는 z.z.z.z라는 인터넷 주소를 가지고 있기 때문에 A에게 자신의 MAC 주소를 전송한다. 하지만 다른 단말기들은 자신의 인터넷 주소가 z.z.z.z가 아니기 때문에 A의 요청을 무시한다.

3. B의 MAC 주소를 알게 된 A는 자신의 인터넷 주소 및 MAC 주소와 B의 인터넷 주소 및 MAC 주소를 이용하여 B에게 데이터를 전달한다.

ARP 스푸핑이란 위의 ARP 프로토콜의 2)번 단계에서 C라는 단말기가 자신의 인터넷 주소가 z.z.z.z라고 주장하고 자신의 MAC 주소를 A에게 알려주는, 즉 MAC 주소를 위장하는 기술을 의미한다. 이 경우 B와 C 모두 자신의 인터넷 주소가 z.z.z.z라고 주장하는 응답을 A에게 동시에 보낼 수 있는데 만약 B의 응답이 C보다 늦게 도착하면 A는 B가 아닌 C를 진짜 통신 상대방으로 오인하게 되고 따라서 이후의 데이터 통신은 A와 C사이에 이루어지게 된다. 비슷한 방식으로 C는 A로 위장하면서 B와 연결하는 것이 가능해 진다. 즉 A와 B는 서로 직접 통신을 한다고 믿고 있지만, 실제로는 C가 A와 B의 중간에 위치하면서 A와 B가 주고받는 모든 데이터를 가로챌 수 있게 되는데 이를 'ARP 스푸핑을 이용한 중간자 공격'이라고 한다(그림 7-16). 이러한 중간자 공격은 PC 환경뿐만 아니라 무선 AP를 이용한 무선랜 환경에서도 매우 빈번하게 발생하고 있으며 무선랜 보안에 있어서 매우 심각한 위협 요인이 되고 있다.

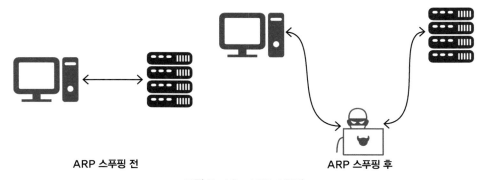

ARP 스푸핑 전   ARP 스푸핑 후

그림 7-16 ARP 스푸핑

그렇다면 이런 무선랜의 보안 취약성을 줄일 수 있는 방법은 무엇이 있을까? 먼저 악의
적인 목적으로 설치한 가짜 무선 AP를 이용할 경우 개인정보가 쉽게 유출될 수 있기
때문에, 부득이하게 외부에서 무선랜을 사용해야 할 경우에는 잘 알고 있는 무선 AP에
접속하거나 또는 무선 AP 제공자의 신원이 확실한 경우에만 무선랜에 접속해야 한다.
예를 들어 각 통신사가 스마트폰 이용자에게 제공하는 무선랜, 유명 호텔이나 커피숍에
서 제공하는 무선랜 등은 어느 정도 안전하다고 판단할 수 있지만 그 이외에는 무선랜
이용을 가급적 피하는 것이 좋다. 또한 무선랜의 자동접속기능은 끄고, 기존에 접속했
던 무선랜 리스트는 주기적으로 지워서 가짜 무선 AP에 자동 접속할 수 있는 가능성을
미리 차단해야 한다.

그림 7-17 이용가능한 무선 AP 목록 및 비밀번호 입력창

무선랜의 도청 위험성을 줄이는 방법으로는 보안설정이 된 무선랜을 이용하거나, 보안설정이 안된 무선랜을 사용하는 경우 인터넷 뱅킹 등과 같은 민감한 서비스를 사용하지 않는 것이 있다. 보안설정이 있는 AP의 경우 해당 무선랜의 이름 옆에 자물쇠가 표시되기 때문에 구분이 가능하다. (그림 7-17)은 필자의 스마트폰에서 접속 가능한 무선랜 목록을 보여주며 이 중에서 'yjbaek', 'Jung407' 등의 무선 AP는 보안설정이 되어 있음을 알 수 있다. 또한 보안설정이 된 무선 AP를 선택하면 그림처럼 비밀번호를 입력하는 창이 나타난다.

무선 AP에 대한 보안 설정을 하려면 컴퓨터를 이용해 AP 관리화면에 접속해야 한다. AP 관리화면에 접속하는 방법은 무선 AP별로 다를 수가 있는데, 예를 들어 필자가 사용하고 있는 무선 AP 관리화면에 접근하려면 http://192.168.1.1에 접속해야 하고 이때 이전에 아이디와 비밀번호를 설정해 두었다면 이를 입력해야 한다. (그림 7-18)은 필자가 관리하고 있는 무선 AP의 관리화면을 보여준다.

그림 7-18 무선 AP 관리 화면

관리 화면에서는 먼저 무선 접속 비밀번호를 설정할 수 있는데 여타 비밀번호와 마찬가지로 너무 쉬운 비밀번호는 또 다른 보안 문제를 일으킬 수 있기 때문에 일정 정도 이상의 복잡도를 갖는 비밀번호를 선택해야 한다.

이 외에도 관리 화면의 고급 설정을 클릭하면 무선 AP와 관련된 다양한 설정을 할 수 있는데 그 중에서 대표적인 것이 무선 보안 방식을 선택하는 것이다. 무선 보안 방식은 무선 단말기와 무선 AP 사이의 통신 데이터를 암호화해주는 역할을 하며 일반적으로 WEP, WPA, WPA2 방식이 있다. 이 중에서 WEP 방식은 보안 강도가 매우 약하다고 알려져 있어서 사용을 하면 안 되고 WPA2 방식은 가장 높은 보안 강도를 제공하기 때문에 사용이 권장된다. WPA의 보안 강도는 WEP와 WPA2 사이에 위치하며, WEP 보다는 안전하지만 WPA2보다는 안전하지 않기 때문에 WPA2가 지원되지 않는 경우에만 사용하도록 권고가 되고 있다. WEP, WPA, WPA2에 대한 보다 자세한 설명은 〈표 7-4〉에 주어진다.

표 7-4 무선랜용 암호프로토콜

	WEP (Wired Equivalent Privacy)	WPA (WiFi Protected Access)	WPA2 (WiFi Protected Access 2)
키	사전에 공유된 비밀키 사용 (64비트 혹은 128비트)	사전에 공유된 키를 사용(64, 128 또는 256 비트)하거나 별도의 인증서버 이용	사전에 공유된 키를 사용(128, 192 또는 256 비트)하거나 별도의 인증서버 이용
암호화	고정된 키 사용 RC4 스트림 암호알고리즘 사용 24 비트 초기화 벡터 사용	암호키를 동적으로 변경해서 사용 (TKIP) RC4 스트림 암호알고리즘 사용 48비트 초기화 벡터 사용	암호키를 동적으로 변경해서 사용 (TKIP) AES 블록암호알고리즘 사용
보안성	64비트 WEP 키는 수 분내 계산 가능 따라서 사용하지 않는 것이 좋음	WEP와 호환이 가능하고 더 긴 키를 사용하여 안전성을 강화하지만 RC4를 사용하기 때문에 보안문제가 생길 수 있음 WPA2가 지원되지 않는 경우에만 사용할 것이 권고됨	AES를 사용하여 가장 강력한 보안 기능 제공

(그림 7-19)는 무선 보안 방식을 선택할 수 있는 AP 관리 화면을 보여준다.

이 외에도 AP 관리화면에서는 관리자 아이디와 암호를 설정할 수 있고 원격 관리 기능을 활성화할 수도 있다. 이 중 관리자 아이디와 암호는 외부인이 관리자 페이지에 접속하는 것을 방지해 주는 역할을 하기 때문에 반드시 설정해 두는 것이 좋으며 원격 관리는 원격으로 무선 AP를 관리하는 기능을 제공하지만 잘못 사용했을 경우 공격자가 AP에 접근하는 통로를 제공해 줄 수 있기 때문에 원격 관리 기능은 사용하지 않는 것이 좋다.

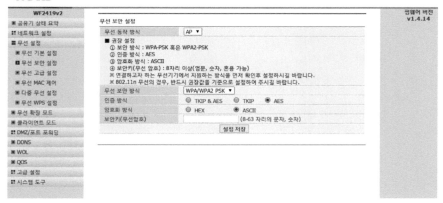

그림 7-19　무선 보안 방식 선택

4) 모바일 백신 프로그램

최근 스마트폰 애플리케이션에서 사용자들이 선호하는 게임이나 동영상, 사진 등으로 위장한 악성코드가 빈번하게 출현하고 있다. 이러한 모바일 악성코드는 모바일 기기로부터 사용자의 중요 정보를 외부로 유출하거나 사용자 몰래 소액결제를 하는 등의 방식으로 금전적인 피해를 야기하기 때문에 이에 대한 대비가 필요하다.

악성코드에 의한 피해를 최소화하는 가장 간단한 방법 중의 하나는 출처를 알 수 없는 메시지나 이메일을 개봉하지 않고 개봉하더라도 첨부된 링크를 클릭하여 사이트에 접속하는 것을 피하는 것이다. 만약 해당 사이트에 접근하는 것이 필요하다면 링크를 클릭하는 것 대신에 직접 인터넷 주소창에 해당 페이지 주소를 입력하는 것이 바람직하다. 이렇게 메시지나 이메일에 첨부된 링크의 클릭을 유도하여 피싱 사이트 등으로 접속하게 하는 피싱이나 스미싱은 PC 환경에서보다 스마트폰 환경에서 더 자주 발생하고 이를 방어하는 것이 더 어려운 경향이 있는데 그 이유 중의 하나가 바로 구글에서 개발한 단축 URL의 사용에 있다.

단축 URL이란, 일반적인 URL이 너무 길어, 글자수에 제한이 있는 SNS나 짧은 글 위주로 정보를 전달하는 SMS 등에 사용하기가 어렵다는 단점을 극복하기 위해서 구글에서 개발한 방법으로 긴 URL을 짧게 만들어 주는 기술을 의미한다. 이러한 단축 URL은 트위터처럼 글자 제한이 있는 SNS 서비스 등에서 특히 인기가 있으며 그 외에도 SMS 등에서 많이 사용되고 있다. 하지만 이러한 편리함에도 불구하고 단축 URL을 사용하면 실제 그 사이트에 접속하기 전까지는 그 사이트가 어떤 사이트인지를 판단할 수가 없기 때문에 피싱이나 스미싱 등에 대한 방어를 어렵게 하기도 한다. 예를 들어 단축 URL 공식 사이트의 주소는 https://developers.google.com/url-shortener/인데 이를 단축한 URL은 https://goo.gl/R8aivF이 된다. 그리고 이 단축 URL만 보고서는 이것이 구글의 공식 사이트인지 피싱 사이트인지 구분하는 것이 쉽지가 않게 된다.

또 다른 악성코드 피해 예방법으로는 잘 알지 못하는 게시판에 게시되어 있는 글을 함부로 클릭하지 말 것과 호기심을 자극하는 파일이나 동영상을 무료로 다운 받을 수 있다고 선전하는 SMS를 개봉하지 말 것, 그리고 공짜를 미끼로 하는 파일에 숨어 있는 바이러스나 악성코드를 조심할 것 등이 있을 수 있다.

그렇지만 이러한 기본 안전 수칙을 아무리 철저히 지킨다고 해도 악성코드에 의한 피해를 완전히 막을 수는 없다. 또한 악성코드나 바이러스에 개인적으로 일일이 대응하는 것도 현실적으로 불가능하다. 따라서 PC에서처럼 백신 프로그램을 스마트폰에 설치하는 것이 가장 현명한 악성코드 대처법 중의 하나가 된다. 즉 스마트폰 사용자라면 이제 백신 프로그램은 선택이 아닌 필수 사항이다.

스마트폰에서 사용할 수 있는 다양한 백신 프로그램들이 있으며 그 중에서 다음 제품들은 가장 대표적이고 많이 사용되는 백신 프로그램과 악성코드 탐지 프로그램이다.

- 안랩의 V3 모바일

- 이스트소프트(ESTsoft)의 알약 안드로이드

- KISA의 폰키퍼

- 경찰청의 폴−안티스파이

V3 모바일과 알약 안드로이드는 각각 우리나라의 대표적인 보안 기업인 안랩과 이스트소프트가 자사의 PC용 백신 프로그램을 바탕으로 모바일 기기용으로 개발한 제품이고, 폰키퍼는 한국인터넷진흥원(KISA)이 바이러스 및 악성코드의 탐지 및 치료를 목적으로 개발한 제품이다. 또한 폴-안티스파이는 경찰청에서 배포하는 앱으로 스마트폰에 설치된 스파이앱을 탐지하고 삭제하는 기능을 제공한다. 이번 절에서는 우리나라 제품으로 무료임에도 불구하고 꽤 좋은 성능을 보여주고 있는 스마트폰용 악성코드 탐지 앱인 V3 모바일, 알약 안드로이드, 폰키퍼 그리고 폴-안티스파이에 대해 소개한다.

먼저 V3 모바일은 안랩의 PC용 백신 프로그램인 V3의 모바일 버전 제품으로 구글 플레이스토어에서 무료로 다운로드 받을 수 있다. (그림 7-20)은 V3 모바일의 시작 화면을 보여준다.

그림 7-20 V3 Mobile 시작 화면

PC와 마찬가지로 스마트폰 역시 계속해서 새로운 악성코드가 나오고 있기 때문에 백신을 설치하면 제일 먼저 해야 하는 작업은 바로 백신을 업데이트하는 것이다. V3 모바일 역시 업데이트 기능을 제공하고 있기 때문에 이러한 업데이트를 통해 백신을 항상 최신 상태로 유지하는 것은 반드시 필요하다.

V3 모바일의 주요 기능은 물론 안티바이러스 기능, 즉 바이러스의 검사와 치료를 위한 백신 기능으로 이를 통해 단말기와 단말기에 저장된 데이터를 바이러스로부터 보호할 수 있다. 그리고 이러한 바이러스 검사 및 치료를 위해 V3 모바일은 '빠른 검사'와 '정밀 검사'라는 두 가지 방법을 제공한다.

먼저 빠른 검사는 현재 스마트폰에 설치된 애플리케이션을 검사하기 때문에 검사 시간을 단축할 수 있다. 반면에 정밀 검사는 스마트폰에 설치된 애플리케이션과 일반 파일을 포함한 전체 파일을 검사하기 때문에 악성코드 감염 여부를 보다 정확히 검사할 수 있지만 빠른 검사에 비해 더 많은 시간이 소요된다. (그림 7-21)은 필자의 스마트폰에 대한 정밀 검사를 수행하고 있는 모습과 검사가 완료된 모습을 보여준다.

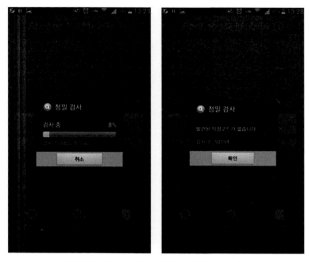

그림 7-21 V3 모바일의 바이러스 검사

이 외에도 V3 모바일은 실시간 검사를 통해 스마트폰에 설치되거나 실행되는 애플리케이션의 감염 여부를 즉시 검사할 수 있고 환경 설정과 로그 보기 기능을 통해 V3 모바일의 주요 기능을 설정하고 이전 검사 기록의 주요 사항 및 특이 사항을 열람할 수 있다. (그림 7-22)는 V3 모바일의 환경 설정 화면과 로그 보기 화면을 보여 주고 있으며 〈표 7-5〉는 환경 설정의 각 항목에 대한 간단한 설명을 제공한다.

그림 7-22 V3 Mobile의 환경 설정 및 로그 보기

표 7-5   V3 모바일의 환경 설정 주요 항목

기능	설명
실시간 검사	– 스마트폰에 설치되거나 실행되는 파일의 악성코드 감염 여부를 주기적으로 검사 – 실시간 검사를 사용하지 않으면 보안에 취약할 수 있으므로 항상 사용할 것이 권장됨
보안 수준	– 높음 : 주기적으로 악성코드 감염 여부를 검사하며 스마트폰에 응용 프로그램을 설치할 때마다 검사. 배터리 사용량이 증가할 수 있으나 스마트폰의 보안 수준을 최고 수준으로 유지할 수 있음 – 낮음 : 스마트폰에 애플리케이션을 설치할 때마다 검사. 배터리 사용량은 적지만 보안 수준 역시 낮음
추가 검사	– 행위 기반 검사 : 스마트폰 애플리케이션이 정상에서 벗어난 행위를 하는지를 검사 – 불필요한 애플리케이션 검사 : 사용자에게 피해를 줄 수 있는 프로그램이나 사용자의 동의를 받고 설치됐지만 사용자의 불편을 초래할 수 있는 프로그램이 있는지를 검사
예약 검사 설정	– 바이러스 검사를 사용자가 설정한 시간에 자동으로 실행하게 하는 기능 – 예약 검사를 실행할 주기와 시간 선택 가능 매일 : 사용자가 선택한 시간에 매일 검사를 실행 매주 : 사용자가 선택한 매주 특정 요일, 특정 시간에 검사를 실행 시간 : 검사를 실행할 시간을 선택
업데이트 연결 방법	– 업데이트시 WiFi만 사용할지 아니면 WiFi와 모바일 데이터 모두를 사용할지를 결정
예약 업데이트 사용	– 예약 업데이트를 실행할 주기와 시간을 선택 매일 : 사용자가 선택한 시간에 매일 예약 업데이트를 실행 매주 : 사용자가 선택한 매주 특정 요일, 특정 시간에 예약 업데이트를 실행 시간 : 예약 업데이트를 실행할 시간을 선택

알약 안드로이드는 이스트소프트사에서 제작한 PC용 백신 프로그램인 알약의 안드로이드 버전으로 구글 플레이스토어에서 무료로 다운로드 받을 수 있다. 알약 안드로이드는 악성 코드와 비정상적인 파일에 대한 정밀 검사 및 치료 그리고 업데이트 기능을 제공한다. 또한 스마트폰 사용자의 개인정보 및 금융정보 탈취를 노리는 스미싱 메시지를 감시하고 이를 차단하는 기능도 제공한다.

알약 안드로이드 역시 V3 모바일처럼 설치 후 바로 업데이트를 해서 백신을 항상 최신 상태로 유지하는 것이 필요하다. (그림 7-23)은 알약 안드로이드의 시작 화면을 보여준다.

그림 7-23   알약 안드로이드 시작화면

알약 안드로이드의 주요 기능은 악성코드 검사, 불필요한 메모리 및 애플리케이션 정리, CPU 캐시 삭제를 통한 개인정보 보호, 애플리케이션에 대한 실시간 안전 등급 제공, 간편 삭제 기능을 통한 편리한 앱 관리, 스팸과 스미싱 메시지를 실시간으로 차단 · 관리, 보안등급이 낮은 WiFi 연결 시 실시간으로 알려주는 기능 등이 있다. (그림 7-24)는 필자가 알약 안드로이드를 이용하여 스마트폰에 대한 악성코드 검사를 수행하고 있는 모습과 검사가 완료된 모습을 보여준다.

그림 7-24 알약 안드로이드 검사 화면

이 외에도 알약 안드로이드는 환경 설정을 통해 백신의 주요 기능에 대한 설정이 가능하다. (그림 7-25)와 〈표 7-6〉은 알약 안드로이드의 환경 설정 화면과 각 항목에 대한 간략한 설명을 보여준다.

그림 7-25 알약 안드로이드 환경설정

표 7-6 알약 안드로이드의 환경 설정 주요 항목

기능	설명
DB 자동 업데이트	– 일정 시간마다 주기적으로 업데이트할 항목이 있는지 확인하고 자동으로 DB 업데이트를 진행
3G/LTE 업데이트 사용	– 3G/LTE 네트워크에 연결 후 자동으로 App 안전 등급 및 정보를 업데이트
제품 업데이트시 알림	– 알약 안드로이드 최신 버전이 출시되면 알려줌
실시간 감시	– 실시간 감시를 사용
App 설치 후 안전 등급 알림	– '주의 App 알림', '미확인 App 알림', '안전 App 알림' 중 선택
예약 검사	– 시간을 정해서 예약 검사를 실행
검사 기록 설정	– 검사 기록을 저장하는 기간을 설정
스미싱 감시	– 스미싱 메시지를 감시
스미싱 감시 알림	– '위험 메시지 알림', '의심 메시지 알림' 중에서 중복 선택 가능
스팸 감시	– 스팸을 감시
등록된 스팸 전화번호 감시	– 등록된 스팸 전화번호를 감시
등록된 스팸 키워드 감시	– 등록된 스팸 키워드를 감시
연락처 번호 스팸 제외	– 연락처에 등록된 번호는 스팸에서 제외처리
발신번호 표시 제한된 전화차단	– 발신번호 표시가 제한된 전화를 차단
상태표시 바에 스팸차단 알림	– 스팸전화 또는 문자메시지를 차단한 후 상태표시 바에서 이를 알려줌
보안등급별 WiFi 연결 알림	– WiFi 연결시 WiFi 보안등급을 알려줌
보안등급별 WiFi 자동연결 알림	– 보안이 취약한 WiFi로의 자동 연결을 방지하기 위해 '낮음 등급 자동 연결 알림', '보통 등급 자동 연결 알림', '높음 등급 자동 연결 알림' 중에서 한 가지를 선택 가능

폰키퍼는 한국인터넷진흥원(KISA)에서 개발한 스마트폰 보안 자가점검 앱으로 구글 플레이스토어에서 무료 다운로드가 가능하다.

그림 7-26 폰키퍼

폰키퍼는 스마트폰의 보안 설정을 검사하고 알려진 악성 앱이나 개인정보 저장 앱이
설치되어 있는지를 점검할 수 있으며 주요 기능은 〈표 7-7〉에 있다.

표 7-7 폰키퍼 주요 기능

기능	설명
보안점검	- 스마트폰의 보안 설정을 검사하여 보안에 취약한 항목을 조치할 수 있도록 구체적인 방안을 제시 - 스마트폰에 설치되어 있는 앱을 검사하여 보안에 위협되는 앱을 삭제 - 스마트폰에 설치된 앱이 사용하는 권한을 보여줌
보안공지	- 실시간 침해사고 정보와 대응방안에 대한 정보 제공

참고로 스마트폰 사용자는 폰키퍼에서 제시하는 다음과 같은 스미싱 사기 예방 방법을
참고할 필요가 있다.

■ 알 수 없는 출처(미 인증) 앱 설치 기능 해제

■ 문자 메시지 내 웹 주소 클릭하지 않기

■ 소액결제 원천 차단 및 결제금액 제한

■ 블랙마켓, 포털 사이트 자료실 등에서 배포되는 인증되지 않은 앱은 절대 설치하지
않기

- 스미싱 의심 문자 메시지 수신 시 118 신고

- 폰키퍼로 정기적 보안 점검하기

스파이앱이란 사용자 몰래 스마트폰에 설치되어 음성, 문자 메시지, 사진 등을 훔쳐보는 앱으로 개인의 사생활을 감시하고 개인정보를 수집하는 불법적인 용도로 사용될 가능성이 매우 높다. 따라서 스마트폰 사용자는 본인의 스마트폰에 스파이앱이 설치되어 있는지를 항상 주의해야 하는데 폴-안티스파이는 바로 이런 목적으로 경찰청에서 배포하는 앱이다. 즉 폴-안티스파이는 스파이앱을 탐지하고 삭제하는 기능을 제공한다. (그림 7-27)은 필자의 스마트폰에 설치된 폴-안티스파이의 시작 화면을 보여준다.

그림 7-27 폴-안티스파이 시작 화면

스파이앱을 탐지하려면 폴-안티스파이의 '검사시작'을 클릭하면 되는데 (그림 7-28)은 필자의 스마트폰에 대한 스파이앱 검사화면을 보여준다.

그림 7-28　폴-안티스파이 검사 화면

7.3　모바일 인터넷뱅킹과 모바일 간편결제시스템

PC를 이용한 인터넷 뱅킹을 하다 보면 가령 버스를 타고 가다가 혹은 외국에 출장을 가 있는 동안 갑자가 송금할 일이 생길 때 참으로 난감해진다. 스마트폰으로 모바일 금융서비스를 이용하면 이러한 공간상의 제약 없이 금융거래를 할 수 있어 참 편리하다. 게다가 시간적 제약 역시 극복할 수 있어서 본인이 원하는 어떤 시간에도 필요한 금융서비스를 이용할 수 있다. 뱅킹 이용자뿐만 아니라 금융회사 역시 모바일 금융서비스에 대한 기대를 많이 하고 있는데 이는 단순히 이용자의 편의성 증진을 위한 서비스 차원이 아니라 비즈니스 기회를 확대할 수 있는 기회 수단으로 인식하고 있기 때문이다.

많은 사용자들이 모바일 금융 서비스를 이용하고 다수의 금융회사들이 모바일 금융결제 서비스를 제공함에 따라 모바일 금융 시장은 현재 빠른 속도로 성장하고 있다. 하지만 그 이면에는 빈번히 발생하고 있는 해킹, 개인 정보 유출 등의 사건 사고가 있고 이로 인한 소비자의 보안에 대한 걱정이 자리 잡고 있다. 따라서 이번 절에서는 다양한 모바일 결제 서비스와 이 서비스를 더욱 안전하게 이용할 수 있는 보안 장치를 소개하고자 한다.

1)　모바일 공인인증서

인터넷 뱅킹을 이용하거나 일정 금액 이상의 물건을 인터넷에서 구입하고자 하는 경우 사용자는 본인 확인을 해야 하는데 이때 가장 많이 사용하는 기술 중의 하나가 바로 공인인증서이다.

온라인 금융 거래를 하다 보면 직접 대면에 의한 본인 확인이 불가능하다는 단점이 있는데 공인인증서란 이런 단점을 없애고자 개발된 기술로서, 온라인 금융 거래시 거래자의 신원 확인을 위해 공인인증기관에서 발급하는 일종의 디지털 신분증이라고 할 수 있다. 최근에는 인터넷 뱅킹이나 인터넷 쇼핑 등에서 자주 사용되던 공인인증서의 의무 사용이 폐지가 되고 따라서 온라인 금융이나 전자상거래시 사용자인증방법을 회사가 스스로 정할 수 있는 환경이 조성되고 있지만 여전히 많은 은행 사이트나 전자상거래 사이트는 공인인증서를 이용한 사용자인증방법을 선호하고 있다.

그렇다면 스마트폰을 이용해서 금융거래를 하려면 어떻게 해야 할까? 바로 공인인증서를 스마트폰에 복사하면 간단히 해결된다. 그리고 이렇게 공인인증서를 스마트폰에 복사하려면 먼저 컴퓨터에 이미 발급받은 공인인증서가 있어야 하는데 (그림 7-29)는 실제로 필자가 이용하는 모 은행의 공인인증서를 보여준다.

그림 7-29 공인인증서

PC에 있는 공인인증서를 스마트폰으로 복사하기 위해서는 은행 사이트에 있는 공인인증센터를 방문해야 한다. 그리고 공인인증센터 메뉴 중에서 '스마트폰인증서복사' 또는 그와 유사한 메뉴를 선택하면 공인인증서 복사를 위한 방법을 자세히 설명해 주는 페이지가 나타난다. 일반적으로 공인인증서 복사는 스마트폰 운영체제별로 다르게 진행이 되며 사용자는 자신의 운영체제에 해당하는 방법을 사용하면 된다. (그림 7-30)은 스마트폰 공인인증서 복사를 위한 화면을 보여준다.

그림 7-30　스마트폰 공인인증서 복사

(그림 7-30)이 보여 주듯이 PC에 있는 공인인증서를 스마트폰으로 복사하는 방법은 여러 가지가 있을 수 있는데 필자가 이용하는 은행은 그 중에서 'QR코드로 인증서 복사', '알림메시지로 인증서 복사', '인증번호로 인증서 복사'라는 3가지 방법을 제공한다. 필자는 이 중에서 QR코드를 이용해서 인증서를 복사하는 방법을 선택했다. 그러면 해당 공인인증서에 대한 비밀번호를 입력하는 창이 나타나고 비밀번호를 입력하면 인증서 복사에 필요한 QR코드가 (그림 7-31)과 같이 표시되며 이 QR코드를 스마트폰의 인터넷 뱅킹 앱에서 스캔하면 인증서 복사가 완료된다.

그림 7-31　QR코드를 이용한 공인인증서 복사

이제 모바일 공인인증서를 사용할 차례가 되었다. 모바일 공인인증서의 사용은 PC용 공인인증서의 사용과 별반 차이가 없다. 즉 스마트폰 앱에서 인터넷 뱅킹을 이용하려고 하면 공인인증서 사용이 필요한 경우가 발생하고 이 때 공인인증서 암호를 적절하게 입력하면 공인인증서를 사용한 인터넷 뱅킹이 완료된다. (그림 7-32)는 스마트폰 인터넷 뱅킹에서 이체를 하려고 할 때 공인인증서 비밀번호 입력을 요구하는 화면을 보여준다.

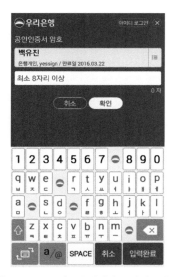

그림 7-32　스마트폰에서의 공인인증서 사용

2) 모바일 결제시스템

일상생활이 스마트폰 위주로 바뀜에 따라 온라인 전자상거래에서 사용할 수 있는 스마트폰을 이용한 다양한 결제 수단이 새롭게 출시되고 있다. 이러한 결제 수단에는 카드사에서 출시하고 있는 앱카드와 모바일 카드, 그리고 ○○페이로 이름이 붙은, 스마트폰 제조사나 이동통신사 또는 모바일 서비스 제공사 등이 주력하고 있는 모바일 간편 결제 방식이 있다. 이러한 결제 방식의 특징은 자신의 카드정보를 스마트폰 앱 등에 한 번만 입력해 놓으면, 이후 결제 시에는 비밀번호만 입력하면 결제가 이루어진다는 점이다. 따라서 온라인이나 모바일로 결제를 하려고 하면 먼저 보안 프로그램을 설치하고 카드 정보, 카드 비밀번호 그리고 공인인증서 비밀번호를 입력해야 했던 이전 방식에 비해서 새로운 간편 결제 방식은 사용자에게 많은 편리함을 가져다주고 있다.

이 중에서 '앱 카드'는 스마트폰 앱으로 신용카드를 대체하며 한 차례 카드 등록 절차를 마치고 나면 그 다음부터는 앱을 열고 비밀번호 6자리를 입력함으로써 결제가 완료되는 방식을 사용한다. 앱카드를 사용하기 위해서는 먼저 다음과 같은 과정으로 앱카드에 가입을 하고 본인이 결제에 사용하고자 하는 카드를 등록해야 한다.

1. 구글 Play 스토어에서 '앱카드'를 검색

2. 본인이 사용하는 카드회사의 앱을 설치

3. 서비스가입을 위한 본인확인 및 약관동의

4. 본인이 사용하는 카드를 앱카드에 등록

5. 휴대폰 인증 등을 통한 본인 확인

6. 6자리 결제 비밀번호와 서명을 설정

(그림 7-33)은 이러한 앱카드 가입 방법을 보여준다.

그림 7-33 앱카드 가입 방법

앱카드를 실제 매장에서 사용하는 방법은 매우 간단한데 먼저 앱카드 비밀번호를 입력하고 나면 바코드·QR코드 또는 NFC 방식 중 하나를 고르는 화면이 나타난다. 이 중에서 바코드 또는 QR코드 방식을 선택하게 되면 바코드나 QR코드가 앱카드에서 생성이 되고 이를 매장 직원이 리더기로 스캔하면 결제가 완료된다. NFC 방식의 경우는 좀 더 간단해서 스마트폰을 매장에 있는 NFC 리더기에 접촉만 하면 결제가 완료된다. 그러나 NFC 방식을 이용하려면 본인의 스마트폰에서 NFC 기능이 활성화되어 있어야 하고 매장에 NFC 리더기가 있어야 하기 때문에 아직은 사용상에 불편한 점이 있다. 여기서 NFC란 근거리 무선 통신(Near Field Communication)의 약자로서 아주 가까운 거리의 기기들과 무선으로 통신을 할 수 있는 기술을 의미하며 교통카드나 모바일 결제 등에 주로 사용되고 있다.

앱카드의 가장 큰 단점은 플라스틱 신용카드가 반드시 있어야 앱카드 등록을 할 수 있다는 것이다. 하지만 '모바일 카드'는 플라스틱 카드가 없더라도 은행계좌만 있으면 가상 카드를 발급받을 수 있고 이를 이용해서 결제를 할 수 있기 때문에 좀 더 편리하다고 할 수 있다. 발급받은 플라스틱 카드나 가상 카드는 스마트폰의 유심(USIM) 칩에 저장이 되는데 유심이란, 스마트폰을 개통하면 통신사에서 제공하는 조그만 반도체 칩으로 스마트폰 가입자를 식별하는 여러 가지 정보가 담겨져 있다.

앱카드와 모바일카드의 가장 큰 차이점 중의 하나는 결제 방식에 있다. 앱카드로 결제를 하려면 먼저 앱을 실행시켜야 하지만 모바일 카드의 경우에는 별도의 앱 설치 없이 단지 NFC 결제 단말기에 스마트폰을 접촉시키기만 하면 결제를 완료할 수 있다. 이러한 결제 방식은 모바일 카드의 장점이자 단점도 되는데, 현재 시중에 NFC 결제 단말기가 설치된 매장이 많지 않아서 사용상의 제약이 많다는 점은 단점이 된다.

모바일 카드의 또 다른 장점으로는, 카드 정보가 유심이라는 하드웨어에 저장이 되기 때문에 소프트웨어에 저장되는 앱카드에 비해서 보안성이 더 뛰어나다는 평가를 받고 있다는 점과 앱카드의 경우 휴대폰 전원이 꺼지면 사용할 수가 없지만 모바일카드는 휴대폰 전원이 꺼지더라도 사용 가능하다는 장점이 있다.

모바일 카드의 발급 방법은 다음과 같다.

1. 구글 Play 스토어에서 '모바일 카드'를 검색

2. 본인이 설치하고자 하는 카드회사의 앱을 설치

3. 모바일 카드를 유심에 설치하기 위해 필요한 앱 설치

4. 모바일 카드 신규 발급 혹은 기존 플라스틱 카드를 모바일 카드로 전환

(그림 7-34)는 모바일 카드의 설치 방법을 보여 준다.

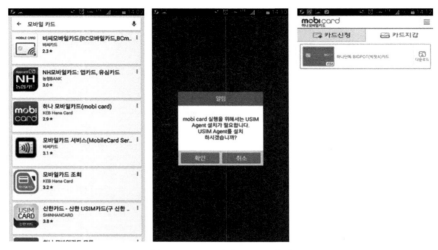

그림 7-34　모바일 카드 설치 방법

최근에 가장 각광을 받는 결제 방식은 카카오페이, 애플페이, 삼성페이 등과 같이 스마트폰 제조사, 서비스 제공자 등이 출시한 모바일 간편 결제 방식이다.

먼저 카카오페이는 국내에서 가장 많이 사용되는 스마트폰 메신저인 카카오톡 안에 신용카드를 등록해 놓고 나중에 간단히 비밀번호 입력만으로 결제할 수 있는 모바일 결제 서비스이다. 신용카드 등록은 최대 20개까지 가능하고 단 하나의 비밀번호만으로 모든 등록된 카드들을 사용할 수 있기 때문에 카드사별로 별도의 비밀번호를 외워야하는 번거로움을 피할 수 있다. 하지만 카카오페이는 카카오톡이 설치되어 있지 않으면 사용할 수 없다는 단점이 있다.

카카오페이를 사용하기 위해서는 다음과 같은 과정으로 카카오페이에 가입을 하고 결제 카드를 등록해야 한다(그림 7-35).

1. 카카오톡의 더보기 메뉴 중 카카오페이를 선택

2. 카카오페이 메뉴 중 가입하기 선택

3. 모든 약관에 동의하기 클릭

4. 가입정보 및 인증번호 입력

5. 6자리 결제 비밀번호 설정

6. 결제 카드 등록

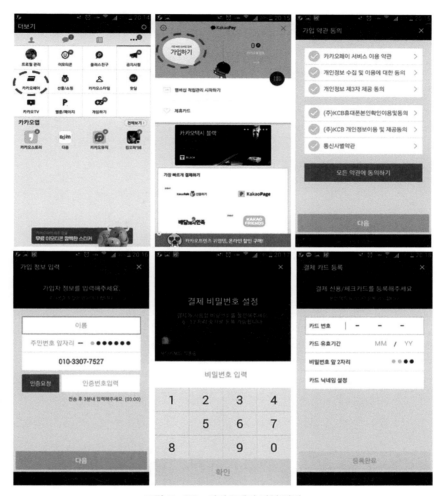

그림 7-35 카카오페이 가입 방법

카카오페이의 가장 큰 장점은 비밀번호의 입력만으로 결제가 완료된다는 점이다. 또한 등록된 카드정보가 암호화 되어서 저장·전송되고, 카드 정보와 개인 정보 등 결제 관련 정보가 사용자의 스마트폰과 전자지불대행회사인 LG CNS 서버에 분리 저장되기 때문에 어느 한 쪽의 정보만으로는 결제 서비스가 완료되지 않는다는 보안상의 장점을 가진다. 이를 위해 카카오페이는 LG CNS의 '엠페이(MPay)'라는 결재 모듈을 사용하는데 엠페이는 LG CNS가 개발한 스마트폰 간편결제 서비스로서 공인인증서를 대체할 수 있는 기술로 알려져 있다.

삼성페이는 세계 최대 스마트폰 제조사인 삼성전자가 아이폰 개발사인 애플의 애플페이에 대항하기 위하여 개발한 간편 결제 서비스이다. 삼성페이의 특징으로는 먼저 다른 페이처럼 삼성페이 앱에 본인이 사용하는 카드와 비밀번호를 등록하면 이후 비밀번호를 입력하거나 스마트폰을 리더기에 접촉하는 것만으로 결제가 완료된다는 점이 있다. 또한 삼성페이에는 MST(Magnetic Secure Transmission, 마그네틱 보안 전송)라는 기술이 구현되어 있는데, MST란 기존 마그네틱 신용 카드에서 사용하는 결제정보 전송 방식을 스마트폰에 구현한 기술이다. 삼성페이는 MST기술과 함께 NFC 방식의 결제 기술을 동시에 지원하기 때문에 NFC 결제 방식의 최대 단점인 NFC 결제 단말기의 부족 문제를 어느 정도 해결하고 있다.

삼성페이의 보안상의 특징 중 하나는 결제를 할 때 '지문 인증' 이나 '비밀번호 인증' 과정을 꼭 통과하도록 하여 보안성을 강화하였다는 점이다. 또한 삼성페이는 '일회용 가상 카드 번호'라는 기술을 사용하는데 이 기술을 사용하면 삼성페이로 결제를 할 때 신용카드 정보 자체가 아니라 신용카드 정보를 이용해 생성된 일회용 가상 카드번호가 사용된다. 따라서 삼성페이를 사용하는 도중에 결제 정보가 외부로 노출이 되더라도 신용카드 정보가 아닌 일회용 번호만이 노출이 되기 때문에 더 안전한 환경에서 모바일 결제 서비스를 이용할 수 있게 된다. 삼성페이의 단점으로는 구형 단말기에서는 사용할 수 없다는 점과 다른 제조사가 만든 스마트폰에서는 삼성페이를 이용할 수 없다는 점이 지적되고 있다.

2014년에 서비스를 시작한 애플페이는 아이폰 · 아이패드 등에서 사용할 수 있도록 애플이 개발한 모바일 결제 시스템이다. NFC 기술을 이용하는 애플 페이는 아이폰의 터치 ID 센서에 손가락을 갖다 대서 지문 인증을 하면 물품 대금이 결제되는 방식을 사용한다. 따라서 추가로 앱을 열거나 디스플레이 화면을 활성화할 필요 없이 결제가 이뤄지기 때문에 사용이 매우 편리하다는 장점을 가지고 있다.

애플페이에서 사용하는 보안 기술로는 'Touch ID'라는 지문 인식 센서가 있다. 또한 결제 과정에서는 일회성 코드를 무작위로 생성하여 전송함으로써 결제 정보가 외부로 유출되더라도 안전성이 훼손되지 않게 하였다. 하지만 NFC 방식을 사용하기 때문에 범용성에 문제가 있다는 지적을 받고 있는데 이는 NFC 방식을 사용하는 다른 결제 방식에 공통적으로 나타나는 단점이라 할 수 있다.

【 ○/× 문제 】

※ 다음 문장이 옳으면 ○, 그렇지 않으면 ×를 표시하라.

01. 운영체제는 CPU · 메모리 · 주변장치 · 응용프로그램 등을 관리하는 하드웨어 장치를 의미한다.

02. 심비안 운영체제는 현재 오픈 소스 형태로 운영된다.

03. iOS는 애플 앱 마켓의 폐쇄성 때문에 파편화 현상이 발생시키고 있다.

04. 현재 가장 많은 앱을 보유하고 있는 운영체제는 iOS이다.

05. 안드로이드는 앱 개발자가 앱 배포에 있어 주도권을 가지고 있고 앱마켓이 일원화되지 않았기 때문에 악성코드의 배포가 iOS에 비해 더 쉽다는 평가를 받고 있다.

06. 윈도우 모바일은 윈도우즈와 유사한 사용 환경을 제공하기 때문에 업무 생산성이 높다는 평가를 받고 있다.

07. 블랙베리의 장점은 쿼티(qwerty) 자판과 안전한 이메일의 사용에 있다.

08. 안드로이드의 탈옥을 통한 인위적인 사용자 환경 조성은 보안에 큰 문제를 일으킬 수 있다.

09. 안드로이드의 기기 관리자 페이지는 스마트폰 데이터를 원격에서 삭제하고 초기화하는 기능을 제공한다.

10. 구글 플레이스토어에서 앱을 다운로드하면 그 앱이 요구하는 권한을 보여주지만 설치 후에는 앱 권한이 무엇인지 알 수 없기 때문에 앱의 다운로드는 신중하게 해야 한다.

11. 무선랜으로 주고받는 데이터는 기본적으로 암호화가 되기 때문에 도청에 대한 걱정을 하지 않아도 된다.

12. 무선랜의 자동접속기능은 보안과 관련이 없다.

13. 스마트폰을 도청하려면 반드시 ARP 스푸핑을 먼저 시도해야 한다.

14. 스마트폰과 무선 AP 사이의 통신 데이터를 암호화해주는 역할을 하는 프로토콜에는 일반적으로 WEP, WPA, WPA2가 있다.

15. 무선 AP 관리화면에서 제공하는 기능 중에서 원격 관리 기능은 외부인이 관리자 페이지에 접속하는 것을 방지해 주는 역할을 하기 때문에 반드시 설정해 두는 것이 좋다.

16. V3 모바일은 보안등급이 낮은 WiFi에 연결하는 경우 이를 실시간으로 알려주는 기능을 제공한다.

17. 스파이앱이란 사용자 몰래 스마트폰에 설치되어 음성, 문자 메시지, 사진 등을 훔쳐보는 앱으로 개인의 사생활을 감시하고 개인정보를 수집하는 불법적인 용도로 사용될 가능성이 매우 높다.

18. 공인인증서는 PC에서만 사용 가능하다.

19. 앱카드는 플라스틱 카드가 없더라도 은행계좌만 있으면 가상 카드를 발급받을 수 있는 방식이다.

20. 모바일 카드는 유심칩에 저장된다.

【 객관식 문제 】

01. '멀티 터치' 기능을 제일 처음 구현한 모바일 운영체제는 무엇인가?

❶ 윈도우 모바일　❷ iOS　　❸ 심비안　　❹ 블랙베리

02. 안드로이드에 대한 다음 설명 중 잘못된 것은 무엇인가?

❶ 리눅스에 기반을 둔 운영체제이다.
❷ 샌드박스식 앱 보안 모델을 채택하고 있다.
❸ 탈옥을 하게 되면 보안상의 문제가 발생할 수 있다.
❹ 앱에 대해서 개발자가 서명한 후 배포한다.

03. 다음 중 보안 수준이 가장 높은 안드로이드 화면 잠금 방식은 무엇인가?

❶ PIN　　　❷ 패턴　　　❸ 비밀번호　　❹ 드래그

04. 안드로이드 앱 권한 중 애플리케이션이 내 디바이스에 저장된 모든 연락처 데이터를 읽을 수 있도록 허용하는 권한은 무엇인가?

❶ 애플리케이션 정보 접근　　❷ 소셜 정보 읽기
❸ 통화　　　　　　　　　　❹ 저장소

05. 무선 ARP 스푸핑 기술에 대한 다음 설명 중 잘못된 것은 무엇인가?

❶ ARP는 통신 상대방의 인터넷 주소를 모를 때 사용하는 프로토콜이다.
❷ 무선 ARP 스푸핑 기술은 MAC 주소를 위장하는 기술이다.
❸ 무선 ARP 스푸핑 기술을 이용하면 중간자 공격이 가능해진다.
❹ ARP 스푸핑 기술은 무선뿐만 아니라 PC환경에서도 가능하다.

06. 무선랜 보안 방식 중 가장 높은 수준의 보안 기능을 제공하는 것은 무엇인가?

    ❶ WPA   **❷** WPA2   **❸** WEP   **❹** WEP2

07. 근거리 무선 통신의 약자로서 아주 가까운 거리의 기기들과 무선으로 통신을 할 수 있도록 해주는 기술을 무엇이라고 하는가?

    ❶ QR   **❷** CPU   **❸** NFC   **❹** USIM

【 주관식 문제 】

01. 안드로이드와 iOS의 보안 기능을 비교해서 설명하시오.

02. 안드로이드 운영체제의 파편화 현상에 대해 설명하시오.

03. 스마트폰의 보안을 위협하는 요소를 기술하시오.

04. ARP 스푸핑의 작동 원리에 대해서 설명하시오.

05. WEP, WPA, WPA2의 차이점을 기술하시오.

06. 단축 URL 기술이 피싱이나 스미싱에 악용되는 이유는 무엇인가?

07. 스미싱 사기 예방 방법을 기술하시오.

Introduction to **INFORMATION SECURITY** for the Mobile Age

CHAPTER

08

사이버수사
– 디지털 포렌식

우리는 TV, 신문, 각종 SNS를 통해서 수많은 다양한 사건사고를 접한다. 사건이 발생하면 관할 부서에서 사건을 조사해서 전말을 밝혀 원인과 책임을 명확하게 하고 필요한 경우 처벌의 단계까지 이루어진다. 이러한 사건 사고를 '조사'하기 위해서는 현장 초동조사, 목격자 조사, 증거물 수집 및 분석을 하게 될 것이다. 이제 목격자나 증거물에는 사람이나 문서만 포함되는 것이 아니다. CCTV와 자동차의 블랙박스도 목격자가 될 수 있고, 관련된 사람의 컴퓨터, 네트워크, 스마트폰, SNS까지도 조사분석의 대상이 된다.

실제 사건 수사에서도 이러한 디지털 매체에 저장된 데이터와 사이버 수사 결과는 결정적 증거로써 범인 검거에 사용되고 있다. 이 책은 디지털 포렌식 전문도서가 아니므로 윈도우즈 7과 익스플로러를 사용하는 컴퓨터를 그 대상으로 한정하여 디지털 포렌식의 세계를 살짝 엿보고자 한다.

8.1 컴퓨터에 남겨지는 흔적들

이 절에서는 윈도우즈 사용자들이 본인이 의도하지 않게 저장되는 사용 흔적과 증거들에 대해 알아보고, 다음 절에서는 이들을 삭제하거나 남기지 않는 방법도 알아보자.

1) 응용 프로그램 사용 정보

(1) 윈도우즈 시작 프로그램

먼저 윈도 로고를 눌러서 나타나는 화면을 보자. 필자의 컴퓨터에서는 (그림 8-1)과 같이 나타나는데, 왼편 위쪽 박스는 고정된 메뉴(사용자가 변경 가능하므로 평소에 많이 쓰는 프로그램)이고 아래 박스는 최근 많이 사용한 프로그램이다. 하얀 바탕에 표시되는 프로그램 목록이 필자가 최근 자주 사용한 프로그램들이다. 혼글(한컴오피스)과 파워포인트 그리고 캡처 도구는 이 책을 저술하기 위해 고정 메뉴로 설정해 놓았다.

그림 8-1 자주 사용하는 프로그램

(그림 8-1)의 왼편 목록에서 오른쪽에 화살표가 있는데 이것은 해당 프로그램에서 최근에 사용했던 파일 목록을 보여준다. 'PowerPoint 2013 ▶'을 눌러보면 (그림 8-2)와 같이 파워포인트 프로그램에서 최근 열었던 파일 목록이 오른쪽에 표시되는 것을 볼 수 있다.

그림 8-2 파워포인트 최근 사용한 파일

(2) 파워포인트

(그림 8-2)와 같은 목록은 해당 응용 프로그램에서도 볼 수 있다. (그림 8-3)에서와 같이 파워포인트를 실행시킨 후 [파일]-[열기]-[최근에 사용한 프레젠테이션]을 선택하면 프로그램 목록이 나오는데, 상위 2개의 목록은 (그림 8-2)와 목록이 일치함을 볼 수 있다. (그림 8-2)에는 없는 나머지 목록은 어찌된 일일까? 그 이유는 잠시 후에 알아보자.

그림 8-3 PowerPoint 2013에서 본 최근 사용한 파일

물론 이 목록은 수정할 수 있다. (그림 8-1)에서 원하는 프로그램 위에서 [MR]-[이 목록에서 제거(R)]를 선택하면 해당 프로그램이 목록에서 사라지며, (그림 8-2)나 (그림 8-3)의 파일명에서 [MR]-[이 목록에서 제거(R)]를 선택하면 최근 사용한 파일 목록에서 사라진다. 또 아예 이 목록들의 출력 여부를 선택할 수 있다. (그림 8-1)의 오른쪽 빈 영역에서 [MR]-[속성]을 선택하면 (그림 8-4)와 같은 화면이 나온다. 여기서 최근 사용할 파일을 저장할 것인지 시작 메뉴에 표시할 것인지를 설정할 수 있다. 또 (그림 8-4)에서 [사용자 지정(C)...]를 눌러서 (그림 8-5)와 같은 화면이 나오면 표시할 최근 프

로그램 수와 파일 수를 설정할 수 있다. 필자는 [점프 목록에 표시할 최근 항목 수(J)]를 2로 설정했기 때문에 (그림 8-2)에서 2개의 목록만이 나타난 것이다. 파워포인트[열기] 메뉴에서 제공하는 파일 목록은 파워포인트 옵션에서 변경할 수 있다. [파일]-[옵션]-[고급]-[표시할 최근 프레젠테이션 수(R)]에서 할 수 있으니 독자가 찾아서 테스트해보기 바란다.

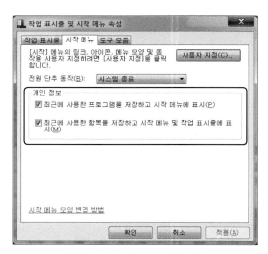

그림 8-4   시작 메뉴 설정 화면

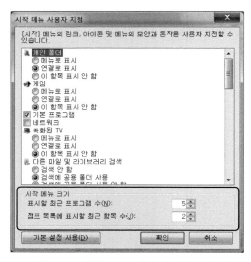

그림 8-5   최근 프로그램 수와 파일 수 설정

여기서 주목할 것은, '이 삭제된 파일 목록이 진짜 컴퓨터에서 삭제되는 것일까?' 하는 것이다. 정보를 감추고자 하는 사람 입장에서 완벽하게 정보를 숨긴 것일까하는 의문이 드는 것이다. 결론부터 말하면 '아니다'이다. 이러한 정보들은 윈도우 레지스트리에 저장되어 있기 때문이다. 이에 관해서는 '4) 레지스트리'에서 다시 다룰 것이다.

2) 파일 정보

(1) 윈도우즈 파일 속성

윈도우즈는 각 파일에 많은 속성정보를 저장한다. 파일을 선택한 후 [MR]-[속성]-[일반] 탭을 누르면 파일의 위치, 만든 날짜, 수정한 날짜 및 엑세스한 날짜 등 기본 정보를 보여준다. 이 뿐만이 아니다. 각 파일에는 이보다 훨씬 많은 약 290개의 정보가 연관되어 저장되어 있다. (그림 8-6)은 스마트폰 카메라로 촬영한 사진이다. 이 사진의 속성정보에서 [자세히] 탭을 누르면 (그림 8-7)과 같이 이미지의 해상도, 카메라 정보, 심지어 플래시를 켰는지까지 볼 수 있다.

그림 8-6   스마트폰에서 촬영한 '디퓨저.jpg'

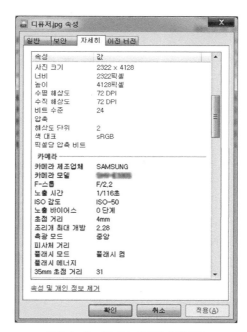

그림 8-7   이미지 파일의 속성 정보

(2) 응용 프로그램 파일 속성 정보

윈도우즈에서 제공하는 파일 정보뿐만 아니라 흔글이나 파워포인트와 같은 마이크로 소프트 오피스 파일에 대해 응용 프로그램이 제공하는 정보가 더 존재한다. 흔글의 경우 [파일(F)]-[문서 정보]를 선택하면 최초 작성일, 마지막 수정일, 작성자 이름, 마지막 저장 계정 등을 볼 수 있다. 파워포인트에서도 [파일]-[속성]-[고급 속성]을 통해 유사한 정보를 얻을 수 있다. 이 정보를 이용하면 다른 사람이 작성한 파일을 복사하여 수정했더라도, 최초 작성일 및 지은이를 통해 출처 확인이 가능할 수도 있게 된다.

3) 인터넷 익스플로러

이 절에서는 윈도우즈 사용자들이 가장 널리 사용하는 인터넷 익스플로러를 통해 남는 흔적들은 무엇이 있는지 알아보자. 이러한 흔적들이 저장되는 위치도 함께 알아볼텐데 이 폴더는 운영 체제 폴더로서 탐색기에 나타나지 않는다. 시스템 폴더를 볼 수 있도록 (그림 8-8)과 같이 [윈도 로고]-[제어판]-[폴더 옵션]-[보기]-[고급 설정]에서 '보호된 운영 체제 파일 숨기기(권장)'을 해제하고 '숨김 파일, 폴더 및 드라이브 표시'를 선택하자.

그림 8-8 숨겨진 운영 체제 파일 보기

(1) 홈페이지와 즐겨찾기

자주 방문하는 인터넷 사이트를 매번 주소를 입력해서 방문하는 사람은 극히 드물 것이다. 아마도 가장 자주 사용하는 사이트는 익스플로러를 실행시킬 때 자동으로 방문하도록 설정해 놓을 것이다. (그림 8-9)에서와 같이 익스플로러의 [도구(T)]-[인터넷 옵션(O)]-[일반]-[홈 페이지]에서 설정할 수 있다. 이 값은 'C:\Program Files\Internet Explorer\...' 에 저장되어 있다.

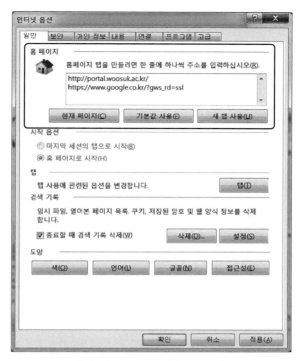

그림 8-9 익스플로러 홈페이지 설정

그 다음으로 자주 찾는 사이트는 즐겨찾기에 보관하여 사용할 것이다. 자세한 사용법은 독자들이 잘 알고 있을 것이므로 생략하자. 다만, 이 정보들은 'C:\사용자(혹은 Users)\〈사용자 계정 이름〉\즐겨찾기'에 저장되어 있다.

(2) 방문 기록

(그림 8-10)과 같이 익스플로러의 URL 입력란 오른쪽의 ▼ 버튼을 누르면 최근 방문한 사이트의 목록이 표시되는 것을 볼 수 있다. 또 (그림 8-11)에서와 같이 익스플로러 상단의 [☆]-[열어본 페이지...]를 선택하면 접속했던 사이트 목록을 볼 수 있다. 예에서는 '오늘' 방문했던 기록만이 나타나 있는데, 저장기간은 (그림 8-9)의 [검색 기록]-[설정(S)] 선택 후 나타나는 화면에서 [기록]에서 '페이지 보관 일수(K)'를 통해 설정할 수 있다. 이 기록들은 (그림 8-13)과 같이 'C:\Users\〈사용자 계정 이름〉\AppData\Local\Microsoft\Windows\History'에 저장되어 있다. 이 외에도 (그림 8-12)의 왼편에 있는 '뒤로 가기' 버튼(⬅)을 이용하여 이 화면에서 이전에 방문했던 사이트들을 기억하여 다시 볼 수 있다.

그림 8-10　익스플로러 방문 기록

그림 8-11　익스플로러 열어본 페이지

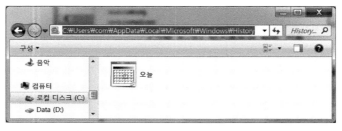

그림 8-12　익스플로러 열어본 페이지 저장 폴더

(3) 자동 완성

로그온 아이디를 입력할 때나, 회원 가입할 때 주소나 전화번호 등을 입력하려고 하면
이전에 입력했던 정보가 (그림 8-13)과 같이 드롭다운 메뉴로 제공되는 경우를 경험한
독자가 있을지 모르겠다. 예에서는 아이디 입력란에 't'를 입력하자 이전에 입력했던 아
이디 중에서 't'로 시작하는 아이디들을 나열되었다. 이 중에서 입력하고자 하는 아이디
가 있을 경우 선택할 수 있는데 이를 '자동 완성' 기능이라고 한다. 모든 입력란에 대해
적용할 수 있는 것은 아니고, 입력 화면을 구현할 때 입력란에 이름을 줄 수 있는데, 동
일한 이름을 가진 입력란들이 공유할 수 있도록 허용한다. 그렇다면 PC 어딘가에 입력
되었던 아이디 정보가 저장되어 있을 것이다.

그림 8-13 입력 자동 완성

PC방과 같이 혼자 사용하는 PC가 아니라면 자신의 아이디를 노출시키기 때문에 그리
권장할 만한 기능은 아니다. 그래서 최근에는 디폴트로 이 기능을 사용하지 않도록 설
정되어 있다. 익스플로러의 [도구(T)]-[인터넷 옵션]-[내용]-[자동 완성]-[설정(I)]을 선
택하여 (그림 8-14)에서 [양식(F)]를 체크하면 이 기능을 사용할 수 있다. 사실 익스플
로러 url에 주소를 입력할 때도 자동완성이 작동되는 것을 볼 수 있는데, 이것은 (그림
8-14)에서 [주소 표시줄(A)]이 선택되어 있기 때문이다.

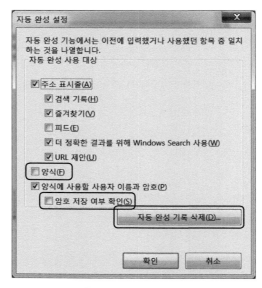

그림 8-14 자동 완성 설정

입력했던 아이디를 저장하는 것뿐만 아니라 로그온 패스워드까지 저장하여 자동 입력되도록 지원하는 기능이 있다. 이 기능도 지금은 디폴트로 사용하지 않도록 되어 있지만, (그림 8-14)에서 [암호 저장 여부 확인(S)]를 해 놓은 후 패스워드를 입력하고 로그인하려고 하면 (그림 8-15)와 같이 패스워드의 저장 여부를 묻는다. 이 또한 사이트마나 패스워드를 PC에서 저장하고 있다는 것을 의미한다. 이 기능을 PC방과 같이 공공장소에서 사용했다가는 현관 열쇠를 대문밖에 걸어 놓는 격이 될 것이므로 활성화하지 않는 것이 좋다. 만약 이미 저장되어 있는 자동 완성 기록들을 삭제하고 싶다면 (그림 8-14)에서 [자동 완성 기록 삭제(D)...]를 선택하면 된다.

이 정보들이 어디에 저장되어 있는지는 알려져 있지 않다. 다만 이후에 다루게 될 레지스트리를 통해 접근할 수 있을 뿐이다.

그림 8-15 패스워드 저장

(4) 임시 인터넷 파일과 쿠키

우리가 인터넷 사이트 주소를 입력했을 때 화면에 그 내용이 출력되기 위해서는 보이지 않는 많은 작업이 이루어져야 한다. 보통 웹 페이지에는 많은 작은 배너 이미지들이 들어있고, 게시된 사진 그리고 심지어 대용량의 동영상이 들어 있는 경우도 있다. 이러한 자료들은 웹서버로부터 사용자 PC로 가져와야 하는데 하나씩 가져올 때마다 화면에 보여주는 것은 사용자 입장에서 매우 지루하고 비효율적인 일이기 때문에 이러한 자료들을 PC에 임시 저장한다. 이러한 파일들을 '임시 인터넷 파일'이라고 하며 'C:\Users\⟨사용자 계정 이름⟩\AppData\Local\Microsoft\Windows\Temporary Internet Files'에 저장된다. 여기에 들어가 보면 사용자가 방문한 웹페이지에 표시되었던 각종 이미지와 플래시 파일 등이 들어 있다.

인터넷 쇼핑몰을 생각해 보자. 사용자는 로그온을 하고 이것저것 상품을 클릭해서 살펴보고 관심 있는 상품들을 장바구니에 담은 다음 마지막에 결제를 한다. 사용자가 '장바구니' 버튼을 누르면, 서버는 그 버튼을 누른 사용자의 장바구니 정보를 보내주어야 한다. 그러나 버튼 자체에는 사용자 정보가 없기 때문에 '장바구니 요청'과 함께 '누가' 요청한 것인지 또 정당하게 로그온한 사용자인지 판별할 수 있도록 해주어야 한다. 이를 위해서 사용자가 로그온 하면 나중에 사용할 수 있도록 이러한 정보를 사용자 PC에 저장해 두었다가, '장바구니' 혹은 '결제' 버튼 등을 눌렀을 때 PC에 저장된 사용자 정보를 함께 서버로 보내주어야 한다. 이 때 서버가 PC에 저장하는 정보를 쿠키(cookie)라고 한다. 이것은 '헨젤과 그레텔' 동화에서 집으로 가는 길을 잃어버리지 않기 위해 빵 부스러기를 떨어뜨리면서 간 것에서 유래한 이름이다. 쿠키의 파일 형식은 일정하지 않지만 텍스트 파일이기 때문에 누구나 쉽게 열어볼 수 있는데, 이 정보에 패스워드까지 저장되어 있던 시절도 있어서, 이를 악용한 공격들이 있었다. 이제는 대부분 패스워드를 저장하지 않을 뿐만 아니라 디폴트로 로그오프하거나 웹페이지를 닫을 때 해당 쿠키를 삭제하도록 하고 있다. 이러한 쿠키들은 'C:\Users\⟨사용자 계정 이름⟩\AppData\Roaming\Microsoft\Windows\Cookies'에 저장된다.

열어본 페이지 목록, 저장된 암호 및 웹 양식 정보를 포함하여 저장되어 있는 임시 인터넷 파일과 쿠키 정보는 (그림 8-16)과 같이 [도구(T)]-[인터넷 옵션]-[일반]-[검색 기록]에서 [삭제(D)...]를 눌러 삭제할 수 있다.

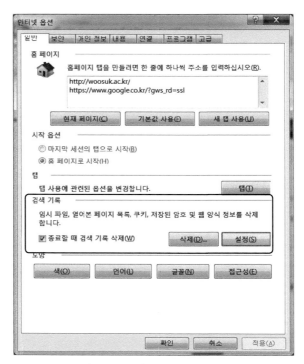

그림 8-16 검색 기록 등 정보 삭제

4) 휴지통과 이벤트 로그

무심코 지나치기 쉬운 곳이 휴지통이다. 휴지통에는 이제는 더 이상 쓸모없어진 자료를 버리기도 하지만 다른 사람에게 보이고 싶지 않은 자료를 버리기도 한다. 그런데 필요 없다고 버린 물건이나 문서를 휴지통에 버렸는데, 아차! 하는 경우가 종종 있다. 이러한 경우를 고려해서, 휴지통에 버린 문서는 삭제하지 않고 남겨둔다. 잘 알겠지만 '휴지통 비우기'를 하지 않는 한 휴지통에 남아 있고 원래 '그대로 복원'할 수 있다. 의외로 휴지통 비우기를 잘 하지 않기 때문에 휴지통만 잘 뒤져도 알찬 정보를 많이 얻을 수 있다.

또 대부분의 운영체제는 시스템에서 발생한 이벤트들에 대한 로그(log, 기록)를 남긴다. 윈도우즈7에서도 이벤트 로그를 남기는데, [윈도 로고]-[제어판]-[관리 도구]-[이벤트 뷰어]를 선택하면 (그림 8-17)과 같이 윈도우 시스템에서 발생한 다양한 이벤트 기록을 열람할 수 있다.

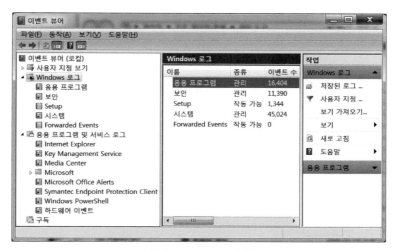

그림 8-17 이벤트 뷰어

응용 프로그램 이벤트 로그는 데이터 손실과 같이 중요한 문제와 관련된 '오류', 큰 문제는 없지만 앞으로 일으킬 수 있는 문제를 알려주는 '경고', 성공적으로 임무를 완수한 작업을 알려주는 '정보'로 구성된다. 보안 관련 이벤트 로그는 '감사(audit)'와 관련이 있는데, 리소스 사용이나 사용자의 로그온 성공 혹은 실패 등을 보여준다. 설치(Setup) 이벤트 로그는 응용 프로그램의 설치와 관련된 정보를 보여준다. 이러한 로그를 통해서 로그온 시도나 프로그램 설치 등에 대한 정보를 얻을 수 있다.

5) 레지스트리

윈도우 레지스트리(registry)에 대해 들어본 독자도 적지 않을 것이다. 레지스트리는 윈도우즈가 시스템을 관리하기 위해 수집하고 관리하는 데이터베이스이다. 레지스트리에 대한 편집기도 제공하는데 [윈도 로고]를 눌러 검색창에 'regedit.exe'를 입력하면 (그림 8-18)과 같이 탐색기 유사한 창이 뜬다. 이 레지스트리는 웬만한 전문가가 아니라면 건들지 않는 것이 좋다. 잘못 수정하거나 삭제할 경우 윈도우즈가 제대로 작동하지 않을 수 있기 때문이다.

앞에서 기술했던 흔적(정보)들은 레지스트리에 저장되어 있는 정보를 이용하는 경우가 많다. 다음에 설명할 '최근 사용한 파일 목록'의 예에서 보겠지만, 응용 프로그램에서 제공하는 정보는 레지스트리에 있는 정보의 일부이기 때문에 레지스트리 정보에서 훨씬 많은 정보를 얻을 수 있다. 단, 다루는 것이 조심스럽고 정보가 읽기 쉽게 되어 있지 않은 경우가 많으므로, 두 가지 정보를 다 알아두는 것이 좋다.

(1) 최근 사용한 파일 목록

레지스트리 편집기 왼편에서 '컴퓨터/HKEY_USERS/S-1-21-.../Software/Microsoft/
Office/15.0/PowerPoint/File MRU'을 선택해 보자. 사용자에 따라 'S-1-21-...' 폴더와
'15.0' 폴더 이름은 다를 수 있다. 중요한 것은 마지막의 'PowerPoint/File MRU' 부분인
데, 파워포인트에서 사용한 최근 파일(MRU: Most Recently Used)을 의미한다. 이 폴
더를 선택하면 오른쪽 창에 최근 사용한 파일 목록이 표시된다. 매우 많은 목록이 저장
되어 있음을 알 수 있다. 단지 (그림 8-5)에서 2개만 표시한다고 설정했기 때문에 이 중
에서 최근 2개만 표시된 것이다. 즉, (그림 8-5)에서 개수를 줄인다고 해서 레지스트리
에서 삭제되는 것이 아니기 때문에 언제든 레지스트리를 통해서나 옵션을 변경해서 저
장되어 있는 더 많은 최근 파일 목록을 볼 수 있다.

(그림 8-18)에서 'Item 1', 'Item 2', 'Item 3'의 [데이터] 부분의 맨 끝을 보면 파일명이
나오는데 (그림 8-3)의 목록과 일치함을 알 수 있다. 물론 (그림 8-19)에서와 같이 원하
는 목록에서 [MR]을 눌러 해당 목록을 수정하거나 삭제할 수 있는데, 만약 삭제할 경
우 (그림 8-2)나 (그림 8-3)에서 해당 파일명이 사라질 것이다. 하지만 앞에서 말한 바
와 같이 독자들에게 권장하지 않는다. 모든 프로그램에 대한 모든 정보가 레지스트리에
들어 있다고 할 수는 없지만, 최근에 개발된 많은 프로그램들에 대한 정보가 들어 있다.
또 대부분의 프로그램은 자체적으로 최근 파일 목록을 지원하고 있으므로 독자들이 사
용하고 있는 다양한 프로그램에서 점검해보기 바란다.

그림 8-18 레지스트리에 저장된 파워포인트 최근 파일 목록

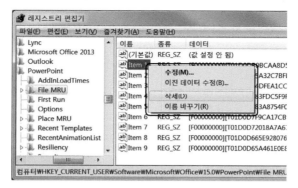

그림 8-19　최근 파일 목록 편집

(2) 방문 기록(Typed URL)

(그림 8-10)에서 익스플로러의 URL 입력란에 직접 주소를 입력한 경우의 목록은
'HKEY_CURRENT_USER\Software\Microsoft\Internet Explorer\TypedURLs'에
저장되어 있다.

그림 8-20　익스플로러의 방문기록

(3) 자동 완성

(그림 8-13)과 같은 폼(Form) 자동 완성 정보는 ' HKEY_CURRENT_USER\Soft-
ware\Microsoft\Internet Explorer\ItelliForms\FormData'에 저장되어 있다. (그림
8-15)에서와 같은 화면에서 저장된 패스워드 자동 완성 정보는 'HKEY_CURRENT_

USER\Software\Microsoft\Internet Explorer\ItelliForms\Storage2'에 저장되어 있다. 그러나 이 파일들은 직접 내용을 읽을 수는 없다. 저장된 패스워드가 누구나 읽을 수 있는 형태로 이곳에 저장되면 어찌 되겠는가?

(4) 기타

그 외에도 레지스트리에는 매우 많은 정보를 담고 있다. 실행 창 에서 실행시킨 프로그램은 (그림 8-21)과 같이 HKEY_CURRENT_USER\Software\Microsoft\Windows\CurrentVersion\Explorer\runMRU에서 볼 수 있다. 예에서는 레지스트리 편집기인 'regedit.ext'를 실행시킨 것이 나타나고 있다.

그림 8-21 최근 실행 프로그램 정보

최근에 열었거나 저장된 파일이나 폴더는 HKEY_CURRENT_USER\Software\Microsoft\Windows\CurrentVersion\Explorer\ComDlg32\OpenSavePidlMRU에, 최근 문서는 HKEY_CURRENT_USER\Software\Microsoft\Windows\CurrentVersion\Explorer\RecentDocs에서 볼 수 있다. 단, 어떤 정보는 사용자가 보고 바로 파악하기는 힘들고 데이터를 해석하기 위한 기본지식이 필요하다. 그러나 이 책에서는 더 이상 깊이 설명하지 않을 것이다. 관심이 있다면 디지털 포렌식 전문 서적이나 레지스트리 분석 서적을 참고하기 바란다.

8.2 파일 숨기기

흔적들이란 '어디엔가 저장된 정보'를 말한다. 따라서 어디에 어떤 정보가 저장되는지를 안다면 비록 흔적이 남더라도 지울 수가 있다. 앞에서 기술한 흔적들은 사실상 빙산의 일각이다. 어느 누구도 완벽하게 모든 정보를 파악할 수는 없을 것이다. 단지 얼마나 더 많은 정보를 알고 있는지를 가지고 숨기려는 자와 찾아내려는 자가 경쟁하는 것이고 그 정보량에 따라 승자가 결정되는 것이다.

휴지통에 남겨진 파일들, 응용 프로그램의 최근 열어본 파일 목록, 이벤트 로그, 익스플로러의 즐겨찾기, 방문기록, 자동완정(폼, 패스워드), 임시인터넷 파일, 쿠키 등을 윈도우즈나 응용 프로그램이 지원하는 옵션을 통해 지우거나 저장된 위치를 알고 있으니 직접 폴더를 찾아 지울 수도 있을 것이다. 심지어 위험하기는 하지만 레지스트리 항목조차 지울 수 있다. 흔적지우기에 대해서는 이 정도로 마감하고, 이 절에서는 사용자들이 다른 사용자로부터 파일을 숨기거나 보호하는 방법을 알아보고자 한다.

1) 파일 확장자 바꾸기

파일명에는 보통 3-4글자의 확장자가 붙어서 파일의 종류를 나타낸다. 예를 들어 '회사 기밀.hwp'와 같이 마지막 '.' 뒤에 있는 'hwp'가 확장자이고 이것은 흔글로 작성한 파일임을 나타낸다. 만약 탐색기에서 이 확장자가 안 보인다면, (그림 8-22)와 같이 [제어판]-[폴더 옵션]-[보기]에서 '알려진 파일 형식의 확장명 숨기기'를 해제하면 된다.

그림 8-22 파일 확장명 표시하기

탐색기에서 '회사 기밀.hwp'를 선택하고 [MR]-[연결 프로그램(H) ▶]를 누르면, (그림 8-23)과 같이 이 파일을 열었을 때 작동되는 연결 프로그램인 'Hancom Office Hwp 2014'가 맨 위에 나온다. 맨 아래 [기본 프로그램 선택(C)...]를 누르면 (그림 8-24)와 같은 메뉴에서 연결 프로그램을 바꿀 수 있다. 다시 말하면, 현재 확장자가 'hwp'인 파일을 열면 자동으로 Hancom Office Hwp 2014가 구동되면서 해당 파일을 열도록 되어 있다.

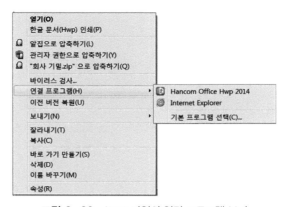

그림 8-23　hwp 파일의 연결 프로그램 보기

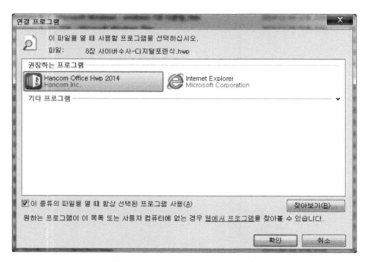

그림 8-24　hwp 파일 연결 프로그램 변경

만약 이 파일의 확장자를 'txt'로 바꾸면 어떻게 될까? 이 파일을 열면 메모장에서 열리면서 (그림 8-25)에서와 같이 알아볼 수 없는 문자들로 나타나는 것을 볼 수 있다. 상식적으로 생각해 봐도 훈글에서 저장하고 있을 글자 모양이나 문단 정보, 그림 파일 등을 메모장에서 어떻게 열겠는가? 열 수는 있지만 이상하게 해석해서 그림처럼 깨져 나오는 것이다. 이제 무슨 말을 하려는지 눈치 챘을 독자도 있을 것이다. 파일을 숨기고 싶다면 확장자를 바꾸어 주는 것이다. 물론 파일의 내용을 숨기고자 확장자를 바꾼 장본인은 확장자를 다시 'hwp'바꾸어 훈글에서 읽거나 [MR]-[연결 프로그램(H) ▶]-[기본 프로그램 선택(C)...]을 눌러 'hwp.exe'를 찾아 선택하면 제대로 읽을 수 있다.

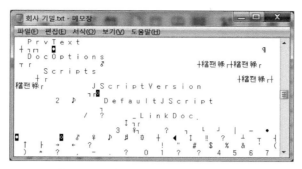

그림 8-25 메모장에서 hwp 파일을 열었을 때

2) 숨기기 속성 이용하기

숨기고자 하는 파일에서 [MR]-[속성]-[일반]-[특성]-[숨김(H)]을 선택하는 것도 한 가지 방법이다. 그러면 해당 파일은 탐색기에 나타나지 않는다. 물론 [윈도 로고]-[제어판]-[폴더 옵션]-[보기]-[고급 설정]에서 '숨김 파일, 폴더 및 드라이브 표시'를 해제해 놓은 상태여야 한다.

3) 파일 암호화 하기

2장에서 배웠듯이 윈도우즈 7에서 사용하고 있는 파일 시스템인 NTFS에서는 파일 암호 기능을 제공하고 있다. 이 기능을 이용하여 암호화를 하면 사용자 계정의 패스워드를 가지고 암호화하여(패스워드가 없으면 아무 의미가 없다), 다른 계정의 사용자는 열어 볼 수 없다고 하였다. 이렇게 하면 파일의 존재 자체는 숨기지 못하지만 열어보지 못하게 함으로써 내용은 숨길 수 있다.

그런데 암호화된 파일은 녹색으로 표시되기 때문에 비밀 정보를 찾고자 하는 사람에게는 호기심의 대상이 된다. 정말 비밀로 지키고 싶다면 눈에 띄지 않게 하는 것이 더 좋을 것이다. (그림 8-26)과 같이 [윈도 로고]-[제어판]-[폴더 옵션]-[보기]-[고급 설정]-[암호화되거나 압축된 NTFS 파일을 컬러로 표시]를 해제하면 녹색으로 표시되지 않기 때문에 주의를 끌지 않게 된다.

이 외에도 2장에서 언급한 대로 흔글, MS 오피스, 압축 프로그램에서 파일에 패스워드를 설정할 수 있으며, 파일을 숨기기 위한 전문 툴을 이용할 수도 있다.

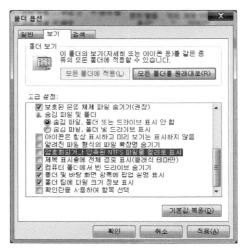

그림 8-26 암호화된 파일 컬러로 표시하지 않기

4) 파일 속성 정보 숨기기

파일 자체를 숨길 필요는 없지만, 파일에 연관된 정보들을 숨겨야 할 때도 있다. 파일 작성자, 작성 시기, 이미지 생성 카메라 정보, 이미지 생성 장소 등 상황에 따라 숨기고자 하는 정보는 다를 수 있다. 파일 선택 후 [MR]-[속성]-[자세히]-[속성 및 개인 정보 제거]를 선택하여 (그림 8-27)에서 원하는 속성을 선택적으로 삭제하는 것이다. 그림은 앞에서 소개했던 '디퓨저.jpg'의 속성을 보여주고 있다.

그림 8-27 파일 속성 제거

5) ADS(Alternate Data Stream)에 파일 숨기기

NTFS 파일 시스템에서는 파일 작성자 등 관련 정보를 저장하기 위해 ADS 기능을 지원한다. 이 파일은 탐색기에서 검색되지 않으며, 파일 크기에도 합산되지 않는다. 우선 비밀 파일을 숨길 위장 파일을 만들자. 기존 파일을 이용해도 좋다. 예에서는 (그림 8-28)과 같이 hello.hwp를 만들었다. 이제 커맨드창을 열어서 hello.hwp 파일이 있는 폴더로 이동하자. 예에서는 (그림 8-29)와 같이 해당 폴더에는 9,216바이트의 hello.hwp만 존재한다. 여기에서 메모장을 이용해서 hello.hwp에 ADS 파일인 hidden.txt를 만들어 숨길 것이다. (그림 8-29)에서와 같이 "notepad hello.hwp:hidden.txt" 명령을 입력하면 (그림 8-30)과 같이 메모장이 실행된다. 여기에 숨기고자 하는 내용을 입력한 다음 [저장(S)]를 눌러 저장하자. 그런 다음 (그림 8-29)에서와 같이 "dir" 명령어를 통해 폴더의 내용을 보면 이전과 같이 9,216바이트의 hello.hwp만 존재하는 것을 볼 수 있다. 추후 이 hidden.txt를 보고 싶다면 생성할 때와 마찬가지로 커맨드 창에서 "notepad hello.hwp:hidden.txt"를 입력하면 된다.

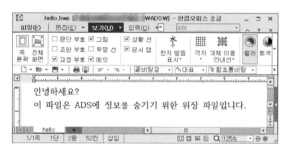

그림 8-28 위장 파일로 사용할 hello.hwp

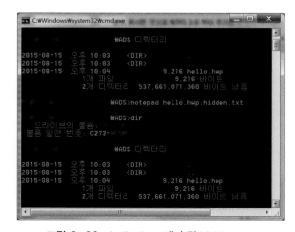

그림 8-29 hello.hwp에 숨길 hidden.txt

그림 8-30 hidden.txt 파일

6) 슬랙 공간(Slack Space)에 파일 숨기기

이번에는 한 차원 높은 방법을 하나 소개하고자 한다. 2장에서 파일 시스템을 소개하면 서 나왔던 섹터와 클러스터를 기억하는가? NTFS를 사용하는 2TB 하드 디스크에 5KB 파일을 저장하고자 한다면 8KB 디스크(16개 섹터, 2개 클러스터)가 할당된 것이라고 한 것을! 나머지 3KB는 사용할 수 없는 낭비되는 공간인데 이 공간을 파일 슬랙 공간 (file slack space)이라고 한다(파일 시스템 슬랙 공간, 볼륨(volume) 슬랙 공간, MFT 슬랙 공간, 인덱스 슬랙 공간도 있다). 이 공간은 비어 있다기보다 이전에 저장되어 있던 파일의 잔재로 채워져 있다. 사용자가 이 파일을 읽고자 했을 때 어디까지가 진짜 파일 내용인지 구분할 방법이 필요하기 때문에 실제 데이터의 맨 끝에는 'EOF(End Of File)'라고 하는 특수 문자를 붙여 놓는다. 사실 조금 더 복잡한 이야기지만, 여기서는 EOF 표시를 통해 파일의 끝을 인식하여 그 뒤에 나오는 (슬랙 공간의) 정보는 무시할 수 있다고만 알아두자.

파일 슬랙 공간은 램(RAM) 슬랙 공간과 드라이브(drive) 슬랙 공간으로 구분된다. 2TB 하드디스크에 4,640 바이트 크기의 파일을 저장하려고 하다고 가정해 보자. 4,640 바이트는 5KB(섹터 크기의 배수, 5,120바이트)이므로 2개의 클러스터가 할당된다(그림 8-31). 실제 데이터는 10개 섹터를 차지하게 되는데, 마지막 섹터의 480바이트와 나머지 6개 섹터(3,072바이트 3KB)가 슬랙 공간이다. 이 때, 480바이트 슬랙 공간을 램 슬랙 공간이라고 하고 3,072바이트 슬랙 공간을 드라이브 슬랙 공간이라고 한다.

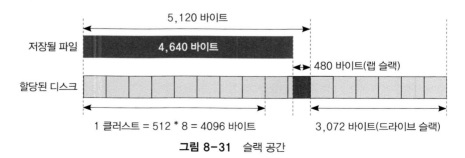

그림 8-31 슬랙 공간

디스크 드라이브 크기가 크면 클러스터 크기도 커져서 드라이브 슬랙 공간의 크기도 커질 수 있다. 이 슬랙 공간에 작은 다른 파일을 저장하면 어떻게 되겠는가? EOF 다음에 있는 데이터는 이전 파일의 잔재라고 생각하고 무시하기 때문에 슬랙 공간에 저장된 파일을 인식할 수 없게 된다. 그렇다면 이 슬랙 공간은 탐색기에는 나타나지 않는 완벽한 비밀 파일 저장장소가 되지 않겠는가? 문제는 이 슬랙 공간에 어떻게 파일을 저장할 수 있는가이다. 물론 일반 워드 프로세서나 텍스트 에디터로는 불가능하고 파일의 내용을 해석하지 않고 그대로 볼 수 있는 툴을 이용해야만 한다. 무료로 사용할 수 있는 헥스에디터(Hex Editor)를 이용해 보자. 이 툴을 다운받아 설치하고 슬랙 공간에 삽입할 '회사 기밀.txt'를 열어보자. (그림 8-32)처럼 왼편에는 주소, 가운데는 16진수로 표시된 파일 내용, 오른편에는 아스키 문자로 해석한 파일 내용을 보여준다. [Edit]-[Select All]을 선택하여 이 파일의 전체 내용을 선택하고 복사해 놓자.

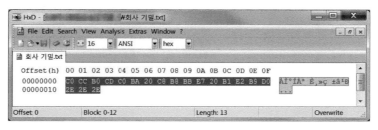

그림 8-32 헥스에디터로 '회사 기밀.txt' 열기

이번에는 (그림 8-6)에서 사용했던 '디퓨저.jpg'를 열어서 (그림 8-33)처럼 파일의 끝으로 이동하자. 그 끝에 복사한 '회사 기밀.txt'를 붙여 넣고 '디퓨저-회사 기밀.jpg'로 저장하자. 이 파일을 열어보면 (그림 8-34)처럼 원본 (그림 8-6)과 동일한 것을 볼 수 있다. 뿐만 아니라 (그림 8-35)에서 볼 수 있듯이 두 파일의 크기가 동일하게 나타나기 때문에 탐색기를 통해서는 슬랙 공간에 파일이 숨겨져 있다는 것을 알 수 없다.

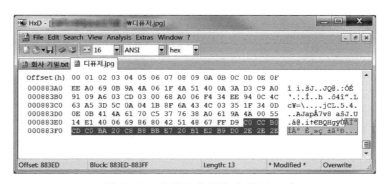

그림 8-33 슬랙 공간이 있는 '디퓨저.jpg'

그림 8-34 '디퓨저-회사 기밀.jpg'

그림 8-35 두 파일 크기 비교

7) 스테가노그래피(Steganography)

스테가노그래피는 원본 파일에 숨기고자 하는 파일(히든 파일)을 섞어 숨기는 기술로서, 원본과 히든 파일이 숨겨진 파일을 육안으로 구분하기 어렵게 하는 기술이다. 여러 가지 기술이 있지만 LSB(Least Significant Bit)를 이용한 기술 한 가지만 소개하려고 한다.

컴퓨터에서 색은 빛의 3원색인 빨강, 녹색, 파랑(RGB: Red-Green-Blue)으로 구성한 다는 것을 알고 있을 것이다. 각 색의 강도를 8비트로 표현하여(0~255) 하나의 픽셀(pixel) 색은 24비트로 표현한다. RGB 값이 (255,0,0)이면 빨간색, (0,255,0)이면 녹색, (0,0,255)이면 파란색이고 (255,255,255)이면 흰색이 된다.

세 가지 색을 적절히 섞으면 다양한 색이 되는데, 예로 (153,51,230)이면 보라색이 된다. 그림판이나 파워포인트 등에서 도형(A0)을 그리고 채우기 색의 RGB 값을 (153,51,230)으로 설정해 보자. 그런 다음 그 원본 도형 A0를 4개 복사해서(A1~A4)

A1~A3의 R, G, B의 값을 각각 1씩 증가시키고 A4의 RGB는 모두 1씩 증가시켜 보자. 그 결과는 (그림 8-36)과 같이 동일한 색으로 보인다. 이 책이 흑백이라서 색 구분이 안 되는 것인지 알 수 없으니 직접 해보기 바란다. 독자는 5개의 도형 색을 구분할 수 있는 가? 색이 다르다는 것을 알고 봐도 구분하는 것이 불가능할 것이다.

| (153,51,230) | (154,51,230) | (153,52,230) | (153,51,230) | (153,52,230) |

그림 8-36 RGB가 1씩 증가한 도형의 색

이제 이 사실을 스테가노그래피에 이용해 보자. 만약 숨기고자 하는 데이터가 '011001'이라고 해보자. 이 데이터를 숨기기 위해서 2개 픽셀 이상으로 구성된 이미지 파일(원본)을 준비한다. 만약 원본 파일의 첫 두 픽셀 RGB 값이 (153,51,230), (254,204,102)라면 세 숫자의 마지막 비트(LSB: Least Significant Bit)를 각각 0, 1, 1, 0, 0, 1로 바꾼다. 그러면 이 두 원본 픽셀은 (152,51,231), (254,204,103)이 된다. 앞에서 설명했듯이 이미지의 변화를 육안으로는 확인이 불가능하다. 그러나 이 파일에 6비트짜리 정보가 숨겨져 있다는 것을 아는 사람은 2개 픽셀의 LSB만을 모아 011001을 뽑아낼 수 있다.

JPHS라는 무료 툴을 이용해서 확인해보자. (그림 8-37)과 같이 툴을 실행시킨 후 [Open jpeg]을 선택하여 'original.jpg'를 선택하였다.

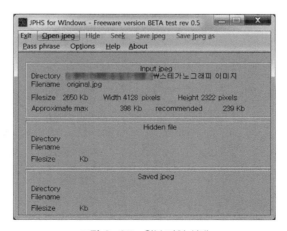

그림 8-37 원본 파일 선택

original.jpg에 비밀 파일을 숨기기 위해 [Hide]를 누르면, (그림 8-38)와 같이 이미지 숨김에 필요한 패스워드를 입력을 요구한다. 입력이 완료되면 숨길 파일(예에서는 'hidden.jpg', 꼭 이미지 파일일 필요는 없다)을 선택하고 두 이미지가 합쳐진 결과 파일명(예에서는 result.jpg)을 입력한다(그림 8-39). 실제 이미지를 가지고 작업한 결과 예는 (그림 8-40)과 같다.

그림 8-38 데이터 감추기 패스워드 입력

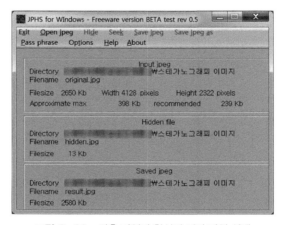

그림 8-39 감출 파일과 합성된 결과 파일 선택

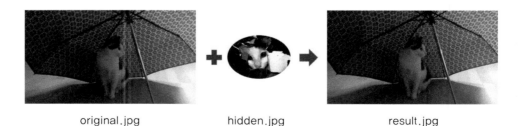

original.jpg   hidden.jpg   result.jpg

그림 8-40 스테가노그래피 기술로 감춘 이미지

나중에 result.jpg로부터 숨겨진 파일을 복구하기 위해서는 JPHS에서 result.jpg를 연 다음 [seek]를 선택하여 패스워드를 입력하면 된다. 그러면 추출한 이미지를 파일로 저장할 수 있도록 해 준다.

이 방법을 이용하기 위해서는 원본 파일이 숨길 파일보다 대략 10배 이상 커야 한다는 단점이 있지만, 원본파일과 비교하지 않는 한 정보가 숨겨져 있다는 사실조자 감지하지 못하게 한다는 장점이 있다.

8.3 숨겨진 파일 찾기

앞에서 최근 열어본 파일이나 속성, 인터넷 임시 파일 등 컴퓨터에 자동으로 기록되는 흔적과 정보들에 대해 소개하고 저장된 위치도 기술하였으니, 그러한 흔적을 찾는 것은 따로 설명하지 않아도 될 것으로 보인다. 이 절에서는 의도적으로 숨긴 파일을 찾아내는 비교적 간단한 방법들을 소개하고자 한다.

1) 변경된 확장자 찾기

앞에서 파일을 숨기는 방법의 하나로서 확장자 바꾸기를 소개했었다. 파일의 확장자를 바꾸면, 연결 프로그램이 달라져서 읽을 수 없게 되기 때문이다. 그러나 단순히 확장자를 바꾼 것은 쉽게 원래의 확장자를 찾아낼 수 있다. 그럼 먼저 파일 시그너처(signature)에 대해 알아보자.

(1) 파일 시그너처란

초기 컴퓨터에서 사용했던 파일 형태인 txt는 가장 단순한 텍스트 파일 형태로서, 한 글자씩 해당 아스키 코드로 변환하여 저장한다. 그래서 txt 파일의 경우에는, 혼글과 같은 워드프로세서 파일과 달리 글자의 색이나 글자의 크기, 문단 정렬 등 다양한 치장을 할 수 없다. 그래서 워드 프로세스들은 이러한 서식이나 글꼴 정보들을 자기 프로그램이 해석할 수 있는 방법으로 저장한다.

또 다른 예로, 이미지 파일 중에서 bmp 파일은 각 픽셀의 RGB 값을 그대로 24비트씩 저장하는 형태로서 매우 크기가 크다. 크기를 줄이기 위한 이미지 압축 표준들이 많이 제안되었으며 jpeg, gif 등이 가장 널리 사용되고 있다. 따라서 이미지 파일을 화면에 보여줄 때는, 확장자에 따라 압축 방법을 알아내고 그 압축방법에 따라 풀어서 화면에 보여주어야 한다.

이러한 이유 때문에 확장자를 바꾸면 확장자에 해당하는 다른 프로그램이 데이터의 저장방식을 엉뚱하게 해석하여 이상한 결과를 낳는 것이다. 그래서 각 응용 프로그램은 파일에 데이터를 저장할 때, 자기만의 독특한 문자열을 파일의 앞이나 앞뒤, 혹은 일정 블록마다 저장해 두어서 자기 파일임을 표시해 두는데, 이 문자열을 그 파일의 시그너처라고 한다.

(2) 확장자별 파일 시그너처

〈표 8-1〉에 대표적인 파일 종류에 대한 시그너처를 모아 놓았다. 여기서 오프셋(offset)이란 시그너처의 시작 위치로서, 0일 경우 파일의 맨 앞(첫번째 바이트)에서부터 시그너처가 시작하고 512일 경우에는 513번째 바이트부터 시그너처가 시작됨을 말한다. 시그너처 값은 16진수로 표시되어 있는데 16진수에 익숙하지 않은 사람은 조금 연습이 필요하겠지만, 파일 내부를 들여다보기 위해서는 10진수 보다는 16진수에 익숙해져야 한다. 왜냐하면 데이터의 저장 기본 단위는 8비트인데 4비트씩 묶으면 2자리 16진수가 되지만 10진수로 표현하기에는 딱 맞아 떨어지지 않기 때문에 변환이 번거롭다.

DOC, PPT, XLS 파일인 경우, 시그너처가 2개의 쌍으로 존재한다. 오프셋이 0인 시그너처는 이것이 2007 이전 버전의 마이크로소프트 오피스 문서 파일이라는 것을 표시하고 (그래서 3개 파일이 모두 같은 값을 가진다), 오프셋이 512인 시그너처는 세 개의 파일을 구분하기 위해 사용한다(그래서 3개 파일이 모두 다른 값을 가진다).

표 8-1 파일 확장별 파일 시그너처

확장자	시그너처(16진수)	오프셋	설명
AVI	52 49 46 46 xx xx xx xx 41 56 49 20 4C 49 53 54	0	동영상 파일(Audio Video Interleave)
BMP	42 4D	0	이미지 파일(Bit Map)
DOC	D0 CF 11 E0 A1 B1 1A E1	0	마이크로소프트 오피스 워드 파일
	EC A5 C1 00	512	
DOCX, PPTX, XLSX	50 4B 03 04 14 00 06 00	0	마이크로소프트 오피스 XML 포맷 파일
GIF	47 49 46 38 39 61 혹은 47 49 46 38 37 61	0	이미지 파일(Graphics Interchange Format)
HWP	D0 CF 11 E0 A1 B1 1A E1	0	훈글 파일

JPEG	FF D8 FF FE 00		
JPG	FF D8 FF E0 xx xx 4A 46 49 46		JPEG/JFIF 포맷 이미지
MOV	6D 64 61 74 혹은 14 66 74 79	4	애플 QuickTime Movie 파일
MP3	49 44 33	0	MP3 포맷 오디오 파일(MPEG-1 Audio Layer 3)
MP4	00 00 00 18 66 74 79 70	0	MP4 포맷 비디오 파일(MPEG-4)
PDF	25 50 44 46	0	어도비 PDF 파일
PPT	D0 CF 11 E0 A1 B1 1A E1	0	마이크로소프트 오피스 파워포인트 파일
	00 6E 1E F0	512	
PSD	38 42 50 53	0	어도비 포토샵 파일
RAR	52 61 72 21 1A 07 00	0	WinRAR 압축 파일
WAV	52 49 46 46 xx xx xx xx 57 41 56 45 66 6D 74 20	0	오디오 파일
WMV	30 26 B2 75 8E 66 CF 11A6 D9 00 AA 00 62 CE 6C	0	스트리밍 파일
XLS	D0 CF 11 E0 A1 B1 1A E1	0	마이크로소프트 오피스 엑셀 파일
	09 08 10 00 00 06 05 00 혹은 FD FF FF FF xx	512	
ZIP	50 4B 03 04	0	Pkzip 압축 파일

※ xx는 여러 가지 값을 가지는 경우를 말한다.

(3) 확장자 변경된 파일 읽기

이제 확장자를 변경하여 읽을 수 없었던 파일을 읽어보자. 읽고자 하는 파일의 시그너처만 알 수 있다면 확장자를 바꾸어 주면 될 일이다. 어떻게 파일 시그너처를 읽을지 난감해할 필요 없다. 슬랙공간에 파일을 숨길 때 사용했던 헥스에디터(Hex Editor)를 이용해 보자. 이 툴은 파일의 내용을 해석하지 않고 저장된 이진 데이터들을 16진수로 보여주므로, 확장자가 변경된 훈글 파일인 '회사 기밀.txt'를 열어 보자. (그림 8-41)처럼 16진수로 시그너처를 바로 볼 수 있다. 이 값은 〈표 8-1〉에서 찾아보면 훈글 파일인 것을 알 수 있다. 그 다음은 간단하다. 파일의 확장자를 'hwp'로 다시 바꿔만 주면 훈글에서 읽어 보여줄 것이다.

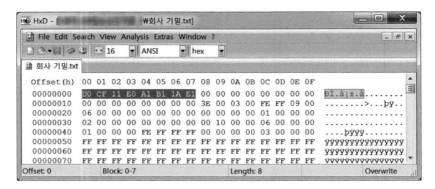

그림 8-41 헥스에디터를 이용한 파일 시그너처 알아내기

2) 숨김 파일 찾기

단순히 '숨김' 속성을 설정하여 숨겨진 파일은 [윈도 로고]-[제어판]-[폴더 옵션]-[보기]-[고급 설정]에서 '숨김 파일, 폴더 및 드라이브 표시'를 선택하면 볼 수 있다. 그러므로, 어쩌면 가장 먼저 쉽게 시도해 볼만한 방법이다.

3) 슬랙 공간과 스테가노그래피로 숨겨진 파일 찾기

슬랙 공간과 스테가노그래피로 숨겨진 파일을 쉽게 찾기는 어렵다. 슬랙 공간에 파일을 숨겼을 것이라고 의심이 가는 후보 파일을 알 수 있다면 파일의 끝 표시(EFO) 다음에 나오는 파일을 추출하면 될 것이다. 스테가노그래피는 사용한 기술과 원본 파일을 알 경우에는 쉽게 가능할 것이다. 그 외에는 무지한 노력과 시간을 요구하는 일이고, 전문적인 툴을 이용한다고 해도 복잡한 일이니 여기서는 이 정도로만 해두자.

8.4 패스워드 복구하기

패스워드를 설정해 놓고 나중에 패스워드를 잊어버리는 경우, 혹은 회사에서 전임자가 걸어놓은 패스워드를 후임자에게 알려주지 않고 퇴사했는데 연락 두절까지 된다면 정말 난감해진다. 더 나아가 수사의 대상이 되는 파일에 패스워드가 걸려있는 경우도 생각할 수 있다. 이러한 문제를 해결하기 위해서 마이크로소프트에서는 'DocRecrypt' 라는 프로그램을 홈페이지에서 제공한다. 이 프로그램을 이용하여 패스워드를 없애거나 새로 설정하고 다른 이름으로 저장할 수 있다. 그런데 이를 위해서는 다른 사람의 패스워드에 접근할 수 있는 권한을 가진 관리자가 레지스트리를 등록해야 하는 등 복잡한 과정을 거친다. 일반 개인이 간단하게 쓰기에는 피곤하다. 약간의 비용을 지불하면 해결책을 얻을 수 있다.

1) 마이크로소프트 오피스 파일 패스워드

여기서는 샘플로 마이크로소프트 오피스 패스워드를 찾아주는 무료 프로그램 'Office Password Recovery'를 이용해 보자. (그림 8-42)는 이 툴을 이용하여 앞의 예에서 보았던 '대외비 발표 자료.pptx'의 패스워드를 찾아내는 화면이다. 찾아내는 방법으로는 3가지를 제공하고 있다. 모든 가능한 패스워드값을 넣어보는 'brute-force attack'은 모든 가능한 패스워드를 대입해 보기 때문에 반드시 패스워드를 찾아내지만 시간이 많이 걸린다. 두 번째는 패스워드 길이를 제한하고 사용했을 것으로 짐작되는 문자 범위로 좁혀서 대입해 보는 것이다. 이것을 선택할 경우에는 [Settings]를 통해 (그림 8-43)과 같이 범위를 설정할 수 있다. 마지막으로 'dictionary attack'은 사전공격으로서 일반적 사전에 포함된 단어뿐만 아니라 사용했음직한 단어를 모아놓은 사전파일을 이용하여 대입해 보는 것이다.

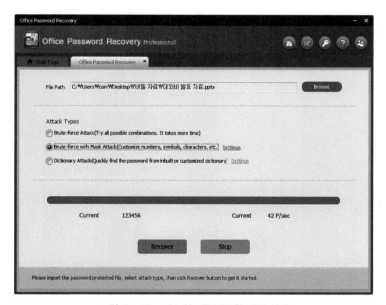

그림 8-42 패스워드를 복구할 파일 선택

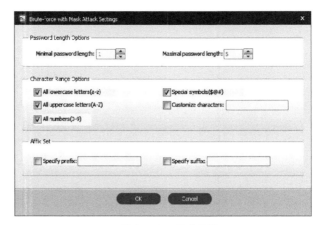

그림 8-43 공격 옵션

(그림 8-44)는 (그림 8-42)에서 [Recover]를 눌러서 복구한 패스워드 결과이다. 사실 이 파일의 패스워드는 '123456'인데, 앞의 3자리만 보여주면서 나머지를 원하면 구매하라고 친절하게(!) 안내하고 있다.

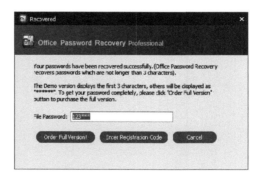

그림 8-44 복구한 패스워드

2) 압축 파일 패스워드

다음은 압축파일 패스워드를 복구해 보자. 이번에도 'AZPR(Advanced ZIP Password Recovery 2.0)'이라는 무료 프로그램을 이용해서 패스워드가 '12345'인 '비밀 자료.zip'의 패스워드를 복구해 보자. (그림 8-45)에서 볼 수 있듯이 brute-force 공격이나 사전 공격을 할 수 있다. 최대 패스워드 길이는 무료 버전에서는 5자리까지만 지원한다. 속도를 높이기 위해 패스워드에 숫자만 대입해 보도록 선택하였다. 그 결과 순식간에 (그림 8-46)과 같이 패스워드를 복구하였다.

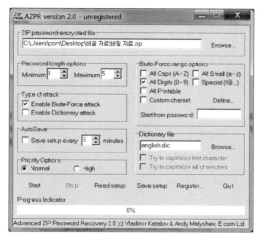

그림 8-45　압축 파일 패스워드 복구

그림 8-46　복구한 압축 파일 패스워드

이 외에도 많은 복구 툴이 존재한다. 흔글 파일과 같이 우리나라에서만 사용되는 소프트웨어보다는 마이크로소프트 파일 등에 대한 분석이 많이 이루어지기 때문에 이들에 대한 복구 툴은 매우 많이 존재한다. 이러한 툴들이 제공되면 대부분 해당 소프트웨어는 보안이 강화되기 때문에 툴들이 작동될 수 있는 버전을 확인해서 사용하는 것이 좋다.

8.5　삭제된 파일 복구하기

휴지통에 버리고 아직 안 비운 파일을 복구하는 것은 너무나 쉽다. 휴지통으로 들어가서 파일을 선택한 후 [MR]-[복원(R)]을 누르면 저장되었던 폴더까지 기억했다가 그대로 복원해준다. 하지만 휴지통에 들어가서 지웠거나 '휴지통 비우기'를 했다면 이 방법으로는 복구할 수 없다. 복구용 툴을 이용하면 가능하기도 하다(항상 가능한 것은 아니다). 그럼 복구가 가능한 원리부터 알아보고 복구 툴을 소개하겠다.

1) 파일 구조

윈도우 7에서는 주로 NTFS를 이용하지만 FAT도 지원한다(USB 메모리도 사용할 수 있도록). 두 파일 시스템은 다른 구조를 갖고 있으며 자세한 구조는 조금 복잡하고 어려운 주제이다. 여기서는 파일 복구가 가능한 이유를 이해하기 위해 개념적으로만 설명하고자 한다.

파일에는 클러스터 단위로 디스크를 할당한다고 하였다. 그런데 탐색기에서 파일의 이름과 작성 날짜 등 속성을 표시하기 위해서는 데이터뿐만 아니라 파일의 속성도 어디엔가 저장되어 있어야 한다는 것은 당연하다. 파일은 생성되었다가 삭제되기도 하기 때문에 디스크 중간 중간에 비어 있는 클러스터들이 있을 것이다. 새 파일을 저장하기 위해서 어느 클러스터를 할당할 것인가? 비어 있는 클러스터를 어떻게 구분할 것이며 이 클러스터를 찾기 위해 디스크 전체를 뒤질 것인가? 전체를 다 뒤진다는 것은 매우 비효율적인 방법이다. 만약 그렇게 한다면 파일 하나 저장할 때마다 매우 오랜 시간이 걸릴 것이므로, 현재 그렇게 하고 있지는 않을 것이라고 짐작할 수 있다.

혹시 2장에서 (그림 8-47)과 같은 NTFS 파일 구조를 본 기억하는가? MFT에는 데이터 영역(Data Area)에 저장된 파일과 디렉터리에 대한 이름, 크기, 생성시간 등의 정보가 저장될 뿐 아니라 실제 데이터가 저장된 위치 정보를 갖고 있다. 뿐만 아니라 해당 데이터 영역이 어떤 파일에 할당되어 있는지를 표시하는 정보도 저장하고 있다. 파일에 디스크를 할당하고자 한다면 이 MFT에서 비어 있는 클러스터를 찾아 할당하기 때문에 빠른 속도로 지원이 가능하다. 휴대용 저장장치로 많이 사용하는 USB 메모리의 경우에는 FAT 파일 시스템을 사용하는데, FAT 경우에는 MFT 역할을 하는 FAT 영역과 Data Area 영역에 해당하는 데이터 영역으로 나뉜다.

그림 8-47 NTFS 파일 구조

이제 본론으로 들어가서, 왜 삭제한 파일을 복구할 수 있는가 살펴보자. 파일을 삭제한다면 MFT에서 해당 파일에 대한 정보를 수정하고 데이터 영역에 가서 실제 저장된 데이터 영역을 지워야(0으로) 할 것이다. 그런데 큰 파일을 저장할 때는 시간이 오래 걸리는데, 지울 때는 속도가 빠르다고 느낀 적 없는가? 속도 개선을 위해 굳이 데이터 영역에 가서 0으로 지우지 않기 때문이다. MFT에 있는 정보만 수정하고 클러스터가 비어 있다고 표시만 하면 그 뿐이다. 그 자리에 다른 파일을 저장할 때 해당 데이터 영역에 엎어 쓰면 그만이기 때문이다. 자, 이제 거의 답이 나왔다. 비록 MFT에 비어있다고 표시된 데이터 영역이라도 직접 가서 여전히 고스란히 남아 있는 데이터를 읽어오면 된다. 심지어 MFT에는 지워진 파일명까지도 거의 그대로 가지고 있다. 물론 불행하게도 복구하고 싶은 파일의 데이터 영역에 다른 파일이 엎어 쓰여졌다면 복구가 어렵다. 행여라도 복구할 파일보다 작은 파일이라면 나머지 부분을 일부 복구할 수는 있지만 매우 어려운 작업이다.

2) 파일 복구

이제 다른 파일로 엎어 쓰지 않은 데이터를 복구해 보자. 지울 때 복구를 못하도록 데이터 영역까지 0으로 채우는 삭제 프로그램을 이용했다면 복구는 불가능하다. 무료 툴들을 포함하여 많은 복구 프로그램들이 있지만 여기서는 유료이지만 가장 널리 사용되는 '파이널데이터(FinalData)'를 이용해 보자. 파이널데이터 실행 화면 (그림 8-48)에서 [삭제된/손상된 파일 복구]-[삭제된 파일 복구]를 선택하고 원하는 드라이브를 선택한 다음 [검색]을 누르면, 파이널데이터가 해당 드라이브의 MFT 혹은 FAT 영역을 검사하여 (그림 8-49)와 같이 삭제된 파일 목록을 보여준다.

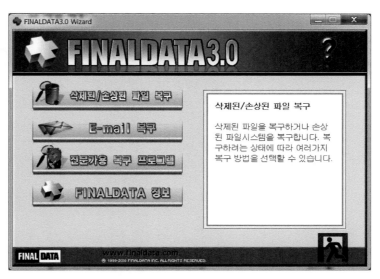

그림 8-48 파이널데이터 실행 화면

용량이 큰 경우에는 MFT/FAT 영역을 점검하는데 시간이 많이 걸리니 실습할 때는 용량이 작은 USB 메모리를 이용하는 것이 현명하다. 오래 사용한 장치라면 삭제된 목록도 많을 것이다. 복구하려고 하는 파일의 타입을 알고 있거나 삭제한 날짜를 알고 있다면 [검색/필터]를 사용하면 좋다. 예에서는 '디퓨터.jpg'를 복구하려는 경우로서 (그림 8-50) 과 같이 이미지 파일만 선택하면 (그림 8-51)과 같이 필터링 결과를 보여준다. 이 목록에서 원하는 파일을 선택하고 [복구]를 선택하면 원하는 위치에 파일을 복구해 준다.

그림 8-49 삭제된 파일 목록

그림 8-50 파일 타입으로 검색 필터링 하기

그림 8-51 이미지 파일만 필터링한 결과

당연한 이야기지만 파이널데이터를 이용한다고 해서 항상 복구가 가능한 것은 아니다. 우선 지워진 영역에 다른 파일이 저장된 경우이다. 또 하나는 윈도우즈 기본 기능으로 삭제하지 않고 별도의 툴을 이용하여 MFT/FAT 정보뿐만 아니라 데이터 영역까지 삭제하는 경우이다.

실제 데이터까지 삭제하는 기능을 제공하는 다양한 툴이 있지만, 'CCleaner Free'라는 무료 툴을 소개하겠다. [도구(T)]-[드라이브 보안 삭제]를 선택하면 (그림 8-52)와 같이 옵션을 선택할 수 있다. [보안 삭제(I)] 에서는 '빈 공간만' 혹은 '전체 드라이브(모든 데이터가 지워집니다)'를 선택할 수 있다. 후자는 드라이브를 로우 포맷(low format)하는 경우에 해당한다. 예에서는 '빈 공간만'을 선택하고 [보안(S)]는 몇 번이나 덮어쓰기를 할 것인지를 선택하는 옵션이다. 1, 3, 7, 35 단계로 선택할 수 있다. 마지막으로 삭제할 드라이브를 선택한 후 [보안 삭제(W)]를 선택하면 된다. 데이터 영역까지 지우는 작업이므로 시간이 꽤 걸린다.

그림 8-52   할당되지 않은 데이터 영역 지우기

그런데 왜 35번씩이나 덮어쓰기를 해야 할까 하는 의문이 들 것이다. 최근의 기술은 여러 번 덮어 써도 복구가 가능하다고 한다. 물론 일반인들이 접할 수 있는 툴은 아니므로 보통 1, 3번만 해도 충분하다. 이것보다 더 확실한 방법은 (그림 8-53)과 같은 디가우저(degausser)라는 장치를 이용하는 것이다. 이것은 디스크가 가지고 있는 자기력보다 더 강력한 자기력을 사용하여 데이터를 완전히 삭제하는 장치이다. 단점은 디스크를 영구 파괴하여 재사용이 불가능하다는 것이다.

그림 8-53   디가우저

디지털 포렌식 툴 이용하기

디지털 포렌식은 폭넓은 지식과 복잡하고 지루한 분석과정이 필요한 작업이다. 이제까지 윈도우즈 기본 기능과 레지스트리 편집기에서부터 패스워드 찾아주는 툴, 지워진 데이터를 복구하는 툴 등을 이용해서 증거자료(흔적, 지문)를 찾았지만, 전문적인 디지털 포렌식을 위해서는 종합적인 분석을 지원하는 별도의 전문 툴이 필요하다.

레지스트리란 시스템과 응용 프로그램을 관리하기 위한 데이터베이스라고 하였다. 이 데이터베이스를 구성하는 실제 파일을 하이브(hive) 파일이라고 하는데, 이러한 하이브 파일로는 SAM, SECURITY, SYSTEM, SOFTWARE, Default, NTUSER.DAT, Usrclass.dat, BCD, COMPONENTS 등이 있다. regedit.exe를 사용할 경우 현재 사용 중인 (라이브) 사용자의 레지스트리를 볼 수 있었다. 전문 포렌식 툴을 이용할 경우 사건과 관련 있는 시스템의 레지스트리를 증거 파일로 저장하여 분석가의 시스템에서 분석할 수 있게 되며, 다양한 방법으로 분석하는 기능을 이용할 수 있다.

디지털 포렌식 전문 툴로서는 Encase의 Forensic 7, AccessData의 FTK Imager와 FTK Registry Viewer, GetData의 Forensic Explorer 등이 있다. 포렌식 툴들은 매우 고가여서 개인이 구입하기는 부담스럽지만, 일부 기능들이 제한된 30일 버전이나 데모 버전 등이 있으니 다운받아 사용해 보는 것도 좋다. 이후 절에서 AccessData와 GetData의 툴들을 만나보자.

1) AccessData의 FTK(Forensic ToolKit)

(1) FTK Imager

'이미저(imager)'란 복사본을 만든다는 의미로서, 이 툴은 레지스트리 파일 등을 추출하여 저장할 수 있도록 지원한다. 이렇게 함으로써 저장된 증거 파일을 나중에 혹은 다른 컴퓨터에서 분석할 수 있다. 이 툴은 'http://accessdata.com/'에서 [Resources]-[Product Downloads]-[Digital Forensics]를 선택하여 무료로 다운로드 받아 사용할 수 있다.

먼저 NTUSER.DAT 추출해 보자. (그림 8-54)와 같이 FTK Imager를 실행시키고 [File]-[Add Evidence Item...]을 선택한 다음 (그림 8-55)에서와 같이 입력 소스를 [Physical Drive]로 선택한다. (그림 8-56)에서와 같이 컴퓨터에 장착된 하드 디스크 드라이브 목록이 나오면 윈도우즈가 설치되어 있는 디스크 드라이브를 선택한다.

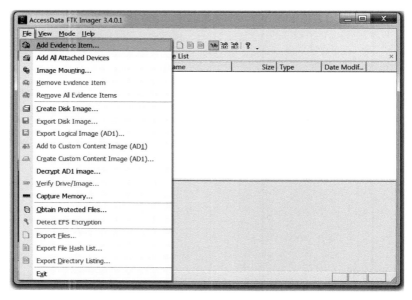

그림 8-54 FTK Imager에서 증거수집 장치 연결

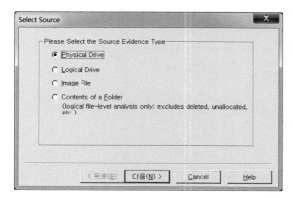

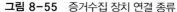

그림 8-55 증거수집 장치 연결 종류

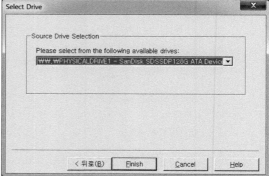

그림 8-56 증거수집 장치 선택

분석하려는 드라이브를 선택한 다음 (그림 8-57)에서와 같이 왼편 창에서 'Partition 2\〈볼륨 이름〉\root\Users\〈사용자 계정 이름〉'을 선택한다. 예에서는 사용자 계정 이름이 'com'인 사용자의 파일을 추출하려고 한다. 그런 다음 오른편 창에서 NTUSER. DAT 파일을 선택하고 [MR]-[Export Files...]로 추출하여 원하는 곳에 파일로 저장할 수 있다.

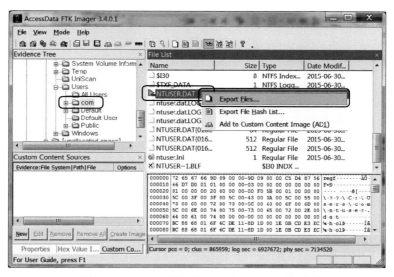

그림 8-57 com 사용자의 NTUSER.DAT 파일 추출

이와 유사하게 (그림 8-58)과 같이 [File]-[Obtain Protected Files...]를 통해서 SAM
파일도 추출할 수 있는데, 메뉴 선택 후 (그림 8-59)와 같이 폴더를 지정하면 SAM과
system이라는 확장자 없는 파일이 저장된다.

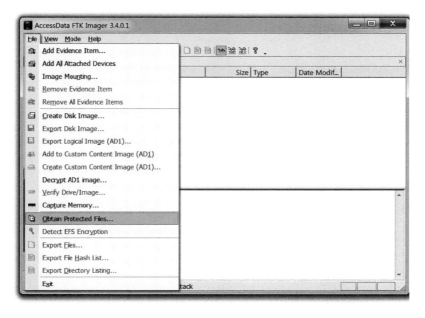

그림 8-58 SAM 파일 연결

그림 8-59 SAM 파일 저장

(2) FTK Viewer

FTK Viewer는 FTK Imager를 통해 추출한 레지스트리를 분석하기 위한 툴이다. 이 툴은 (그림 8-60)과 같이 USB 메모리처럼 생긴 동글키를 구입해서 USB 포트에 장착해야만 하는 유료 툴이다. 단, 동글키 없이 실행하면, 일부 기능이 제한된 상태로 무료로 데모 버전을 쓸 수 있다. 여기서는 데모 버전을 사용하여 예를 보일 것이다.

그림 8-60 FTK Viewer 동글키

지금부터 레지스트리 편집기(regedit.exe)를 통해 찾아보았던 인터넷 익스플로러의 방문 기록을 확인해 보자. 이 값은 레지스트리의 'HKEY_CURRENT_USER\Software\Microsoft\Internet Explorer\TypedURLs'에 저장되어 있었다는 것을 기억할 것이다. 여기서 'HKEY_CURRENT_USER'란 단어 그대로 현재 로그온 되어 있는 사용자를 의미한다. regedit로 레지스트리를 열어 볼 때의 로그인 계정이 com이었으니, (그림 8-20)에서 보았던 방문 기록은 com의 방문기록이었다. 이 값들은 사용자마다 다르므로 해당 사용자 폴더의 NTUSER.DAT에 저장되어 있다. (그림 8-57)에서 FTK Imager를 통해 사용자 com의 폴더에서 NTUSER.DAT을 추출한 이유도 여기에 있다.

그럼 FTK Imager로 저장했던 com의 NTUSER.DAT을 열어보자. 레지스트리의 HKEY_CURRENT_USER에 해당하는 com의 데이터이니 (그림 8-61)에서처럼 왼편 창에서 \Software\Microsoft\Internet Explorer\TypedURLs로 들어가 보자. 오른편 위쪽 창에 검색기록이 나오는 것을 알 수 있다. 사용자가 인터넷 익스플로러에서 검색 기록을 선택적으로 지울 수 있기 때문에 이 값은 (그림 8-10)과 약간 다를 수 있을 것이다.

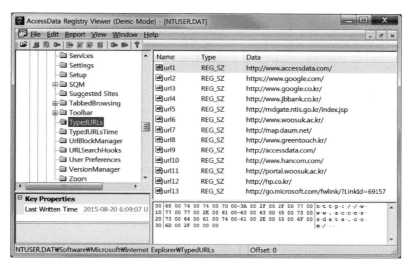

그림 8-61 사용자 com의 인터넷 익스플로러 TypedURLs

regedit를 이용한 레지스트리 검색에서 파워포인트의 최근 사용한 파일이 '/HKEY_USERS/S-1-21-.../Software/Microsoft/Office/15.0/PowerPoint/File MRU'에 있었던 것을 기억하고, FTK Viewer에서도 찾아보자. '/HKEY_USERS/S-1-21-...'는 여기서 사용자 com에 대응되므로, 나머지 폴더와 동일하게 찾아가 보면 (그림 8-62)와 같이 regedit의 결과와 동일한 결과를 볼 수 있다(파일에 대한 상세 정보가 나와 있어서 (그림 8-62)에서는 파일 경로와 이름을 음영으로 처리하였다).

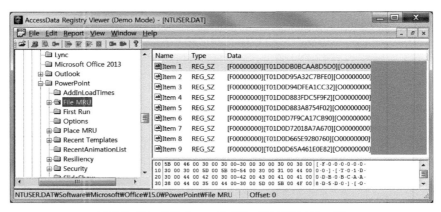

그림 8-62 사용자 com의 최근 파워포인트 사용 파일

이제 [File]-[Open]을 통해서 FTK Imager를 통해 저장했던 SAM 파일을 열어서 사용자들의 정보를 살펴보자. 예에서는 사용자 com의 로그온 정보를 보려고 한다. SAM 파일을 연 다음, (그림 8-63)에서와 같이 왼편 창에서 SAM\Domains\Account\Users\Names\com을 선택하자. 그런 다음 오른편 창에 나온 [Type] 값을 기억하자. 예에서는 0x03E8이다. 왼편 창의 Users 아래 이 값과 동일한 이름의 000003E8 폴더를 찾을 수 있다. 이 폴더가 com의 폴더이다.

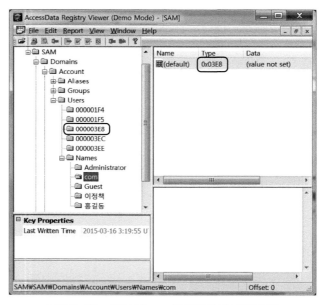

그림 8-63 FTK Viewer를 통한 SAM 파일 보기

000003E8 폴더를 클릭해 보면 (그림 8-64)와 같이 왼편 아래 창에 사용자 com의 속성이 출력되는 것을 볼 수 있다. 사용자 이름은 com이고 로그온은 58회 했으며, 마지막으로 로그온한 시각은 2015년 8월 20일이라는 것 등을 알 수 있다. 물론 다른 사용자에 대해서도 동일한 방법으로 정보를 얻어낼 수 있다.

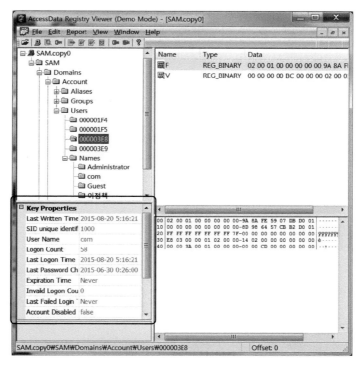

그림 8-64 사용자 com의 속성

2) GetData의 Forensic Explorer

이 절에서는 두 번째 소개할 툴로서 GetData의 Forensic Explorer를 간략하게 보여주고자 한다. 이 툴을 사용하려면 역시 (그림 8-65)와 같은 동글키(dongle key)를 구입해야 한다. 일부 기능이 제한된 30일 무료 체험판도 http://www.forensicexplorer.com/에서 다운로드 받아 사용할 수 있다.

그림 8-65 Forensic Explorer 동글키

Forensic Explorer를 실행시키면 (그림 8-66)과 같은 화면이 나타난다. FTK Viewer에서는 NTUSER.DAT나 SAM을 하나씩 분석했지만, 이 툴에서는 하나의 사건과 관련된 여러 파일들을 케이스(case, 사건) 단위로 묶어서 종합적으로 분석할 수 있게 해준다. 하나의 케이스에는 분석 대상(장치, 파일 등)들로 구성될 수 있다. 최근 사용한 케이스 목록은 화면의 위쪽에 표시되고, 아래 쪽에는 선택한 케이스에 속한 분석대상 정보를 보여준다. 먼저 분석을 위해서는 새로운 케이스를 생성해야 하므로 (그림 8-67)에서 [New Case]를 선택하여 (그림 8-68)에서와 같이 케이스 이름, 분석자, 설명, 케이스 저장 위치를 설정한다. 그리고 나면 화면 가운데에 있는 버튼들이 활성화 된다. 먼저 현재 사용하고 있는 시스템을 들여다보자. [Add device]를 선택하여 (그림 8-68)에서와 같이 윈도우즈가 설치되어 있는 드라이브를 분석 대상에 포함시키자.

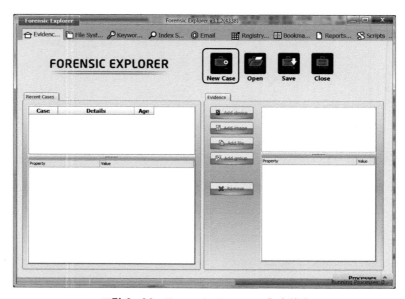

그림 8-66 Forensic Explorer 초기 화면

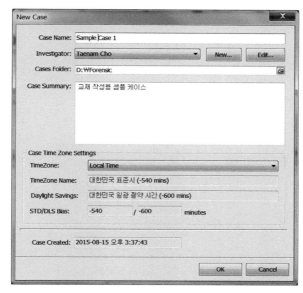

그림 8-67 새로운 케이스 생성

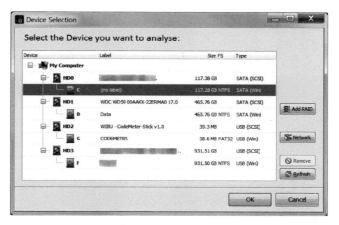

그림 8-68 분석 대상 추가

그러면 (그림 8-69)에서와 같이 선택한 장치에 대해 수행할 분석 작업을 선택하는 화면이 나온다. 이러한 기능을 여기서 다 배울 수는 없으니 일단 디폴트로 설정되어 있는 대로 선택하자.

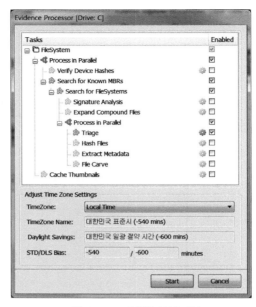

그림 8-69 수행할 분석 작업

자, 이제 케이스의 선정은 끝났다. 분석하고자 하는 케이스에 대한 설명이 (그림 8-70)
과 같이 메인 화면에 나타난다.

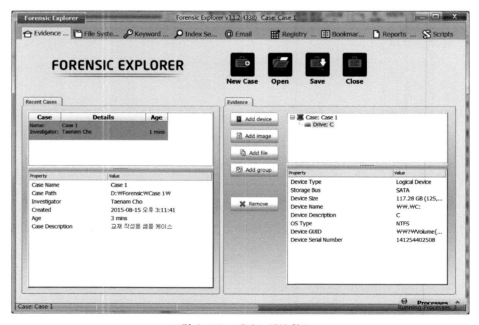

그림 8-70 케이스 생성 완료

이제 약간의 분석을 위해 (그림 8-71)처럼 메인 메뉴에서 [File System...]을 선택하자. 그러면 왼편에 [Folders]와 [Categories] 탭이 나오는데, [Folders]를 선택하면 장치에 들어있는 파일 구조대로 내용을 보여주고, [Categories]를 선택하면 장치에 들어 있는 파일들을 성격에 따라 분류하여 보여준다. 왼편에서 [Categories]를 선택한 후 그 아래 폴더에서 [Deleted Items]를 선택해 보자. 오른편에 나오는 [File List]와 [Gallery View]는 각각 왼편에서 선택한 항목에 대하여 파일 목록으로 보여주거나 이미지 아이콘으로 보여준다. [Disk View]는 디스크 할당 상태를 보여주고, [Category Graph]는 (그림 8-71)처럼 파일의 종류별 분포를 그래프로 보여준다.

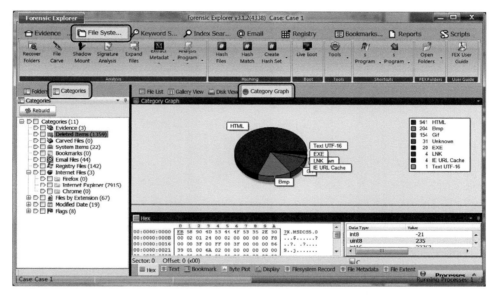

그림 8-71 삭제된 파일의 종류별 그래프

왼편에서 [Internet Explorer]를 선택한 후 오른편에서 [Gallery View]를 선택하면 (그림 8-72)처럼 인터넷 익스플러에서 저장한 파일을 이미지로 보여준다. 여기서 이미지 중 [350_300_114...]를 선택하면 아래 왼편 창에 파일이 내용이 16진수(hex)로 출력된다. 더 세부적으로는 주소, 16진수, 아스키 문자로 표시된다. 왼편 16진수를 클릭하면 그 오른 편에 8, 16, 32, 64비트로 해석한 정수값을 보여준다. 만약 우리가 앞에서 설명했던 파일 시그너처나 파일 슬랙 공간에 저장된 값을 보고 싶다면 (그림 8-70)에서 [Add image]나 [Add file]을 통해 분석하고자 하는 파일을 추가한 다음 (그림 8-72)에서와 같은 방법으로 내용을 분석할 수 있다.

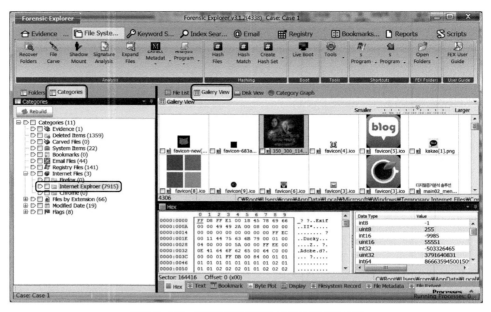

그림 8-72 인터넷 익스플로러 파일의 이미지 보기

지금까지는 현재 사용하고 있는 컴퓨터의 (라이브) 레지스트리를 살펴보았다. 그럼 이제 이 툴을 이용해서 FTK Imager를 통해 추출했던 NTUSER.DAT을 가지고 인터넷 익스플로러 방문기록을 찾아보자. NTUSER.DAT은 Forensic Explorer 설치 폴더에 함께 설치된 ForensicImager.exe를 실행시키고 (그림 8-73)에서와 같이 [Acquire]를 통해 파일로 추출할 수도 있다.

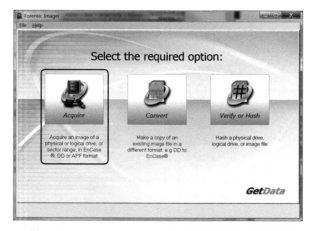

그림 8-73 ForensicImager로 NTUSER.DAT 추출하기

[Add file]로 NTUSER.DAT을 추가하자. 그런데 현재 레지스트리를 가지고 있는 현재 케이스에 추가한다면 여러 개의 NTUSER.DAT가 포함되므로 새로운 케이스(Case 2)를 생성하여 추가하는 것이 좋겠다. 그런 다음 (그림 8-74)에서처럼 메인 메뉴의 [Registry...]를 선택하고, 왼편에서 분석하고자 하는 레지스트리를 선택한다. 그런 다음 (그림 8-75)에서와 같이 [NT User Hive]-[Internet Explorer Typed URLs] 를 선택하면 (그림 8-76)와 같이 새로운 창에 결과를 보여준다. 그 결과를 (그림 8-10), (그림 8-61)과 비교해 보기 바란다.

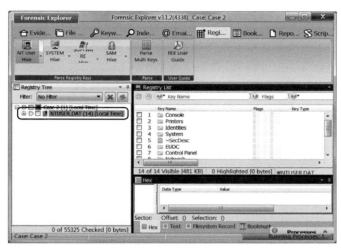

그림 8-74 NTUSER.DAT 분석

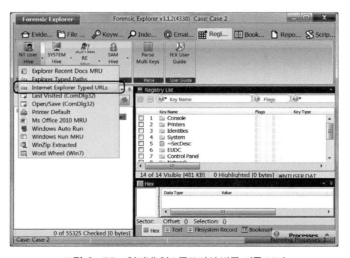

그림 8-75 인터넷 익스플로러의 방문 기록 보기

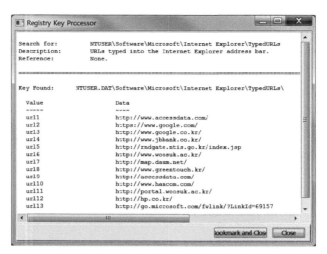

그림 8-76 인터넷 익스플로러의 TypedURLs

(그림 8-75)에서 [NT User Hive]-[MS Office 2010 MRU]를 선택하면 (그림 8-76)과
같이 새로운 창에 마이크로소프트 오피스의 최근 사용 파일을 보여주는데, 파워포인트
나 엑셀 등 모든 오피스 프로그램에 대한 최근 파일을 모아 보여준다.

마지막으로 사용자의 패스워드를 포함한 계정 정보를 담고 있는 SAM(Secure Access
Management) 파일에 들어가 보자. 우선 [Evidence]-[Add file]을 선택하여 FTK Im-
ager에서 저장했던 SAM 파일을 Case 2에 추가하자. 그런 다음 (그림 8-77)에서처럼
[Registry]-[SAM Hive]-[Local User – Parse SAM]을 선택하면 (그림 8-78)과 같이
등록되어 있는 사용자에 대한 정보를 새로운 창에 보여준다.

그림 8-77 사용자 계정 정보 보기

이 예에서는 사용자 'com'과 '이정책'에 대해 보여주고 있다. 이 정보를 해석하기 위해
서는 조금 더 많은 지식이 필요하다. 단지 마지막 로그온한 시각(Last Login), 최종 패
스워드 설정 날짜(Pwd last set), 로그온 실패 날짜(Pwd fail date), 사용자 고유 번호
(User Number) 등을 볼 수 있다. 또 NT Hash라고 하는 항목이 바로 패스워드인데 16

진수로 표시된다. 사실 이 값은 패스워드 자체는 아니다. NTUSER.DAT에는 패스워드가 그대로 저장되어 있는 것이 아니라, 'NT Hash'라고 하는 방법에 의해 암호화되어 저장되는데 이 값을 표시한 것이다. 만약 패스워드를 그대로 저장한다면 공격자가 NTUSER.DAT을 손에 넣을 경우 패스워드가 공격자에게 노출되기 때문이다. 사용자가 로그온 할 때 패스워드를 입력하면, 윈도우즈는 입력된 패스워드를 암호화한 후 저장된 값과 같은지 비교함으로써 로그온의 성공 여부를 결정한다.

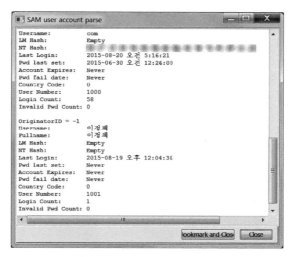

그림 8-78   사용자 계정 정보

8.7   디지털 포렌식 실무

우리가 수사 드라마나 영화에서 볼 수 있듯이 물리적 증거물도 수집 절차가 적법하지 않거나 수집한 증거물이 오염되었을 경우에는 무용지물이 되고 만다. 특히 디지털화된 문서는 종이 문서(물리적 증거물)와 달리 흔적 없이 수정(오염)될 수 있기 때문에 법정에서 증거로 채택되기 위해서는 절차와 분석 방법이 매우 중요하다. 하지만 물리적 증거물에 대해서는 분석으로 인해 훼손되고 없어지기도 하지만, 디지털 증거물은 복제하여 수없이 분석할 수 있다는 장점이 있다.

디지털 포렌식에서 증거의 수집 및 분석에 있어서는 다음 5가지 원칙이 보장되어야 한다.

1. **정당성의 원칙:** 증거 수집의 절차가 적법해야 한다. 위법적으로 수집한 자료는 증거

로 인정받을 수 없다.

2. **재현의 원칙:** 피해 직전과 동일한 조건에서 현장 검증을 실시하면, 피해 당시와 동일한 결과가 나와야 한다.

3. **신속성의 원칙:** 시스템의 휘발성 정보 수집을 위해서는 신속하게 진행되어야 한다.

4. **연계 보관성의 원칙:** 증거물 획득 · 이송 · 분석 · 보관 · 법정 제출의 각 단계에서 담당자 및 책임자를 명확히 해야 한다.

5. **무결성의 원칙:** 수집된 증거가 위조되거나 변조되지 않았음을 증명할 수 있어야 한다.

무결성의 원칙과 재현의 원칙을 위해서는 압수한 증거물을 분석하기 전에 증거물을 복제하고 해시값을 저장해 두어야 한다. 왜냐하면 분석 과정에서 원본 데이터가 훼손될 수 있기 때문이다. 디스크 드라이브의 경우, 동일한 크기와 종류의 드라이브를 준비하여 (그림 8-79)와 같은 이미징(imaging) 장비를 이용하여 복제해야 한다. 만일 탐색기에서 파일을 복사할 경우에는 저장 위치가 다를 뿐 아니라 슬랙 공간에 숨겨진 데이터나 삭제된 파일 정보가 복사되지 않기 때문에 원본 그대로의 복제품이 될 수 없다. 해시값을 계산하여 저장하는 이유는 원본이 1비트라도 수정될 경우 해시값이 달라지기 때문에 원본임을 보증하는 방법으로 사용한다. 분석을 할 때에는 원본을 보존해 두고 복제본을 가지고 수행해야 한다.

그림 8-79 이미징 장비

재현의 원칙을 위해서는 인정받은 포렌식 전문가 툴을 이용하여 전문가에 의해 분석이 이루어져야 한다. 또 사건 현장에서 사용 중인 컴퓨터를 종료시키고 압수할 경우 휘발성 메모리에 남아 있는 증거물이 손실되기 때문에 신속성의 원칙을 지키기 위해서는 이러한 정보를 현장에서 즉시 수집해야 한다.

증거물은 컴퓨터, USB 메모리, 카메라 SD 메모리, 스마트폰 등 매우 다양하고, 사용하는 운영체제와 파일시스템도 다양하기 때문에 실무에서는 각각에 대한 툴과 지식 및 기술이 필요하다. 또한 단순한 흔적 조사가 아니라 시간에 따른 연관성을 파악하고 분석 결과에 대한 논리적 분석이 필요하다. 또 무엇보다 이러한 분석 결과에 대한 보고서 작성이 중요하므로, 디지털 포렌식에 관심이 있는 독자라면 좀 더 많은 기본 지식을 쌓은 다음 전문 서적을 통해 공부하는 것이 바람직하다.

연습 문제

【 O/× 문제 】

※ 다음 문장이 옳으면 O, 그렇지 않으면 ×를 표시하라.

01. 윈도 로고를 눌러서 나타나는 프로그램 목록에서 화살표를 눌러 최근 사용한 파일 목록을 최대 2개까지 볼 수 있다.

02. 보호된 운영체제 파일은 탐색기에서 나타나지 않는데, 이 파일들을 제어판에서 볼 수 있도록 설정할 수 있다.

03. 윈도우 7에서는 디폴트로 웹페이지에서 사용되는 자동완성 기능을 사용하도록 되어 있으므로, 제어판에서 사용하지 못하도록 하는 것이 바람직하다.

04. 인터넷 임시 파일과 쿠키는 일정 시간 후 자동 삭제되며 수동으로 삭제가 불가능하다.

05. 시스템에 발생하는 각종 이벤트는 오류, 경고, 정보로 구분되며 이벤트 뷰어에서 열람할 수 있다.

06. 레지스트리란 윈도우가 관리를 위해 사용하는 데이터베이스이다.

07. 자동완성, 방문기록, 최근 사용한 파일 목록 등을 레지스트리에서 찾을 수 있다.

08. 파일의 확장자를 바꾸어도, 원래의 프로그램에서 자동으로 인식하여 열어 볼 수 있다.

09. 메모장에서 혼글 파일이나 파워포인트 파일을 읽을 수 없는 이유는 혼글이나 파워포인트에서 저장한 형식 정보 등을 해석할 수 없기 때문이다.

10. 윈도우즈 파일 암호화 기능은 사용자 계정의 패스워드를 가지고 암호화한다.

11. 사용자 계정의 패스워드를 설정하지 않아도 디폴트 값으로 파일 암호화를 할 수 있다.

12. 이미지나 동영상 파일 등도 ADS 파일로 숨길 수 있다.

13. 파일 슬랙 공간이란 파일에 할당된 디스크 섹터 중 데이터 저장에 사용되지 않는 공간을 말한다.

14. 파일 슬랙 공간에 다른 파일을 숨길 경우 파일 크기가 증가하기 때문에 파일 크기만 잘 비교해도 숨김 사실을 감지할 수 있다.

15. 이미지 파일의 슬랙 공간에 다른 파일을 숨기면 이미지가 깨져 보이기 때문에 텍스트 파일의 슬랙 공간만 사용할 수 있다.

16. 스테가노드래피란 파일의 분포를 그래프로 그려서 숨김 파일을 분석하는 것이다.

17. 컴퓨터에서 색은 빨강, 녹색, 파랑을 8비트씩 구성하여 24비트로 표현한다.

18. 스테가노그래피로 데이터를 숨겼을 경우, 원본이 없으면 숨김 파일의 여부를 알 수 없다.

19. 파일 시그너처란, 작성자가 저작권을 주장하기 위해 붙여 놓은 서명이다.

20. 파일 시그너처를 이용하면 슬랙 공간에 숨겨진 파일을 찾아낼 수 있다.

21. brute-force 공격을 할 경우, 모든 패스워드를 찾아낼 수 있다.

22. 패스워드를 찾기 위해 사용하는 사전공격은 패스워드를 찾기 전에 사용자에게 미리 접근하여 힌트가 될 정보를 알아내는 공격이다.

23. 삭제된 파일을 복구할 수 있는 이유는, 안전을 위해 윈도우즈가 항상 파일의 복사본을 저장해 두기 때문이다.

24. 지워진 파일의 데이터 영역에 새로운 파일이 저장되었을 경우에는 복구가 불가능할 수도 있다.

25. 디가우저란 물리적으로 디스크를 파괴하여 절대 복구할 수 없도록 하는 장치이다.

26. 전문 디지털 포렌식 툴을 이용하면, 디스크로부터 자동으로 모든 증거를 찾아 분석해 준다.

27. 포렌식 툴을 이용하면 파일의 내용을 16진수로 보여주거나 삭제된 파일의 남겨진 내용도 볼 수 있다.

28. 디스크 이미저란 디스크와 파일의 저장위치나 삭제된 파일의 잔재까지도 동일하게 복제해주는 장치이다.

29. 디지털 정보는 훼손(변경)이 쉬우므로, 증거물을 복제해 둔 다음 원본을 가지고 분석해야 한다.

30. 해시는 증거물의 무결성 증명을 위해 사용하는 방법이다.

【 객관식 문제 】

01. 다음 중 윈도우즈가 자동으로 저장하는 흔적이 아닌 것은?

① 사용자 패스워드   ② 로그온 시각
③ 최근 사용한 파일   ④ 파일 작성일

02. 일반적인 윈도우즈 파일 속성에 포함되지 않는 것은?

① 만든 날짜   ② 연결 프로그램   ③ 소유자   ④ 계정 패스워드

03. 웹 페이지에서 로그온할 때 입력했던 아이디를 보여주고 선택할 수 있도록 하는 기능을 무엇이라고 하는가?

① 아이디 관리   ② 자동 완성   ③ 자동 로그온   ④ 웹 페이지 관리

04. 웹에서 서버가 사용자 PC에 남겨놓는 정보를 무엇이라고 하는가?

① 쿠키   ② 패스워드
③ 임시 인터넷 파일   ④ 로그

05. 윈도우즈가 시스템 관리를 위해 사용하는 데이터베이스를 일컫는 용어는?

① 빅 데이터   ② SAM   ③ 레지스트리   ④ 시스템 파일

06. 파일을 숨길 수는 없으나 볼 수 없도록 하는 방법은?

① ADS로 저장하기   ② 확장자 변경
③ 스테가노그래피   ④ 속성 삭제

07. 윈도우즈 파일 암호화에 사용되는 값은?

① 윈도우즈가 정한 임의의 값   ② 암호화 날짜

❸ 암호화할 때 사용자가 입력한 값　　**❹** 사용자 계정 패스워드

08. 파일의 속성 정보 등을 저장하기 위해 NTFS에서 제공하는 기능은?

　　❶ 스테가노그래피　　　　　　**❷** 파일 시그너처

　　❸ ADS　　　　　　　　　　　**❹** MFT

09. NTFS에서 파일에 대한 정보를 담고 있는 영역의 이름은?

　　❶ Slack　　　　**❷** Data Area　　　**❸** ADS　　　**❹** MFT

10. 스테가노그래피의 단점은?

　　❶ 숨길 파일의 용량이 커야 한다　　**❷** 파일 크기가 커진다

　　❸ 원본 파일이 커야 한다　　　　　**❹** 숨길 파일은 이미지만 가능하다

11. 모든 가능한 패스워들 대입해서 찾아내는 공격법은?

　　❶ Dictionary Attack　　　　　**❷** 스미싱

　　❸ DDoS　　　　　　　　　　　**❹** Brute-Force Attack

12. 강력한 자기장을 이용하여 디스크의 내용을 삭제하는 장치는?

　　❶ Eraser　　　**❷** Degausser　　　**❸** Cleaner　　　**❹** Imager

13. 다음 중 디지털 포렌식 툴이 아닌 것은?

　　❶ Encase　　　**❷** FTK Viewer　　**❸** AZPR　　　**❹** Forensic Explorer

14. 사용자의 계정 패스워드가 저장된 레지스트리 파일은?

　　❶ 쿠키　　　**❷** 시스템 로그　　**❸** NTUSER.DAT **❹** SAM

15. 디지털 포렌식에서 증거가 위조나 변조되지 않았음을 증명할 수 있어야 한다는 원칙의 이름은?

　　❶ 무결성　　　**❷** 정당성　　　**❸** 신속성　　　**❹** 재현

【 주관식 문제 】

01. 윈도우즈가 자동으로 저장하는 흔적을 아는 대로 쓰시오.

02. 인터넷 익스플로러와 관련한 흔적들을 나열하시오.

03. 쿠키가 무엇인지 설명하시오.

04. 시스템에서 발생한 각종 이벤트들을 저장한 기록을 무엇이라고 부르는가?

05. 별도의 툴을 이용하지 않고 윈도우즈에서 파일을 보호할 수 있는 방법을 나열하시오.

06. 파일의 크기를 변화시키지 않고 탐색기에서도 인식할 수 없도록 정보를 숨기는 방법 2가지를 나열하시오.

07. NTFS에서 저장된 파일의 이름이나 크기 저장 위치 등을 저장하는 영역을 무엇이라고 하는가?

08. 파일의 확장자를 바꾸더라도 원래의 확장자를 찾을 수 있는 이유는?

09. 사용자와 관련된 정보를 이용하거나 실제 단어를 대입하여 패스워드를 이용하여 패스워드를 알아내는 공격방법은?

10. 패스워드를 길게 하고, 여러 가지 문자를 섞어 써야 안전한 이유는?

11. 삭제된 파일을 복구할 수 있는 이유를 설명하시오.

12. 파일 슬랙 공간이란 무엇인가?

13. 디가우저의 용도와 원리를 설명하시오.

14. 디스크를 복제하거나, 시스템 파일을 복사하는 장치나 툴을 무엇이라고 하는가?

15. 디지털 포렌식 툴을 아는 대로 쓰시오.

16. FTK Imager를 이용하여 컴퓨터에서 자신의 계정의 NTUSER.DAT와 SAM 파일을 추출하고, FTK Viewer로 열어서 인터넷 익스플로러 방문기록, 파워포인트 최근 파일, 로그온 회수와 최종 로그온 날짜를 확인하시오.

찾아보기

모바일 시대의
정보보안 개론

Introduction to INFORMATION SECURITY
for the Mobile Age

인 쇄	2018년 1월 8일 초판 2쇄
발 행	2018년 1월 15일 초판 2쇄
저 자	조태남, 용승림, 백유진
발 행 인	채희만
출판기획	안성일
마 케 팅	한석범, 최상도
관 리	이승희
북디자인	가인커뮤니케이션(031-943-0525)
발 행 처	**INFINITY**BOOKS
주 소	경기도 고양시 일산동구 하늘마을로 158
	대방트리플라온 C동 209호
대표전화	02)302-8441
팩 스	02)6085-0777

도서 문의 및 A/S 지원

홈페이지	www.infinitybooks.co.kr
이 메 일	helloworld@infinitybooks.co.kr
I S B N	979-11-85578-26-2
등록번호	제 25100-2013-152 호
판매정가	**25,000원**